Das Finanz- und Haushaltssystem der Europäischen Union

AF873667

Peter Becker

Das Finanz- und Haushaltssystem der Europäischen Union

Grundlagen und Reformen aus deutscher Perspektive

Springer VS

Dr. Peter Becker
Stiftung Wissenschaft und Politik
Berlin
Deutschland

ISBN 978-3-531-18044-1 ISBN 978-3-531-94283-4 (eBook)
DOI 10.1007/978-3-531-94283-4

Die Deutsche Nationalbibliothek verzeichnet diese Publikation in der Deutschen Nationalbibliografie; detaillierte bibliografische Daten sind im Internet über http://dnb.d-nb.de abrufbar.

Springer VS
© Springer Fachmedien Wiesbaden 2014
Das Werk einschließlich aller seiner Teile ist urheberrechtlich geschützt. Jede Verwertung, die nicht ausdrücklich vom Urheberrechtsgesetz zugelassen ist, bedarf der vorherigen Zustimmung des Verlags. Das gilt insbesondere für Vervielfältigungen, Bearbeitungen, Übersetzungen, Mikroverfilmungen und die Einspeicherung und Verarbeitung in elektronischen Systemen.

Die Wiedergabe von Gebrauchsnamen, Handelsnamen, Warenbezeichnungen usw. in diesem Werk berechtigt auch ohne besondere Kennzeichnung nicht zu der Annahme, dass solche Namen im Sinne der Warenzeichen- und Markenschutz-Gesetzgebung als frei zu betrachten wären und daher von jedermann benutzt werden dürften.

Springer VS ist eine Marke von Springer DE. Springer DE ist Teil der Fachverlagsgruppe Springer Science+Business Media
www.springer-vs.de

Inhaltsverzeichnis

Abkürzungsverzeichnis

ABl.	Amtsblatt der Europäischen Gemeinschaft bzw. der Europäischen Union
AEUV	Vertrag über die Arbeitsweise der EU
AKM	Allgemeiner Korrekturmechanismus
APuZ	Aus Politik und Zeitgeschichte
AStV	Ausschuss der Ständigen Vertreter
BIP	Bruttoinlandsprodukt
BNE	Bruttonationaleinkommen
BSP	Bruttosozialprodukt
DM	Deutsche Mark
EA	Europa-Archiv
EAGFL	Europäischer Garantiefonds für die Landwirtschaft
ECOFIN	Rat der Wirtschafts- und Finanzminister der EU
ECU	Europäische Währungseinheit
EEA	Einheitliche Europäische Akte
EFRE	Europäischer Fonds für die regionale Entwicklung
EFSF	Europäische Finanzstabilisierungsfazilität
EGFL	Europäischer Garantiefonds für die Landwirtschaft
EG	Europäische Gemeinschaft
EGKS	Europäische Gemeinschaft für Kohle und Stahl
EIB	Europäische Investitionsbank
ELER	Europäischer Landwirtschaftsfonds für die Entwicklung des ländlichen Raums
EMFF	Europäischer Meeres- und Fischereifonds
EP	Europäisches Parlament
ERASMUS	European Action Scheme for the Mobility of University Students
ERE	Europäische Rechnungseinheit
ESF	Europäischer Sozialfonds

ESM	Europäischer Stabilitätsmechanismus
EU	Europäische Union
EUR	Euro
EuGH	Europäischer Gerichtshof
EuR	Zeitschrift für Europarecht
EURATOM	Europäische Atomgemeinschaft
EUV	Vertrag über die Europäische Union
EWG	Europäische Wirtschaftsgemeinschaft
FAZ	Frankfurter Allgemeine Zeitung
FdP	Freunde der Präsidentschaft
GATT	General Agreement on Tariffs and Trade
GAP	Gemeinsame Agrarpolitik
GASP	Gemeinsame Außen- und Sicherheitspolitik
GSR	Gemeinsamer Strategischer Rahmen für die Strukturfonds
IIV	Interinstitutionelle Vereinbarung
JCMS	Journal of Common Market Studies
JEPP	Journal of European Public Policy
KF	Kohäsionsfonds
KKS	Kaufkraftstandards
KMU	Kleine und mittlere Unternehmen
MOEL	Mittelosteuropäische Länder
MwSt	Mehrwertsteuer
NZZ	Neue Zürcher Zeitung
SAL	Sonderausschuss Landwirtschaft
SURE	Sustainable Resources – Sonderausschusses des Europäischen Parlaments zu den politischen Herausforderungen und den Haushaltsmitteln der Union für die Zeit nach 2013
SZ	Süddeutsche Zeitung
VE	Verpflichtungsermächtigungen
VK	Vereinigtes Königreich
WTO	Welthandelsorganisation
ZE	Zahlungsermächtigungen
ZES	Zeitschrift für Staats- und Europawissenschaften
ZfP	Zeitschrift für Politik
ZIB	Zeitschrift für Internationale Beziehungen
ZPol	Zeitschrift für Politikwissenschaft

Abbildungsverzeichnis

Tabellenverzeichnis

Einleitung

1

Fragen des Haushalts gelten gemeinhin nicht als wirklich spannende Fragen – und der Haushalt der Europäischen Union (EU) gilt angesichts seiner Komplexität ohnehin als ein besonders sperriges und unzugängliches Feld. Er ist das Ergebnis einer kaum noch nachzuvollziehenden, jahrzehntelangen Entwicklung sich überlappender, sich ergänzender oder sich blockierender Verhandlungsprozesse, die sich zu einem undurchschaubaren Geflecht verdichtet haben. Und dennoch zeigt sich gerade an diesem komplizierten Verhandlungsprozess, an diesem dichten Gestrüpp gegensätzlicher Interessen und sich widersprechender Ziele die besondere Faszination des politischen Systems der Europäischen Union. An den europäischen Haushaltsverhandlungen lassen sich nahezu alle prägenden Konfliktlinien des europäischen Integrationsprozesses nachzeichnen – zwischen nationalen Interessen und gemeinschaftlichen europäischen Zielen, zwischen großen und kleinen, wohlhabenden und ärmeren Mitgliedstaaten, zwischen sektoralen Eigeninteressen und politikfeldbezogenen Besonderheiten und institutionelle Streitigkeiten um Einfluss und Macht. Ist die besondere Komplexität bereits ein Charakteristikum des EU-Systems, so erscheint das europäische Haushalts- und Finanzsystem noch komplizierter und vielschichtiger. Versteht man jedoch diese komplizierte Entscheidungsfindung, so erschließen sich leichter auch andere europäische Verhandlungsprozesse und Politikfelder.

Derzeit besteht das europäische Haushalts- und Finanzsystem aus unterschiedlichen Instrumenten – erstens, dem mehrjährigen Finanzrahmen, der für derzeit sieben Jahre den verbindlichen Rahmen festlegt, in den sich, zweitens, die jährlichen Haushalte der Europäischen Union einpassen müssen. Finanziert wird dieses System, drittens, auf der Grundlage eines sogenannten Eigenmittelbeschlusses. Diese drei Elemente werden in unterschiedlichen Verfahren ausgehandelt und mit verschiedenen Abstimmungsregeln verabschiedet. Dies wiederum eröffnet den beteiligten Organen der Europäischen Union und den Mitgliedstaaten unterschied-

P. Becker, *Das Finanz- und Haushaltssystem der Europäischen Union*,
DOI 10.1007/978-3-531-94283-4_1, © Springer Fachmedien Wiesbaden 2014

liche Mitwirkungsmöglichkeiten und Entscheidungsrechte. In den Verhandlungen über den mehrjährigen Finanzrahmen der EU wird der verbindliche Rahmen für die maximal zur Verfügung stehenden Budgetmittel für die Laufzeit des Finanzrahmens sowie das maximal zur Verfügung stehende Haushaltsvolumen der Jahreshaushalte und die Verteilung dieser Gelder auf die einzelnen Haushaltsrubriken und damit auf die Gemeinschaftspolitiken festgelegt. Damit werden implizit auch die politischen Prioritäten der Europäischen Union und ihre entsprechende Finanzausstattung fixiert. Der mehrjährige Finanzrahmen legt also ein verbindliches Korsett für die Einnahmen und die Ausgaben des EU-Haushalts über einen Zeitraum von sieben Jahren fest.

Folgerichtig haben die Verhandlungen über den mehrjährigen Finanzrahmen der Europäischen Union erhebliche politische und finanzielle Auswirkungen. Es geht um immense Summen – derzeit verfügt der mehrjährige Finanzrahmen für die Jahre 2014 bis 2020 über ein Volumen von fast einer Billion Euro – und es werden immer wieder politische Weichenstellungen vorgenommen, die die Fortschreibung des europäischen Integrationsprozesses für die nächsten Jahre mitbestimmen. Zugleich werden über die Ausgabenpolitik der EU ärmere Mitgliedstaaten und Regionen gefördert und besondere Anreize in einzelnen Wirtschaftssektoren gesetzt. Damit hat das EU-Budget eine doppelte Umverteilungsfunktion – sowohl zwischen den Mitgliedstaaten als auch zwischen einzelnen Politikbereichen.

Die Verständigung auf einen mehrjährigen Finanzrahmen ist also eine wichtige Grundsatzentscheidung für die Politik in der EU; mit dieser Entscheidung wird zwar nicht die Grundlage des politischen Systems der EU neu gestaltet, aber dennoch werden die finanz- und haushaltspolitischen Eckpunkte für die Politikgestaltung innerhalb des politischen Systems neu ausgerichtet. Wie in einem Brennglas konzentrieren sich in diesen Finanzverhandlungen alle internen Verteilungskonflikte zwischen den Unionsorganen, den Mitgliedstaaten, zwischen den Politikfeldern und den Interessengruppen. Die Verabschiedung des mehrjährigen Finanzrahmens ist also eine Richtungsentscheidung, die nur im Konsens der Mitgliedstaaten und in Übereinstimmung aller EU-Organe getroffen werden kann. An der Ausgestaltung des Finanzrahmens zeigt sich demzufolge auch das integrationspolitische Verständnis aller Akteure und es manifestiert sich ihr Bild von der EU als politischem System.

Bislang wurden insgesamt fünf Finanzpakete geschnürt, die erst nach sehr schwierigen und langwierigen Verhandlungen verabschiedet werden konnten. Beruhte das erste Finanzpaket 1988, das nach dem damaligen Kommissionspräsidenten Jacques Delors als „Delors I-Paket“ benannt wurde, noch auf einem informellen politischen Einverständnis aller Akteure und hatte keine primärrechtliche Grundlage in den europäischen Verträgen, so wurde die mittelfristige

Budgetplanung der Europäischen Union mit dem Vertrag von Lissabon in das europäische Vertragsrecht aufgenommen und dieses besondere Instrumentarium primärrechtlich verankert und abgesichert. Auch dies ist ein Beleg für den Erfolg des europäischen Haushalts- und Finanzsystems.

Dennoch wurde das komplizierte System der Europäischen Union als unzeitgemäß oder als „historisches Relikt"[1] bezeichnet. Dessen derzeitige Struktur und Volumen entspreche bei Weitem nicht mehr den Anforderungen und den Erwartungen, denen sich die Europäische Union im 21. Jahrhundert ausgesetzt sehe, so der Vorwurf. Die nunmehr 25-jährige Entwicklungsgeschichte der heutigen europäischen Finanzverfassung kann grob in drei Stufen eingeteilt werden:

1. Mit der Verabschiedung des ersten Finanzrahmens 1988 gelang der Europäischen Gemeinschaft der Einstieg in ein neues, innovatives Haushaltssystem. Ursprung des ersten mehrjährigen Finanzrahmens waren die Haushalts- und Finanzkrisen der Europäischen Gemeinschaft, die für die Eurosklerose in den siebziger und achtziger Jahren kennzeichnend gewesen waren. Alle Organe der Europäischen Gemeinschaft waren sich damals einig, dass das krisenanfällige System der Jahreshaushalte reformiert werden musste. Durch die gemeinsame und für alle Verhandlungspartner verbindliche Festlegung von Ausgabenobergrenzen über die gesamte Laufzeit des Finanzrahmens wurde eine gewisse Planungssicherheit geschaffen und damit die früheren harten Budgetkonflikte zwischen dem Europäischen Parlament und dem Ministerrat vermieden.
2. Mit der Wiederholung der ersten erfolgreichen Finanzverhandlungen und der Erfahrung, dass sich alle Akteure an den Konsens der Finanzverhandlungen gebunden fühlten, verfestigte sich dieses neue Instrument des mehrjährigen Finanzrahmens. Damit wurden die Verhandlungen über den mehrjährigen Finanzrahmen zu einem festen und nicht mehr hinterfragten Bestandteil der europäischen Finanzverfassung. In den nachfolgenden zwei Verhandlungsrunden wurde das Instrumentarium stetig ausdifferenziert, es schliffen sich auch erkennbare Routinen und eine gewisse Dramaturgie des Verhandlungsablaufs ein und auch die Verhandlungsteilnehmer füllten immer deutlicher ihre Rollen aus – beispielsweise als Zahler von Geldern an oder Empfänger aus dem EU-Budget. Zugleich wurde dieser Verhandlungsprozess mit grundlegenden

[1] So der häufig zitierte Befund einer hochrangigen Expertengruppe um den belgischen Ökonomen André Sapir in ihrem Bericht „An Agenda for a Growing Europe. Making the EU Economic System deliver." Report of an independent high-level Study Group established on the Initiative of the President of the European Commission (Sapir-Report), Brüssel Juli 2003, S. 162.

europäischen Entscheidungen zur Vertiefung oder Erweiterung des europäischen Integrationsprozesses verknüpft, wie die Einführung der gemeinsamen Währung oder die Ost-Erweiterung der Europäischen Union. Die potentiellen Verlierer einer integrationspolitischen Grundsatzentscheidung wurden dann in den Haushaltsverhandlungen durch Zahlungen aus dem EU-Budget für ihre Zustimmung kompensiert. Eine wesentliche Folge dieser *side payments* war, dass die redistributiven Politiken im EUBudget anwuchsen.

3. Die eingefahrene Routine mit ihren vorab zugewiesenen Rollen hat inzwischen zu einem deutlichen Anpassungsstillstand geführt. Die Europäische Union und ihr komplexes haushalts- und finanzpolitisches Verhandlungssystem können immer weniger auf neue Herausforderungen und auf eine veränderte Umwelt reagieren. Das Interesse, am bestehenden Status quo festhalten zu wollen, scheint inzwischen die Verhandlungen zu dominieren. Der kleinste gemeinsame Nenner aller Verhandlungsteilnehmer ist die halbwegs fristgerechte Vereinbarung eines Kompromisses. Das ursprüngliche, innovative und neuartige Instrument des mehrjährigen Finanzrahmens ist zwar mit dem Vertrag von Lissabon im europäischen Vertragsrecht angekommen und damit zu einem wichtigen Element der rechtlichen Ordnung der Europäischen Union geworden. Allerdings ist es nunmehr selbst zu einem Kennzeichen der Reformblockade und des politischen Stillstands geworden.

Das langsam gewachsene europäische Haushalts- und Finanzsystem hat darüber hinaus dazu geführt, dass in den Mitgliedstaaten die Kosten und der Nutzen der Mitgliedschaft in der Europäischen Union mithilfe des EU-Budgets deutlich gegeneinander aufgerechnet werden. Die Verrechnung von Abführungen der Mitgliedstaaten an den EU-Haushalt mit den Rückflüssen aus Brüssel über die diversen Strukturfonds, europäischen Förderprogramme und die Direktzahlungen an die europäischen Landwirte wird als Nettosaldo bezeichnet. Dieser Saldo wurde im Verlauf der bisherigen Entwicklungsgeschichte der europäischen Haushalts- und Finanzverhandlungen zur eigentlichen Messlatte der Mitgliedstaaten, mit deren Hilfe sie – allerdings sehr eindimensional und plakativ – den Erfolg oder Misserfolg ihrer Verhandlungsführung berechnen und ausweisen konnten. Zugleich wurde der Nettosaldo, gerade in der nationalen Medienberichterstattung über die komplizierten europäischen Haushaltsverhandlungen und die nahezu undurchschaubaren Kompromisse zu Teilaspekten des Verhandlungspakets, zur leicht darzustellenden Größe einer utilitaristischen Kosten-Nutzen Gegenüberstellung.

Insbesondere dem vereinten Deutschland kommt bei den europäischen Haushalts- und Finanzverhandlungen eine besondere Rolle zu. Es ist die größte und phasenweise dominierende Volkswirtschaft in der Europäischen Union und infolge dessen auch der größte Zahler an den europäischen Haushalt. Angesichts seiner besonderen Lage im Zentrum der nunmehr nach Osten erweiterten Europäischen Union und seiner exportorientierten Wirtschaftsstrukturen hat Deutschland ein besonderes Interesse an einer funktionierenden Europäischen Union, an der Stabilität seiner Organe und Institutionen sowie an einem offenen europäischen Binnenmarkt. Zugleich kann Deutschland als größter Zahler an den europäischen Haushalt diese Rolle nutzen, um die widerstreitenden Interessen und die gegenläufigen Ziele innerhalb der Europäischen Union auszubalancieren und somit die politische Stabilität der Europäischen Union insgesamt zu festigen. Das besondere deutsche Interesse liegt also gerade in der Verabschiedung eines breiten Kompromisses, in dessen Erarbeitung alle Akteure eingebunden werden, der für alle Seiten tragbar ist und auf den somit alle Partner verpflichtet werden können; darüber hinaus muss diese Verständigung auch die Fortsetzung des europäischen Integrationsprozesses gewährleisten.

Die starre Frontstellung von Nettozahlern und Nettoempfängern sowie die geringe parlamentarische Kontrolle des Verhandlungsprozesses, die Intransparenz und die inzwischen zu Ritualen eingefahrene Verhandlungsdramaturgie werden zunehmend als unübersehbare Zeichen für die Notwendigkeit einer Reform der europäischen Finanz- und Haushaltssystems interpretiert – sowohl in Bezug auf die Strukturen des EU-Budgets, der Prioritäten auf der Ausgabenseite und der Quellen zur Finanzierung des Haushalts als auch mit Blick auf das Verfahren zur Aushandlung und der Verabschiedung eines Kompromisses sowie dessen Legitimation. Deshalb wird nach dem Abschluss der Verhandlungen häufig deutliche Kritik an den Verhandlungsthemen, dem Ergebnis und insbesondere am Verfahren geäußert. Immer wieder werden die Stimmen laut, die eine grundsätzliche Reform des EU-Budgets und des Verhandlungsprozesses anmahnen.

Das vorliegende Buch will nicht den Anspruch erheben, die schwierigen und komplexen europäischen Haushalts- und Finanzverhandlungen in allen Einzelheiten darstellen und analysieren zu wollen. Vielmehr sollen die Strukturen und die Charakteristika der bislang fünf Verhandlungsrunden herausgearbeitet und erläutert werden. Dabei sollen die Schwächen, aber auch die Vorteile dieses Systems erörtert werden. Auf der Grundlage dieser Darstellung und Analyse der besonderen Entstehungs- und Entwicklungsgeschichte des europäischen Haushalts- und Finanzsystems sollen schließlich Reformbedarf, Veränderungsüberlegungen und -vorschläge sowie Reformhemmnisse und -blockaden diskutiert werden. Zugleich wird versucht, die besondere deutsche Rolle bei diesen Verhandlungen zu erklären. Dabei wird ein besonderer Fokus auf die innenpolitischen Akteure und Debatten gelegt, die das Feld der europapolitischen Handlungsmöglichkeiten Deutschlands abstecken.

Das Buch ist in vier Hauptbereiche gegliedert. Das nachfolgende Kap. 2 soll die zentralen Instrumente und Strukturen der heutigen europäischen Finanzverfassung darstellen und aus ihrer besonderen Entstehungsgeschichte heraus erklären. Dabei wird der Blick sowohl auf die Einnahmenseite des Haushalts gelenkt als auch auf die beiden größten Blöcke auf der Ausgabenseite, deren besondere Entstehungsgeschichte in jeweils kurzen Abrissen dargestellt wird. In Kap. 3 werden dann die bisherigen Verhandlungen über den mehrjährigen Finanzrahmen der EU nachgezeichnet. Dabei dient eine kurze Erörterung der besonderen Charakteristika dieser Haushalts- und Finanzverhandlungen als Blaupause und Struktur für die nachfolgenden Darstellungen der bislang fünf Verhandlungsrunden. In Kap. IV schließlich wird die besondere Rolle Deutschlands und seine vorrangigen Interessen und Verhandlungsziele erörtert, bevor dann in Kap. 5 die Reformbedürftigkeit und die bisherigen Reformideen für die europäische Finanzverfassung und der besondere Verlauf der europäischen Haushalts- und Finanzverhandlungen zusammenfassend erörtert werden.

Das Buch verfolgt weniger einen analytischen, die Reformnotwendigkeiten aufzeigenden und künftige Reformüberlegungen diskutierenden Ansatz, sondern folgt zunächst einem stark deskriptiven Vorgehen. Die einzigartige europäische Finanzverfassung und die besonderen europäischen Haushalts- und Finanzverhandlungen werden nur für denjenigen Beobachter verständlich und nachvollziehbar, der die besondere Entstehungsgeschichte kennt und damit die einzigartigen Grundlagen und Hintergründe eines „historischen Relikts“.

2 Die Finanzverfassung der Europäischen Union – Instrumente und Strukturen

Der Haushalt der Europäischen Union ist nicht mit nationalstaatlichen Budgets zu vergleichen. Er erfüllt keine der drei grundlegenden Funktionen – Stabilisierung, Allokation und Distribution – eines öffentlichen Haushalts aus der klassischen Theorie öffentlicher Finanzen von Richard Musgrave.[1] Weder erfüllt das EU-Budget

1. eine finanzwirtschaftliche Ordnungsfunktion, um ausreichende Ressourcen zur Finanzierung der gewünschten und als vorrangig erachteten politischen Handlungsprioritäten bereit zu stellen, noch
2. eine volkswirtschaftliche Lenkungsfunktion, um auf konjunkturelle Schwankungen reagieren zu können, noch
3. eine sichtbare Distributionsfunktion zwischen Staaten oder Politiken.

Dazu ist das Volumen des EU-Haushalts mit rund einem Prozent der EU-Wirtschaftsleistung gemessen am Bruttonationaleinkommen (BNE) der Europäischen Union zu klein; im Jahr 2012 entsprach der Haushalt der gesamten EU-27 mit Mitteln für Zahlungen in Höhe von rund 129,5 Mrd. € lediglich ungefähr 41 % des deutschen Bundeshaushalts. Der Europäischen Union ist es zudem verboten, Schulden aufzunehmen; vielmehr schreibt der Vertrag von Lissabon genauso wie die früheren Verträge vor, dass Einnahmen und Ausgaben ausgeglichen sein müssen.[2] Im Gegensatz zu ihren Mitgliedstaaten darf die Europäische Union auch keine Steuern erheben und verfügt insofern über keine nennenswerte eigene autonome Einnahmequelle. Hinzu kommt die besondere Ausgabenstruktur

---

[1] Richard A. Musgrave, The Theory of Public Finance, New York 1959.

[2] Artikel 310 des Vertrags über die Arbeitsweise der Europäischen Union (AEUV) besagt in Absatz 1, Satz 3: „Der Haushaltsplan ist in Einnahmen und Ausgaben auszugleichen."

DOI 10.1007/978-3-531-94283-4_2, © Springer Fachmedien Wiesbaden 2014

des EU-Haushalts, die sich eklatant von nationalstaatlichen Ausgabeprioritäten unterscheidet. Derzeit fließen noch rund 80 % des EU-Budgets in zwei Politikbereiche – die Gemeinsame Agrarpolitik (GAP) und die europäische Kohäsionspolitik, also in die europäischen Strukturfonds, mit denen rückständige Regionen unterstützt und gefördert werden. In den nationalen Haushalten hingegen zählen sozial- und beschäftigungspolitische Leistungen des Staates ebenso wie Bildungsausgaben üblicherweise zu den größten Ausgabeblöcken.

Überaus ungewöhnlich ist das Neben- und Miteinander verschiedener haushaltspolitischer Instrumente in der EU-Finanzverfassung. So hat sich seit Mitte der achtziger Jahre in der Europäischen Gemeinschaft bzw. der Europäischen Union ein besonderes Haushaltssystem[3] mit Elementen von unterschiedlicher rechtlicher Qualität und Verbindlichkeit entwickelt:

1. Die Grundprinzipien und die zentralen Instrumente des europäischen Haushaltsrechts und -verfahrens sind im europäischen Vertragsrecht verankert. Der Vertrag über die Arbeitsweise der Europäischen Union (AEUV) fasst in seinem sechsten Teil zu den institutionellen Bestimmungen und den Finanzvorschriften in Titel II, Artikel 310 bis 324 die Grundsätze und Verfahren zur Aufstellung des EU-Haushalts zusammen.
   Gesonderte Rechtsgrundlagen für die Gemeinsame Außen- und Sicherheitspolitik (GASP) sind in Artikel 41 des EU-Vertrags geregelt.[4]
2. Hinzu kommen eine Vielzahl sekundärrechtlicher Rechtsakte, mit denen die Einnahmen und die Ausgaben des EU-Haushalts genauer geregelt werden. Von zentraler Bedeutung sind hier die Haushaltsordnung, in der die Prinzipien des EU-Budgetrechts aufgeführt und definiert werden, die Verordnung über die sogenannten Eigenmittel zur Finanzierung des EU-Haushalts und die Verordnungen zu den wichtigsten Ausgabenpolitiken der Europäischen Union, wie beispielsweise die Verordnungen mit Bestimmungen für die europäischen Strukturfonds und die GAP.
3. Die weitere Konkretisierung und Implementierung der Haushalts- und Finanzvorschriften erfolgt dann in einer Reihe von delegierten Rechtsakten oder von institutionellen Vereinbarungen der EU-Organe. Die wichtigste Vereinbarung ist sicherlich die „Interinstitutionelle Vereinbarung zwischen dem Europäischen Parlament, dem Rat und der Europäischen Kommission über die Haushalts-

---

[3] Vgl. Brigid Laffan, The Finances of the European Union, New York 1997.

[4] Die EGKS verfügte bis zum Auslaufen des EGKS-Vertrags Mitte 2002 über gesonderte vertragsrechtliche Grundlagen, wie z. B. das besondere Umlagesystem zur Finanzierung der EGKS.

disziplin, die Zusammenarbeit im Haushaltsbereich und die wirtschaftliche Haushaltsführung".

Das europäische Finanz- und Haushaltssystem ist demzufolge gekennzeichnet von einer besonderen Hierarchie seiner rechtlichen Grundlagen. Diese abgestufte Gewichtung ist wiederum nur mit dem besonderen jahrzehntelangen Entwicklungsprozess dieses einzigartigen Systems zu erklären, den besonderen Entscheidungsverfahren und -instrumenten sowie den sehr unterschiedlichen Akteurskonstellationen auf der Einnahmen- und der Ausgabenseite.[5]

Um dieses komplexe Gewirr verschiedener Instrumente, Verfahren und Akteure zu entwirren, sollen zunächst die wichtigsten Instrumente erläutert werden, die den europäischen Organen zur Verfügung stehen und die somit deren Aufmerksamkeit binden und ihre Handlungen und Entscheidungsprozesse strukturieren und vorbestimmen. Diese Instrumente sind ihrerseits das Ergebnis früherer Konsens- und Kompromisssuche, die wiederum von den unterschiedlichen und häufig widersprüchlichen Interessen auf der Einnahmen- und der Ausgabenseite des EU-Haushalts bestimmt wurden. Gerade die Fragen nach den Nutznießern der einseitigen Ausgabenprioritäten des EU-Budgets und umgekehrt nach der Lastenverteilung bei der Finanzierung des Haushalts standen im Zentrum aller bisherigen Verhandlungsprozesse. Um diese Entstehungsgeschichte des europäischen Finanz- und Haushaltssystems nachzeichnen zu können, müssen deshalb zunächst auch die besonderen Strukturen des EU-Budgets auf der Ausgaben- und der Einnahmenseite holzschnittartig vorgestellt werden. Hinzu kommt der für dieses System charakteristische Streit um den sogenannten Nettosaldo, also die Differenz zwischen den Zahlungen an den EU-Haushalt und den Rückflüssen aus dem EU-Budget, der die Frontstellung für die Verteilungskonflikte bei den europäischen Haushalts- und Finanzverhandlungen vorbestimmt.

Diese vier Elemente der europäischen Haushaltsverfassung – das Instrumentarium, die Ausgabenprioritäten, die Lastenverteilung und die besonderen Interessenkonstellationen – sollen nachfolgend erläutert werden. Angesichts der komplexen Struktur, der Vielzahl der Querverbindungen und der gegenseitigen Bedingtheiten ist diese Gliederung dennoch artifiziell und kann deshalb gelegentliche Überlappungen in der Darstellung nicht vermeiden.

[5] Vgl. Brigid Laffan, The big budgetary bargains: from negotiation to authority, in: JEPP, 2000, Vol. 7, No 5, S. 725–743; Joachim Schild, How to shift the EU's spending priorities? The multi-annual financial framework 2007–2013 in perspective: in: JEPP, 2008, Vol. 15, No. 4, S. 531–549; Robert Ackrill/Adrian Kay, Historical-institutionalist perspectives on the development of the EU budget system, in: JEPP, 2006, Vol. 13, No. 1, S. 113–133.

2.1 Die Instrumente

Das derzeitige Haushalts- und Finanzsystem der EU wird im Wesentlichen von drei zentralen Eckpfeilern getragen: dem mehrjährigen Finanzrahmen, dem Jahreshaushalt der EU und dem sogenannten Eigenmittelbeschluss über die Finanzierung des EU-Budgets. Das Zusammenspiel dieser drei Elemente und deren gegenseitigen Abhängigkeiten bilden die Basis der höchst komplexen, häufig intransparenten und im Ergebnis zumeist unbefriedigenden Finanz- und Haushaltsverfassung der Europäischen Union.

2.1.1 Der mehrjährige Finanzrahmen und dessen rechtliche Umsetzung

Das zentrale Instrument der europäischen Finanzverfassung ist der mehrjährige Finanzrahmen. Er gibt den verbindlichen Rahmen mit einer derzeit siebenjährigen Laufzeit für die maximal zur Verfügung stehenden EU-Budgetmittel vor und legt deren Verteilung auf die einzelnen Haushaltsrubriken und die einzelnen Haushaltsjahre und damit auf die Gemeinschaftspolitiken fest. Mit diesem Finanzrahmen werden somit die Struktur und die Gewichtung der EU-Ausgaben für einen Zeitraum von mehreren Jahren festgelegt. In dieser Mittelverteilung spiegelt sich also die politische Prioritätensetzung der Europäischen Union wider. Insofern besteht eine institutionelle Verbindung zwischen dem Mehrjährigen Finanzrahmen und den üblichen Gesetzgebungsverfahren über die mehrjährigen Förderprogramme der EU, die zumeist mit hohen Ausgaben verbunden sind, wie insbesondere die Verordnungen zu den europäischen Strukturfonds, im Bereich der GAP oder zu den bildungspolitischen Programmen.

Mit dem Vertrag von Lissabon, der am 1. Dezember 2009 in Kraft trat, wurde erstmals dieses grundlegende Instrument der europäischen Finanzverfassung in das europäische Vertragsrecht aufgenommen. Artikel 312 AEUV schreibt seither die Grundlagen für die Verabschiedung des mehrjährigen Finanzrahmens fest. Danach müssen die Minister der Mitgliedstaaten im Rat der Europäischen Union eine Verordnung zur Festlegung des mehrjährigen Finanzrahmens nach einem gesonderten Gesetzgebungsverfahren beschließen. Der Ministerrat entscheidet in dieser Frage einstimmig nach der Zustimmung durch die absolute Mehrheit der Abgeordneten im Europäischen Parlament. Das Prinzip der Einstimmigkeit im Rat kann nur durch einen einstimmigen Beschluss des Europäischen Rats der Staats- und Regierungschefs in Abstimmungen mit qualifizierter Mehrheit umgewandelt werden, d. h. für dieses spezielle Abstimmungsverfahren über den mehrjährigen Finanzrahmen der Europäischen Union sieht der Vertrag von Lissabon eine sogenannte Brücken- oder Passerelle-Klausel zum Übergang zu Mehrheitsvoten vor.

Der Finanzrahmen muss eine Mindestlaufzeit von fünf Jahren haben und die Höhe der Einnahmen und Ausgaben der EU festlegen. Die jährlichen Haushalte der Union müssen sich in diesen Rahmen einpassen und die festgeschriebenen Obergrenzen einhalten. Ausgewiesen werden diese Ausgaben, die für die Laufzeit des Finanzrahmens vereinbart werden, in zwei unterschiedlichen Kategorien, den sogenannten Verpflichtungs- und den Zahlungsermächtigungen.

Verpflichtungsermächtigungen (VE) erfassen Ausgaben, die für Programme und Projekte bewilligt wurden, deren Durchführung sich über mehr als ein Haushaltsjahr erstreckt, und damit im jährlichen Haushalt aufgenommen und gebunden werden können. Sie begründen eine rechtliche Verpflichtung der EU gegenüber einem Begünstigten. Zahlungsermächtigungen (ZE) sind Finanzmittel, die in einem Haushaltsjahr effektiv ausgegeben werden können. Verpflichtungs- und Zahlungsermächtigungen sind in ihrer Höhe unterschiedlich, da bei Mehrjahresprogrammen bzw. projekten die Mittelbindungen, also die Verpflichtungsermächtigungen, in dem Jahr erfolgen, in dem der entsprechende Beschluss für ein Programm oder Projekt ergeht. Die Auszahlungen, also die Zahlungsermächtigungen, hingegen werden dann im Verlauf der Programm- bzw. Projektabwicklung sukzessive je nach Programmfortschritt geleistet. In der Regel sind die tatsächlich geleisteten Zahlungen, also die Zahlungsermächtigungen, geringer als das Volumen der Verpflichtungsermächtigungen, weil zum Beispiel Projekte nicht realisiert werden können oder nicht oder nur zum Teil genehmigt wurden. Nur die Mittel für Zahlungen müssen demzufolge tatsächlich durch Einnahmen im laufenden Haushaltsjahr gedeckt sein.

Mit der verbindlichen Festschreibung der MFR-Ausgabenobergrenze und der Obergrenzen der Jahreshaushalte für die siebenjährige Laufzeit des Finanzrahmens sowie der Verteilung der Gelder auf die einzelnen Haushaltsrubriken unterscheidet sich dieses Instrument auch grundsätzlich von einem mittelfristigen Finanzplan, wie er zum Beispiel im deutschen Haushaltsrecht gesetzlich verankert ist.[6] Während der deutsche Finanzplan jährlich an fiskalische Entwicklungen und veränderte wirtschaftliche Rahmenbedingungen angepasst und kontinuierlich fortgeschrieben wird, gelten die Haushaltsansätze des europäischen Finanzrahmens in der Regel unverändert für die gesamte Laufzeit. Und während der Finanzplan der Bundesregierung ein Instrument der finanz- und haushaltspolitischen Planung darstellt,

[6] Während der jährliche Haushaltsplan in Artikel 110 Grundgesetz verankert ist, basiert der fünfjährige Finanzplan auf dem Stabilitätsgesetz und dem Haushaltsgrundsätzegesetz des Bundes.

in dem sich auch eine veränderte politische Prioritätensetzung der Bundesregierung widerspiegeln kann, sieht Artikel 312 AEUV die verbindliche Einhaltung des Finanzrahmens bei der Aufstellung des jährlichen Haushaltsplans vor.

Auch die erste mehrjährige Vorausschau war zunächst ein solches Planungsinstrument, mit dem jährlich die finanziellen Folgen der europäischen Rechtssetzung für drei aufeinanderfolgende Haushaltsjahre prognostiziert wurden. Auf der Grundlage dieser Vorausschau erstellte die Europäische Kommission im Anschluss an die Stellungnahmen des Europäischen Parlaments und des Rates ihren jährlichen Plan für den jährlichen Gemeinschaftshaushalt.[7] Die Kommission legte diese mittelfristige Haushaltsprognose bis 1987 vor und ging dann zu einer vierjährigen Projektion für die Jahre 1987 bis 1990 über.[8] Mit dem ersten Finanzpaket, dem Delors I-Paket, für die Jahre 1988 bis 1992, wurde dieses flexible haushaltspolitische Planungs- und Prognoseinstrument zu einem mehrjährigen Haushaltsrahmen umgestaltet, mit dem die Haushaltskonflikte zwischen Rat und EP beigelegt werden konnten und zugleich eine politisch verbindliche Fixierung der zur Verfügung stehenden Finanzmittel und der Ausgabeprioritäten für mehrere Jahre vereinbart wurde.

Ursprünglich war dieses Instrument der Festschreibung von Einnahmen und Ausgaben der EU für mehrere Jahre, die zunächst als „finanzielle Vorausschau" bezeichnet wurde, nicht im europäischen Vertragsrecht vorgesehen. Mit der Aufnahme in den Vertrag von Lissabon unter der neuen Bezeichnung „mehrjähriger Finanzrahmen" wurde eine seit 1988 mehrfach erfolgreich angewandte politische Praxis primärrechtlich kodifiziert und dadurch rechtlich verbindlich. Zuvor wurde dieses zentrale Instrument der europäischen Finanzverfassung lediglich informell im Rahmen einer besonderen Interorganvereinbarung, einer sogenannten Interinstitutionellen Vereinbarung (IIV), vereinbart und abgesichert, also durch eine politische Absprache zwischen den drei Organen der Europäischen Gemeinschaft – dem Europäischen Parlament, dem Rat und der Europäischen Kommission.[9]

Das Instrument des mehrjährigen Finanzrahmens war ein Element der Reaktion der Europäischen Gemeinschaft auf die Haushalts- und Finanzkrisen, die für

[7] Sh. Beschluss des Rates vom 21. April 1970 über die mehrjährige finanzielle Vorausschau, in: ABl. L 94, S. 23 v. 28.4.1970.

[8] Vgl. Thomas Läufer, Die Organe der EG-Rechtsetzung und Haushaltsverfahren zwischen Kooperation und Konflikt, Bonn 1990, S. 10.

[9] Grundsätzlich hierzu Daniela Kietz/Peter Slominski/Andreas Maurer/Sonja Puntscher-Riekmann (Hrsg.), Interinstitutionelle Vereinbarungen in der Europäischen Union. Wegbereiter der Verfassungsentwicklung, Baden-Baden 2010.

die „Eurosklerose“[10] in den siebziger und achtziger Jahren des letzten Jahrhunderts kennzeichnend gewesen waren. In den achtziger Jahren konnten zwischen den beiden Teilen der europäischen Haushaltsbehörde, also zwischen dem Ministerrat und dem Europäischen Parlament, vier Jahreshaushalte nur mit zum Teil halbjähriger Verspätung verabschiedet werden. Zwischen 1978 und 1988 konnten die Haushaltsverfahren in jedem Jahr erst nach zum Teil sehr scharfen Konflikten zwischen Rat und Parlament abgeschlossen werden, wobei vornehmlich institutionelle Streitfragen im Mittelpunkt standen.[11]

Die eigentliche Ursache dieser Haushaltskonflikte und der zeitweisen Blockade des Budgets waren die abweichenden Kompetenzen von Rat und Parlament im Rechtssetzungs- und Haushaltsverfahren.[12] So konnte der Rat finanzwirksame Rechtsakte erlassen, ohne dafür über die Zustimmung des Europäischen Parlaments im Haushaltsverfahren zu verfügen; umgekehrt konnte das Parlament Haushaltsmittel bereit stellen, ohne dass zuvor der Rat den erforderlichen materiellen Rechtsgrundlagen zugestimmt hatte. Institutionelle Konflikte erwuchsen auch aus der sehr unterschiedlichen Interpretation der Haushaltsvorschriften des europäischen Primärrechts. Zwar suchten die Organe häufiger die höchst-richterliche Klärung durch den Europäischen Gerichtshof[13], der jedoch die grundlegenden Interessen- und Zielkonflikte nicht abschließend auflösen konnte.

Um die Handlungsfähigkeit der Gemeinschaft trotz eines fehlenden bzw. noch nicht verabschiedeten Haushalts zu sichern, war in Artikel 204 des EWG-Vertrages bzw. Artikel 273 des EG-Vertrages eine sogenannte Zwölftel-Regelung verankert: Mit diesem europäisches Nothaushaltsrecht waren für den Fall, dass sich die Haushaltsorgane nicht oder nicht fristgemäß auf einen neuen Haushalt verständigen konnten, monatliche Ausgaben bis zur Höhe eines Zwölftels des Vorjahreshaus-

[10] Mit diesem Begriff, der aus dem medizinischen Fachbegriff der „Sklerose“, also der Verhärtung oder Verkalkung von Gewebe, entwickelt worden war, wurde die Erstarrung des europäischen Integrationsprozesses seit den siebziger Jahren bildlich beschrieben.

[11] Sh. Thomas Läufer, Die Organe der EG, a. a. O., S. 108 ff. Läufer listet für diesen Zeitraum in einer Tabelle auf S. 124–126 insgesamt zehn Konflikte auf.

[12] Vgl. Johannes Lindner, Conflict and Change in EU Budgetary Politics, London/New York 2006, S. 46 ff.; Siegfried Magiera, Die Finanzordnung im Verfassungsvertrag der Europäischen Union, in: Jürgen Bröhmer et. alt. (Hrsg.), Internationale Gemeinschaft und Menschenrechte. Festschrift für Georg Ress, Köln 2005, S. 623–632.

[13] Aus der Rechtsprechung des EuGH beispielhaft die Urteile zur Erklärung der nichtobligatorischen Ausgaben, RS. 34/86, S. 2155 oder RS C-41/95, S. 4411.

halts erlaubt.[14] Die EU konnte bei Anwendung dieser Regelung also nur stark eingeschränkt die eigenen Politiken vorausplanen.

Die Haushaltskrisen verursachten eine Verzögerung europäischer Initiativen und Projekte, weil eine belastbare finanzielle Grundlage fehlte.[15] Damit führten sie zu einer insgesamt mangelhaften Steuerungsfähigkeit der gemeinsamen Politiken. Alle Organe waren sich deshalb in den achtziger Jahren einig, dass dieses krisenanfällige System der Jahreshaushalte, das regelmäßig den Anlass für institutionelle Konflikte zwischen Rat und Europäischem Parlament bot, reformiert werden musste.

Das erstmals 1988 genutzte Instrument des verbindlichen mehrjährigen Finanzrahmens beendete schließlich die institutionellen Konflikte und lieferte den Rahmen, an dem sich auch die Ansätze der jährlichen Haushalte ausrichten mussten. Dieser Finanzrahmen stand im Zentrum einer interinstitutionellen Vereinbarung (IIV) der drei Organe und bestimmte insofern deren haushaltspolitischen Überlegungen und Ziele für die Laufzeit des Finanzrahmens. Mit dem Instrument der IIV konnten die jährlich wiederkehrenden Haushaltskonflikte zwischen Rat und Parlament beendet werden, ohne die vertraglichen Budgetrechte neu verhandeln und austarieren zu müssen.

Die erste IIV zur Fixierung eines Finanzrahmens[16] vom Juli 1988 schuf die Voraussetzungen, um die erste umfassende Reform des europäischen Vertragswerks, die Einheitliche Europäische Akte, und damit die Verwirklichung des europäischen Binnenmarkts zu ermöglichen. Mit der Unterzeichnung der Vereinbarung durch die Repräsentanten der drei beteiligten Organe verpflichteten sich die Institutionen auf die verbindliche Einhaltung der Haushaltsansätze während der gesamten Laufzeit[17] des mehrjährigen Finanzrahmens.

---

[14] Wenn die Bereitstellung von Haushaltsmitteln nach dieser Zwölftel-Regelung jedoch nicht ausreichen sollte, sahen Absatz 2 und 3 von Artikel 273 EG-Vertrag Ausnahmen vor, wonach die Nothaushaltsansätze durch den Rat (und zum Teil in Abstimmung mit dem EP) erhöht werden konnten.

[15] Vgl. Isabella Eiselt/Johannes Pollak/Peter Slominski, Codifying temporary Stability? The Role of Interinstitutional Agreements in Budgetary Politics, in: European Law Journal, 2007, Jg. 13, Nr. 1, S. 75–91.

[16] „Interinstitutionellen Vereinbarung über die Haushaltsdisziplin und die Verbesserung des Haushaltsverfahrens", ABl. 1988, L 185, S. 33 f. vom 15.7.1988.

[17] Diese Zielsetzung und die Bindungswirkung sind in den Ziffern 1 und 2 der IIV festgeschrieben, Sh. auch Isabella Eiselt/Johannes Pollak/Peter Slominski, Zwischen Konflikt und Kooperation. Zur interinstitutionellen Interaktion im EU-Haushaltsverfahren, in: Daniela Kietz u. a. (Hrsg.), Interinstitutionelle Vereinbarungen in der Europäischen Union, a. a. O., S. 225.

Seine besondere Bindungswirkung erhielt der Finanzrahmen allerdings nicht durch diese IIV, sondern durch die Konsensfindung auf höchster politischer Ebene und durch die politische Selbstverpflichtung der drei Organe, den einmal gefundenen Finanzkompromiss zu respektieren und ihren Verhandlungen über die jährlichen Haushalte zugrunde zu legen.[18] Der politische Kompromiss über den Finanzrahmen, auf den sich alle Staats- und Regierungschefs und der Präsident der EU-Kommission im Europäischen Rat im Februar 1988 verständigt hatten, wurde zur Verhandlungsgrundlage für die IIV in den nachfolgenden Interorganverhandlungen. In diesem sogenannten Trilogverfahren zwischen den Vertretern der Präsidentschaft des Rates, der EU-Kommission und dem Europäischen Parlament wurde dann die erste IIV ausgehandelt, die anschließend von der Mehrheit des Rates und der absoluten Mehrheit der Mitglieder des Europäischen Parlaments gebilligt wurde.[19]

Im Zentrum dieser und der nachfolgenden Vereinbarungen über die Haushaltsdisziplin und die Verbesserung der Haushaltsbefugnisse seit 1988 stand immer die Verständigung auf die finanzielle Vorausschau bzw. den Finanzrahmen, der in einer Tabelle abgebildet wurde. Üblicherweise wurde in dieser tabellarischen Fixierung die Gesamtsumme des Finanzrahmens aufgeführt, die der Europäischen Union in den nächsten Jahren zur Verfügung stehen sollte. Das Gesamtvolumen des Finanzrahmens wurde unterteilt in Maximalbeträge für die jeweiligen Jahrestranchen und Haushaltsrubriken in festen Preisen eines Jahres und auf der Grundlage einer Wachstumsprognose der Europäischen Kommission.

Da die besondere politische Bindungswirkung des Finanzrahmens und der IIV im Konsens aller Mitgliedstaaten im Europäischen Rat und der Organe im Rahmen der Trilogverhandlungen lag, konnte der Finanzrahmen auch nur im Konsens aller beteiligten Institutionen angepasst werden. Allerdings waren stets technische Anpassungen an veränderte Wachstumsprognosen des EU-Bruttosozialprodukts und die Preisentwicklung durch die Kommission möglich und notwendig. Ansonsten waren inhaltliche Änderungen des Finanzrahmens nur im Konsens möglich und demzufolge sehr schwierig.

In der IIV vom 6. Mai 1999 zum dritten mehrjährigen Finanzrahmen, der Agenda 2000, wurde erstmals auch in einem gesonderten Anhang eine Klassifizierung der Ausgaben aus dem EU-Haushalt in die Kategorien der obligatorischen und nicht-obligatorischen Ausgaben festgelegt. Mit dem Begriff „obligatorische Ausgaben" wurden die Ausgaben bezeichnet, die sich zwingend aus dem Vertrag oder anderen Rechtsakten der EU ergeben.[20] Alle anderen Ausgaben, die nicht zwin-

---

[18] Vgl. Isabella Eiselt/Johannes Pollak/Peter Slominski, a. a. O.

[19] Vgl. Johannes Lindner, Conflict and Change, a. a. O., S. 188–193.

[20] Diese Definition war bereits in Artikel 203, Abs. 4 in den EWG-Vertrag aufgenommen worden.

gend im europäischen Vertragsrecht vorgegeben wurden, fielen im Umkehrschluss in die Kategorie der „nicht-obligatorischen" Ausgaben. Diese Unterscheidung ging zurück auf einen früheren, nicht rechtlich verbindlichen Abgrenzungsversuch des Rates, der erstmals im Jahr 1970 eine Liste der unterschiedlichen Ausgabenarten aufgestellt hatte.[21] Im Kern war auch diese Kategorisierung der Ausgaben eine institutionelle Machtfrage zwischen Rat und EP, denn mit der Einordnung wurden zugleich die haushaltspolitische Rolle und die Befugnisse des EP gegenüber dem Rat bestimmt. Während der Rat bei den obligatorischen Ausgaben über das Letztentscheidungsrecht der Ausgabenhöhe verfügte, stand dem EP dieses letzte Wort bei den nicht-obligatorischen Ausgaben zu. Die sehr technische haushaltsrechtliche Frage der Eingruppierung von Ausgaben hatte also durchaus eine grundlegende machtpolitische Bedeutung.

Die Einordnung der Ausgaben aus einzelnen Politikbereichen war deshalb in den achtziger Jahren stets und heftig zwischen dem Rat und dem Europäischen Parlament umstritten. Bereits die früheren IIV's hatten versucht, eine Klassifizierung von Haushaltsrubriken vorzunehmen und ein besonderes Konzertierungsverfahren für die obligatorischen Ausgaben zwischen Rat und EP beinhaltet. Damit hatten sie zu einer Beruhigung des schwelenden Konflikts geführt.

Auch dieser haushaltspolitische Konflikt zwischen den beiden EU-Organen wurde also mit der IIV schließlich einvernehmlich beigelegt. Jedoch blieb der rechtliche Status, bzw. die Rechtsverbindlichkeit der IIV ungeklärt, denn kein Urteil des Europäischen Gerichtshofs (EuGH) beantwortete diese Frage abschließend.[22] Der EuGH hatte lediglich in einem früheren Urteil auf die besondere Bedeutung des „Dialogs der Organe" für ein funktionierendes Haushaltsverfahren hingewiesen.[23] Die Richter in Luxemburg betonten die Verpflichtung aller Organe „zu redlicher Zusammenarbeit" im Haushaltsverfahren, die sich in der IIV am deutlichsten manifestierte und maßen der IIV insofern mittelbar einen hohen europarechtlichen Wert zu.

Die vordringlichen gemeinsamen Ziele der EU-Organe waren es, mit der Einführung der Finanziellen Vorausschau die Krise der europäischen Haushalts- und

---

[21] Vgl. Thomas Läufer, Die Organe der EG, a. a. O., S. 114.

[22] Vgl. Waldemar Hummer, Interorganvereinbarungen: Rechtsgrundlage – Rechtsnatur – Rechtswirkungen – Justitiabilität, in: Daniela Kietz u. a. (Hrsg.), Interinstitutionelle Vereinbarungen in der Europäischen Union, a. a. O., S. 51–110.

[23] EuGH, Rs. 204/86. Urteil des Gerichtshofes vom 27. September 1988. Republik Griechenland gegen Rat der Europäischen Gemeinschaften. Übertragung von Haushaltsmitteln von Kapitel zu Kapitel innerhalb der Haushaltsansätze der Kommission für das Haushaltsjahr 1986 (Sonderhilfe für die Türkei).

Finanzverfassung der siebziger und achtziger Jahren zu beenden, die institutionellen Konflikte bei der Erstellung der jährlichen Haushalte zu minimieren, für die Gemeinschaft zugleich eine sichere mittelfristige finanzielle Basis zu vereinbaren und diese mit einer strikteren Haushaltsdisziplin und einem verbesserten Haushaltsverfahren zu verbinden.

Heute stellt der mehrjährige Finanzrahmen ein besonderes Instrument der europäischen Haushaltspolitik dar, das einen sehr hohen Grad der politischen Verbindlichkeit und der rechtlichen Stabilität ausweist. Es vereint damit die angestrebten Ziele der Vorhersehbarkeit und Planbarkeit der EU-Förderpolitiken und deren finanzieller Ausstattung mit der Vorgabe der Haushaltsdisziplin. Mit dem Vertrag von Lissabon wurde erstmals der mehrjährige Finanzrahmen nicht mehr mit dem Instrument des europäischen *softlaws,* der Interinstitutionellen Vereinbarung vereinbart, sondern in Form einer europarechtlichen Verordnung. Damit wurde nicht nur dieses Instrument primärrechtlich verankert, auch die europarechtliche Verbindlichkeit als förmliche EU-Verordnung und das besondere Verfahren zur Verabschiedung des Finanzrahmens sind nunmehr im Vertrag von Lissabon vorgegeben (Tab. 2.1).

Da die IIV seit der Einführung der neuen haushaltspolitischen Instrumente eng mit den Verhandlungen über den mehrjährigen Finanzrahmen verknüpft war, wurden bislang fünf haushaltspolitische IIV's vereinbart, mit denen das jeweilige Gesamtvolumen und die Obergrenzen der jährlichen Haushalte und für die einzelnen Ausgabeprioritäten für die Laufzeit des Finanzrahmens zwischen den Organen fixiert wurden.

2.1.2 Der Eigenmittelbeschluss

Werden mit dem mehrjährigen Finanzrahmen (bzw. der Finanziellen Vorausschau) das Gesamtvolumen der Ausgabenpolitik der Europäischen Union in mittelfristiger Perspektive festgelegt, so wird auf der Einnahmenseite mit dem Eigenmittelbeschluss eine Obergrenze für das der EU maximal zur Verfügung stehende Finanzvolumen gezogen. Darüber hinaus werden weitere Einzelheiten zur Berechnung einzelner Eigenmittelquellen sowie der besondere Korrekturmechanismus zugunsten des Vereinigten Königreichs in diesen Eigenmittelbeschlüssen geregelt.

Das europäische Vertragsrecht bezeichnet die Einnahmen der EU als „Eigenmittel", ohne jedoch diesen Begriff näher zu definieren, zu konkretisieren oder die unterschiedlichen Arten der EU-Eigenmittel explizit zu benennen. In Artikel 311 AEUV wird lediglich das Verfahren zur Bestimmung der Eigenmittel festgelegt. Die Definition der Einnahmequellen der EU erfolgt in einem sogenannten Eigenmittelbeschluss. Nicht im europäischen Vertragsrecht, sondern in diesen

Tab. 2.1 Die Interinstitutionellen Vereinbarungen und die besondere Verordnung zur Implementierung des mehrjährigen Finanzrahmens

Titel	Verabschiedung	Verhandlungsdauer	Fundstelle	Länge
Interinstitutionelle Vereinbarung über die Haushaltsdisziplin und die Verbesserung des Haushaltsverfahrens	29.06.1988	4 Monate (Feb. 1988–Juni 1988)	ABl. L 185/33 vom 15.7.1988	19 Ziffern
Interinstitutionelle Vereinbarung über die Haushaltsdisziplin und die Verbesserung des Haushaltsverfahrens	29.10.1993	11 Monate (Dez. 1992–Okt. 1993)	ABl. C 331/1 vom 7.12.1993	25 Ziffern, 3 Anhänge, 9 Erklärungen
Interinstitutionelle Vereinbarung über die Haushaltsdisziplin und die Verbesserung des Haushaltsverfahrens	06.05.1999	2 Monate (März 1999–Mai 1999)	ABl. C 172/1 vom 18.6.1999	40 Ziffern, 6 Anhänge, 9 Erklärungen
Interinstitutionelle Vereinbarung über die Haushaltsdisziplin und die wirtschaftliche Haushaltsführung	17.05.2006	6 Monate (Dez. 2005–Mai 2006)	ABl. C 139/1 vom 14.6.2006	49 Ziffern, 4 Anhänge, 13 Erklärungen
Verordnung zur Festlegung des mehrjährigen Finanzrahmens für die Jahre 2014–2020 & Interinstitutionelle Vereinbarung über die Haushaltsdisziplin, die Zusammenarbeit im Haushaltsbereich und der wirtschaftlichen Haushaltsführung	02.12.2013	10 Monate (Febr. 2013–Dez. 2013)	ABl. L 347/884 vom 20.12.2013 & ABl. C 373/1 vom 20.12.2013	26 Artikel, 1 Anlage, 6 Erklärungen & 33 Ziffern 1 Anhang

Beschlüssen werden die unterschiedlichen Eigenmittelkategorien der EU konkretisiert, deren Anteil an der Finanzierung festgelegt und die Lastenverteilung zwischen den Mitgliedstaaten geregelt.

Mit dem ersten Eigenmittelbeschluss vom 21. April 1970[24] wurden die ersten Eigenmittelkategorien definiert. Dazu gehörten Abschöpfungen, Zusatz- oder Ausgleichbeträge sowie andere Abgaben und Zolleinnahmen auf den Warenverkehr der Gemeinschaft mit Nichtmitgliedstaaten, die deshalb auch dem Gemeinschaftshaushalt zustehen sollten. Dieser erste Eigenmittelbeschluss des Rates wurde entsprechend der Regelung des EWG-Vertrags nach Anhörung des Europäischen Parlaments einstimmig gefasst und von den nationalen Parlamenten der Mitgliedstaaten nach den jeweiligen nationalstaatlichen verfassungsrechtlichen Vorschriften ratifiziert. Auch alle nachfolgenden Eigenmittelbeschlüsse wurden nach diesem besonderen Beschlussverfahren verabschiedet. Zuletzt hat der Vertrag von Lissabon dieses Verfahren in Artikel 311 AEUV bestätigt.

In den nachfolgenden Beschlüssen wurde das Eigenmittelsystem der EU kontinuierlich weiter ausdifferenziert. Dabei folgten sie in der Regel den Vorgaben, die die Staats- und Regierungschefs im Zuge ihrer politischen Einigung auf den mehrjährigen Finanzrahmen vereinbart hatten. Insgesamt wurden seit 1970 bis heute sechs Eigenmittelbeschlüsse gefasst, in denen Art und Umfang der Einnahmen des EU-Haushalts ebenso wie eine Reihe von Sonder- und Rabattregelungen vereinbart wurden (Tab. 2.2).

Von zentraler Bedeutung der Eigenmittelbeschlüsse ist die verbindliche Festschreibung der sogenannten Eigenmittelobergrenze, also der Grenze, bis zu der die Mitgliedstaaten der EU Beiträge zur Verfügung stellen müssen, ohne den Eigenmittelbeschluss anpassen zu müssen und folglich ohne ihre nationalen Parlamente zu befragen. Diese Obergrenze wurde mit dem Eigenmittelbeschluss 1988 zunächst bei 1,15 % des Bruttosozialprodukts in Marktpreisen (BSP) der Europäischen Gemeinschaft festgesetzt und dann im Eigenmittelbeschluss vom Oktober 1994 schrittweise auf 1,27 % des BSP der EU-Mitgliedstaaten bis 1999 angehoben. Diese Eigenmittelobergrenze galt bis zum Jahr 2003 auf der Grundlage des Eigenmittelbeschlusses vom 29. September 2000 und wurde dann auf das Bruttonationaleinkommen (BNE) zu Marktpreisen umgestellt.[25] Die Obergrenze wurde für die Zahlungsermächtigungen aus dem EU-Haushalt auf 1,24 % des BNE der EU-Mitgliedstaaten festgelegt; für die Verpflichtungsermächtigungen liegt die Grenze seither bei 1,31 % des BNE der Mitgliedstaaten in der EU.

---

[24] Beschluss des Rates vom 21. April 1970 über die Ersetzung der Finanzbeiträge der Mitgliedstaaten durch eigene Mittel der Gemeinschaften, ABl. L 94 vom 28.4.1970, S. 19–22.

[25] Verordnung zur Harmonisierung der Bruttonationaleinkommen („BNE-Verordnung"), Nr. 1287/2003 vom 15. Juli 2003, ABl. L 181 v. 19.7.2003, S. 1–3.

Tab. 2.2 Die wichtigsten Regelungen der Eigenmittelbeschlüsse

Eigenmittelbeschluss	Regelungen
1. Eigenmittelbeschluss vom 21. April 1970 ABl. L 94 v. 28.4.1970, S. 19–22	Einführung der traditionellen Eigenmittel (Zölle, einschließlich Agrarabschöpfungen, und Zuckerabgabe)
	schrittweise Einführung der Mehrwertsteuer-Eigenmittel (max. 1 % der harmonisierte Bemessungsgrundlage) zur Restfinanzierung des Haushalts
2. Eigenmittelbeschluss vom 7. Mai 1985 ABl. L 128 v. 14.5.1985, S. 15–17	Beibehaltung der Eigenmittelobergrenze
	Erhöhung der Obergrenze der Mehrwertsteuer-Eigenmittel auf 1,4 % der harmonisierten Bemessungsgrundlage
	Einführung eines gesonderten Korrekturmechanismus zugunsten Großbritanniens (VK-Korrektur)
3. Eigenmittelbeschluss vom 24. Juni 1988 ABl. L 185 v. 15.7.1988, S. 24–28	Festlegung der Eigenmittelobergrenze auf 1,15 % des EU-BSP und danach schrittweise Erhöhung der Obergrenze auf 1,20 % des EU-BSP
	Einführung der neuen BSP-Eigenmittelquelle als „Auffüll-Finanzierung“ des von den anderen Eigenmitteln nicht abgedeckten Finanzierungsbedarfs
	Kappung der harmonisierten Bemessungsgrundlage der Mehrwertsteuer-Eigenmittel auf maximal 55 % des jeweiligen Bruttosozialprodukts als Ausgleich der regressiven Wirkung
4. Eigenmittelbeschluss vom 31. Oktober 1994 ABl. L 293 v. 12.11.1994, S. 9–13	Stufenweise Anhebung der Eigenmittelobergrenze auf 1,27 % des EU-BSP
	Stufenweise Reduzierung der Kappungsgrenze der Bemessungsgrundlage der Mehrwertsteuer-Eigenmittel auf 50 % zugunsten der Kohäsionsländer und schrittweise Senkung des maximalen Abrufsatzes auf 1 %
5. Eigenmittelbeschluss vom 29. September 2000 ABl. L 253 v. 7.10.2000, S. 42–46	Beibehaltung der Eigenmittelobergrenze; aber Umstellung von BSP auf BNE als Bemessungsgrundlage
	Weitere Reduzierung des Abrufsatzes der Mehrwertsteuer-Eigenmittel auf 0,5 % der Bemessungsgrundlage
	Erhöhung des nationalen Einbehaltsatzes für die Erhebungskosten der traditionellen Eigenmittel von 10 % auf 25 %
	Anpassung des VK-Korrekturmechanismus (keine Einbeziehung der Kosten der EU-Osterweiterung)
	25 %-Rabatt zugunsten Deutschland, Schweden und der Niederlande auf die Finanzierung der VK-Korrektur

Tab. 2.2 (Fortsetzung)

Eigenmittelbeschluss	Regelungen
6. Eigenmittelbeschluss vom 7. Juni 2007 ABl. L 163 v. 23.6.2007, S. 17–21	Beibehaltung der Eigenmittelobergrenze von 1,24 % des EU-BNE
	Reduzierung des Abrufsatzes der Mehrwertsteuer-Eigenmittel auf 0,3 % der Bemessungsgrundlage
	Sonderregelungen für Österreich, Deutschland, Schweden und Niederlande beim Abrufsatz der MwSt-Eigenmittel
	Pauschale Reduzierung der BNE-Eigenmittel zugunsten Schwedens und der Niederlande
	Modifizierung des VK-Korrekturmechanismus

Der Eigenmittelbeschluss vom 7. Juni 2007[26] regelte die Finanzierung des EU-Haushalts für die Laufzeit des Finanzrahmens vom 1. Januar 2007 bis zum 31. Dezember 2013 und fixierte die prozentuale Eigenmittelobergrenze, bis zu der die Mitgliedstaaten der EU maximal Finanzmittel zur Verfügung stellen müssen bei weiterhin 1,24 % des BNE der EU-Mitgliedstaaten für die Zahlungen bzw. 1,31 % für Verpflichtungsermächtigungen. Auch für den neuen Finanzrahmen 2014–2020 hatte die Europäische Kommission einen Entwurf für einen neuen Eigenmittelbeschluss vorgelegt, in dem die Maximalgrenze der an die EU abzuführenden Eigenmittel bestätigt wurde.[27] Die Kommission hatte vorgeschlagen, das Eigenmittelsystem grundlegend umzugestalten. Sie wollte zwei neue Eigenmittelquellen einführen, eine europäische Finanztransaktionssteuer und einen neuen europäischen Anteil am Mehrwertsteueraufkommen, mit denen zusammen bis zu 41 % des EU-Budgets finanziert werden sollten. Sie versuchte damit implizit den Grundstein für eine EU-Steuer zu legen und zugleich die Bedeutung der BNE-Eigenmittel zu reduzieren. Allerdings folgten die Mitgliedstaaten in den Verhandlungen zum MFR 2014–2020 diesen Überlegungen der Kommission nicht und beschlossen, weitgehend am bestehenden Eigenmittelsystem und seinen Kategorien festzuhalten.[28] Das Legislativverfahren ist allerdings noch nicht abgeschlossen.

[26] Beschluss des Rates vom 7. Juni 2007 über das System der Eigenmittel der Europäischen Gemeinschaften, Amtsblatt der Europäischen Union, L 163 vom 23.6.2007, S. 17–21.

[27] Vgl. Europäische Kommission, Vorschlag für einen Beschluss des Rates über das Eigenmittelsystem der Europäischen Union, KOM (2011) 510 endg. vom 29.6.2011.

[28] Vgl. hierzu Kap. 3.7.

Die Eigenmittelobergrenze wird seit Mitte der neunziger Jahre in den Fixierungen des mehrjährigen Finanzrahmens und in den jährlichen Haushaltsplänen der EU regelmäßig deutlich unterschritten. Heute beinhaltet der Eigenmittelbeschluss neben der Festlegung der Eigenmittelobergrenze, der Einnahmequellen[29] und deren Anteil an den gesamten Finanzierungskosten der EU auch eine Vielzahl von Sonderregelungen zugunsten einzelner Mitgliedstaaten. Die wohl bekannteste Sonderregelung ist die „Korrektur der Haushaltsungleichgewichte zugunsten des Vereinigten Königreichs", der sogenannte Britenrabatt oder VK-Rabatt. Dieser Haushaltskorrekturmechanismus garantiert Großbritannien eine Rückerstattung seiner Beitragszahlungen in Höhe von rund 66 % seines in einem Haushaltsjahr festgestellten Nettosaldo, also die Differenz zwischen seinem Finanzierungsanteil und den Rückflüssen aus dem EU-Haushalt.[30]

Mit dem Eigenmittelbeschluss und dem Hinweis auf die Achtung der Haushaltsdisziplin haben die Mitgliedstaaten eine maximale Obergrenze für die Finanzmittel fixiert, die sie bereit sind der EU zur Verfügung zu stellen. Zudem wird die EU dazu verpflichtet diese Gelder sehr sparsam auszugeben. Die Eigenmittelobergrenze bildet somit das zentrale haushaltspolitische Instrument der Mitgliedstaaten zur Begrenzung ihrer Finanzierungslasten, denn er bietet ihnen mit der Festlegung des maximal möglichen Haushaltsvolumens eine relative Vorhersehbarkeit und Planungssicherheit für die Gelder, die sie aus ihren nationalen Haushalten an das EU-Budget abführen müssen. Auf der Einnahmenseite des EU-Haushalts dominieren demnach die Mitgliedstaaten; das zweistufige Entscheidungsverfahren mit einstimmiger Beschlussfassung im Ministerrat und der Ratifizierung durch die nationalen Parlamente sichert ihnen eine doppelte Veto-Möglichkeit. Das Europäische Parlament wird gemäß Art. 311 AEUV lediglich angehört.

2.1.3 Die Jahreshaushalte der EU

Der jährliche Haushalt ist ein weiterer zentraler Baustein in der Haushalts- und Finanzverfassung der Europäischen Union. Der Jahreshaushalt wird von Rat und Europäischem Parlament gemeinsam verabschiedet; die beiden Organe bilden seit der ersten Reform des europäischen Haushaltssystems durch den Europäischen Rat in Luxemburg 1970 gemeinsam die europäische Haushaltsbehörde. Sie müssen sich an den Vorgaben des mehrjährigen Finanzrahmens orientieren und dürfen nicht die dort festgelegten Grenzen für die einzelnen Haushaltsrubriken

---

[29] Zu den verschiedenen Eigenmittelquellen vgl. das nachfolgende Kap. 2.2.1.

[30] Ausführlich zum britischen Beitragsrabatt auch Kap. 2.2.2.

überschreiten. Für das Haushaltsjahr 2013 wurden inklusive der Nachtragshaushalte rund 148,6 Mrd. € für Verpflichtungsermächtigungen und 140,9 Mrd. € für Zahlungsermächtigungen veranschlagt.

Das jährliche Haushaltsverfahren war im Gegensatz zum Finanzrahmen seit 1957 im EWG-Vertrag in Teil 5 (Art. 199–209) geregelt. Dort wurden auch bereits das Entscheidungsverfahren und die zentralen Haushaltsgrundsätze detailliert beschrieben. Diese Grundsätze blieben im Kern seither unverändert; lediglich das Entscheidungsverfahren zur Verabschiedung der Jahreshaushalte wurde mit dem Vertrag von Lissabon grundlegend reformiert.[31] Aufgegeben wurde im Vertrag von Lissabon die bisherige Unterscheidung zwischen obligatorischen und nichtobligatorischen Ausgaben der EU. Durch den Verzicht auf diese Kategorisierung der Ausgaben wurde das Europäische Parlament in seinen Mitwirkungsmöglichkeiten und Mitentscheidungsrechten beim jährlichen Haushaltsverfahren gestärkt und ein latenter Konfliktherd zwischen Europäischem Parlament und Ministerrat endgültig beigelegt, insbesondere in Bezug auf die Agrarausgaben.

Das überaus komplexe Verfahren zur Verabschiedung der Jahreshaushalte im Wechselspiel zwischen Ministerrat und Europäischem Parlament wird in Artikel 314 AEUV geregelt. Dort werden ausführlich die Fristen und Termine im Zeitraum vom 1. September bis zum 31. Dezember zur Verabschiedung des jährlichen Budgets festgelegt. Die Europäische Kommission beginnt das Verfahren damit, dass sie auf der Grundlage der Voranschläge aller EU-Organe (mit Ausnahme der Europäischen Zentralbank) bis spätestens zum 1. September einen Haushaltsplan für das nächste Jahr erarbeitet und diesen Plan zunächst dem Ministerrat zuleitet. Der Rat muss seinen Standpunkt zum Haushaltsvorentwurf der Kommission festlegen und spätestens bis zum 1. Oktober dem Europäischen Parlament zuleiten. Darin kann der Rat Änderungen am Vorschlag der Kommission vorschlagen, die er in seinem Standpunkt begründen muss.[32] Das Europäische Parlament hat dann 42 Tage Zeit (d. h. bis spätestens zum 13. November), um seinerseits zu dem Standpunkt des Rates Stellung zu nehmen. Sofern das EP den Standpunkt des Rates bestätigt oder keinen Beschluss fasst, gilt der Haushaltsplan nach dieser ersten Lesung mit den Änderungen des Rates als angenommen und kann zum 1. Januar des Folgejahres in Kraft treten. Sollte das Parlament aber mit der Mehrheit seiner Mitglieder Änderungen an der Stellungnahme des Rates beschließen, kann der Rat diese Änderungen innerhalb von 10 Tagen wiederum mit qualifizierter Mehrheit akzeptieren. Ist dies nicht der Fall, berufen der Präsident des EP und des Rates umgehend einen Ver-

---

[31] Vgl. auch Kap. 2.1.4.

[32] Hier kommt die grundsätzliche Regelung nicht zur Anwendung, nach der der Rat nur einstimmig im Rechtssetzungsverfahren einen Vorschlag der Kommission abändern kann (Artikel 293 AEUV). Der Rat kann demzufolge Änderungen am Vorschlag eines Haushaltsplans der Kommission mit qualifizierter Mehrheit beschließen.

mittlungsausschuss ein. Dieses Vermittlungsgremium setzt sich aus jeweils einem Vertreter aus jedem Mitgliedstaat und der gleichen Anzahl an Europaparlamentariern zusammen; auch Vertreter der EU-Kommission nehmen an den Sitzungen teil, ohne allerdings an Abstimmungen teilnehmen zu dürfen. Der Vermittlungsausschuss soll innerhalb von 21 Tagen nach seiner Einberufung einen Kompromiss auf der Grundlage des Standpunktes des Rates und der Position des Parlamentes vereinbaren, der mit der qualifizierten Mehrheit der Ratsmitglieder und der Mehrheit der Parlamentarier im Vermittlungsausschuss angenommen werden muss und dem beide Organe dann noch zustimmen müssen. Kommt der Ausschuss allerdings nicht zu einer Verständigung, muss die Kommission einen neuen Entwurf für einen Haushaltsplan vorlegen. Konnte sich der Vermittlungsausschuss auf einen gemeinsamen Kompromiss verständigen, müssen Rat und Parlament innerhalb von 14 Tagen, also bis spätestens zum 18. Dezember, diesen Entwurf annehmen oder ablehnen. Der Rat entscheidet dabei erneut mit qualifizierter Mehrheit und das Parlament mit der Mehrheit seiner Mitglieder. Wenn beide Organe den Kompromiss billigen, gilt der Haushaltsplan als angenommen; lehnt das Parlament den Kompromiss ab, während der Rat das Ergebnis des Vermittlungsausschusses billigt, ist der Entwurf gescheitert und die Kommission muss einen neuen Entwurf vorlegen. Billigt allerdings das EP den Kompromiss, während der Rat ablehnt, hat das EP die Möglichkeit innerhalb von 14 Tagen seine Position mit einer 3/5-Mehrheit der abgegebenen Stimmen zu bestätigen. In diesem Fall gilt der Haushaltsplan als erlassen. Die Parlamentarier können in diesem letzten Verfahrensschritt in der Auseinandersetzung mit dem Rat sogar ihre ursprünglichen Änderungswünsche der ersten Lesung erneut vorbringen und durchsetzen. Wenn sich die Vertreter der beiden Organe im Vermittlungsausschuss nicht auf einen gemeinsamen Entwurf eines Budgets verständigen können, muss die Europäische Kommission einen neuen Haushaltsplan vorlegen und das Verfahren beginnt von vorne (Abb. 2.1). Für den Fall, dass zu Jahresbeginn noch keine Einigung auf einen Jahreshaushalt vorliegt, werden gemäß Artikel 315 AEUV die monatlichen Ausgaben für jedes Kapitel des Haushaltsplans bis zur Höhe eines Zwölftels des betreffenden Haushaltskapitels fortgeschrieben. Mit dieser Zwölftelregelung soll für den Konfliktfall zwischen Rat und Parlament im Jahreshaushaltsverfahren zumindest die vorübergehende Funktionalität der EU gewährleistet werden.

Mit dem Vertrag von Lissabon wurde dieses jährliche Haushaltsverfahren somit an das übliche Gesetzgebungsverfahren, das Mitentscheidungsverfahren, angenähert.[33] So findet seither nur noch eine Lesung an Stelle von zuvor zwei Lesungen des Haushaltsentwurfs der EU-Kommission statt und das förmliche Vermittlungs-

[33] Giacomo Benedetto/Bjorn Hoyland, The EU Annual Budgetary Procedure: The Existing Rules and Proposed Reforms of the Convention and the Intergovernmental Conference, in: JCMS, 2007, Vol. 45, No. 3, S. 565–587.

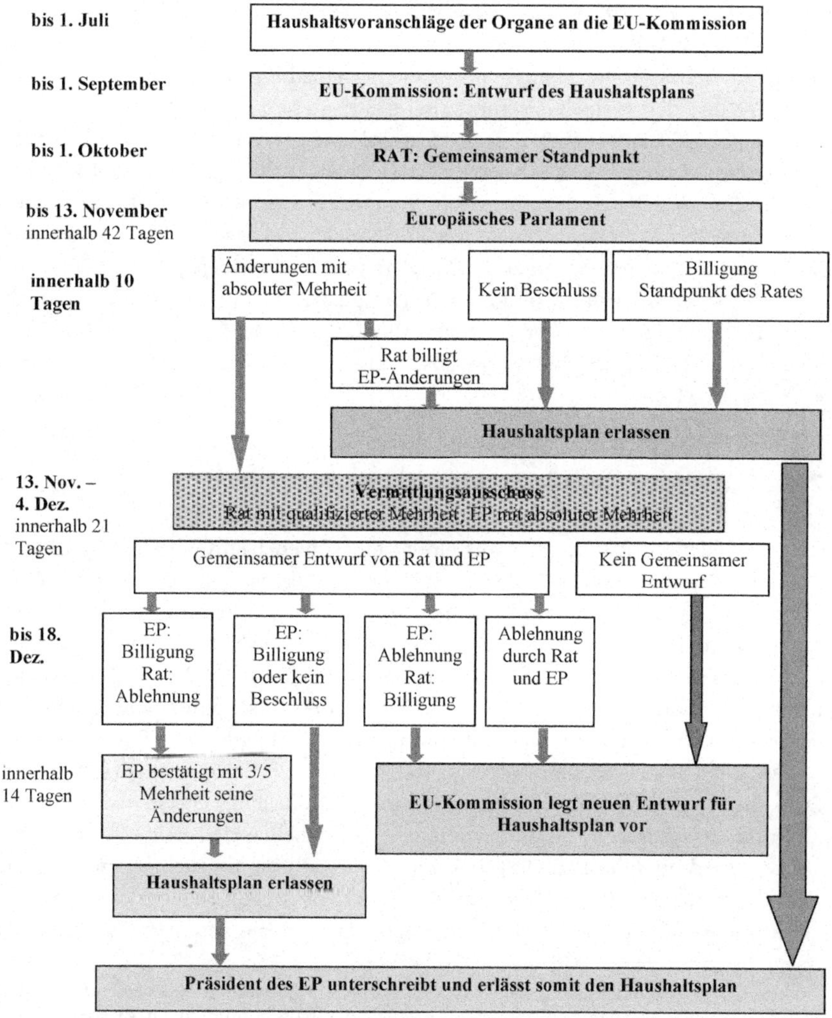

Abb. 2.1 Das Verfahren zur Verabschiedung des jährlichen Haushalts nach Artikel 314 AEUV

verfahren wurde neu eingeführt. Rat und Europäisches Parlament sind nunmehr wirklich gleichberechtigte Teile der europäischen Haushaltsbehörde, wobei die Stellung des Europäischen Parlaments gegenüber dem Rat gestärkt wurde. Für den

Abschluss des jährlichen Haushaltsverfahrens ist in jedem Fall die Zustimmung des Europäischen Parlaments erforderlich und die Unterzeichnung des Haushalts erfolgt durch dessen Präsidenten. Bei der Verabschiedung des jährlichen Haushalts hat also zumindest formell das Europäische Parlament das letzte Wort.

Dies bedeutet umgekehrt, dass das Europäische Parlament in diesem Fall auch die Verantwortung für das Scheitern des Haushaltsverfahrens und damit womöglich für eine unsichere oder gar prekäre budgetäre Ausstattung der Europäischen Union tragen muss. Die Übernahme von zusätzlichen Entscheidungsrechten und Einflussmöglichkeiten bedeutet also zugleich auch die Übernahme zusätzlicher politischer Verantwortung und verstärkt implizit den Einigungswillen und die Kompromissbereitschaft aller Akteure. Allerdings wurde das faktische Patt zwischen Rat und Parlament bei der Verabschiedung des jährlichen EU-Budgets nicht wirklich aufgelöst.

2.1.4 Weitere Haushaltsgrundsätze

Im Verlauf der schrittweisen Herausbildung eines eigenen europäischen Haushalts- und Finanzsystems seit 1970 wurden spezifische Haushaltsgrundsätze entwickelt, die sich im europäischen Primärrecht, also im Vertrag von Lissabon[34], und insbesondere in der europäischen Haushaltsordnung[35] wiederfinden. Hierzu gehören die Grundsätze der Einheit und Vollständigkeit des Haushalts, der Jährlichkeit, das Prinzip des Haushaltsausgleichs bzw. das Verbot der Verschuldung, der Grundsatz der Wirtschaftlichkeit der Haushaltsführung, die Festlegung des Euro als Rechnungseinheit sowie regelmäßige Trilogtreffen zwischen Europäischem Parlament, Europäischer Kommission und Rat im Rahmen des jährlichen Haushaltsverfahrens.

Konkretisiert werden diese Prinzipien der ordentlichen Haushaltsführung in der Haushaltsordnung der EU. Diese besondere Verordnung wurde bis zum 1. Januar 2007 einstimmig im Rat nach Anhörung des Parlaments und einer Stellungnahme des Europäischen Rechnungshofes verabschiedet. Das Einstimmigkeitserfordernis

[34] Die besonderen Regelungen zur Finanzierung von Maßnahmen in der Gemeinsamen Außen- und Sicherheitspolitik (GASP) wurden ebenfalls übernommen. In Artikel 41 EUV wird dabei zwischen Verwaltungsausgaben und operativen Ausgaben unterschieden; während die Verwaltungskosten der GASP aus dem EU-Haushalt finanziert werden, können die Ausgaben für operative Maßnahmen nach einem einstimmigen Beschluss des Rates auch nach einem alternativen Verfahren außerhalb des EU-Haushalt finanziert werden. Gänzlich von der Finanzierung aus dem EU-Haushalt ausgenommen sind Maßnahmen mit militärischen oder verteidigungspolitischen Bezügen.

[35] Verordnung 966/2012 des Europäischen Parlaments und des Rates vom 25. Oktober 2012 über die Haushaltsordnung für den Gesamthaushaltsplan der Union und zur Aufhebung der Verordnung Nr. 1605/202 des Rates, in: ABl. L 298 vom 26.10.2012, S. 1–96.

wurde erst mit dem Vertrag von Nizza in Abstimmungen mit qualifizierter Mehrheit abgeändert - als einzige Regelung des europäischen Haushaltsverfahrens.[36] Die Haushaltsordnung enthält alle Grundsätze und Regeln, die für eine ordentliche und rechtmäßige Ausführung des Haushaltsplans der Union erforderlich sind. Sie gilt für sämtliche Ausgabenbereiche und Einnahmen. Sie wird regelmäßig alle drei Jahre überprüft und wenn notwendig überarbeitet.

Die fünf wichtigsten Grundsätze des europäischen Budgetrechts sind:

1. Das Prinzip der Einheit und der Vollständigkeit, nachdem alle Einnahmen und Ausgaben des jährlichen Haushalts in einem Gesamtdokument zusammenzustellen sind.
2. Das Prinzip der Jährlichkeit, das besagt, dass alle Einnahmen und Ausgaben für ein Haushaltsjahr, das einem Kalenderjahr entspricht, veranschlagt werden müssen. Auch um die EU-Mehrjahresprogramme in den verschiedensten Politikbereichen mit dem Grundsatz der Jährlichkeit in Einklang zu bringen, wird im Jahresbudget deshalb zwischen Verpflichtungsermächtigungen und Zahlungsermächtigungen unterschieden. Die eingegangenen und rechtlich verbindlichen Verpflichtungsermächtigungen der EU können sich allerdings über mehrere Haushaltsjahre erstrecken. Die Zahlungsermächtigungen des jährlichen Haushalts decken hingegen das Ausgabenvolumen ab, das im Verlauf des Haushaltsjahres tatsächlich abfließt.
3. Das Prinzip des Haushaltsausgleichs und der Vorherigkeit, nachdem die Summe aller Ausgaben der Summe aller Einnahmen entsprechen muss und alle Einnahmen und Ausgaben jeweils im Voraus festgelegt werden müssen. Die EU kann also kein Haushaltsdefizit ausweisen.
4. Der Grundsatz der Spezialität besagt, dass die Haushaltsmittel jeweils getrennt und entsprechend ihrer vorab festgelegten Zweckbestimmung in den jährlichen Haushaltsplan eingestellt werden müssen und dass Übertragungen nicht möglich sind.
5. Das Prinzip der Wirtschaftlichkeit gibt vor, dass für die Einstellung der Ausgaben vorab eine Kosten-Nutzen-Abwägung vorgenommen werden soll.

Hinzu kommen weitere Vorgaben, wie die zu verwendende Rechnungseinheit, der Euro, oder die Unterscheidung von Verpflichtungs- und Zahlungsermächtigungen. Von besonderer Bedeutung ist das Prinzip der Wirtschaftlichkeit der Haushaltsführung und der Haushaltsdisziplin. Der Grundsatz der Wirtschaftlichkeit, der mit dem Maastrichter Vertrag erstmals eingefügt wurde und der heute in Artikel

[36] So in Artikel 279 EGV des Vertrags von Nizza festgeschrieben.

317 AEUV auch primärrechtlich verankert ist, besagt, dass die Haushaltsführung der EU stets das Gebot der Sparsamkeit beachten muss. Darüber hinaus wird die Europäische Kommission durch diesen Grundsatz dazu verpflichtet, für alle vorgesehenen Maßnahmen und Initiativen eine angemessene finanzielle Absicherung auszuweisen. Hierfür muss zudem für alle Ausgaben aus dem EU-Budget eine Rechtsgrundlage vorliegen.

2.1.5 Zwischenfazit: Komplexes Geflecht von Instrumenten und Akteuren

Das besondere Zusammenspiel der drei vorgestellten zentralen Elemente der europäischen Haushalts- und Finanzverfassung gestattet der Europäischen Union bislang, die sehr unterschiedlichen und häufig gegensätzlichen Interessen und Ziele aller beteiligten Akteure und Organe in einem überaus komplizierten und langwierigen Verhandlungsprozess auszubalancieren. Bis zur schrittweisen Etablierung dieses Systems seit 1988 war die Verabschiedung der jährlichen Haushalte in zähen und häufig erfolglosen Verhandlungen zwischen Ministerrat und Europäischem Parlament an seine Grenzen gestoßen. Seither wurde das institutionelle Gleichgewicht im Bereich der Budgetpolitik in direkten Verhandlungen über das neue Instrument des mehrjährigen Finanzrahmens zwischen den drei EU-Organen austariert.

Mit Hilfe des zunächst politisch-informellen Instrumentariums des mehrjährigen Finanzrahmens verbunden mit einer Interinstitutionellen Vereinbarung konnten die institutionellen Konflikte in der Gemeinschaft losgelöst von den primärrechtlichen Prämissen des EG-Vertrags beigelegt werden. In der IIV konnte das Europäische Parlament in einigen Bereichen weitergehende Einflussmöglichkeiten aushandeln, als ihm nach dem EG-Vertrag eigentlich zugestanden hätten, wie z. B. die Mitsprache über die Höhe der obligatorischen Gemeinschaftsausgaben. Umgekehrt verzichtete es aber auf die maximale Ausübung seiner haushaltspolitischen Mitwirkungsmöglichkeiten und verpflichtete sich seinerseits in der Vereinbarung auf eine Reihe von Selbstbeschränkungen. Dazu gehörte die vorweggenommene Akzeptanz des maximalen Jahreshaushaltsvolumens, die verbindliche Verteilung auf Haushaltsrubriken und die Festlegung von Teilobergrenzen für die gesamte Laufzeit des Finanzrahmens.

Die Mitgliedstaaten im Ministerrat gewährten zwar dem Europäischen Parlament mehr Mitspracherechte und der Europäischen Kommission mit der Vorlage des Vorschlags für den mehrjährigen Finanzrahmen große informelle Einflussmöglichkeiten. Dennoch bewahrten sie sich mit dem Eigenmittelbeschluss die abschließende Entscheidung über das maximal der Europäischen Union zur Verfügung stehende Finanzvolumen. Dieses Letztentscheidungsrecht über die finanzielle Ausstattung des EU-Haushalts sicherten sie mit dem Festhalten an der einstimmigen Beschlussfassung und der nationalen Ratifizierung der Eigenmittelbeschlüsse doppelt ab.

Mit der Aufnahme dieser in mehreren Verhandlungsrunden bewährten Instrumente und Strukturen in das europäische Vertragsrecht durch den Vertrag von Lissabon wurde die höchst komplexe, aber fein austarierte Machtbalance zwischen den Mitgliedstaaten und zwischen den europäischen Organen bestätigt und fortgeschrieben und blieb im Grundsatz unangetastet.

2.2 Die Einnahmenseite – Das Eigenmittelsystem der EU

Das System zur Finanzierung des EU-Haushalts hat sich langsam und schrittweise seit dem ersten Eigenmittelbeschluss 1970 herausgebildet. Obgleich das „Eigenmittelsystem" der EU die vorrangige Funktion übernehmen soll, die Finanzierung der EU-Politiken und Aufgaben sicherzustellen und zugleich gerecht, transparent, kosteneffizient und einfach zu sein[37], ist dieses System heute äußerst komplex und intransparent. Denn zur Finanzierung des EU-Budgets werden inzwischen drei unterschiedlichen Einnahmequellen genutzt, die ihrerseits über komplizierte Berechnungs- und Ausgleichsmechanismen ermittelt werden. Durch eine ganze Reihe von Sonder- und Ausnahmeregelungen und insbesondere einen besonderen Korrekturmechanismus zum Vorteil Großbritanniens wird das System noch erheblich komplizierter.

Der zentrale Grundsatz für die Einnahmenseite des europäischen Haushalts ist das Prinzip des Haushaltsausgleichs. Diese in Artikel 310 AEUV verankerte Vorgabe besagt, dass der Haushaltsplan auf der Einnahme- und der Ausgabenseite den gleichen Betrag ausweisen muss; der Haushalt muss in seinen Einnahmen und Ausgaben ausgeglichen sein. Um diesen Grundsatz einhalten zu können und um die selbst gesteckten Ziele erreichen und die eigenen Politiken durchführen zu können, stattet sich die Union mit den erforderlichen Mitteln aus (Artikel 311, Satz 1 AEUV). Die Finanzausstattung des EU-Budgets ist also im europäi-

[37] Diese Kriterien hatte der Europäische Rat in Berlin formuliert. Vgl. Schlussfolgerungen des Vorsitzes, Europäischer Rat in Berlin, 24. und 25.3.1999, Ziffer 70. Die Kriterien fanden auch Eingang in den Eigenmittelbeschluss vom 29.9.2000.

schen Primärrecht unauflöslich mit der Festlegung der Ziele und Prioritäten auf der Ausgabenseite verknüpft.

Zugleich schreibt das europäische Vertragsrecht vor, dass der Haushalt der Europäischen Union vollständig aus eigenen Mitteln finanziert werden muss. Diese eigenen Mittel werden nach einem besonderen Verfahren in den Eigenmittelbeschlüssen definiert und gewichtet. Die Mitgliedstaaten erheben die Finanzbeiträge und führen sie an den Unionshaushalt ab. Eine zusätzliche Finanzierung der EU durch Anleihen, Kredite oder andere Formen der Schuldenaufnahme ist gemäß Artikel 311 AEUV nicht möglich. Durch das besondere Verfahren zur Verabschiedung der Eigenmittelbeschlüsse verfügen die Mitgliedstaaten über das Letztentscheidungsrecht über die maximal der EU zur Verfügung stehenden Finanzressourcen.

Zwar war die Finanzierung von EG bzw. EU durch eigene Mittel im Grundsatz bereits seit 1958 in den Römischen Verträgen verankert, aber dennoch wurde der Haushalt in den ersten Jahren des Integrationsprozesses überwiegend durch Beiträge der Mitgliedstaaten finanziert. Ursprünglich regelte der EWG-Vertrag in Artikel 200 die Finanzierung der Gemeinschaft durch Finanzbeiträge der Mitgliedstaaten, die nach einem prozentualen Finanzierungsschlüssel geleistet werden mussten. Danach mussten die großen Mitgliedstaaten in der Sechser-Gemeinschaft, die Bundesrepublik, Frankreich und Italien, jeweils 28 % des Haushalts finanzieren, Belgien und die Niederlande je 7,9 % und Luxemburg 0,2 %.[38] Eine Änderung dieser Aufteilung der Finanzierungslasten des Gemeinschaftshaushalts war nur einstimmig möglich. Zudem unterschieden sich die Finanzregeln der ersten Integrationsgemeinschaften; so wurden die nationalen Beiträge der EWG anders errechnet, als zur EURATOM-Gemeinschaft. Im Gegensatz dazu ermächtigte der Vertrag über die Europäische Gemeinschaft für Kohle und Stahl (EGKS) in Artikel 49 die Kommission zur Erhebung der sogenannten Montanumlage und zu Anleihen entsprechend der jeweiligen nationalen Eisen- und Stahlproduktion sowie Kohleförderung.[39]

In Artikel 201 EWG-Vertrag wurde jedoch bereits die Ersetzung der mitgliedstaatlichen Finanzierungsbeiträge durch eigene Mittel vorgegeben, insbesondere durch die Einnahmen aus dem gemeinsamen Zolltarif. 1965 scheiterte ein erster Versuch, die Einnahmen aus Zöllen und Agrarabschöpfungen dem Gemeinschaftshaushalt zuzuführen, am Widerstand Frankreichs. Die Europäische Kommission

---

[38] Für den 1957 ebenfalls neu geschaffenen Europäischen Sozialfonds wurde ein anderer Finanzierungsschlüssel vereinbart.

[39] Vgl. Antje Draheim, Probleme der finanzpolitischen Willensbildung in Europa. Eine kritische Analyse der europäischen Haushalts- und Finanzverfassung, Frankfurt/M. 2004, S. 128 ff.

unter ihrem Präsidenten Walter Hallstein hatte vorgeschlagen, zeitgleich zur Einführung des gemeinsamen Zolltarifs der Gemeinschaft zum 1. Juli 1967 die Finanzbeiträge der Mitgliedstaaten durch die Zolleinnahmen und durch Abschöpfungen auf Agrareinfuhren aus Drittstaaten zu ersetzen. Die Kommission verband ihren Vorschlag zur Vergemeinschaftung der Zolleinnahmen mit der Übertragung weitreichender Haushaltsbefugnisse und Kontrollrechte auf das Europäische Parlament. Diese Initiative wurde als „Test für die Bereitschaft der Mitgliedstaaten, die Institutionen der Gemeinschaften zu europäischen Organen als Keimzellen für eine europäische Föderation zu entwickeln“[40], interpretiert. Das Ergebnis des heftigen Konflikts über die Agrarmarktfinanzierung – und damit verbunden auch die Einführung der ersten Eigenmittel zu Gunsten des Gemeinschaftsbudgets – führte zur bis dahin größten Krise des europäischen Integrationsprozesses. Frankreich lehnte die Ausweitung der Haushaltsrechte des Europäischen Parlaments und die Anwendung von Mehrheitsabstimmungen bei der strittigen Finanzierungsfrage in der Agrarpolitik vehement ab und stand zugleich einer größeren haushaltspolitischen Autonomie der Europäischen Kommission durch die Schaffung eigener Einnahmen sehr skeptisch gegenüber. Da die Kommission ihre Vorschläge zur Lösung der für Frankreich wichtigen Agrarmarktfinanzierung nicht fristgerecht vorlegen konnte, die eng mit der Frage der Reform der Haushaltsfinanzierung und der Einführung der Eigenmittel verbunden war, rief die französische Regierung ihren Ständigen Vertreter bei den Europäischen Gemeinschaften aus Brüssel zurück nach Paris und boykottierte die Tagungen des Ministerrats. Diese französische „Politik des leeren Stuhls“ hielt Paris von Mitte 1965 bis Anfang 1966 durch. Erst der sogenannte „Luxemburger Kompromiss“ vom Januar 1966, in dem festgehalten wurde, dass auch in Fällen in denen der Rat mit qualifizierter Mehrheit entscheiden könnte, aber ein Mitgliedstaat die Beeinträchtigung „sehr wichtiger Interessen“ reklamiere, im Rat weiterverhandelt werden muss, ermöglichte eine vorläufige Einigung auf die Finanzierung der Agrarpolitik.[41]

Die schließlich gefundene Lösung zur Finanzierung der Gemeinsamen Agrarpolitik wurde bis zum 31. Dezember 1969 festgeschrieben und musste folglich im Jahr 1969 erneuert werden. Die Kommission hatte bereits im Juli 1969 in einer Mitteilung ihre Vorschläge zur Ersetzung der Finanzbeiträge der Mitgliedstaaten durch eigene Einnahmen der Gemeinschaft vorgelegt und sich dabei erneut für

[40] Herbert Müller-Roschach, Die deutsche Europapolitik 1949–1977. Eine politische Chronik, Bonn 1980, S. 157.

[41] Zur Einordnung dieser Krise und der „Politik des leeren Stuhl“ sh. Jean-Marie Palayret/Helen Wallace/Pascaline Winand (Hrsg.), Visions, votes and vetoes: the empty chair crisis and the Luxembourg compromise forty years on, Brüssel 2006.

die Erweiterung der Haushaltsbefugnisse des Europäischen Parlaments ausgesprochen. Das Gipfeltreffen der Staats- und Regierungschefs am 1. und 2. Dezember 1969 in Den Haag und die Verhandlungen im Ministerrat am 22. Dezember 1969 führten schließlich nach wiederum schwierigen und langen Verhandlungen zu einer endgültigen Lösung des Konflikts über die Agrarmarktordnung und schuf die Grundlage für die Umstellung auf ein neues „Eigenmittelsystem". Damit war die Kommission mit ihrem zweiten Versuch zur Reform der Finanzierung des EU-Haushalts erfolgreich. In diesem ersten Eigenmittelbeschluss des Rates vom 21. April 1970 verständigten sich alle Mitgliedstaaten darauf, ab dem 1. Januar 1971 das System der Eigenmittelfinanzierung der EU bis zum Jahr 1980 einzuführen. In einer ersten Zwischenphase von 1971 bis Ende 1974 wurden die Finanzbeiträge der Mitgliedstaaten schrittweise durch Zolleinnahmen und Agrarabschöpfungen ersetzt. Darüber hinaus verständigten sich die Mitgliedstaaten auf zusätzliche Abführungen aus den nationalen Mehrwertsteuer-Einnahmen, da es absehbar war, dass die zunächst im EWG-Vertrag vorgesehene Finanzierung aus Agrarabschöpfungen und Zöllen nicht zum Ausgleich des Gemeinschaftshaushalts ausreichen würde. Ab dem 1. Januar 1975, dem Beginn der sogenannten Normalphase, sollte der Gemeinschaftshaushalt vollständig durch die Agrarabschöpfungen, die Zolleinnahmen und die Abführungen auf der Grundlage der nationalen Mehrwertsteuereinnahmen finanziert werden. Diese Abführungen sollten höchstens ein Prozent der auf einer einheitlichen Bemessungsgrundlage erhobenen Mehrwertsteuereinnahmen betragen. Da die Einführung dieser einheitlichen Bemessungsgrundlage jedoch längere Zeit in Anspruch nahm, wurde die vollständige Finanzierung des Gemeinschaftshaushalts erst mit einer deutlichen Verzögerung von fünf Jahren möglich. Die Finanzierungslücke, die durch die verspätete Umsetzung der Mehrwertsteuereigenmittel auftrat, wurde durch Finanzbeiträge der Mitgliedstaaten geschlossen.

Mit dem ersten Eigenmittelbeschluss wurden die Grundlagen des heutigen Eigenmittelsystems der EU gelegt. Er bedeutete zugleich den Einstieg in eine, wenn auch begrenzte, Finanzautonomie der Gemeinschaft. Zugleich wurden die Haushaltsrechte des Europäischen Parlaments deutlich ausgeweitet. Bis zum Ende der Zwischenphase 1974 behielt der Rat zwar noch das abschließende Wort für die Genehmigung des jährlichen Gemeinschaftshaushalts, aber mit dem Beginn der Normalphase zum 1. Januar 1975 wurde das EP zur letzten Instanz bei der Genehmigung des Haushaltsplans und damit zur zweiten Säule der europäischen Haushaltsbehörde neben dem Rat.

Mit der zunehmenden Erosion der traditionellen Eigenmittel und dem Rückgang der an die Mehrwertsteuer gebundenen Eigenmittel bei gleichzeitig wachsenden Bedürfnissen und steigenden Ausgaben wurde spätestens Mitte der achtziger

Jahre deutlich, dass eine umfassende Reform der europäischen Haushalts- und Finanzverfassung unausweichlich war. Um die Einnahmen zu erhöhen, hatten sich die Staats- und Regierungschefs der Gemeinschaft auf ihrem Gipfeltreffen am 25./26. Juni 1984 in Fontainebleau bereits darauf verständigt, den Abrufsatz der MwSt-Eigenmittel im Jahr 1985 von einem Prozent auf 1,4 % anzuheben. Dennoch reichte das Haushaltsvolumen nicht aus, um die deutlich ansteigenden Agrarausgaben abzudecken und die Kommission hatte für 1988 bereits eine weitere Anhebung des Abrufsatzes auf 1,6 % in Aussicht gestellt.[42] Die offensichtlich unzureichende Finanzierung der Gemeinschaft führte schließlich 1988 zur Einführung einer zusätzlichen dritten Eigenmittelquelle, die an das jeweilige Bruttosozialprodukt der Mitgliedstaaten gekoppelt wurde. Damit spiegelte diese neue Finanzierungsquelle des Gemeinschaftshaushalts die ökonomische Leistungsfähigkeit der Mitgliedstaaten wider. Durch die sogenannte „BNE-Verordnung" vom 15. Juli 2003 wurde der Berechnungsmodus geändert.[43] Seitdem ist nicht mehr das BSP, sondern das Bruttonationaleinkommen zu Marktpreisen (BNE) maßgeblich.

Seither unterscheidet sich die Finanzierung der Europäischen Union von allen anderen internationalen Organisationen, die auf nationale Beiträge der jeweiligen Mitgliedstaaten angewiesen sind. Allerdings verfügt die EU nach wie vor über keine wesentliche Finanzierungsquelle, über die sie autonom entscheiden könnte, auch wenn die Einnahmequellen der EU als „Eigenmittel" bezeichnet werden. Vielmehr beruht die Finanzierung im Wesentlichen auf drei Einnahmequellen:

- den sogenannten traditionellen Eigenmitteln, also Zolleinnahmen und Agrarabschöpfungen;
- den Mehrwertsteuer-Eigenmitteln und
- der BNE-Eigenmittelquelle, die heute mit Abstand die wichtigste Finanzierungsquelle der EU ist.

Das derzeitige Eigenmittelsystem ist insofern eine ambivalente Mischform unterschiedlicher Modelle zur Finanzierung des politischen Systems „Europäische Union". Während die sogenannten traditionellen Eigenmittel auf eine Differenzierung der Ebenen hindeuten und ein Zeichen der fiskalischen Autonomie der Union sind, deuten die Mehrwertsteuer-Eigenmittel auf eine Vernetzung zwischen euro-

---

[42] Vgl. Gero Pfennig, Eine neue Finanzverfassung für die EG – Basis für eine föderative Europäische Union, in: integration, 1986, 9. Jg., Nr. 4, S. 143–155.

[43] Verordnung Nr. 1287/2003 zur Harmonisierung des Bruttonationaleinkommens zu Marktpreisen („BNE-Verordnung") vom 15. Juli 2003 in: ABl. L 181/1 vom 19.7.2003.

päischer und mitgliedstaatlicher Ebene hin, wohingegen die BNE-Abführungen kennzeichnend sind für eine klassische zwischenstaatliche Finanzierungsform.

Das Eigenmittelsystem und die Finanzierungsquellen der EU wurden von der EU-Kommission mehrfach überprüft und bewertet – zuletzt vor Beginn der Verhandlungen zum MFR 2014–2020 im Juli 2011.[44] In ihrem „Bericht über das Funktionieren des Systems der EU-Eigenmittel" [45] aus dem Jahr 2004 entwickelte die Kommission sechs Kriterien, um das System angemessen beurteilen zu können – Sichtbarkeit und Einfachheit, Hinlänglichkeit, Einnahmestabilität und Finanzautonomie, effiziente Allokation der wirtschaftlichen Ressourcen, Kosteneffizienz und eine gerechte Bruttobelastung.

Sie kam damals zusammenfassend zu einem eher ambivalenten Urteil: „Das derzeitige System hat gut funktioniert, was die Kriterien Hinlänglichkeit und Stabilität anbelangt, genügt aber eindeutig nicht dem Kriterium der Sichtbarkeit und Einfachheit und trägt nicht wesentlich zu einer ausgewogenen Allokation der wirtschaftlichen Ressourcen in der EU bei."[46]

In ihrem jüngsten Bericht betonte die EU-Kommission, dass die Bewertung des Finanzierungssystems des EU-Haushalts nicht nur an einzelnen Kriterien festgemacht werden könne, sondern auch die Wechselwirkungen zwischen den Bewertungskriterien berücksichtigt werden müssen. „... [D]as System muss auch als Ganzes berücksichtigt werden...", so die Kommission.[47] Die ursprünglichen Kriterien verdichtete sie nun zu vier „Schwerpunktkriterien":

1. die budgetären Kriterien, also die Hinlänglichkeit, Stabilität und Angemessenheit der Finanzierung bei Wahrung der Haushaltsdisziplin;
2. das Integrationskriterium, also die Gewährleistung der Finanzautonomie;
3. das Effizienzkriterium, also die Kosteneffizienz und die Einhaltung des Subsidiaritätsprinzips;
4. das Gerechtigkeitskriterium, also die faire Lastenteilung zwischen den Mitgliedstaaten, aber auch gegenüber den Steuerzahlern.

[44] Europäische Kommission, Finanzierung des EU-Haushalts: Bericht über das Funktionieren des Eigenmittelsystems, KOM (2011) 876 endg., v. 29.6.2011.

[45] Vgl. Europäische Kommission, „Die Finanzierung der Europäischen Union", Bericht der Kommission über das Funktionieren des Eigenmittelsystems, KOM(2004) 505 endg./2, 6.9.2004.

[46] Vgl. KOM(2004) 505 endg./2, 6.9.2004, a. a. O., S. 4.

[47] KOM (2011) 876 endg., v. 29.6.2011, a. a. O., S. 15.

Auch bei ihrer bislang jüngsten Analyse und Bewertung des EU-Eigenmittelsystems kam die EU-Kommission zu einer gemischten Gesamtbilanz. Während das System eine solide und ausreichende Finanzierung des EU-Budgets sicher stelle, sei die Autonomie der EU bei ihrer Finanzierung noch immer begrenzt und das Finanzierungssystem sei undurchsichtig und komplex; hinzu komme, dass sich viele Mitgliedstaaten angesichts ihrer Finanzierungsbeiträge noch immer benachteiligt fühlten.

2.2.1 Die Eigenmittelkategorien

Die ersten, heute auch als „traditionellen Eigenmittel" bezeichneten Einnahmen der EG und später der EU basieren auf der alleinigen Zuständigkeit der EU für die Bereiche Zollunion und die gemeinsame Außenhandelspolitik. Die EU soll deshalb auch über die Einnahmen aus diesen Politiken verfügen.[48] Diese traditionellen Eigenmittel sind insofern die finanzpolitische Konsequenz aus der Übertragung ausschließlicher Kompetenzen auf die Europäische Union und ein Kennzeichen einer begrenzten haushaltspolitischen Unabhängigkeit. Da die EU jedoch nicht über eine eigene Zollverwaltung verfügt und die nationalen Verwaltungen noch immer diese Einnahmen erheben und eintreiben, dürfen die Mitgliedstaaten eine Erhebungskostenpauschale einbehalten. Dieser Erhebungskostensatz betrug zunächst 10 % der Zolleinnahmen und liegt seit 2001 bei 25 %. Künftig, für den MFR 2014–2020, wird dieser Selbstbehalt für die Erhebung der traditionellen Eigenmittel auf 20 % reduziert werden. Eine besondere Kategorie der traditionellen Eigenmittel sind die speziellen Agrarabschöpfungen und die Zucker- und Isoglukose-Abgaben. Die Europäische Union belegt den Import von Agrarprodukten und Zucker mit besonderen zollähnlichen Gebühren, die von den Mitgliedstaaten abgeschöpft und dann an das EU-Budget abgeführt werden.

Der Anteil der traditionellen Eigenmittel an der Finanzierung der EU sinkt seit den achtziger Jahren des letzten Jahrhunderts rapide – auch weil die Zollsätze insgesamt im Zuge der Zunahme des globalen Handelsaustauschs und der Welthandelsgespräche deutlich gesenkt wurden. Reichten die Einnahmen aus dieser

[48] Die 1968 etablierte Zollunion mit der Erhebung der gemeinsamen europäischen Zollsätze an den Außengrenzen der Gemeinschaft legte die Abführung der Zolleinnahmen an den Gemeinschaftshaushalt nahe, denn die Zolleinnahmen fielen in den Mitgliedstaaten an, über dessen Außengrenzen die Waren in die Zollunion importiert wurden. Dies musste allerdings nicht das Land sein, für das die Güter eigentlich bestimmt waren und dem also die Zolleinnahmen zustünden. Eine Berechnung der Zolleinnahmen für das jeweilige Bestimmungsland hingegen wäre mit Sicherheit sehr aufwendig und kompliziert geworden.

Eigenmittelquelle 1972 zur Finanzierung von rund 56 % des Jahreshaushalts, lag deren Anteil 1988 lediglich bei 29 % des EU-Budgets und im Jahr 2012 trugen die traditionellen Eigenmittel nur noch mit 11,8 % zur Finanzierung des EU-Haushalts bei.[49]

Weil die traditionellen Eigenmittelquellen bereits in den sechziger Jahren nicht mehr zur Deckung der vereinbarten Gemeinschaftsausgaben ausreichten, wurde bereits mit dem ersten Eigenmittelbeschluss 1970 auch die Einführung der Mehrwertsteuer-Eigenmittel als zusätzliche Einnahmequelle beschlossen. Sie war bis 1998 die wichtigste Finanzierungsquelle der EU. Allerdings handelt es sich bei den Mehrwertsteuer-Abführungen nicht um eine besondere Form europäischer Mehrwertsteuereinnahmen, sondern um Finanzierungsbeiträge aus den nationalen Haushalten der Mitgliedstaaten, die nicht zwangsläufig aus den nationalen Mehrwertsteuereinnahmen aufgebracht werden müssen. Die nationalen Einnahmen aus der Mehrwertsteuer dienen lediglich als Berechnungsmaßstab, um den Anteil bzw. die Höhe der mitgliedstaatlichen Abführungen an das EU-Budget mit einer äußerst komplizierten Methode berechnen zu können. Die Abführungen werden danach auf der Grundlage einer harmonisierten Mehrwertsteuerbemessungsgrundlage für jeden Mitgliedstaat errechnet, wobei die Höhe der mitgliedstaatlichen Abführungen bei einem maximalen Abrufsatz der harmonisierten Bemessungsgrundlage gedeckelt werden. Dazu wird der Gesamtbetrag der jährlichen Mehrwertsteuer-Nettoeinnahmen des jeweiligen Mitgliedstaates durch einen gewichteten durchschnittlichen Mehrwertsteuersatz dividiert und eine zusätzliche Anpassung durch Ausgleichbeträge für die national unterschiedlichen Arten der Besteuerung auf Waren und Dienstleistungen einkalkuliert. Die so harmonisierte Bemessungsgrundlage der Mehrwertsteuer-Eigenmittel ergibt eine errechnete Summe der steuerpflichtigen Umsätze auf Waren, Dienstleistungen und Einfuhren auf der Ebene des Endverbrauchers.

Diese Berechnung der harmonisierten Basis der Mehrwertsteuereinnahmen ist deshalb so kompliziert, weil die nationalen Mehrwertsteuersysteme noch immer sehr verschieden sind. Die Höhe der Mehrwertsteuersätze zwischen den Mitgliedstaaten differiert und gleiche Waren und Dienstleistungen werden noch immer unterschiedlich besteuert.[50] Ansonsten müssten diejenigen Mitgliedstaaten mit hohen Mehrwertsteuersätzen und geringen Ermäßigungen bzw. Befreiungen einen

---

[49] Vgl. Europäische Kommission, Finanzbericht 2012, Luxemburg 2013, S. 31 ff.

[50] Als Beispiel wird häufig die unterschiedliche Besteuerung von Baby–Kleidung angeführt, auf die in Großbritannien keine Mehrwertsteuer erhoben wird, die aber bei der harmonisierten MwSt–Bemessungsgrundlage so herangezogen wird, als ob sie einer Besteuerung unterliegen würde.

über ihren nationalen Anteil am EU-BNE hinausgehenden Finanzierungssatz an den EU-Haushalt leisten. Die harmonisierte Bemessungsgrundlage ist demzufolge eine fiktive Rechengröße, die für den Vergleich der Mehrwertsteuereinnahmen der Mitgliedstaaten erforderlich ist. Dieser Ausgleich zwischen den nationalen Mehrwertsteuersystemen soll also zu einer gerechten Verteilung der Finanzierungslasten zwischen den Mitgliedstaaten führen.

Auf der Basis dieser harmonisierten Bemessungsgrundlage der nationalen Mehrwertsteuereinnahmen wurde im ersten Eigenmittelbeschluss ein fester Abrufsatz zugunsten des EU-Budgets vereinbart. Ursprünglich lag der Abrufsatz bei einem Prozent der harmonisierten nationalen Mehrwertsteuereinnahmen, der 1985 sogar auf 1,4 % erhöht wurde. Ab Mitte der neunziger Jahre wurde der Abrufsatz aber schrittweise reduziert: heute liegt der Abrufsatz bei 0,3 %. Als zusätzliche Sonderregelungen wurden im Eigenmittelbeschluss für die Laufzeit des Finanzrahmens von 2007 bis 2013 verringerte Abrufsätze zugunsten von vier Mitgliedstaaten vereinbart: Danach lag der Satz für Österreich bei 0,225 %, für Deutschland bei 0,15 % und für die Niederlande und Schweden bei 0,1 % des harmonisierten Mehrwertsteueraufkommens. Ähnliche Verringerungen der Mehrwertsteuer-Abführungen aus den nationalen Haushalten an das EU-Budget wurden jüngst auch für den neuen mehrjährigen Finanzrahmen 2014–2020 festgeschrieben – für Deutschland, die Niederlande und Schweden wurde ein Abrufsatz von 0,15 % vereinbart.

Neben dieser Festsetzung eines maximalen Abführungssatzes wurde auch die Bemessungsgrundlage zur Berechnung der harmonisierten Mehrwertsteuer-Eigenmittel auf 50 % des BSP des jeweiligen Mitgliedstaates begrenzt. Damit berücksichtigte der Berechnungsmodus auch die unterschiedlichen Konsumstrukturen in den einzelnen Mitgliedstaaten, weil die Mehrwertsteuereigenmittel ansonsten die ärmeren Mitgliedstaaten aufgrund ihrer höheren Konsumquoten in Relation zum Einkommensniveau überproportional belastet hätten. Durch die Deckelung der Bemessungsgrundlage wurde dieser regressive Effekt zu Lasten der weniger wohlhabenden Mitgliedstaaten ausgeglichen.[51] Nicht aufgenommen werden in diesen Berechnungen die Umsätze, für die keine Mehrwertsteuern abgeführt werden; der zum Teil hohe Anteil der Schattenwirtschaft, der Schwarzarbeit und der Steuerhinterziehung in einigen Mitgliedstaaten wird nicht in die Berechnung einbezogen.[52]

[51] Vgl. auch Friedrich Heinemann, EU—Finanzreform 1999. Eine Synopse der politischen und wissenschaftlichen Diskussion und eine neue Reformkonzeption, Gütersloh 1998, S. 52.

[52] Susanne Neheider, Die Kompensationsfunktion der EU-Finanzen, Baden-Baden 2010, S. 36.

Die spätestens seit Mitte der neunziger Jahre rückläufige Entwicklung der Mehrwertsteuer-Eigenmittel entsprach den konsensualen Entscheidungen aller Mitgliedstaaten und dem gemeinsamen Ziel, zu einer gerechteren Verteilung der Finanzierungslasten auf alle Mitgliedstaaten zu gelangen. Im Jahr 2012 betrug der Anteil der Mehrwertsteuer-Eigenmittel rund 10,7 % der gesamten Einnahmen der EU. Bereits die Eigenmittelbeschlüsse von 1988 und 1994 hatten zu Anpassungen der Bemessungsgrundlagen und zu unterschiedlichen Kappungshöhen bei den Abrufsätzen geführt; 1998 hatte die Kommission in ihrem Bericht über das Funktionieren des Eigenmittelsystems festgestellt, dass die Beitragsgerechtigkeit durch die schrittweise Ablösung der Mehrwertsteuereigenmittel durch die BSP- bzw. die BNE-Einnahmen gerechter und ausgewogener geworden sei.[53]

Um die nationalen Abführungen an den EU-Haushalt eindeutiger an den nationalen Wohlstand der Mitgliedstaaten anzunähern, schlug die Kommission schließlich vor, die Mehrwertsteuer-Eigenmittel vollkommen abzulösen. Da diese Eigenmittel bereits durch die früheren Veränderungen von einer linearen zu einer nach Wohlstand gestuften Eigenmittelquelle verändert worden war, insbesondere durch die Einführung des ab einem Maximalsatz gedeckelten Abrufsatzes, würde eine vollständige Ablösung dieser Finanzierungsquelle allerdings zu unterschiedlichen Konsequenzen für die Mitgliedstaaten führen.[54]

Sie wiederholte diesen Vorschlag erneut im Jahr 2011 für den neuen MFR 2014–2020. Eine komplette Streichung dieser Eigenmittelquelle wurde zusätzlich auch damit begründet, dass die Berechnung der Mehrwertsteuer-Eigenmittel sehr kompliziert sei und einen hohen bürokratischen Aufwand erfordere, der in keiner Relation zu der inzwischen geringen Bedeutung der Eigenmittelquelle für das EU-Budget stehe.[55]

---

[53] Europäische Kommission, Bericht über das Funktionieren des Eigenmittelsystems „Die Finanzierung der Europäischen Union" vom 7. Oktober 1998, S. 5. Die Kommission definierte Gerechtigkeit in diesem Zusammenhang „als das angemessene Verhältnis des Bruttobeitrags eines Mitgliedstaates zu seinem jeweiligen BSP".

[54] Profitieren würden nach Kalkulationen der EU-Kommission aus dem Jahr 2005 die Kohäsionsländer Griechenland, Spanien, Portugal, Irland, Estland, Tschechien, Ungarn, Polen, Malta, Zypern und Slowenien sowie Luxemburg und Großbritannien. Daneben würden auch die Niederlande, Österreich und Frankreich profitieren, während alle übrigen Mitgliedstaaten mit höheren Abführungen an den EU-Haushalt rechnen müssten. Dänemark würde dabei zum relativ größten potentiellen Verlierer einer solchen Reform werden; Italien wäre damals mit potentiell rd. 200 Mio. € höheren Abführungen an den EU-Haushalt zum größten Verlierer in absoluten Zahlen geworden und auch für Deutschland war dieser Vorschlag negativ. Vgl. European Commission, Multiannual Financial Framework 2007—2013, Fiche No. 85, Replacing the VAT resource by the GNI—based own ressource, 18. Februar 2005.

[55] Vgl. Europäische Kommission, Vorschlag für einen Beschluss des Rates über das Eigenmittelsystem der EU, KOM (2011) 510 endg., v. 29.6.2011.

Bei den Mehrwertsteuer-Eigenmitteln handelt es sich also um Finanzierungsbeiträge aus den nationalen Haushalten der Mitgliedstaaten, deren jeweilige Höhe lediglich in einem komplizierten Verfahren entsprechend den nationalen Mehrwertsteuereinnahmen berechnet wird. Die EU erhebt keine eigene Mehrwertsteuer und ihr steht auch kein Anteil an den nationalen Mehrwertsteuersätzen zu. Diese Eigenmittelquelle ist bislang noch keine eigene, autonom von der EU gestaltete Finanzierungsquelle, sondern eine besondere Form der mitgliedstaatlichen Beitragsfinanzierung der EU. Die Europäische Kommission strebte bereits bei der Einführung dieser Eigenmittelquelle eine Stärkung der Finanzierungsautonomie auf der Basis der Mehrwertsteuereinnahmen an. An diese Zielvorgabe anknüpfend, schlug sie im Jahr 2011 eine neue Mehrwertsteuer-Eigenmittelquelle vor, die eine echte Verbindung zwischen den nationalen Mehrwertsteuer-Systemen und dem EU-Haushalt herstellen sollte.

Die dritte und heute mit Abstand wichtigste Finanzierungsquelle der EU sind die Eigenmittel, die entsprechend dem jeweiligen nationalen Wohlstand der Mitgliedstaaten errechnet werden. Diese BSP- bzw. seit 2003 die BNE-Abführungen dienen in Form eines Abrufsatzes als eine Art Auffang- oder Auffüllfinanzierungsquelle zur Deckung der Differenz zwischen den im mehrjährigen Finanzrahmen vereinbarten Ausgaben und den Einnahmen, die der EU aus den traditionellen Eigenmitteln und den Mehrwertsteuer-Eigenmitteln zur Verfügung stehen. Mit Hilfe des einheitlichen Abrufsatzes auf das jeweilige Bruttonationaleinkommen der Mitgliedstaaten wird der Haushalt automatisch ausgeglichen und somit dem Verbot der Kreditaufnahme nach Artikel 310 AEUV Rechnung getragen.

Die BSP-Eigenmittel wurden erstmals im Rahmen des Delors I-Finanzpaktes[56] 1988 als neue Finanzierungsquelle eingeführt. Der jeweilige nationale prozentuale Abrufsatz wird jedes Jahr gemäß dem Auffüllbedarf des EU-Haushalts neu festgelegt. Dieser Bedarf bemisst sich am gemeinschaftlich vereinbarten Gesamtvolumen des EU-Budgets und ist gedeckelt durch die im Eigenmittelbeschluss vereinbarte maximale Obergrenze für Verpflichtungsermächtigungen bzw. Zahlungsermächtigungen.

Entscheidend für die Höhe der Mittel, die entsprechend des einheitlichen BNE-Abrufsatzes von den Mitgliedstaaten an die EU abgeführt werden, ist also nicht die Eigenmittelobergrenze, sondern die in einem Haushaltsjahr tatsächlich veranschlagten Ausgaben. Die jährlichen BNE-Eigenmittelbeträge werden dann ermittelt, wenn die Höhe der traditionellen Eigenmittel, also insbesondere die Zolleinnahmen an den EU-Außengrenzen, und die Abführungen aus den Mehrwehrsteuer-bezogenen Eigenmitteln erhoben wurden und zugleich die

[56] Sh. hierzu auch ausführlich Kap. 3.2.

Abflüsse aus dem EU-Budget entsprechend dem Jahreshaushalt und etwaiger Berichtigungs- oder Nachtragshaushalte feststehen. Für das Jahr 2012 lag der BNE-Abrufsatz bei rund 0,7554 % des EU-BNE oder 98,1 Mrd. €. Damit lag der Anteil der BNE-Eigenmittel bei rund 76 % der Gesamteinnahmen der EU.

Inzwischen gelten die BNE-Eigenmittel als gerechter und transparenter als die Mehrwertsteuereigenmittel, weil sie es ermöglichen, die Bruttoabführungen der Mitgliedstaaten und deren Wohlstand bzw. deren Anteil an der ökonomischen Leistungsfähigkeit der EU direkt gegenüberzustellen.

Insgesamt haben sich die Finanzierungsanteile der drei Eigenmittelquellen an der Gesamtsumme des EU-Budgets seit Ende der achtziger Jahre deutlich verändert. Finanzierte die EG bei der vollständigen Einführung der Mehrwertsteuer-Einnahmen 1988 noch 48,2 % ihres Budgets über diese neue Eigenmittelquelle und stieg die Bedeutung in den folgenden Jahren weiter an, so lag der Anteil dieser Finanzierungsquelle am EU-Haushalt in den letzten Jahren bei rund 10 %. Dieser deutliche Rückgang liegt zunächst an der schrittweisen Reduzierung der Abrufsätze. Wichtiger war allerdings die regressive Wirkung der MwSt-Eigenmittel, die durch die Aufnahme von ärmeren Mitgliedstaaten in den achtziger Jahren zusätzlich verstärkt wurde.[57] Steuerte die 1988 eingeführte BSP-Eigenmittelquelle zunächst einen geringen Anteil zur Finanzierung des EU-Haushalts bei, so hat sie sich inzwischen mit mehr als 70 % zur mit Abstand bedeutendsten Finanzierungsquelle entwickelt und gilt als variable und zuverlässige Eigenmittelquelle. Da zugleich der Finanzierungsanteil der traditionellen Eigenmittel rapide abgesunken ist, finanziert sich die EU nun vornehmlich über ein System nationaler Abführungen. Damit hat sich der Trend weg von der autonomen Finanzierung der Gemeinschaft hin zu einem intergouvernementalen Beitragssystem durchgesetzt (Abb. 2.2).[58]

Die deutliche Dominanz der nationalen Ebene bei der Finanzierung des EU-Haushalts führte dazu, dass die Verantwortung für die Finanzierungsmodalitäten und die Verteilung der Finanzierungslasten eindeutig der nationalstaatlichen Ebene zugewiesen wurden. Diese Zuordnungsmöglichkeit wird durch die wachsende Dominanz der BNE-Eigenmittelquelle weiter erleichtert. Je größer der Anteil der Einnahmen der EU ist, der unmittelbar aus den nationalen Haushalten an die EU

---

[57] Lars P. Feld/Sarah Necker, Fiskalföderalismus in der Europäischen Union: Herausforderungen für die Reform der Finanzverfassung der EU, Brüssel 2010, S. 22.

[58] Neben diesen drei Eigenmitteln führt das EU-Budget auch zusätzliche „sonstige Einnahmen" auf, die sich vornehmlich aus Überschüssen aus vorangegangenen Haushaltsjahren, Steuern auf den Gehältern der EU-Beamten, Einnahmen aus Vermögensverkäufen, Zinsen auf Darlehen sowie Erstattungen oder Bußgeldern Dritter zusammensetzen. Diese sonstigen Einnahmen betrugen seit der Jahrtausendwende stets zwischen sechs und acht Prozent der Gesamteinnahmen der EU.

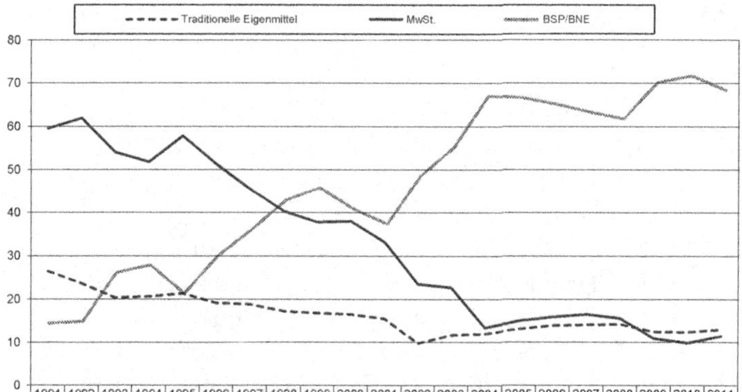

	1991	1992	1993	1994	1995	1996	1997	1998	1999	2000	2001	2002	2003	2004	2005	2006	2007	2008	2009	2010	2011
Traditionelle Eigenmittel	26.4	23.6	20.3	20.6	21.3	19.1	18.8	17.2	16.8	16.5	15.5	9.7	11.6	11.9	13.1	13.9	14.1	14.2	12.4	12.3	12.9
MwSt.	59.5	61.9	54	51.8	57.8	51.3	45.5	40.3	37.8	38	33.2	23.5	22.7	13.4	15	15.9	16.5	15.6	10.9	9.8	11.4
BSP/BNE	14.1	14.5	25.7	27.5	20.9	29.6	35.7	42.5	45.4	40.5	37	48.1	54.8	66.6	66.2	64.7	62.9	61.3	69.7	71.3	68

Abb. 2.2 Struktur der EU-Eigenmittel 1991–2011 (in % des Gesamtvolumens). (Quelle: Europäische Kommission, Finanzbericht 2011, Luxemburg 2012)

abgeführt wird, umso einfacher ist es, die Finanzierung der EU in einer nationalen Gegenüberstellung von Kosten und Nutzen der europäischen Integration aufzuführen. Während die Vorteile der EU-Mitgliedschaft, wie offene Grenzen oder die Vorteile des europäischen Binnenmarktes, nur schwer zu beziffern und zuzuordnen sind, sind die Beitragslasten hingegen konkret in Budgetzahlen abzulesen. Das System der „eigenen Mittel" sollte aber ursprünglich diese Zuordnung gerade verhindern und die Finanzierung der EU durch nationale Beiträge ablösen. Die Folge dieser Entwicklung ist, dass jede Veränderung des Finanzierungssystems vorrangig unter dem Aspekt beurteilt wird, welche Auswirkungen sie auf den nationalen Saldo von Zahlungen an und Rückflüssen aus dem EU-Haushalt haben könnten.[59]

2.2.2 Der britische Beitragsrabatt und andere Sonderregelungen

Eine zentrale Funktion des Eigenmittelbeschlusses ist die Verteilung der Beitragslasten unter den Mitgliedstaaten. Die EU-Mitglieder formulierten dieses Ziel explizit im Eigenmittelbeschluss vom Juni 2007. Dort heißt es, dass sich „die Eigenmitteltelvereinbarung an dem generellen Ziel der Gerechtigkeit ausrichten sollte." Das

[59] Sh. hierzu ausführlich Kap. 2.4.

Eigenmittelsystem sollte neben der Finanzierungssicherheit des EU-Budgets auch dafür sorgen, „dass keinem Mitgliedstaat eine – gemessen an seinem relativen Wohlstand – überhöhte Haushaltsbelastung auferlegt wird."[60]

Diese Vorgabe setzt voraus, dass zur Bewertung der angemessenen Beitragsleistungen der Anteil des Mitgliedstaates an der Erwirtschaftung des EU-BNE herangezogen und damit das Kriterium der Leistungsfähigkeit zur Beurteilung der *gerechten* EU-Finanzierungslasten eingeführt wird.[61]

Mit der Entwicklung der BNE-Eigenmittel zur dominierenden Beitragsquelle kommt das Eigenmittelsystem dieser Vorgabe sehr nahe. Nahezu alle Mitgliedstaaten leisten zur Finanzierung der EU einen Beitrag, der ihrem relativen Wohlstand und ihrer ökonomischen Leistungsfähigkeit entspricht. Eine eklatante Ausnahme bildet lediglich Großbritannien, das infolge seines Sonderrabatts einen deutlich geringeren Anteil zur Finanzierung des EU-Budgets aufbringen muss.

Die Sonderregelung für Großbritannien wurde eingeführt, um die zum Zeitpunkt des Beitritts zur Europäischen Gemeinschaft im Jahr 1973 strukturbedingte Unausgewogenheit zwischen dem relativen Wohlstand, den Zahlungen Großbritanniens an den europäischen Haushalt und den geringen Rückflüssen auszugleichen.[62] Einerseits war der Agrarsektor in Großbritannien nur sehr schwach ausgebildet, so dass die Rückflüsse aus diesem lange Zeit größten Ausgabenblock des Haushalts gering blieben; andererseits musste Großbritannien einen hohen Finanzierungsanteil leisten. Großbritannien musste als traditioneller Importeur von Agrarprodukten aus Nicht-EG-Staaten des Commonwealth überdurchschnittlich hohe traditionelle Eigenmittel, also aus den Agrarabschöpfungen und Zöllen, an den Gemeinschaftshaushalt abführen. Hinzu kam, dass der Anteil des privaten Konsums am britischen BSP sehr hoch war und deshalb die Zahlungen bei der zweiten Eigenmittelquelle, den Mehrwertsteuer-Eigenmitteln, ebenfalls überproportional hoch waren.[63]

Bereits die mit London ausgehandelten Beitrittskonditionen berücksichtigten dieses Missverhältnis und mit der Einführung des neuen Regionalfonds, dem Europäischen Fonds für Regionale Entwicklung (EFRE), wurden die Rückflüsse seit Mitte der siebziger Jahre nach Großbritannien erhöht. Auf der Einnah-

---

[60] Eigenmittelbeschluss vom 7. Juni 2007, Ziffer 1.

[61] So bereits Rolf Caesar, Die deutsche Nettozahlerposition – Eine Koalition zu Lasten Dritter?, in: Rolf Caesar (Hrsg.), Zur Reform der Finanzverfassung und Strukturpolitik der EU, Baden-Baden 1997, S. 161–180, S. 166.

[62] Vgl. James Spence, A high price to pay? Britain and the European budget, in: International Affairs, 2012, Vol. 88, No. 6, S. 1237–1260.

[63] Vgl. Susanne Neheider, a. a. O., S. 37.

menseite wurde zusätzlich seit 1975 ein Teil der britischen Beitragszahlungen zurückerstattet.[64] Dennoch kritisierten britische Regierungen immer wieder die unangemessen hohen britischen Nettozahlungen, insbesondere Premierministerin Margaret Thatcher.[65] Wurden in den Jahren 1980 bis 1983 noch ad hoc ausgehandelte Ausgleichszahlungen zugunsten Großbritanniens vereinbart, konnte die Regierung Thatcher schließlich 1984 einen dauerhaften Korrekturmechanismus durchsetzen.[66] Diese heute noch geltende Sonderregelung wurde 1984 vom Europäischen Rat von Fontainebleau verabschiedet und ist seither Bestandteil des Eigenmittelbeschlusses.[67] Der Eigenmittelbeschluss gilt unbefristet und kann nur einstimmig verändert werden, so dass Großbritannien über eine sehr starke Veto-Position verfügt.

Der britische Ausgleichsmechanismus sieht die Erstattung von 66 % der Differenz zwischen den kalkulierten britischen Mehrwertsteuer-Abführungen und den Rückflüssen aus dem EU-Budget vor, an deren Finanzierung sich alle Mitgliedstaaten mit Ausnahme Großbritanniens selbst beteiligen.[68] Danach wird zunächst der Differenzbetrag zwischen dem prozentualen Anteil Großbritanniens an den nichtbegrenzten Mehrwertsteuer-Eigenmittel und dem britischen prozentualen Anteil an den Gemeinschaftsausgaben errechnet. Dieser Prozentbetrag wird dann auf den Betrag der für Großbritannien zurechenbaren Gesamtausgaben angewandt und dieses Ergebnis abschließend mit dem Faktor 0,66 multipliziert.[69]

Allerdings wurde der Berechnungsmodus des Sonderrabatts im Einverständnis mit Großbritannien mehrfach angepasst und reformiert, zuletzt im Jahr 2007. So wurde der britische Beitragsrabatt um die Beteiligung Großbritanniens an der Fi-

---

[64] Vgl. Geoffrey Denton, Der Beitrag Großbritanniens zum EG-Haushalt – eine Untersuchung aus britischer Sicht, in: integration, 1979, H. 4, S. 149–165.

[65] Vgl. Johannes Lindner, Conflict and Change, a. a. O., S. 120 ff.

[66] Sehr anschaulich dazu die Berichte von Margaret Thatcher, Helmut Kohl und Hans-Dietrich Genscher in ihren Erinnerungen. Sh. Margaret Thatcher, Downing Street No. 10. Die Erinnerungen, Düsseldorf u. a. 1993, 3. Auflage, S. 746 ff.; Helmut Kohl, Erinnerungen 1982–1990, München 2005, S. 281 ff. und Hans-Dietrich Genscher, Erinnerungen, Berlin 1995, S. 369 ff.

[67] Ausführlich zur Entstehung Uta Stäche, Die Entscheidungsproduktivität des Europäischen Rates: Rechtliche und empirische Untersuchung vom Europäischen Währungssystem bis zum Vertrag von Lissabon, Berlin 2011, S. 132 ff.

[68] James Spence, A high price to pay?, a. a. O., S. 1244 ff.

[69] Vgl. Eigenmittelbeschluss vom 7.5.1985, ABl. L 128. Dort heißt es wortgleich zum Beschluss des Europäischen Rats von Fontainebleau, „dass jeder Mitgliedstaat, der, gemessen an seinem relativen Wohlstand eine zu große Haushaltslast trägt, zu gegebener Zeit in den Genuss einer Korrekturmaßnahme gelangen kann."

Berechnungsmodus:
GB-MwSt-Anteil - GB-Anteil an Gesamtausgaben x Gesamtausgaben x 0,66

Berechnungsformel:

$$\text{VK-Vorteil}_t = \frac{ncVAT_t^{UK}}{ncVAT_t^{EU}} * \left(GNIP_t^{EU} + cVATP_t^{EU}\right) - \left(GNIP_t^{UK} + cVATP_t^{UK}\right)$$

Ca. 2/3 des britischen Nettosaldos werden kompensiert

Abb. 2.3 Berechnung des britischen Beitragsrabatts

nanzierung der Kosten der EU-Osterweiterung reduziert. Großbritannien gestand in den Verhandlungen zu, die beitrittsbedingten Kosten der EU-Osterweiterung mit Ausnahme der Agrarausgaben nicht in die Berechnung des Rabatts einzubeziehen. Der britische Beitragsrabatt sank deshalb bis zum Ende der Laufzeit des Finanzrahmens im Jahr 2013 schrittweise ab. Das kumulierte Ausmaß der erweiterungsbedingten Kosten auf den britischen Beitragsrabatt wurde allerdings begrenzt; die Reduktion des Rabatts wurde von 2007 bis 2013 auf maximal 10,5 Mrd. € begrenzt.[70] (Abb. 2.3).

Diese Modifizierungen machten die Berechnung zunehmend komplizierter. Die Europäische Kommission hatte deshalb zunächst am 23. Mai 2007 ein gesondertes Arbeitsdokument[71] zur Berechnung des Rabatts vorgelegt und zuletzt im November 2011 mit einer Aktualisierung der komplizierten Berechnungen in einem neuen Arbeitsdokument[72] die genaue Höhe des reformierten britischen Beitragsrabatts rückwirkend festgesetzt. Für die Jahre 2000 bis 2009 hat die Europäische Kommission eine vorläufige Gesamtrabattsumme von rund 56,5 Mrd. € zu Gunsten Großbritanniens errechnet.[73] Nach der rückwirkenden verbindlichen Berechnung des britischen Rabatts für das Jahr 2007, die die Kommission im November 2011

[70] Eigenmittelbeschluss vom 7. Juni 2007, Artikel 4.

[71] Rat der Europäischen Union, Arbeitsdokument der Europäischen Kommission zur Berechnung, Finanzierung, Zahlung und Einstellung der Korrektur der Haushaltsungleichgewichte zugunsten des Vereinigten Königreichs („VK-Korrektur“) in den Haushaltsplan gemäß den Artikeln 4 und 5 des Beschlusses 2006/xxx/EG, Euratom des Rates über das System der Eigenmittel der Europäischen Gemeinschaften, Dok. 9851/07, Rat der Europäischen Union, Dok. 9851/07 ADD 2 Brüssel, 23. Mai 2007.

[72] European Commission, Calculation and financing of the definitive amount of the correction of budgetary imbalances in favour of the United Kingdom for the year 2007 (2007 UK correction) (Working document of the services of the Commission), dated 22.11.2011.

[73] Europäische Kommission, Haushalt 2010. Finanzbericht, Brüssel 2011.

erstellt und vorgelegt hat, belief sich der Rabatt alleine im Jahr 2007 auf rd. 6,88 Mrd. €. Großbritannien kann aus seinem Beitragsrabatt somit zwei wichtige Vorteile ziehen: Zum einen kann es seine Nettosaldo-Position zu Lasten der anderen Mitgliedstaaten in der EU deutlich verbessern. Und zum andern eröffnen sich dadurch größere verteilungspolitische Spielräume für den nationalen Haushalt im Vergleich zu den anderen Nettozahlern der EU.

Der britische Beitragsrabatt führt keineswegs dazu, dass der EU weniger Geld zur Verfügung steht, als ihr nach dem vereinbarten Berechnungsmodus der Eigenmittelbeschlüsse zustehen würde. Vielmehr muss der Rabatt von allen anderen Mitgliedstaaten durch erhöhte BNE-Abführungen an den EU-Haushalt kompensiert werden. Nur Großbritannien selbst ist von der Finanzierung seines Korrekturmechanismus befreit. Die Modalitäten zur Finanzierung des britischen Rabatts liefern allerdings stets Ansatzpunkte für zusätzliche Sonder- und Ausnahmeregelungen zugunsten anderer Mitgliedstaaten. Diese werden ebenfalls im Eigenmittelbeschluss und den konkretisierenden Arbeitsdokumenten der Europäischen Kommission detailliert festgeschrieben. Die Bundesrepublik konnte bereits bei der Einführung der britischen Rabattregelung 1984 eine Sonderregelung durchsetzen, die den deutschen Anteil an der Finanzierung des britischen Korrekturmechanismus begrenzte. Dieser Rabatt auf den Rabatt betrug zunächst ein Drittel des ursprünglich errechneten deutschen Finanzierungsanteils am britischen Ausgleichsmechanismus und wurde später zugunsten der Niederlande, Österreichs und Schwedens ausgeweitet. Diese Sonderregelungen zur Finanzierung des britischen Rabatts müssen wiederum von den übrigen Mitgliedstaaten mitgetragen werden und erhöhen insofern deren Zahlungen in Form von BNE-Eigenmitteln zusätzlich. Die Rabatte zugunsten Deutschlands, der Niederlande, Österreichs und Schwedens auf die Finanzierung der Ausgleichszahlungen an Großbritannien wurden zuletzt auf ein Viertel der normalerweise anfallenden Finanzierungskosten begrenzt, d. h. drei Viertel der Rabatt-Finanzierungskosten dieser vier Mitgliedstaaten müssen von den anderen Mitgliedstaaten mit Ausnahme Großbritanniens mitgetragen werden.

Aufgrund dieses Rabatts auf die Finanzierung des britischen Rabatts müssen seit 2002 regelmäßig Frankreich, Italien und Spanien den mit Abstand größten Anteil zur Finanzierung des britischen Rabatts beisteuern. Im Jahr 2010 lag der Finanzierungsschlüssel bei ungefähr 25 % für Frankreich und 17 % für Italien; Spanien trug immerhin noch ungefähr 14 % zur Finanzierung des britischen Rabatts bei und sogar Polen finanzierte den britischen Rabatt mit rd. 5 %. Der deutsche Finanzierungsanteil des britischen Beitragsrabatts sank von ursprünglich über 20 % auf rund 7 % im Jahr 2010.[74]

Hinzu kommen weitere pauschale Rabattregelungen zugunsten der Niederlande und Schwedens sowie eine Absenkung des Mehrwertsteuer-Abrufsatzes zugunsten Österreichs, Deutschlands, der Niederlande und Schwedens in unterschiedlichem Umfang.

An den Eckpunkten dieser Rabattregelungen wird auch der neue Eigenmittelbeschluss für den MFR 2014–2020 nichts rütteln. Zwar hatte die Europäische Kommission vorgeschlagen, alle bestehenden Rabatte abzuschaffen – also den britischen Beitragsrabatt, die Rabatte auf die Finanzierung des britischen Rabatts, die Sonderregelungen bei der Mehrwertsteuereigenmittelquelle und bei den Eigenanteilen bei der Erhebung der traditionellen Eigenmittel. Für einen Übergangszeitraum von 2014–2020 sollten die derzeitigen begünstigten Mitgliedstaaten in den Genuss von pauschalen Rabatten kommen – Großbritannien in Höhe von 3,6 Mrd. €, Deutschland 2,5 Mrd. €, die Niederlande 1,05 Mrd. € und Schweden in Höhe von 0,35 Mrd. €. Allerdings lehnten die Mitgliedstaaten eine solche Reform ihrer bestehenden Rabatt- und Sonderregelungen ab. Insbesondere Großbritannien bestand auf seinem Sonderrabatt und lehnte jegliche Veränderungen ab.

2.2.3 Zwischenfazit: Fehlende Finanzautonomie

Das Finanzierungssystem der EU hat sich seit dem ersten Eigenmittelbeschluss 1970 schrittweise entwickelt. War es zunächst das Ziel der von Walter Hallstein geführten Europäischen Kommission in den sechziger Jahren, die Autonomie der Gemeinschaft über die Finanzierung ihres Budgets aus eigenen Mitteln zu verstärken und damit die politische Integration weiter zu vertiefen, so veränderte sich die Zielsetzung in den achtziger und neunziger Jahren zunehmend. Das Eigenmittelsystem wurde immer stärker zu einem Instrument, um die Beitragsgerechtigkeit zwischen den Mitgliedstaaten und die Verteilung der Finanzierungslasten auszugleichen. Mit dem britischen Problem der achtziger Jahre, dem deutschen Problem der neunziger Jahre und dem holländischen Problem im ersten Jahrzehnt des neuen Jahrtausends rückten dieser Aspekt der Beitragsgerechtigkeit und deren Ausbalancierung mit Hilfe von Sonderregelungen und Rabatten immer stärker in den Vordergrund.

Der bislang singuläre Korrekturmechanismus zugunsten Großbritanniens ist der eklatanteste Bruch mit dem System der Eigenmittel, da mit seiner Einführung

[74] Eigene Berechnung auf der Grundlage des Finanzberichts der Europäischen Kommission, Haushalt 2010, Finanzbericht, Anhang 2c, S. 73, Brüssel 2011.

die Nettosaldo-Logik formell in das Finanzierungssystem der EU integriert wurde. Der Systembruch förderte zwangsläufig bei den anderen Mitgliedstaaten die Tendenz, die gleichen Nettosaldo-Bewertungsmaßstäbe auf sich selbst anzuwenden und ähnliche Ausgleichsmechanismen zu fordern. Zugleich zeigte die häufige Anpassung der Sonderregelung und die Ausweitung des zunächst nur der Bundesrepublik gewährten Rabatts auf die Finanzierung des Britenrabatts auf weitere Mitgliedstaaten, dass diese einmal eingeführte Ausnahme vom Regelsystem der Finanzierung des EU-Haushalts zugunsten Großbritanniens weitere Interventionen und Ausnahmen zugunsten anderer Mitgliedstaaten nach sich zog.

2.3 Die Ausgabenseite und die größten Ausgabenblöcke

Insgesamt erfuhr der EU-Haushalt seit den achtziger Jahren ein immenses Wachstum. Das Finanzmittelvolumen, über das die EU jährlich verfügen kann, hat sich zwischen 1958 von 7,3 Mio. ERE[75] auf rund 144,3 Mrd. € im Jahr 2013 erhöht. Bis Anfang der siebziger Jahre lag das Volumen des Gemeinschaftshaushalts in Relation zum Bruttonationaleinkommen (BNE) der Mitgliedstaaten deutlich unter einem Prozent; danach stieg das Volumen des Haushalts sowohl in absoluten Zahlen als auch in Relation zum BNE stetig an.[76] Den steilsten Anstieg erfuhr das Budget dann in den achtziger und neunziger Jahren; erst im neuen Jahrtausend pegelte sich das Haushaltsvolumen mit geringen Wachstumsraten auf einem hohen Niveau von rund einem Prozent der EU-Wirtschaftsleistung ein. Gerade die Verabschiedung des ersten mehrjährigen Finanzrahmens im Jahr 1988 und die Bestätigung des neuen Instruments der verbindlichen Haushaltsplanung durch den zweiten Finanzrahmen für die Jahre 1993 bis 1999 waren an deutliche Steigerungen des EU-Budgets gekoppelt. Diese Entwicklung der ständigen Mittelerhöhungen kam erst mit dem dritten Finanzrahmen zu einem Stillstand und mit der Verabschiedung des neuen Finanzrahmens für die Jahre 2014 bis 2020 ist erstmals sogar eine prozentuale Kürzung des Finanzvolumens um ca. 3 % gegenüber dem vorherigen Finanzrahmen vorgesehen (Abb. 2.4).

Aktuell liegt das Gesamtvolumen des Jahreshaushalts 2012 bei den Verpflichtungsermächtigungen bei 1,12 % des EU-BNE und bei den Zahlungsermächtigun-

---

75 Europäische Rechnungseinheiten (ERE) waren die Vorläufer der 1979 eingeführten Europäischen Währungseinheit (ECU), die wiederum als Vorläufer des Euro angesehen werden kann.

76 Vgl. auch Susanne Neheider, a. a. O., S. 20 ff.

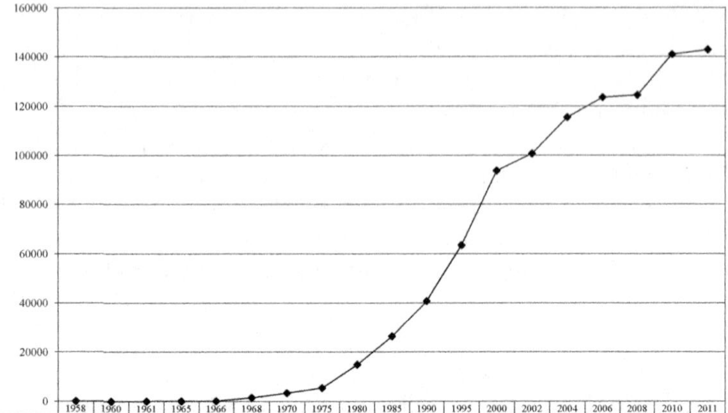

	1958	1960	1961	1965	1966	1968	1970	1975	1980	1985	1990	1995	2000	2002	2004	2006	2008	2010	2011
GESAMT in Mio. EURO (bzw. ECU)	7.3	21.2	34	76.6	124.6	1487.3	3383.6	5433.8	14898	26377	40750	63468	93792	100672	115434	123515	124457	140978	142965

Abb. 2.4 Die Entwicklung der Ausgaben aus dem EG/EU-Budget 1958–2011. (Quelle: Finanzberichte der Europäischen Kommission)

gen bei 0,98 % des BNE. Seit der Jahrtausendwende pendelt das Finanzvolumen der EU-Jahreshaushalte stets um die Zielmarke von 1,0 % des EU-BNE, obgleich die einvernehmlich festgelegte Eigenmittelobergrenze bei 1,24 % des BNE der EU-Mitgliedstaaten (bei Zahlungsermächtigungen) fixiert ist und damit grundsätzlich ein höheres Volumen ermöglichen würde. Hinzu kommt, dass die Haushaltsansätze für die Jahresbudgets der EU ebenfalls regelmäßig unter den Vorgaben des mehrjährigen Finanzrahmens liegen und somit diese Haushaltsansätze ebenfalls nicht ausgenutzt werden (Abb. 2.5).

Die Darstellung der Entwicklung des Haushaltsvolumens muss die politischen Veränderungen der EU mit berücksichtigen. Lagen am Vorabend der Osterweiterung der EU im Jahr 2003 die tatsächlich geleisteten Zahlungen aus dem EU-Budget noch bei rund 90,6 Mrd. € oder 0,98 % des EU-BNE, so stieg das Gesamtvolumen des EU-Haushalts als Folge der Aufnahme zehn neuer Mitgliedstaaten im Jahr 2004 deutlich um 10,5 % auf rund 100 Mrd. € an; in Relation zur Wirtschaftsleistung der erweiterten EU lag der Haushalt allerdings unverändert bei 0,98 % des EU-BNE. Damit ist das EU-Budget im Vergleich zu nationalen Haushalten ein relativ kleiner Haushalt. Der Bundeshaushalt betrug in den Jahren 2010 bis 2012 zum Beispiel jeweils mehr als 11 % des deutschen BNE. Hinzu kommt, dass der EU-Haushalt trotz der deutlichen Mittelausweitung mit den beiden ersten Finanzpakten in der Folgezeit langsamer gewachsen ist, als die Haushalte der meisten Mitgliedstaaten. Zugleich wurden der EU zusätzliche Aufgaben übertragen und weitere Politik-

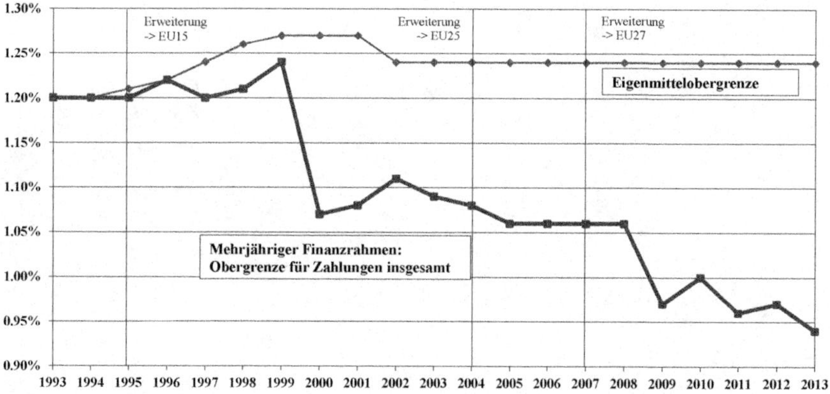

Abb. 2.5 Die Entwicklung der Obergrenzen für Zahlungsermächtigungen (in % des BNE; vor 2002 BSP). (Quelle: Europäische Kommission)

bereiche europäisiert. Mittelzuwachs und Aufgabenausweitung gingen Hand in Hand.

Das Finanzvolumen des mehrjährigen Finanzrahmens für die Jahre 2007 bis 2013 betrug insgesamt 865 Mrd. € an Verpflichtungsermächtigungen (in konstanten Preisen 2004) bzw. 820,7 Mrd. € in Zahlungsermächtigungen. Für den neuen Finanzrahmen verständigten sich die Mitgliedstaaten und das Europäische Parlament im November 2013 auf ein Gesamtvolumen von rund 960 Mrd. € in VE bzw. 908,4 Mrd. € in ZE. Hinzu kommen rund 36,8 Mrd. €, die für Fonds außerhalb des mehrjährigen Finanzrahmens eingeplant wurden, wie z. B. den europäischen Entwicklungsfonds, so dass ein Gesamtvolumen für den Finanzrahmen 2014–2020 in Höhe von 996,8 Mrd. € vorgesehen ist.

In der Mittelausstattung der Haushaltsrubriken des mehrjährigen Finanzrahmens spiegelt sich stets die politische Prioritätensetzung der EU wider. In den Politikbereichen, in denen die Europäische Union einen Großteil ihrer finanziellen Ressourcen konzentriert, sieht sie offenkundig ihre vorrangigen politischen Handlungsfelder und Aufgabenbereiche. Die anderen Bereiche werden mit weniger Geld ausgestattet und erscheinen folglich weniger wichtig bzw. nachrangig. Seit mehr als zwanzig Jahren wird die Ausgabenpolitik der EU vor allem von zwei Politikbereichen bestimmt: der Gemeinsamen Agrarpolitik und der Struktur- und Kohäsionspolitik. Lag der Schwerpunkt der Ausgaben aus dem Gemeinschaftshaushalt in den ersten Jahren zunächst auf den Verwaltungskosten, so entwickelten sich schnell die Agrarausgaben zur dominierenden Ausgabenkategorie. 1970 betrug

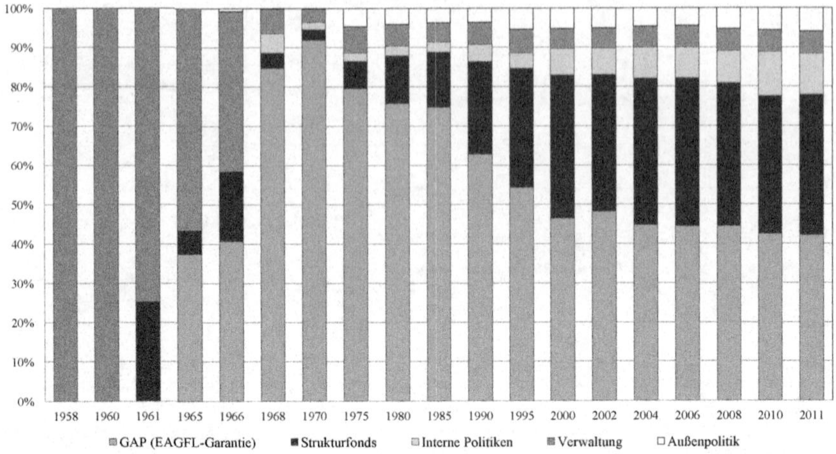

Abb. 2.6 Entwicklung der Ausgabenstruktur des EU-Haushalts 1958–2011 (in Prozent des Gesamthaushalt). (Quelle: Finanzberichte der Europäischen Kommission)

der Anteil der Agrarausgaben rund 90 % der Gesamtausgaben aus dem Gemeinschaftshaushalt. Bis Mitte der achtziger Jahre des letzten Jahrhunderts blieben die Ausgaben für die Gemeinsame Agrarpolitik die mit Abstand größte Rubrik im Gemeinschaftshaushalt. Mit der Aufstockung der Finanzausstattung der europäischen Strukturfonds wuchs dann sukzessive eine zweite, inzwischen mit den Agrarausgaben gleichgewichtige Ausgabenkategorie hinzu. Auch in dem aktuellen bis Ende 2020 laufenden Finanzrahmen hat die EU für diese beiden Politikfelder über 70 % ihrer finanziellen Ressourcen reserviert. Sehr viel geringere Haushaltsansätze stehen für Maßnahmen im Bereich der Forschungs-, Innovations- und Bildungspolitik, für Programme zum Schutz der EU-Außengrenzen oder für die Gemeinsame Außen- und Sicherheitspolitik zur Verfügung. Die politischen Prioritäten der EU scheinen demzufolge bis 2020 noch immer auf der Agrar- und der Kohäsionspolitik zu liegen (Abb. 2.6).

Die seit vielen Jahrzehnten immer wieder zu hörende Kritik von überbordenden Verwaltungskosten, einem gigantischen Verwaltungsapparat mit einem „Heer von Eurokraten" und überbezahlten EU-Beamten entspricht nicht den Tatsachen. Die Verwaltungskosten betragen lediglich rund sechs Prozent der Gesamtausgaben des Finanzrahmens und lagen im Haushaltsjahr 2013 bei insgesamt 8,43 Mrd. € bei einem Gesamtvolumen von 140,5 Mrd. €.

Im Vergleich zu den beiden großen Ausgabenblöcken, der Agrar- und der Kohäsionspolitik, sind die Ausgaben für andere Politikbereiche relativ gering. So kann die Europäische Union seit Mitte der neunziger Jahre lediglich rund 5 % ihres Budgets für ihre Gemeinsame Außen- und Sicherheitspolitik ausgeben. Auch für die sogenannten „internen Politiken", also für die europäische Innen- und Justizpolitik, die Forschungs- und Technologieförderung oder auch für die bildungspolitischen Programme der EU, sind die Haushaltsansätze trotz teilweise hoher Steigerungsraten ebenfalls vergleichsweise gering. Die Ausgabenprioritäten der EU entsprechen insofern nicht den politischen Zielen, die sie sich in Artikel 3 des EU-Vertrags selbst gesetzt hat. Dort werden als vorrangige Ziele der Union die Schaffung eines Raums der Freiheit, der Sicherheit und des Rechts, die Errichtung eines Binnenmarktes auf der Basis eines nachhaltigen und ausgewogenen wirtschaftlichen Wachstums und einer wettbewerbsfähigen sozialen Marktwirtschaft, die auf Vollbeschäftigung abzielt, und einen gemeinsamen Beitrag zu Frieden, Sicherheit und globaler nachhaltiger Entwicklung und Solidarität formuliert. Bei der Prioritätensetzung des europäischen Finanzrahmens stehen hingegen die europäischen Agrarausgaben und die Strukturfonds im Vordergrund.

Der EU-Haushalt unterscheidet sich also nicht nur in seinem vergleichsweise geringen Gesamtvolumen in Relation zum BNE von nationalen Etats, sondern auch in seinen Prioritäten und seiner Struktur. Der mehrjährige Finanzrahmen folgt vornehmlich den historisch gewachsenen und in den Haushaltsverhandlungen erzielten politischen Kompromissen und den einmal vereinbarten Festlegungen. Auch deshalb sind es die Gemeinsame Agrarpolitik und die Europäische Kohäsionspolitik, die noch immer die bestimmenden europäischen Ausgabenschwerpunkte des Budgets darstellen.

2.3.1 Der größte Ausgabenblock – die Gemeinsame Agrarpolitik (GAP)

Die Gemeinsame Agrarpolitik wurde bereits 1957 als Gemeinschaftspolitik proklamiert und bis 1962 implementiert. Sie ist damit das älteste europäische Politikfeld mit nahezu umfassender gemeinschaftlicher Regulierung; ihre vertraglichen Grundsätze gelten seit den Römischen Verträgen weitgehend unverändert fort. In Artikel 39 bis 47 des EWG-Vertrags wurden die fünf zentralen Ziele der Politik festgeschrieben, die auch heute noch gelten und in Artikel 39 AEUV im Vertrag von Lissabon fixiert sind:

1. Die Steigerung der Produktivität durch die Förderung des technischen Fortschritts;
2. die Erhöhung des Pro-Kopf-Einkommens der landwirtschaftlichen Bevölkerung;
3. die Stabilisierung der europäischen Agrarmärkte;
4. die Sicherstellung der Versorgung der europäischen Bevölkerung mit Nahrungsmitteln und
5. die Gewährleistung angemessener Verbraucherpreise für die europäischen landwirtschaftlichen Erzeugnisse.

Allgemein gilt diese primärrechtliche Fixierung der agrarpolitischen Ziele als Ergebnis eines informellen deutsch-französischen Verhandlungskompromisses bei den Verhandlungen über die Gründung der EWG. Demnach habe Frankreich die Unterstützung seines landwirtschaftlichen Sektors ausgehandelt und dafür einer weitgehenden Öffnung seines Marktes für insbesondere deutsche Industrieprodukte zugestimmt.[77] Bereits die ersten Überlegungen zur Integration der Kohle- und Stahlindustrie Anfang der fünfziger Jahre waren von französischer Seite mit Überlegungen für eine parallele europäische Agrargemeinschaft verbunden worden, deren Ziel es sein sollte, insbesondere den bundesdeutschen Markt für den Absatz der prognostizierten Produktionsüberschüsse der französischen Landwirtschaft zu öffnen.[78] Obgleich die sechs Gründungsmitglieder der Gemeinschaft zunächst sehr unterschiedliche Vorstellungen mit der Ausgestaltung der Gemeinsamen Agrarpolitik verbanden, nutzten sie dennoch das gemeinsame Interesse an der Vergemeinschaftung der Markt- und Preispolitik.

Ursprünglich war es die vorrangige Aufgabe der GAP, die Versorgung der Bevölkerung mit ausreichenden, kostengünstigen und hochwertigen Nahrungsmitteln und zugleich abgemessene Einkommen für die Landwirte zu sichern. Gerade vor dem Hintergrund der schwierigen und unsicheren Ernährungs- und Versorgungslage unmittelbar nach dem Zweiten Weltkrieg unterstützen deshalb alle EWG-Gründerstaaten die staatlichen Eingriffe in diesen Wirtschaftsbereich. Insbesondere die Orientierung auf die fünf vertraglich vorgegebenen Ziele der GAP

[77] So Neill Nugent in seinem Lehrbuch, obgleich Alan Milward dieser Erklärung bereits widersprochen hatte. Neill Nugent, The Government and Politics of the European Union, 7. Auflage, Basingstocke 2010, S. 354; Alan S. Milward, The European Rescue of the Nation-State, London 1992, S. 283.

[78] Alan S. Milward, The European Rescue of the Nation-State, a. a. O., S. 289 ff.

begründete so die „Sonderstellung"[79] des Politikbereichs. Im Verlauf ihrer Weiterentwicklung wurde die europäische Agrarpolitik immer wieder reformiert, an veränderte Umwelt- und Rahmenbedingungen angepasst und auf neue Herausforderungen vorbereitet.[80] Die Entwicklungsgeschichte der GAP kann in fünf Stufen eingeteilt werden:

1. *Die Entstehungsphase*: Unmittelbar zu Beginn des europäischen Integrationsprozesses war es die vordringliche Aufgabe der Agrarpolitik, die Unterversorgung und den Hunger der ersten Nachkriegsjahre zu bekämpfen, die Preise für Nahrungsmittel niedrig und zugleich die Einkommen der Landwirte in Europa stabil zu halten. Im Januar 1962 verständigten sich die Mitgliedstaaten der EWG erstmals auf gemeinsame Marktordnungen, um die bislang unveränderten, im europäischen Vertragsrecht vorgegebenen Ziele zu erreichen. Zu den weiteren Politikinstrumenten zählten dabei die Festlegung von Produktionsquoten und die Garantie von Mindestpreisen für landwirtschaftliche Produkte.[81] Diese Preisstützungspolitik garantierte, dass die europäischen Landwirte ihre Produkte auf den europäischen Agrarmärkten zu einem zuvor festgelegten Preis verkaufen konnten. Der Interventionspreis lag in der Regel über den Weltmarktpreisen.[82] So wurde mit einem komplizierten Interventionssystem von staatlichen Aufkäufen zur Preisstützung die Preisbildung auf den Agrarmärkten in der Gemeinschaft gesteuert. Dieses Preisregulierungssystem musste von außenwirtschaftspolitischen Schutz- und Steuerungsmaßnahmen, wie Exportsubventionen, begleitet werden, um Produktionsüberschüsse auf den Weltagrarmärkten absetzen zu können, und hohen Agrareinfuhrzöllen, um den europäischen Markt vor der globalen Konkurrenz zu schützen. So eroberten die subventionierten europäischen Agrarprodukte mit Hilfe von zusätzlichen

[79] Vgl. Winfried von Urff, Agrarmarkt und Struktur des ländlichen Raums in der Europäischen Union, in: Wolfgang Weidenfeld, (Hrsg.) Die Europäische Union. Politisches System und Politikbereiche, Bonn 2008, S. 209–226, S. 209.

[80] Sh. Carsten Daugbjerg, Sequencing in public policy: the evolution of the CAP over a decade, in: JEPP, 2009, Vol. 16, Nr. 3, S. 395–411; Adrian Kay, Path dependency and the CAP, in: JEPP, 2003, Vol. 10, No. 3, S. 405–420.

[81] Vgl. zu dieser Frühphase der Marktregelungen auch Winfried von Urff, Die Gemeinsame Agrarpolitik: Funktionsweise, innergemeinschaftliche und weltwirtschaftliche Implikationen, mögliche Perspektiven, in: Wulfdiether Zippel (Hrsg.), Ökonomische Grundlagen der europäischen Integration, München 1993, S. 99–119.

[82] Bis Mitte der neunziger Jahre wurden bei Agrarimporten die in der Regel niedrigeren Weltmarktpreise durch Abgaben auf das EU-interne, höhere Preisniveau verteuert. Diese Abgaben wurden zugunsten des EU-Haushalts abgeschöpft.

Exportsubventionen die Weltagrarmärkte; Europa entwickelte sich in der Folge von einem Agrargüterimporteur zu einem der bedeutendsten Exporteure auf den Weltagrarmärkten.

2. *Die Krisenphase*: Die umfangreichen Maßnahmen zur Stützung der Preise und zur Stabilisierung der Agrarmärkte verstärkten die Anreize zur Steigerung der Agrarproduktion. Dies führte unausweichlich zu immensen Überschüssen und schließlich zu den bekannten Auswüchsen der siebziger und frühen achtziger Jahre in Form von „Milchseen" und „Butterbergen". Die Überproduktion löste zusätzliche Interventionen auf den europäischen Agrarmärkten aus, erhöhte den Bedarf an Exportsubventionen und führte in der Folge zu ausufernden Agrarausgaben aus dem Gemeinschaftshaushalt.
   Mitte der achtziger Jahre führten diese immens gestiegenen Agrarausgaben aus dem EU-Budget als Folge der Überproduktion zu Haushaltskrisen und schwierigen Verhandlungen im Kreis der Mitgliedstaaten und zwischen dem Ministerrat und dem Europäischen Parlament. Erst durch Nachtragshaushalte und zusätzliche Abführungen der Mitgliedstaaten an das Gemeinschaftsbudget konnten Defizite von einer bis zwei Mrd. ECU in den Jahren 1984 und 1985 abgedeckt werden. Die Haushaltskrisen und deren Bekämpfung dominierten die europäische Politik und standen regelmäßig auf der Tagesordnung der Treffen der europäischen Staats- und Regierungschefs in der ersten Hälfte der achtziger Jahre. Die GAP wurde in diesen Jahren zu einem Feld einer langen Reihe von Reformansätzen und neuen Maßnahmen zur Lösung kurzfristiger Finanzierungs- und langfristiger Strukturprobleme. So wurden auch neue Interventionsmechanismen und Produktionsquoten eingeführt. Erst mit der 1988 eingeführten Agrarleitlinie konnte dann der Anstieg der Agrarausgaben gestoppt und unter die Wachstumsrate des Bruttosozialprodukts in der EU gedrückt werden. Mit der Verständigung auf sogenannte Haushaltsstabilisatoren in den Marktordnungen, also automatischen Preissenkungen und Produktionsbeschränkungen, konnte die GAP und damit das Haushalts- und Finanzsystem der EU stabilisiert und konsolidiert werden. Damit wurde erstmals die Hochpreispolitik der GAP relativiert.
3. *Die erste umfassende Reform – die McSharry-Reform 1992*: Mit der ersten umfassenden GAP-Reform 1992 wurden die Ausgaben für die GAP weiter reduziert. Die Preisstützungsinterventionen, also die garantierten Abnahmepreise, wurden für einige Agrarprodukte zum Teil sehr deutlich gesenkt. Zugleich wurden andere Beihilfen als Kompensation für den Agrarsektor vereinbart, wie Ausgleichszulagen, Prämien für obligatorische Flächenstilllegungen und Vorruhestandsbeihilfen sowie flankierende Agrarumweltmaßnahmen und umweltgerechte Produktionsverfahren. Nachdem Überproduktionen erneut zu

einem Anstieg der Lagerkosten und der Exportsubventionen geführt hatten, wurden die Einkommensbeihilfen für die Landwirte in der EU unabhängig von den produzierten Agrargütern gewährt. Die EU kompensierte also die Einkommensverluste durch die Senkung der Abnahmepreise für Agrarprodukte mit direkten Beihilfen für die landwirtschaftlichen Betriebe in der EU. Diese modifizierte Form der Subventionierung des Agrarsektors war nicht zuletzt auf den stetig wachsenden externen Reformdruck in den Welthandelsrunden, insbesondere die Uruguay-Runde im Rahmen des Allgemeinen Zoll- und Handelsabkommen (GATT), zurückzuführen.[83]
Eine stärkere Marktorientierung trat an die Stelle der Steuerung durch Eingriffe in die Preispolitik. So sollte das europäische Agrarmodell einer multifunktionalen, nachhaltigen und wettbewerbsfähigen Landwirtschaft in der EU gefestigt und langfristig gesichert werden. Mit dem Einstieg in die Direktzahlungen an die landwirtschaftlichen Betriebe in der EU wurden Subventionen unabhängig von der Erzeugung landwirtschaftlicher Produkte ausgezahlt, also von der Produktion entkoppelt. Diese Reform stellte insofern eine wichtige Zäsur für die GAP dar oder wie Carsten Daugbjerg es ausdrückte: „The reform changed the architecture of the CAP."[84]
4. *Die Vorbereitung auf die EU-Osterweiterung – die Agenda 2000*: Diese Entkopplung wurde zum bestimmenden Ansatz der folgenden Reform im Jahr 1998. Im Zentrum stand die Vorbereitung der GAP auf die bevorstehende Ost-Erweiterung der EU, d. h. auf die Aufnahme einer großen Gruppe ärmerer Mitglieder aus Mittel- und Osteuropa mit einem zumeist überdimensionierten und nicht wettbewerbsfähigen Agrarsektor.[85] Im Mittelpunkt stand deshalb das Ziel, die Kosten weiter zu senken. Die Reform der GAP im Rahmen der Agenda 2000 sah folgerichtig weitere Preissenkungen für die wichtigsten Agrarprodukte, wie bei Ackerkulturen, im Rindfleisch- und im Milchsektor vor. Die drastische Absenkung der Preise auf Weltmarktniveau wäre jedoch nur, so die Erfahrung, durch die Ausweitung der Direktzahlungen und damit eine finanzielle und zugleich WTO-konforme Kompensation der europäischen Landwirte politisch durchsetzbar gewesen. Der Kompromiss der Agenda 2000 setzte deshalb auf später beginnende und verlangsamte Schritte zur Absenkung der Stützpreise

[83] Sh. Wyn Grant, The limits of Common Agricultural Policy reform and the option of denationalization, in: JEPP, 1995, Vol. 2, No. 1, S. 1–18.

[84] Carsten Daugbjerg, Sequencing in public policy, a. a. O., S. 400.

[85] Sh. auch Carsten Daugbjerg/Alan Swinbank, The CAP and EU Enlargement: Prospects for an Alternative Strategy to avoid the Lock-in of CAP-Support, in: JCMS, 2004, Vol. 42, No. 1, S. 99–119.

bei gleichzeitiger Anhebung der flächen-, bzw. tierbezogenen Ausgleichszahlungen. Ergänzt wurde dieser Ansatz u. a. durch zusätzliche Schlachtprämien, die Gewährung nationaler Prämienzahlungen und die Verschiebung der dringend notwendigen Milchmarktreform.

Daneben wurde die Politik zur Förderung der ländlichen Entwicklung zur zweiten Säule der GAP ausgebaut. Die Mitgliedstaaten stimmten dem Vorschlag der EU-Kommission zu, die Mittel zur Förderung des ländlichen Raums aus den Mitteln der Strukturfonds in den Haushalt der Gemeinsamen Agrarpolitik umzuschichten. Neu war die Verbindung der Einhaltung von Umweltschutz- und Tierschutzanforderungen mit der Förderung der Umstrukturierung von landwirtschaftlichen Betrieben (die sogenannte *cross compliance*). Diese Möglichkeit zur mittelbaren Stärkung der Umweltorientierung der Landwirtschaftspolitik eröffnete den Mitgliedstaaten größere nationale Steuerungsspielräume.

Schließlich wurde die Kommission beauftragt, bereits 2002 einen Bericht über die Kostenentwicklung im Agrarsektor vorzulegen und weitere Reformwege für den Fall vorzuschlagen, dass sich eine Überschreitung der Ausgabenvorgaben abzeichnen würde. Die meisten Beobachter gingen deshalb von einer Fortsetzung der Reform spätestens 2003 aus.

5. *Die schrittweise Fortführung der Reformen zwischen 2003 und 2013*: Der nächste Reformschritt 2003[86] wurde insbesondere von den externen Vorgaben der Welthandelsorganisation (WTO) angestoßen und führte zu neuen Begründungen und Umschichtungen der EU-Agrarausgaben.[87] In der traditionell dominanten ersten Säule, also vornehmlich bei den Direktzahlungen an die europäischen Landwirte, wurden die Gelder nicht mehr zur Produktionssteuerung eingesetzt, sondern als direkte Einkommenstransfers. Die Direktzahlungen aus dem EU-Budget an die Landwirte stellen seither das wichtigste agrarpolitische Förderinstrument der EU dar, mit einem Finanzvolumen von rund 40 Mrd. € jährlich. Allerdings wurden die Direktzahlungen für Rindfleisch, Milch, Getreide, Ölsaaten, Tabak und Hopfen nicht mehr aufgrund der aktuellen Produktion, sondern anhand festgelegter Referenzdaten berechnet.[88] Die zweite Säule der

[86] Peter Nedergaard, The 2003 Reform of the Common Agricultural Policy: Against all Odds or Rational Explanations?, in: European Integration, 2006, Vol. 28, No. 3, S. 203–223.

[87] Vgl. Bettina Rudloff, Neue Budgetprioritäten für die Gemeinsame Agrarpolitik, in: Deutsche Bank Research, EU-Monitor 40. Beiträge zur europäischen Integration, 3. November 2006.

[88] Vgl. hierzu den Überblick von Dieter Kirschke/Gerald Weber, Die Luxemburger Beschlüsse zur Reform der Gemeinsamen Agrarpolitik in der EU, in: Bundesministerium der Finanzen, Monatsbericht, 2004, 10, S. 63–75.

GAP zur Entwicklung des ländlichen Raumes wurde ab 1999 schrittweise mit einem heterogenen Katalog umwelt- und regionalpolitischer Aufgaben ausgebaut. Dazu gehörten die Festlegung von Umweltschutzmaßnahmen, die Förderung von alternativen Einkommensmöglichkeiten wie beispielsweise von ländlichem Tourismus oder der Anbau von Bio-Rohstoffen.
Für eine weitere Zwischenbewertung, dem sog. „Health-Check“[89] im Jahr 2008, legte die Europäische Kommission im Mai 2008 neue Rechtsvorschläge[90] vor, die im November 2008 von den Agrarministern im Rat angenommen wurden. Diese erneuten Anpassungen waren zunächst als begrenzte Modifikationen im Rahmen der Finanzperiode 2007 bis 2013 zu verstehen und insofern auch nur bis Ende 2013 gültig. Dennoch setzte die EU auch mit dieser begrenzten Agrarreform den Prozess der Umgestaltung der GAP fort. Das Instrument der Intervention kam nach dieser Reform nur noch als besonderes Sicherheitsnetz bei extrem niedrigen Marktpreisen und lediglich bei drei Produktgruppen (Rindfleisch, Weizen und einige Milchprodukte) zur Anwendung. Zudem wurde die Produktion weiterer Agrarprodukte nicht mehr mit europäischen Subventionen gefördert, d. h. die Zahlungen der Einkommensunterstützung für europäische Landwirte wurden weiter von der Produktion von Agrarerzeugnissen entkoppelt. Mit der Finanzierung nationaler Versicherungen und Fonds schuf der „Health Check“ auch die Möglichkeit, den landwirtschaftlichen Sektor gegen unvorhergesehene Preisschwankungen und Ereignisse wie Ernteausfälle oder Naturkatastrophen aus dem EU-Budget abzusichern. Darüber hinaus wurden die Prämien zur Flächenstilllegung abgeschafft, die Milchquoten langsam und schrittweise heruntergefahren und die zweite Säule der GAP, die Förderung des ländlichen Raums, weiter ausgebaut.

Mit der Verabschiedung des neuen Finanzrahmens 2014–2020 wurde diese evolutionäre Reformpolitik mit dem Ziel der langsamen Reduktion des Finanzvolumens für die GAP fortgeführt. Zwar stellen die marktbezogenen Ausgaben, also die Ausgaben für die erste Säule der GAP, noch immer mit rund 278 Mrd. € einen riesigen Ausgabenblock dar; unter Einbeziehung der zweiten GAP-Säule, der Förderung des ländlichen Raums, werden zwischen 2014 und 2020 insgesamt 373 Mrd. € für die GAP bereit gestellt. Die Fördergelder aus dem EU-Budget für die europäische Landwirtschaftspolitik und die ländlichen Räume wird allerdings um ca. 10 % re-

---

[89] Vgl. Europäische Kommission, Vorbereitung auf den „GAP-Gesundheitscheck“, KOM (2007) 722 endg. v. 20.11.2007.

[90] Vgl. Europäische Kommission, Vorschläge für Verordnungen, KOM(2008) 306 endg. v. 20.5.2008.

duziert gegenüber dem Fördervolumen des MFR 2007–2013, wobei die Kürzungen bei den marktbezogenen Ausgaben und den Direktzahlungen sogar 17 % betragen werden. Die Politik der Umschichtungen von der ersten zur zweiten Säule der GAP wird ebenfalls fortgesetzt. Die Europäische Kommission war allerdings nur teilweise erfolgreich mit ihrem Versuch, die Fördergelder innerhalb der ersten Säule stärker auf kleine landwirtschaftliche Betriebe und Junglandwirte zu konzentrieren, um die Gelder gerechter und zukunftsorientierter zu verteilen. Die Deckelung der Höchstfördersummen für Großbetriebe ist in den Mitgliedstaaten fakultativ. Dennoch ist der Kommission der Einstieg in eine Politik der Ökologisierung der GAP gelungen (Abb. 2.7).

Die Agrarpolitik unterliegt also seit Jahrzehnten einem ständigen Reformdruck[91], der auf zwei Gründe zurückzuführen ist: Zum einen mussten die immensen Summen, die im EU-Haushalt für die Agrarpolitik reserviert wurden, ständig neu legitimiert werden und zum anderen forderten internationale Wettbewerber auf den Agrarmärkten in den Welthandelsrunden eine Abkehr von der hohen Subventionierung der europäischen Agrarpolitik. Die Agrarreformen setzten deshalb zunächst am Rückbau dieser protektionistischen Marktinterventionspolitik an. Mit der McSharry-Reform 1992, der Agenda 2000-Reform 1998, der Luxemburger Halbzeitreform 2003 und dem „Health-Check" 2008 hat die EU schrittweise die europäischen Agrarmärkte stärker für die internationalen Konkurrenten geöffnet und zugleich die europäische Landwirtschaft in die Weltagrarmärkte integriert.

Grundsätzlich kann die GAP als eine erfolgreiche Politik betrachtet werden. Die zentralen Elemente dieses langjährigen und fortwährenden Reformprozesses mit mehreren Etappen sind demnach:

1. Die Entkopplung der direkten Einkommensbeihilfen an die landwirtschaftlichen Betriebe in der EU von der Produktion landwirtschaftlicher Erzeugnisse. Damit wurde die Förderpolitik der GAP von einer protektionistischen und produktionsbezogenen Preisstützungspolitik auf eine direkte, betriebsbezogene Einkommensbeihilfe umorientiert.
2. Die Reformen verknüpften dabei die Auszahlung der Direktzahlungen mit der Einhaltung von europäischen und nationalen Standards beim Umwelt und Tierschutz sowie mit strengen Qualitätsvorschriften zur Lebensmittel- und der Betriebssicherheit *(cross compliance)*. Die Ökologisierung der GAP hat schließlich mit der jüngsten Reform eine besondere Stärkung erfahren.

[91] Sh. Ulrich Koester, Die europäische Agrarpolitik. Eine Reform ohne Ende?, in: APuZ, 1995, B 33–34, S. 25–33.

Erfolgreiche Politik	Krisen-entwicklung	Krisenbewältigung und Grundsatzreformen		Fortführung der Reformpolitik	
Entstehungsphase	**Krisenphase**	**McSharry-Reformen (1992)**	**Agenda 2000 (1998)**	**Luxemburger Halbzeitreform (2003)**	**„Gesundheits-prüfung" (2008)**
1960er bis Mitte 1970er Jahre	Mitte 1970er bis Anfang 1990er Jahre	1990er Jahre	1. Hälfte 2000er Jahre	2. Hälfte 2000er Jahre	2010er Jahre
Preisstützung	**Produktions-kontrolle**	**Von der Preisstützung zu direkten Einkommensbeihilfen**		**Stärkung der zweiten Säule**	**Stärkung des europäischen Mehrwerts**
• Ernährungs-sicherheit • Produktivitäts-steigerung • Marktstabilisierung • Einkommens-unterstützung	• Überproduktion • Ausgaben-explosion • Internationale Friktionen • Strukturmaß-nahmen	• Überschussreduzierung • Umwelt- und Nachhaltigkeitsaspekte • Einkommens-stabilisierung • Haushaltsstabilisierung	• Intensivierung des Reformprozesses • Stärkung der Wettbewerbs-fähigkeit • Ländliche Entwicklung	• Stärkere Marktorientierung • Berücksichtigung v. Verbraucheraspekten • Umwelt- und Nachhaltigkeits-aspekte • Vereinfachung • WTO-Kompatibilität	• Bekräftigung der 2003-Reform • Neue Herausforderungen • Risikomanagement

Reformziele:

Produktivität →

Wettbewerbsfähigkeit →

Reformdruck der WTO →

Reformdruck durch Osterweiterung →

Nachhaltigkeit →

Abb. 2.7 Etappen in der Entwicklungsgeschichte der Gemeinsamen Agrarpolitik (GAP). (Quelle: In Anlehnung an Peter Weingarten, Agrarpolitik in Deutschland, in: Aus Politik und Zeitgeschichte, 2010, Nr. 5–6, S. 6–17, S. 7 mit eigenen Ergänzungen)

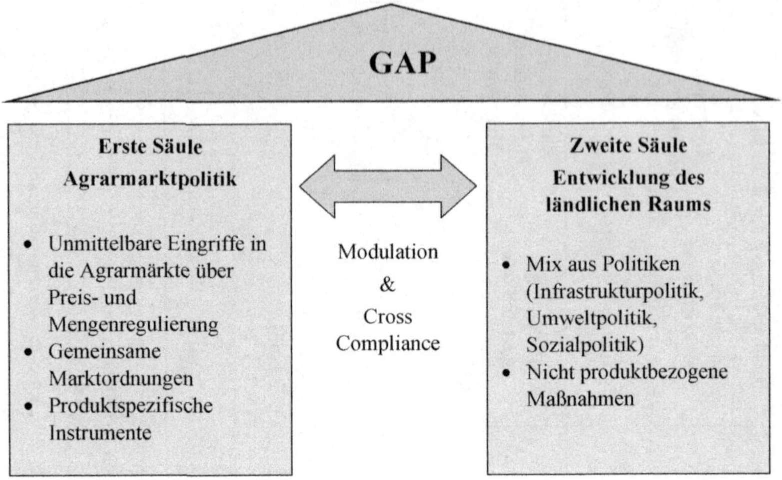

Abb. 2.8 Die zwei Säulen der Gemeinsamen Agrarpolitik

3. Ein zusätzliches Element zur Reform der GAP war die finanzielle Förderung der „zweiten Säule" der GAP, also der Entwicklung des ländlichen Raums durch die Einführung der sogenannte Modulation. Dabei wurden die Mittel für Direktzahlungen aus der ersten Säule in die Förderung des ländlichen Raums, d. h. zugunsten der zweiten Säule umgeschichtet.

Heute verfolgt die GAP vornehmlich das Ziel, den Anbau gesunder und sicherer Lebensmittel zu fördern sowie den ländlichen Raum und die Umwelt zu schonen. Sie ruht auf zwei Säulen - den Marktordnungen und den direkten Einkommensbeihilfen sowie der Entwicklung des ländlichen Raumes.

Die GAP wurde zunächst aus einem Fonds, dem Europäischen Ausrichtungs- und Garantiefonds für die Landwirtschaft (EAGFL), finanziert, der sich aus zwei Abteilungen zusammensetzte: der Abteilung Garantie und der Abteilung Ausrichtung. Aus der Abteilung Garantie wurden Ausgaben vornehmlich zur Steuerung und Stützung der Agrarmärkte einschließlich der direkten Einkommensbeihilfen für die Landwirte und Ausfuhrerstattungen bezahlt. Die Abteilung Ausrichtung als Teil der europäischen Strukturfonds kofinanzierte hingegen Maßnahmen zur Entwicklung des ländlichen Raums, Vorruhestandsbeihilfen, Agrarumweltmaßnahmen, Aufforstungen oder Beihilfen zur Verbesserung der Lebensqualität im ländlichen Raum (Abb. 2.8).

Der EAGFL wurde Ende 2006 von zwei gesonderten Fonds abgelöst, die allerdings die inhaltlichen Ziele der beiden EAGFL-Abteilungen im Grundsatz fortführten. Die EAGFL-Abteilung Garantie wurde von dem neuen Europäischen Garantiefonds für die Landwirtschaft (EGFL) abgelöst. Über diesen Fonds werden weiterhin die Direktzahlungen an die landwirtschaftlichen Betriebe, die kaum noch relevanten Ausfuhrerstattungen, die wenigen noch verbliebenen Interventionen zur Preisregulierung auf den Agrarmärkten und weitere Maßnahmen zur Absatzförderung finanziert. Die Abteilung EAGFL-Ausrichtung wurde von dem neuen Fonds für die Entwicklung des ländlichen Raums (ELER) abgelöst. Mit dem ELER werden seither Maßnahmen zur Förderung der Wettbewerbsfähigkeit von Land- und Forstwirtschaft oder zur Verbesserung der Umwelt, des Tierschutzes und der Lebensqualität unterstützt. Die Vielzahl an spezifischen Fördermaßnahmen wurde zu sogenannten Schwerpunktachsen zusammengefasst, auf die die europäischen Fördergelder aufgeteilt wurden.[92] Jeder Mitgliedstaat muss seither einen nationalen Strategieplan ausarbeiten, in dem u. a. die thematischen Förderprioritäten und die Liste der Entwicklungsprogramme für den ländlichen Raum aufgeführt wurden. Während die Direktzahlungen vollständig aus dem EU-Haushalt finanziert werden, müssen die Maßnahmen, die über den ELER abgewickelt werden, mit nationalen Haushaltsmitteln kofinanziert werden Die Finanzierungssätze aus dem EU-Haushalt betragen in den ärmeren Regionen der EU in der Regel 75 % der Gesamtkosten und bis maximal 50 % in allen anderen Regionen.

Der Anteil der Ausgaben für die Agrarmarktpolitik lag im Haushaltsjahr 2012 bei rund 43,6 Mrd. € oder 75 % des Agrarhaushalts (32 % des Gesamthaushalts). Die Ausgaben für die zweite Säule der GAP, also für die ländliche Entwicklung lagen im gleichen Jahr mit 13,2 Mrd. € bei rund 22 % des Agrarhaushalts oder 10 % des Gesamtbudgets. Grundsätzlich sind die größten Nutznießer der GAP die Mitgliedstaaten mit einem starken landwirtschaftlichen Sektor – traditionell kommt vor allem Frankreich in den Genuss des größten Anteils der Auszahlungen aus dem europäischen Agrarhaushalt.[93] Differenziert nach Mitgliedstaaten waren im Jahr 2012 Frankreich mit Zahlungen aus dem EU-Haushalt in Höhe von rund 9,35 Mrd. €, gefolgt von Deutschland mit 6,8 Mrd. € und Spanien mit 6,7 Mrd. € die größten Empfänger aus den Fonds.[94]

---

92 Danach müssen mindestens 10 % der eingesetzten Mittel für die Schwerpunktachse „Verbesserung der Wettbewerbsfähigkeit der Land- und Forstwirtschaft" ausgegeben werden, mindestens 25 % für die Achse zur „Verbesserung der Umwelt", mindestens 10 % für die „Lebensqualität im ländlichen Raum" und schließlich mindestens 5 % für die Schwerpunktachse zur „Umsetzung der ländlichen Entwicklungsstrategien".

93 Nicht ohne Grund spricht man in Großbritannien deshalb von „French rebate" oder vom „French cheque".

94 Vgl. Europäische Kommission, Finanzbericht 2012, Brüssel 2013.

Im Rahmen der Gemeinsamen Agrarpolitik werden also innerhalb der Union umfangreiche Finanzmittel umverteilt; allerdings ist die Verteilung der Kosten der Agrarpolitik zwischen den Mitgliedstaaten nur eine Facette. Zusätzlich werden die EU-Haushaltsmittel der GAP nicht nur zwischen neuen und alten Mitgliedstaaten, sondern auch zwischen den einzelnen landwirtschaftlichen Betrieben ungleich verteilt, auch weil die Förderung der verschiedenen landwirtschaftlichen Produkte bzw. Marktsegmente sehr unterschiedlich in den einzelnen Marktordnungen geregelt ist. Häufig wird deshalb kritisiert, dass ein Großteil der EU-Ausgaben aus dem Agrarbudget nicht bei der eigentlichen Zielgruppe – den Landwirten – ankomme, sondern bei der Nahrungsmittelindustrie, dem Lebensmittelhandel und den Exporteuren hängenbleibe.[95]

2.3.2 Die europäische Kohäsionspolitik

Die europäische Kohäsionspolitik bezeichnet die besonderen Maßnahmen und Programme der EU zur Minimierung der regionalen Wohlstandsdisparitäten innerhalb der EU. Mit dieser Politik wird das Ziel verbunden, den wirtschaftlichen und sozialen Zusammenhalt in der EU zu stärken, also Konvergenz und Kohäsion in der EU zu fördern. Der seit einigen Jahren übliche Begriff „Kohäsionspolitik" ist dabei an die Stelle der früher häufig genutzten Termini Strukturpolitik oder Regionalpolitik getreten. Kohäsionspolitik ist der umfassendere Ausdruck für eine Politik, die regionale Infrastrukturmaßnahmen ebenso fördert wie Aktivitäten im Bereich der Umwelt-, Arbeitsmarkt- oder Bildungspolitik. Damit reicht die Kohäsionspolitik über eine regionale Infrastrukturpolitik ebenso hinaus wie über sektorale und horizontale Förderpolitiken, denn inzwischen übernimmt sie auch sozialpolitische Aufgaben und dient dem Ausgleich geografischer Nachteile.[96]

Die zentralen Instrumente zur Umsetzung dieser Vorgaben sind die europäischen Strukturfonds. Die Empfänger der europäischen Fördergelder sind die Regionen in der EU; ergänzt wird das regionale Förderinstrumentarium durch den auch einzelne Mitgliedstaaten unterstützenden Kohäsionsfonds.

Die europäische Kohäsionspolitik und ihre Fonds sind zugleich die deutlichsten Zeichen innergemeinschaftlicher Solidarität in der Europäischen Union. Nach Artikel 174 AEUV setzt sich die Union neben der Reduzierung der regionalen und nationalen Entwicklungsunterschiede zwischen den Regionen der EU auch

[95] Vgl. Richard Baldwin, The Real Budget Battle, Centre for European Policy Studies, CEPS Policy Brief Nr. 75, Juni 2005; auch Fiona Harvey, CAP Increases Inequalities between Rich and Poor, in: Financial Times, 19.8.2005, S. 4.

[96] Vgl. Liesbet Hooghe/Michael Keating, The politics of European Union regional policy, in: JEPP, 1994, Vol. 1, No. 3, S. 367–393, S. 368 ff.

das Ziel, die nachhaltige Förderung des wirtschaftlichen und sozialen Zusammenhaltes und somit den solidarischen Ausgleich und die Kohäsion zwischen den Mitgliedstaaten zu dienen.[97] Im Verständnis der EU bedeutet Kohäsion demnach vor allem die Verringerung der sozialen und ökonomischen Disparitäten zwischen den Regionen. Gemessen wird die Diskrepanz mit Hilfe des regionalen Pro-Kopf-Bruttoinlandprodukts in Kaufkraftstandards, das zum EU-Durchschnitt in Beziehung gesetzt wird. Je weiter eine Region hinter dem Durchschnitt in der EU zurückbleibt, desto größer ist die soziale und wirtschaftliche Kluft und desto höher ist der Bedarf an europäischer Hilfe durch die Kohäsionspolitik. Der Maßstab der Kohäsion ist also eine relative Größe und abhängig vom jeweiligen Durchschnittswert in der EU.

Bereits in der Präambel der Römischen Verträge hatten sich die sechs Gründerstaaten 1957 darauf verpflichtet, die harmonische Entwicklung ihrer Volkswirtschaften voranzutreiben und weniger begünstigten Gebieten in der Gemeinschaft dabei zu helfen, ihren Entwicklungsrückstand aufzuholen. Die dazu notwendigen Instrumente wurden allerdings erst nach und nach geschaffen – der Europäische Sozialfonds (ESF), die Europäische Investitionsbank (EIB), der Europäische Ausrichtungs- und Garantiefonds für die Landwirtschaft (EAGFL) und der Europäische Fonds für regionale Entwicklung (EFRE) sowie der Kohäsionsfonds. Als explizites Politikziel fand der „wirtschaftliche und soziale Zusammenhalt" erst mit der Einheitlichen Europäischen Akte von 1987 als gesonderter Abschnitt Eingang in den EG-Vertrag (Abb. 2.9).

Seit Mitte der achtziger Jahre entwickelte sich die Kohäsionspolitik schrittweise zum zweiten, wichtigen Politikbereich der Europäischen Union.[98] Dies zeigte sich nicht nur an dem großen Anteil der entsprechenden Maßnahmen am EU-Budget, sondern auch an der wichtigen Rolle, die dieses Politikfeld für die Fortsetzung des europäischen Integrationsprozesses inzwischen spielt.

Grundsätzlich kann die Geschichte der europäischen Kohäsionspolitik in fünf Phasen eingeteilt werden:

---

[97] Sh. hierzu in Titel XVIII Wirtschaftlicher, sozialer und territorialer Zusammenhalt, Artikel 174, AEUV: „Die Union entwickelt und verfolgt weiterhin ihre Politik zur Stärkung ihres wirtschaftlichen, sozialen und territorialen Zusammenhalts, um eine harmonische Entwicklung der Union als Ganzes zu fördern. Die Union setzt sich insbesondere zum Ziel, die Unterschiede im Entwicklungsstand der verschiedenen Regionen und den Rückstand der am stärksten benachteiligten Gebiete zu verringern. Unter den betreffenden Gebieten gilt besondere Aufmerksamkeit den ländlichen Gebieten, den vom industriellen Wandel betroffenen Gebieten und den Gebieten mit schweren und dauerhaften natürlichen oder demografischen Nachteilen, wie den nördlichsten Regionen mit sehr geringer Bevölkerungsdichte sowie den Insel-, Grenz- und Bergregionen."

[98] Vgl. Liesbet Hooghe/Michael Keating, The politics of European Union regional policy, a. a. O., S. 372 ff.

1957	Vertrag von Rom - Präambel: Ziel der Verringerung der Unterschiede im Entwicklungsstand der verschiedenen Regionen
1958	Gründung der Europäischen Investitionsbank (EIB) und Einrichtung des Europäischen Sozialfonds (ESF)
1962	Europäischer Landwirtschafts- und Garantiefonds (EAGFL)
1968	Gründung der Generaldirektion Regio in der EU-Kommission
1973	Erste Erweiterung: Großbritannien, Irland, Dänemark
1975	Europäischer Fonds für Regionalentwicklung (EFRE)
1981/86	Süderweiterung: Griechenland (1981), Portugal u. Spanien (1986)
1985	Einführung des integrierten Mittelmeerprogramms
1987	Einheitliche Europäische Akte: Titel V "Wirtschaftlicher und sozialer Zusammenhalt"
1988-92	Delors I: Verdoppelung der Strukturfondsmittel; erste Reform der Strukturfonds
1993	Fischereifonds (FIAF)
1994	Europäischer Kohäsionsfonds
1994-99	Delors II: erneute Steigerung der Strukturfonds
2000-06	Agenda 2000: abflachendes Wachstum des Mittelvolumens; zweite Reform der Strukturfonds
2004	Osterweiterung um 10 neue Mitgliedstaaten
2007	MFR 2007-2013 - Beginn der neuen Förderperiode und Beitritt Rumänien u. Bulgarien
2011	Vorschlag der Kommission für neuen MFR u. neue Verordnungen
2013	MFR 2014-2020 - Beginn neue Förderperiode

Abb. 2.9 Die Chronologie der europäischen Kohäsionspolitik

1. *Phase der ersten zögernden Schritte (1957–1975)*: Obgleich in der Präambel der Römischen Verträge zwar das Kohäsionsziel bereits für den europäischen Integrationsprozess benannt worden war, enthielt der EWG-Vertrag dennoch keine konkreten Vorgaben, wie eine solche aktive europäische Förderpolitik ausgestaltet werden sollte. Lediglich die in Artikel 123 EWG-Vertrag vorgegebenen Einrichtung eines europäischen Sozialfonds, der 1960 seine Arbeit aufnahm, und die Gründung der Europäischen Investitionsbank (EIB) deuteten auf erste strukturpolitische Anstrengungen der Gemeinschaft hin. Hinzu kam 1962 die Schaffung des Landwirtschaftsfonds EAGFL, dessen Ausrichtung Garantie durchaus strukturpolitische Ziele im ländlichen Raum verfolgte.
   Die Gründe für diese strukturpolitische Zurückhaltung der Gemeinschaft in der Frühphase, trotz des Bekenntnisses zum Kohäsionsziel in der Präambel, werden in abweichenden wirtschaftspolitischen Prioritätensetzungen und in einem anderen Verständnis der wirtschaftspolitischen Rolle des Staates gesehen. In dieser Gründungsphase dominierte bei den politischen Akteuren die Überzeugung, dass sich aufgrund der sehr ähnlichen sozio-ökonomischen Strukturen in den sechs Gründerstaaten die bestehenden Unterschiede als Konsequenz der geöffneten Märkte in der europäischen Wirtschaftsgemeinschaft

weitgehend nivellieren würden. Der Auftrag der Präambel des EWG-Vertrags, regionale Disparitäten innerhalb der Gemeinschaft abzubauen, sollte sich mittelbar als zwangsläufige Konsequenz der wirtschaftlichen Erholungsprozesse in der Sechser-Gemeinschaft und der Öffnung der nationalen Güter- und Dienstleistungsmärkte einstellen.

Allerdings stellte sich diese sozio-ökonomische Angleichung in der Gemeinschaft keineswegs automatisch ein; vielmehr vergrößerten sich in den sechziger und siebziger Jahren die Disparitäten und der Bedarf an regionalpolitischen Eingriffen der Mitgliedstaaten und der Gemeinschaft stieg. Weil jedoch zunächst die Mitgliedstaaten mit nationalen Regionalpolitiken aktiv wurden, wuchs zugleich die Gefahr von Wettbewerbsverzerrungen im entstehenden gemeinsamen Markt. Auch dies bestärkte die Europäische Kommission, für die Etablierung einer eigenständigen europäischen Regional- und Strukturpolitik zu werben. Bereits 1965 regte sie in einer Mitteilung[99] eine solche Politik an und suchte dabei die direkte Unterstützung lokaler und regionaler Gebietskörperschaften. Mit der Schaffung einer Generaldirektion Regionalpolitik (GD Regio) schuf die Kommission dann 1968 den organisatorischen Rahmen zur Europäisierung des vormals den nationalen Förderpolitiken vorbehaltenen Politikfeldes.

2. *Der Ausbau der Strukturen (1975–1984)*: Die Aufnahme der drei neuen Mitgliedstaaten Großbritannien, Irland und Dänemark in die Europäische Gemeinschaft 1973 verstärkte die Bemühungen der Europäischen Kommission in zweifacher Hinsicht: (a) Bereits während der Beitrittsverhandlungen hatten Briten und Iren finanzielle Ausgleichszahlungen für ihre strukturschwachen Regionen gefordert. (b) Mit der Aufnahme von Irland und Großbritannien wuchsen die Disparitäten innerhalb der Gemeinschaft und damit auch der Bedarf an einer europäischen Regionalpolitik. Lag bis dahin die strukturpolitische Aufmerksamkeit der Gemeinschaft vor allem auf dem süditalienischen Mezzogiorno, so kamen mit den strukturschwachen Regionen in Irland und im Nordwesten Englands weitere potentielle Zielregionen hinzu.

   1973 legte die Kommission ihre Vorschläge für die Schaffung eines europäischen Regionalfonds vor, wozu sie die Staats- und Regierungschefs der Mitgliedstaaten und der drei Beitrittsstaaten bereits im Oktober 1972 bei ihrem Gipfeltreffen in Paris aufgefordert hatten. Nach langwierigen Verhandlungen verständigten sich die Staats- und Regierungschefs schließlich im Dezember 1974 auf die Einrichtung des Europäischen Fonds für regionale Entwicklung (EFRE) und im

[99] Europäische Kommission, Premiére communication de la Commission sur la politique regionale dans la Communauté économique européenne, SEC(65)1170 vom 11. Mai 1965.

März 1975 konnte die erste EFRE-Verordnung als rechtliche Grundlage für den neuen Fonds verabschiedet werden.[100]

Der entscheidende Impuls für die Verständigung auf den Fonds waren die politischen Bestrebungen, sich auf eine europäische Wirtschaft- und Währungsunion zu verständigen. „Eine wirksame regionale Strukturpolitik ist eine wesentliche Voraussetzung für die Verwirklichung der Wirtschafts- und Währungsunion", so die Begründung in der Fondsverordnung. Der neue Fonds verfolgte die Ziele, die regionalen Ungleichgewichte zu korrigieren, neue Investitionen in Industrie und Dienstleistungsbereichen zur Schaffung neuer Arbeitsplätze auszulösen, beim Bau und Ausbau von Infrastrukturen zu helfen und den Strukturwandel in landwirtschaftlichen Gebieten zu begleiten. Die Gelder des Fonds von insgesamt 1,3 Mrd. ERE für die drei Jahre der ersten Förderperiode von 1975 bis 1977 wurden nach festen Länderquoten unter den Mitgliedstaaten aufgeteilt und durften nur in Regionen für Förderprogramme ausgegeben werden, die gemäß der europäischen Beihilferegelungen als Fördergebiete ausgewiesen waren und in denen bereits nationale Fördermaßnahmen durchgeführt wurden. In der Verordnung wurden allerdings keine gemeinschaftlichen Förderkriterien für die Auszahlungen der Gelder aus dem Gemeinschaftshaushalt vereinbart. Die Länderquoten wurden also nicht nach gemeinschaftlichen ökonomischen Kriterien festgelegt, sondern sie folgten nationalen Förderprioritäten und dienten in erster Linie dem Ausgleich der Nettopositionen der Mitgliedstaaten.

Die Etablierung des EFRE und die erste Verordnung stellten den Startschuss der europäischen Kohäsionspolitik dar, die in den Folgejahren immer weiter ausgebaut wurde. Eine erste Anpassung der Verordnung 1979 brach die Zuordnung der Fördergelder nach mitgliedstaatlichen Quoten auf; zwar wurden weiterhin 95 % der EFRE-Gelder nach Quoten auf die Mitgliedstaaten verteilt, aber die Kommission konnte 5 % der Gelder über mehrjährige sog. „spezifische Gemeinschaftsmaßnahmen" nach eigenen Kriterien an ausgewählte Regionen auszahlen. Darüber hinaus wurde vereinbart, dass der Fonds sich nur dann an Investitionen beteiligen könne, wenn ein regionales Entwicklungsprogramm vorliege, „dessen Durchführung geeignet ist zur Verringerung der wichtigsten regionalen Ungleichgewichte in der Gemeinschaft beizutragen..."[101] Dies war

[100] Rat der Europäischen Gemeinschaften, Verordnung (EWG) über die Errichtung eines Europäischen Fonds für regionale Entwicklung, VO (EWG) Nr. 724/75 v. 18. März 1975, in: ABl. L 73 v. 21.3.1975, S. 1–7.

[101] Dies sah Artikel 6 der veränderten Verordnung vor. Rat der Europäischen Gemeinschaften, Verordnung (EWG) zur Änderung der Verordnung (EWG) Nr. 724/75 über die Errichtung eines Europäischen Fonds für regionale Entwicklung; VO (EWG), Nr. 214/79 v. 6. Februar 1979, in: ABl. L 35 v. 9.2.1979, S. 1–7.

der erste, vorsichtige Schritt zu einer mehrjährigen regionalen Programmplanung für die Umsetzung der europäischen Kohäsionspolitik.

3. *Erste Grundsatzreformen (1984–1988)*: Die erste einschneidende Reform war dann die Überarbeitung der EFRE-Verordnung im Jahr 1984[102], mit der die Mittelverteilung und die inhaltliche Ausrichtung der Förderung erstmals grundlegend verändert wurden. Das Quotensystem zur Verteilung der Fondsgelder wurde abgelöst von einem System der nationalen Beteiligungsspannen, das den Mitgliedstaaten für den dreijährigen Förderzeitraum festgelegte Unter- und Obergrenzen für die Zuteilung der Fördermittel garantierte. Die Untergrenze garantierte demnach die Mindestsumme, mit dem der jeweilige Mitgliedstaat rechnen konnte, und die Obergrenze definierte das Maximum des nationalen Anteils an der EFRE-Förderung. Mit diesem neuen Verteilungssystem wurde die Konzentration der EFRE-Gelder auf die rückständigsten Mitgliedstaaten und Regionen stärker berücksichtigt. Hinzu kam die Ausweitung der programmgebundenen Förderung gegenüber der primären Projekt- oder Einzelmaßnahmenförderung.
Mit der Süd-Erweiterung um zunächst Griechenland 1981 und um Spanien und Portugal im Jahr 1986 nahmen dann die regionalen Disparitäten in der Gemeinschaft erneut zu und damit implizit auch der Bedarf für eine gemeinschaftliche Strukturpolitik. Fast zeitgleich hatte die Europäische Kommission unter ihrem Präsidenten Jacques Delors eine umfassende Initiative zur Vollendung des europäischen Binnenmarkts ergriffen. Sie hatte am 14. Juni 1985 ihr „Weißbuch zur Vollendung des Binnenmarktes“[103] vorgelegt und darin das Binnenmarktprojekt, das im Kern aus einem umfassenden Gesetzgebungspaket von rund 300 Vorschlägen für Richtlinien, Verordnungen und Maßnahmen bestand, mit grundlegenden institutionellen Reformen, wie dem Ausbau von Mehrheitsentscheidungen im Ministerrat und der Aufwertung der Beteiligung des Europäischen Parlaments am europäischen Gesetzgebungsverfahren verbunden. Darüber hinaus plädierte sie für einen das Binnenmarktprojekt flankierenden Ausbau der europäischen Strukturpolitik. Vor allem die ärmeren Mitgliedstaaten hatten lautstark argumentiert, dass sie nicht vom ökonomischen Zentrum der Gemeinschaft abgekoppelt werden dürften. Sie befürchteten zu Verlierern des Binnenmarktprojekts und der Vertiefung der wirtschaftli-

[102] Rat der Europäischen Gemeinschaften, Verordnung (EWG) betreffend den Europäischen Fonds für regionale Entwicklung, VO (EWG), Nr. 1787/84 v. 19. Juni 1984, in: ABl. L 169 v. 28.6.1984, S. 1–16.

[103] Europäische Kommission, Vollendung des Binnenmarktes: Weißbuch der Kommission an den Europäischen Rat, Kom (85) 310 endg. v. 14.6.1985.

chen Integration zu werden und forderten deshalb eine Kompensation durch zusätzliche Hilfen aus den europäischen Strukturfonds.

Die grundsätzliche Überarbeitung der vertraglichen Grundlagen des europäischen Integrationsprozesses mit der Einheitlichen Europäischen Akte (EEA), die im Februar 1986 unterzeichnet wurde und am 1. Juli 1987 in Kraft trat, verknüpfte die Umsetzung der institutionellen Reformen und Entscheidungsverfahren mit der Implementierung des Binnenmarkt-Programms. Die Vollendung des europäischen Binnenmarkts wiederum war verbunden mit dem Ausbau der strukturpolitischen Maßnahmen und Kompetenzen der Gemeinschaft. Im EG-Vertrag wurde deshalb unter dem neuen Titel „Wirtschaftlicher und sozialer Zusammenhalt" das Ziel der regionalen Kohäsion verankert und weiter konkretisiert. Die EEA lieferte somit den ärmeren Mitgliedstaaten die Möglichkeit, ihren Forderungen nach zusätzlichen Hilfen aus den europäischen Strukturfonds mit Hilfe der Fixierung des Kohäsionsziels im europäischen Vertragsrecht verstärkten Nachdruck zu verleihen.

4. *Der inhaltliche und finanzielle Ausbau der Kohäsionspolitik (1988–2007)*: Die größte Zäsur bedeutete die Einführung mehrjähriger Förderprogramme in den achtziger Jahren. Die Kohäsionspolitik erfuhr damit eine qualitative Veränderung von einer reinen maßnahmenorientierten Hilfs- und Subventionspolitik zu einer Programmpolitik, mit der mehrjährige regionale Entwicklungsprogramme finanziert und umgesetzt wurden.[104] Diese inhaltliche Reform wurde ergänzt durch die explosionsartige Erhöhung der Strukturfondsmittel 1988. Insbesondere die erste Reform des Politikbereichs[105], die 1988 im Kontext des Binnenmarkt-Programms und der Verabschiedung des ersten mehrjährigen Finanzrahmens, dem Delors-I-Paket für die Jahre 1988 bis 1993[106], durchgeführt wurde, hatte zum Ergebnis, dass die Mittel für die Strukturfonds in nur fünf Jahren verdoppelt wurden.

Diese drastische Aufstockung der Gelder wurde verbunden mit weiteren Reformen der Förderpolitik. Das umfangreiche Paket der neuen Strukturfondsverord-

---

[104] Sh. John Bachtler/Carlos Mendez, Who governs EU Cohesion Policy? Deconstructing the Reforms of the Structural Funds, in: JCMS, 2007, Vol. 45, No. 3, S. 535–564.

[105] Sh. David Bailey/Lisa de Propris, The 1988 reform of the European Structural Funds: entitlement or empowerment?, in: JEPP, 2002, Vol. 9, No. 3, S. 408–428; John B. Sutcliffe, The 1999 reform of the structural fund regulation: multi-level governance or renationalization?, in: JEPP, 2000, Vol. 7, No. 2, S. 290–309, S. 293–297.

[106] Ausführlich dazu Kap. III.2.

nungen[107] legte die Basis für die neuen Strukturen der programmorientierten Förderpolitik, definierte die Kriterien und fixierte die Prinzipien zur Verteilung der Gelder. Im Ergebnis bedeutete diese Neuausrichtung der Kohäsionspolitik die Festschreibung von neuen Prinzipien[108], die bis heute die europäische Kohäsionspolitik bestimmen:

a. Der *Grundsatz der Konzentration* besagte, dass die Strukturfondsgelder auf die zentralen strukturpolitischen Maßnahmen konzentriert werden sollten. Es wurden fünf vorrangige Ziele in Artikel 1 der Verordnung definiert, für deren Erreichung die EU-Fonds genutzt werden sollten. Diese Förderziele wurden an regionale und sektorale Kriterien gebunden, die innerhalb der Verordnung definiert wurden und somit gemeinschaftsweite Geltung hatten. Im Vordergrund stand das sogenannte Ziel 1, also die Regionen mit dem größten Entwicklungsrückstand gegenüber dem europäischen Durchschnitt, auf die ein erheblicher Teil der Haushaltsmittel konzentriert wurde. Diese Fokussierung auf die spezifischen regionalen und sozialen Probleme spiegelte sich auch in der Differenzierung der gemeinschaftlichen Interventionssätze nach Artikel 13 der Rahmenverordnung wider. Danach betrug die Finanzierung aus dem europäischen Budget für Maßnahmen der Ziel 1-Regionen zwischen 50 % und höchstens 75 % und für die anderen Zielregionen zwischen 25 % und höchstens 50 % der Gesamtkosten.
b. Der *Grundsatz der Partnerschaft* wurde in Artikel 4 der Verordnung erstmals aufgeführt. Danach sollte „die Vorbereitung, Finanzierung, Begleitung und Bewertung der strukturpolitischen Maßnahmen" auf der Grundlage einer „enge(n) Konzertierung zwischen der Kommission, dem betreffenden Mitgliedstaat und von ihm bezeichneten, auf nationaler, regionaler, lokaler oder sonstiger Ebene zuständigen Behörde"[109] erfolgen. Sinn und Zweck dieser partnerschaftlichen

[107] Zunächst wurde eine Rahmenverordnung für die Strukturfonds am 24. Juni 1988 verabschiedet; abgedruckt im ABl. Nr. L 185, S. 9–19 v. 15.7.1988. Das Verordnungspaket zu den einzelnen Strukturfonds, dem EFRE, dem ESF, dem EAGFL Abteilung Ausrichtung und eine Durchführungsverordnung wurden am 19.12.1988 verabschiedet und als Nummern 4253/88 bis 4256/88 im Amtsblatt der Gemeinschaft am 31.12.1988 veröffentlicht; ABl. Nr. L 374, S. 1–28 v. 31.12.1988.

[108] Sh. hierzu auch David Allen, The Structural Funds and Cohesion Policy. Extending the Bargain to Meet the New Challenge, in: Helen Wallace/Mark A. Pollack/Alasdair R. Young (Hrsg.), Policy-making in the European Union, Oxford 2010, 6. Aufl., S. 229–252, insb. Seite 238 ff.

[109] Rahmenverordnung für die Strukturfonds vom 24. Juni 1988, a. a. O.

Einbindung aller betroffenen und mitwirkenden Akteure war die Verbesserung von Effizienz und Effektivität der europäischen Kohäsionspolitik.

c. Der *Grundsatz der Kohärenz und der Programmierung* besagte, dass die europäischen und die nationalen Förderpolitiken besser und intensiver aufeinander abgestimmt und miteinander koordiniert werden sollten. Hierfür sollten Planungsdokumente zur Durchführung der mehrjährigen Programme auf allen Ebenen erstellt werden – das Gemeinschaftliche Förderkonzept (GFK) auf EU-Ebene, ein Regionalentwicklungsgesamtplan (REP) auf mitgliedstaatlicher Ebene und die Operationalen Programme (OP) auf regionaler Ebene.
d. Der *Grundsatz der Additionalität* schrieb fest, dass die europäischen Fördermittel nicht als Ersatz, sondern lediglich als Ergänzung und Verstärkung der nationalen Strukturförderung dienen sollten.

Dieser Programmansatz in der Kohäsionspolitik wurde mit der nächsten Förderperiode von 1994 bis 1999 weiter verstärkt und konkretisiert. Die Förderkulisse wurde um ein zusätzliches Ziel zugunsten dünnbesiedelter Regionen mit einer Bevölkerungsdichte von weniger als acht Einwohnern je Quadratkilometer ergänzt. Die erneute deutliche Aufstockung der europäischen Fördergelder ging einher mit der Schaffung eines neuen Fonds – dem europäischen Kohäsionsfonds –, der zugunsten der ärmeren Mitgliedstaaten mit einem Pro-Kopf-BIP von weniger als 90 % des Gemeinschaftsdurchschnitts (damals Spanien, Griechenland, Portugal und Irland) eingerichtet wurde, um dort spezielle Infrastrukturprojekte in den Bereichen Umwelt und Verkehr zu fördern. Im Unterschied zu den bestehenden Fonds verfolgte dieser neue Fonds keine regionalen Ziele, sondern setzte auf mitgliedstaatlicher Ebene an. Das Mittelvolumen der Kohäsionspolitik wurde auf insgesamt rund 155 Mrd. ECU (in Verpflichtungsermächtigungen) für die Förderperiode 1994 bis 1999 erneut deutlich erhöht.

Die Förderperiode 2000 ist 2006 brachte eine Stabilisierung des Finanzvolumens auf hohem Niveau von rund 213 Mrd. €; zusätzlich wurden 47 Mrd. € für strukturpolitische Maßnahmen in den mittel- und osteuropäischen Beitrittsstaaten vorgesehen. Im Vorgriff auf die anstehende Osterweiterung der Europäischen Union wurden die Förderziele auf drei Ziele konzentriert und eine neue befristete und degressive Kategorie der Übergangsförderung für Regionen eingeführt, die in der Förderperiode aus der vorherigen Förderkulisse herausfielen (*phasing out*).[110] Mit der sogenannten Berliner Formel[111] wurde die Verteilung der Fördergelder

[110] Vgl. John B. Sutcliffe, The 1999 reform of the structural fund regulation, a. a. O., S. 301 ff.

[111] Diese Formel wurde vom Europäischen Rat am 24./25. März 1999 in Berlin angenommen und sollte die Verteilung der EU-Fördergelder nach objektiven Kriterien (Bevölkerungsanteil,

auf die Mitgliedstaaten neu geregelt; insbesondere die Einführung einer Förderhöchstgrenze in Höhe von 4 % des jeweiligen nationalen BIP, der sogenannten Absorptionsgrenze, sollte die Zuflüsse aus dem EU-Haushalt in die ärmeren neuen Mitgliedstaaten in Mittel- und Osteuropa begrenzen.

5. *Die „Lissabonisierung“ der Kohäsionspolitik (seit 2007)*: Mit der Reform der Kohäsionspolitik für den MFR 2007–2013 wurde den im europäischen Primärrecht verankerten Grundsatzzielen der Kohäsionspolitik – der Schaffung sozialer und wirtschaftlicher Kohäsion und der Konvergenz von reichen und rückständigen Regionen – ein drittes, politisches Ziel hinzugefügt: die Ausrichtung der Kohäsionspolitik auf die Lissabon-Strategie für mehr Wachstum und Beschäftigung. In Lissabon hatten sich die Staats- und Regierungschefs der EU am 23./24. März 2000 auf das strategische Ziel verpflichtet, die Union bis zum Jahr 2010 zum wettbewerbsfähigsten und dynamischsten wissensbasierten Wirtschaftsraum der Welt zu machen.[112]

Die Prioritäten der gemeinschaftlichen Förderpolitik liegen seither auf der Stärkung von Wachstum, Wettbewerbsfähigkeit und Beschäftigung, also den Zielen dieser Lissabon-Strategie vom März 2000 sowie der Nachfolgestrategie „Europa 2020“[113]. Die europäischen Strukturfonds wurden so für die Erreichung der neuen Ziele nutzbar gemacht.[114] Entscheidend während dieser jüngsten Etappe der „Lissabonisierung“ der Kohäsionspolitik waren zwei Veränderungen bei den strategischen Instrumenten zur Steuerung der Kohäsionspolitik:

a. *Die vertikale Hierarchisierung*: Um eine insgesamt stärkere Ausrichtung der regionalen Förderprogramme auf gemeinsame und europaweite Ziele vorzugeben, erfolgt die inhaltliche Planung der Kohäsionspolitik seit 2007 in einem

---

regionaler und nationaler Wohlstand, Ausmaß der Strukturprobleme, insb. Höhe der Arbeitslosigkeit) und in einem transparenten Verfahren ermöglichen. Die Berechnungsformel beinhaltet drei Kriterien: 1. den Abstand des regionalen Pro-Kopf-BIP vom Durchschnitt der EU-25, 2. einen nationalen und nach Pro-Kopf-Einkommen gestaffelten Wohlstandskoeffizienten; 3. die Anzahl der Arbeitslosen, die den Durchschnitt der Ziel 1-Regionen übersteigt.

[112] Vgl. Europäischer Rat, Schlussfolgerungen des Vorsitzes des Europäischen Rats (Lissabon) vom 23./24. März 2000.

[113] Vgl. Peter Becker, Integration ohne Plan - Die neue EU-Wachstumsstrategie „Europa 2020“, in: ZPol, 2011, 21. Jg., H. 1, S. 67–91.

[114] Vgl. Peter Becker Die europäische Kohäsionspolitik und ihre Modernisierung, SWP-Studien 2009/S. 05, März 2009; Carlos Mendez, The Lisbonisation of EU Cohesion Policy: A Successful Case of Experimentalist Governance?, in: European Planning Studies, 2011, Vol. 19, No. 3, S. 519–537.

stark hierarchisierten Prozess. Wie in einem Baukastensystem sollen seither die Definitionen der europäischen, nationalen und regionalen Förderschwerpunkte ineinander passen und ausgehend vom allgemeinen Rahmen bis zum konkreten Projekt ausdifferenziert werden. Der Prozess zur Erstellung der Planungsdokumente wurde hierarchisch organisiert, die strategische Zielausrichtung klarer vorgegeben und die Schwerpunktsetzung deutlicher zentralisiert.

b. *Die horizontale Verzahnung*: Die Planungs- und Steuerungsdokumente der „lissabonisierten" Kohäsionspolitik nehmen auf die strategischen Steuerungsinstrumente der Lissabon-Strategie Bezug und umgekehrt. Diese Verzahnung durch die wechselseitige Bezugnahme erfolgt sowohl bei den europäischen als auch den mitgliedstaatlichen Programmen und Plänen.[115]

Das sichtbarstes Ergebnis dieser politischen Verknüpfung und die Neu-Fokussierung der europäischen Kohäsionspolitik war Anhang 4 zur Strukturfondsverordnung, in der die alten Mitgliedsstaaten dazu verpflichtet wurden, einen verbindlichen Prozentsatz der Strukturfondsgelder für die Ziele der Lissabon-Strategie der Gemeinschaft zu reservieren.[116] Diese Zweckbindung der Fördergelder, das sog. *earmarking*, wurde zum zentralen Instrument der „lissabonisierten" Kohäsionspolitik.[117] (Abb. 2.10)

Die neue Förderperiode 2014–2020 knüpft an diese enge Verknüpfung von Förderprioritäten der europäische Kohäsionspolitik und der Prioritätensetzung der erneuerten europäischen Wachstums- und Beschäftigungsstrategie „Europa 2020" an, wobei die gegenseitige Verzahnung noch deutlich enger ausgestaltet wurde und zusätzlich neue Begrifflichkeiten für die Instrumente gewählt wurden. Die Politik soll so insgesamt effizienter und effektiver werden. Um dieses Ziel erreichen zu können, wird sie mit einem reformierten Instrumentarium ausgestattet, in dessen Mittelpunkt neue Konditionalitäten mit messbaren Indikatoren und Zwischenzielen stehen werden. Um die Effizienz und Effektivität der Fonds zu erhöhen, werden

---

[115] Zu den Steuerungs- und Implementierungsinstrumenten und -verfahren sh. Robin Smail/Luc Broos/Elsa Kuijpers, Managing Structural Funds. A step-by-step Practical Handbook, Maastricht 2008.

[116] In den Regionen im neuen Förderziel „Regionale Wettbewerbsfähigkeit und Beschäftigung" der EU-15-Staaten mussten mindestens 75 % der EU-Strukturfonds für Programme und Maßnahmen mit Lissabonbezug ausgegeben werden; in den rückständigsten Konvergenzregionen der EU-15 mussten mindestens 60 % der zur Verfügung stehenden Strukturmittel für die Annäherung an die Lissabon-Ziele eingesetzt werden. Die europäische Kohäsionspolitik wurde damit zum Implementierungswerkzeug der Lissabon-Strategie.

[117] Vgl. auch Gesa Miehe-Nordmeyer, Optionen zur Weiterentwicklung der EU-Strukturpolitik, in: Wirtschaftsdienst 2007, 87. Jg., H. 10, S. 656–663.

Abb. 2.10 Die Steuerungsinstrumente der „lissabonisierten" Kohäsionspolitik 2007–2013

künftig für sämtliche Struktur- und Kohäsionsfonds, inklusive dem Fonds für die ländliche Entwicklung (ELER) und dem Meeres- und Fischereifonds (EMFF), allgemeine Bestimmungen festgeschrieben. Hierfür wird ein sogenannter Gemeinsamer Strategischer Rahmen (GSR) für die Fonds zwischen den Mitgliedstaaten und der Europäischen Kommission vereinbart, in der die fondsübergreifende europäische Förderstrategie, die Ziele und Prioritäten sowie die Ausrichtung der GSR-Fonds auf und die Anbindung an die Europa 2020-Strategie der EU ausgeführt werden. Der GSR tritt damit an die Stelle der bisherigen strategischen Leitlinien für die Kohäsion.

Die Verwaltung der europäischen Fördergelder erfolgt grundsätzlich durch nationale und regionale Behörden. Die Europäische Union gibt lediglich die politisch-strategischen Zielvorgaben vor und kann die ordnungsgemäße Verwendung der Gelder in den Mitgliedstaaten und Regionen kontrollieren. Hierzu führen sowohl die Europäische Kommission als auch der Europäische Rechnungshof stichprobenartige Überprüfungen durch. Die EU-Kommission ist ihrerseits dem Europäischen Parlament, und hier dem Haushaltskontrollausschuss, rechenschaftspflichtig. Da jedoch die europäischen Fördergelder von nationalen oder regionalen Behörden verwaltet werden, sind die Anreize für nicht sachgemäße

Verwendung der Fördergelder relativ hoch.[118] Denn durch den großzügigen Einsatz von Fördergeldern aus dem EU-Budget können die nationalen und regionalen Verwaltungen unmittelbare ökonomische und soziale Effekte in ihren Regionen erzielen und häufig auch budgetäre Entlastungen ihres regionalen Haushalts verbuchen. Zudem wächst bei national oder regional verankerten Politikern und Administrationen unweigerlich auch das Interesse an einer Erhöhung der Finanzausstattung der gemeinschaftlich finanzierten europäischen Ausgabenpolitiken, wenn der eigene Wahlkreis, die eigene Region oder der eigene Staat absehbar in den Genuss der Transfers kommen wird. Diese Neigung erwächst also aus der Asymmetrie zwischen der Finanzierung von und der Begünstigung durch Zahlungen aus diesen gemeinsamen Geldtöpfen. Darüber hinaus bewirken diese Fehlanreize, dass das Interesse an einer gemeinsamen Finanzierung europaweiter öffentlicher Güter von den nationalen oder regionalen Eigeninteressen zunehmend verdrängt wird. In den Wirtschaftswissenschaften wird dieses Phänomen als „*common-pool*-Problem" diskutiert.[119]

In seinem Jahresbericht über das Haushaltsjahr 2012 kam der Europäische Rechnungshof zum wiederholten Mal zu dem Ergebnis, dass sich die „wahrscheinlichste Fehlerquote in der Grundgesamtheit auf 6,8 % beläuft. . ."[120] Auch wenn die fehlerhafte Verwendung von Strukturfondsgeldern sicherlich nicht in jedem Fall mit Betrug gleichzusetzen ist und die Fehlerquote im Vergleich zu früheren Förderperioden langsam sinkt, so bedeutet diese Quote von 6,8 % bei einem Gesamtfördervolumen von 38,254 Mrd. € im Jahr 2012 immer noch eine fehlerhafte Verwendung von Fördergeldern in Höhe von 2,86 Mrd. €.

Die besondere Struktur der Mittelverwaltung, der Kontrolle und der Verteilung der Finanzierungslasten bei den Strukturfonds erhöht nicht nur den bürokratischen Aufwand bei der Verwaltung, sondern verstärkt Mitnahmeeffekte durch nicht erforderliche oder nicht effiziente und zum Teil nicht zielführende Fördermaßnahmen. Dies erhöht in der Folge auch die Anreize zu Förderbetrug zu Lasten des europäischen Haushalts.[121]

---

[118] Sh. auch Jens Blom-Hansen, Principals, agents, and the implication of EU cohesion policy, in: JEPP, 2005, Vol. 12, No. 4, S. 624–648.

[119] Vgl. Friedrich Heinemann, Das common pool-Problem in der EU-Finanzverfassung, in: Zeitschrift für Sozial- und Europawissenschaften, 2006, 4. Jg., Nr. 2, S. 188–213.

[120] Europäischer Rechnungshof, Jahresbericht 2012 über die Ausführung des Haushaltsplans, in: ABl. C 1 v. 14.11.2013, S. 1–259, S. 157. Diese Fehlerquote entsprach somit den Quoten der letzten Jahre, wie die EU-Kommission in ihrer Erwiderung feststellte.

[121] Die bekanntesten Beispiele für den Missbrauch europäischer Fördermittel sind sicherlich der Bau einer Skipiste auf der dänischen Ostseeinsel Bornholm oder die Finanzierung eines

In der Geschichte der Strukturfonds ist der Zusammenhang zwischen integrationspolitischen Projekten zur Erweiterung und Vertiefung der EU und dem Ausbau der Kohäsionspolitik unübersehbar.[122] Bereits die erste Erweiterung der EWG 1973 zeigte die besondere Funktion der gemeinschaftlichen Struktur- und Kohäsionspolitik zur Kompensation spezifischer haushaltspolitischer Positionen und zum Ausgleich von nationalen Interessengegensätzen der Mitgliedstaaten. In den Beitrittsverhandlungen hatte das Vereinigte Königreich mit Unterstützung Italiens und Irlands die Einrichtung des Fonds für regionale Entwicklung durchgesetzt (Abb. 2.11).

Dass die Entwicklung der Kohäsionspolitik wichtige Impulse durch Vertiefungs- und Erweiterungsprozesse[123] erhielt, wird auch an folgenden Beispielen deutlich:

- Die zweite Süderweiterung führte 1985 zur Schaffung der „Integrierten Mittelmeerprogramme", mit deren Hilfe Infrastrukturprogramme und Weiterbildungsmaßnahmen in den Mittelmeerregionen Frankreichs, Italiens und inGriechenland gefördert wurden. Erst dadurch ließ sich Griechenland zur Zustimmung für die Aufnahme Spaniens und Portugals in die Gemeinschaft bewegen.
- Im Zuge der ersten umfassenden Reform des europäischen Vertragsrechts durch die Einheitliche Europäische Akte und das ehrgeizige Binnenmarktprogramm der Gemeinschaft wurde 1988 ein gesonderter Titel zum wirtschaftlichen und sozialen Zusammenhalt in den EG-Vertrag aufgenommen und die Mittel für die europäischen Strukturfonds deutlich aufgestockt. Erst nach dieser finanziellen Kompensation waren die neuen Mitglieder Portugal und Spanien bereit, der Schaffung des Binnenmarkts zuzustimmen.
- Die einvernehmliche Entscheidung für die Europäische Wirtschafts- und Währungsunion im Vertrag von Maastricht war 1993 nur möglich, weil auf Drängen Spaniens zugleich der Kohäsionsfonds zugunsten der ärmsten Mitgliedstaaten ins Leben gerufen wurde.

Elton-John-Konzerts in Neapel; diese Fördergelder wurden von der EU-Kommission bei der Prüfung der Förderprogramme dann allerdings wieder zurückgefordert. Vgl. Jeanne Rubner, Brüsseler Spitzen, Korruption, Lobbyismus und die Finanzen der EU, München 2009.

122 Vgl. Heinz-Jürgen Axt, EU-Strukturpolitik. Eine Einführung in die Politik des wirtschaftlichen und sozialen Zusammenhalts, Opladen 2000; Daniel Tarschys, Reinventing Cohesion. The Future of European Structural Policy, Stockholm, September 2003 (SIEPS-Report 17), S. 19–31.

123 Christopher Preston, Enlargment and Integration in the European Union, London 1997, S. 138 ff.

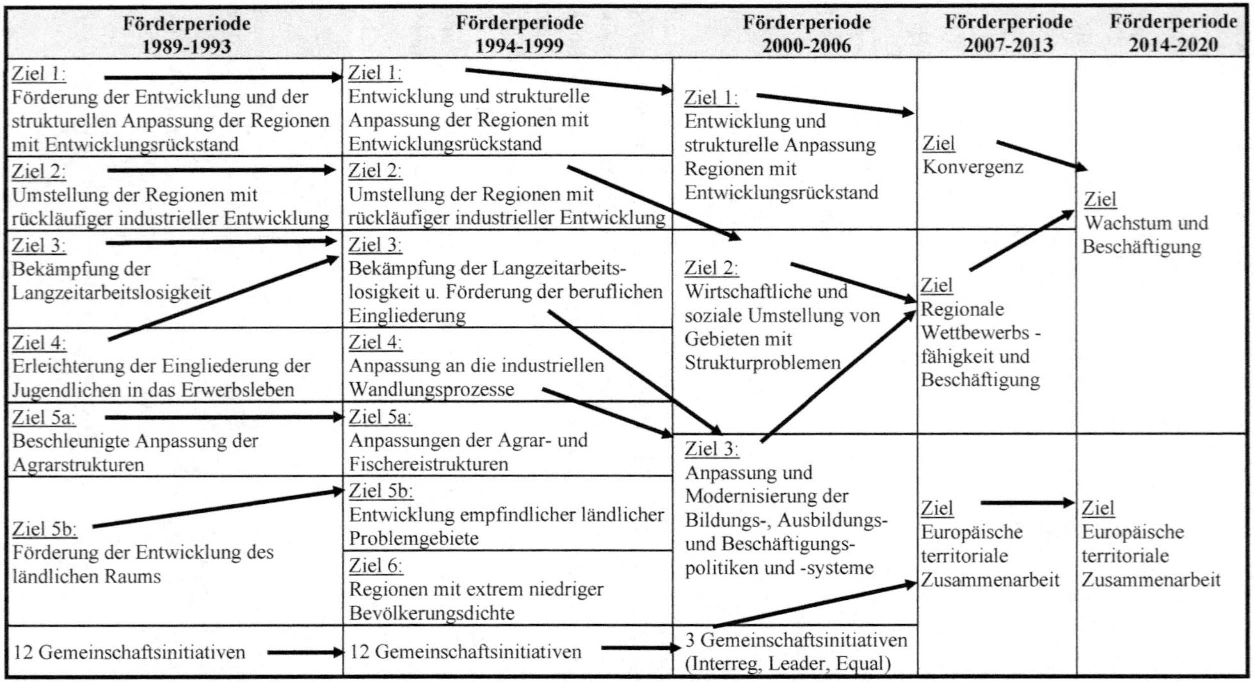

Abb. 2.11 Die Entwicklung der Förderziele der EU-Kohäsionspolitik

- Im Rahmen der Norderweiterung um die Länder Schweden, Finnland und Österreich 1995 wurde ein neues Förderziel zugunsten der dünnbesiedelten Regionen in Nord-Skandinavien vereinbart.
- Mit der Osterweiterung öffnete sich erneut die Schere zwischen den reichsten und ärmsten Regionen in der EU. Das durchschnittliche BIP je Einwohner in der EU sank um rund 12 % und der Abstand zwischen den drei Regionen mit dem höchsten BIP je Einwohner und den fünfzehn Regionen am Ende der Wohlstandsskala vergrößerte sich enorm.[124] Die immensen sozio-ökonomischen Entwicklungsunterschiede zwischen alten und neuen Mitgliedsstaaten hatten Konsequenzen für den inneren Zusammenhalt der EU und für die Wettbewerbsfähigkeit der europäischen Wirtschaft; dies stellte auch die Kohäsionspolitik vor neue Aufgaben.[125] Die Europäische Union reagierte auf diese Herausforderung mit einer Neuausrichtung ihrer Kohäsionspolitik auf neue Politikziele und mit der Konzentration der Fördergelder auf die ärmsten Regionen in der erweiterten EU. Dies bedeutete eine geografische Verschiebung der Gelder und Förderschwerpunkte nach Mittel- und Osteuropa; der Anteil der alten EU-Mitgliedstaaten an den Fördergeldern sank.

Seit den ersten zaghaften Schritten der europäischen Regionalpolitik in den fünfziger und sechziger Jahren, die schließlich zur Schaffung des Europäischen Fonds für Regionale Entwicklung 1975 führten, hat der Politikbereich nicht nur eine deutliche Aufwertung seiner Bedeutung für den europäischen Integrationsprozess insgesamt, sondern auch eine immense Erhöhung der finanziellen Ausstattung erfahren.[126] Die finanziellen Ressourcen, die für die EU-Strukturfonds bereitgestellt wurden, erhöhten sich seither deutlich und auch der Anteil der Strukturfonds am Gesamthaushalt wuchs und damit die politische Bedeutung des Politikbereichs. Betrug der Anteil

---

[124] Nach den Daten des Statistischen Amtes der EU Eurostat erreichte die reichste Region Inner-London unmittelbar vor der Erweiterung 2004 ein Wohlstandsniveau gemessen am EU-Durchschnitt von 303 %, gefolgt von Luxemburg mit 265 % und Brüssel mit einem Niveau von 241 % in Relation zum EU-Durchschnitt. Dagegen kam die ärmste Region in der EU-27, die Region Nord-Est in Rumänien, nur auf ein Wohlstandsniveau von 24 % des EU-Durchschnitts.

[125] Vgl. Jonas Eriksson/Bengt O. Karlsson/Daniel Tarschy (Hrsg.), From Policy Takers to Policy Makers. Adapting EU cohesion Policy to the Needs of the New Member States, Swedish Institute for European Policy Studies (SIEPS), Stockholm 2005.

[126] Vgl. Heinz-Jürgen Axt, Solidarität und Wettbewerb. Die Reform der EU-Strukturpolitik. Strategien für Europa, Gütersloh 2000; Robert Leonardi, Cohesion Policy in the European Union. The Building of Europe, Houndsmill 2005.

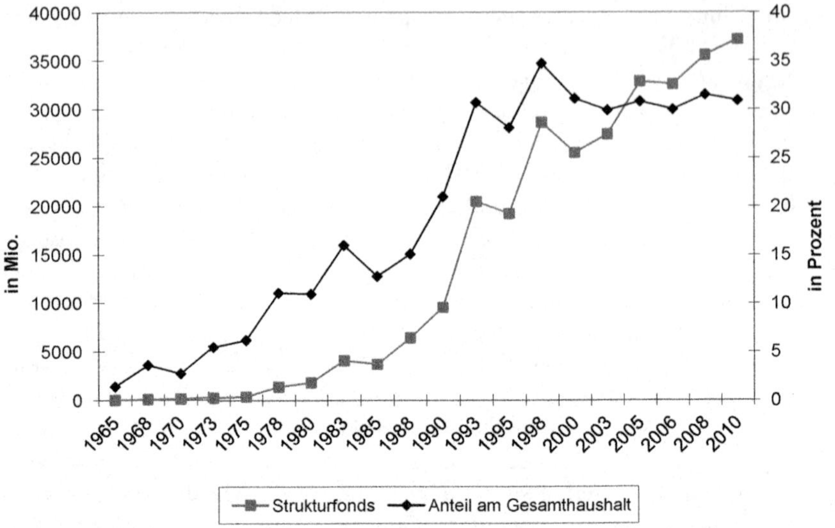

Abb. 2.12 Die Ausgabenentwicklung der EU-Strukturfonds 1965–2010. (in Mio. Euro und Prozent der Strukturfonds am Gesamthaushalt). (Quelle: Europäische Kommission, Finanzbericht 2011)

der Strukturfonds am EU-Haushalt bis 1975 noch weniger als 5 %, war er bis 1988 auf über 15 % angestiegen und lag im Jahr 2010 bei mehr als 30 % (Abb. 2.12).

Begründet wurde der Ausbau des kohäsionspolitischen Instrumentariums der EU samt Erhöhung der finanziellen Ausstattung stets ökonomisch: Die Vertiefung der Integration (etwa durch den europäischen Binnenmarkt und die Wirtschafts- und Währungsunion) müsse mit Hilfen für die ärmeren Regionen und Mitgliedstaaten einhergehen, damit nicht die reichen Staaten und Regionen im Zentrum der EU von weiteren Integrationsschritten profitierten, die ärmeren Regionen und Länder an der Peripherie jedoch nicht. Schlimmer noch, diese drohten sogar abgehängt zu werden[127], wenn ihnen nicht durch Investitionen in die Infrastruktur und finanzielle Anreize für private Investitionen die Anbindung an den ökonomischen Wachstumskern ermöglicht werde.

---

[127] Vgl. Fritz Franzmeyer, Erfordert die Errichtung der europäischen Wirtschafts- und Währungsunion den Ausbau der gemeinschaftlichen Kohäsionspolitik?, in: Rolf Caesar/Hans-Eckart Scharrer (Hrsg.), Maastricht: Königsweg oder Irrweg zur Wirtschafts- und Währungsunion, Bonn 1994, S. 290–304.

Mit den Strukturfonds werden je nach Entwicklungsstand der förderungswürdigen Regionen die Finanzmittel auf unterschiedliche Förderziele aufgeteilt. Mit der Ausrichtung der Kohäsionspolitik auf die Ziele der Lissabon- und der Europa 2020-Strategie der EU wurde die Förderfähigkeit aller europäischen Regionen im Grundsatz anerkannt, wenn auch gestaffelt nach Bedürftigkeit und Rückständigkeit. Die ökonomisch rückständigsten Regionen in der EU werden dabei in die höchste Förderkategorie eingestuft; dies sind Regionen deren Pro-Kopf-Bruttoinlandsprodukt (gemessen in Kaufkraftstandards) weniger als 75 % des durchschnittlichen BIP der EU beträgt. Zentrale Förderziele sind insbesondere Maßnahmen für mehr Wachstum und Beschäftigung in diesen Regionen mit dem größten Entwicklungsrückstand.

In der abgelaufenen Förderperiode 2007–2013 gehörte Polen mit rund 67,3 Mrd. € zum größten Nutznießer der europäischen Strukturförderung, gefolgt von Spanien (35,2 Mrd. €) und Italien (28,8 Mrd. €). Unter den alten Mitgliedsstaaten entfielen also die meisten Strukturfondsmittel auf Spanien, wobei aber im Vergleich zur vorherigen Förderperiode 2000–2006 Spanien über insgesamt 7,66 Mrd. € weniger verfügen konnte. Auch die größeren und wohlhabenderen Mitgliedstaaten kommen grundsätzlich in den Genuss europäischer Strukturfonds. Für Frankreich wurde mit rund 10,3 Mrd. € der größte Anteil für diese Förderziele reserviert, gefolgt von Deutschland mit 9,4 Mrd. €.

Seit ihrem Ausbau zu einem zentralen Politikfeld der EU in den achtziger und neunziger Jahren war die europäische Kohäsionspolitik zugleich einer massiven Kritik ausgesetzt.[128] Im Mittelpunkt stand zumeist der Vorwurf, dass die Politik ihren Zielen nicht gerecht werde. Die Förderung nach dem „Gießkannenprinzip" bedeute eine fast flächendeckende, jedoch nicht zielgenaue Strukturförderung in der EU. Hinzu komme, so die Kritik, dass häufig die verschiedenen EU-Politiken und Programme nicht hinreichend aufeinander abgestimmt seien; es komme zu Mehrfachförderungen oder gar zur Förderung sich widersprechender Ziele. Die Kritiker werfen der EU deshalb vor, die Kohäsionspolitik konzentriere sich nicht auf die wirklich rückständigen Regionen in der EU. Oftmals würden auch unnötigerweise Regionen in wirtschaftlich prosperierenden Mitgliedstaaten gefördert. Vieles spreche bei der europäischen Förderpolitik deshalb für die Verstärkung von Mitnahmeeffekten. Die Kohäsionspolitik greife in die Marktmechanismen ein und diese interventionistische Politik der EU führe zu Fehlallokationen. Sie ersetze häufig nationale oder regionale Förderpolitiken und könne die eigentlich notwendigen Anreize zu wachstumsfördernden Investitionen schwächen. Die Ad-

[128] Am pointiertesten benennt Daniel Tarschys die Kritikpunkte. Daniel Tarschys, Reinventing Cohesion, a. a. O.

ministration der Förderpolitik sei übermäßig kompliziert und intransparent; die Bürokratiekosten seien häufig zu hoch. Die zentrale Steuerung und die Versuche der Kommission die Förderschwerpunkte mitzubestimmen, widerspreche dem Subsidiaritätsprinzip. Die Kohäsionspolitik sei in Folge dessen nicht effizient; ihr fehle die nachhaltige Wirksamkeit. Die eingesetzten Strukturfondsgelder stünden häufig in keiner Relation zum erzielten Mehrwert, zumal der Nutzen und die Wirkung der Kohäsionspolitik im Sinne einer Verringerung der ökonomischen und sozialen Konvergenz zwischen den Regionen kaum messbar oder nachweisbar seien. Die Verringerung der Disparitäten sei eher auf die Erfolge der wirtschaftlichen Integration und des Handelsaustausches, also auf die Binnenmarkteffekte, zurückzuführen, als auf die Maßnahmen der Kohäsionspolitik.

Eine Vielzahl von Untersuchungen[129] kam zu dem Ergebnis, in den fünfziger und sechziger Jahren sei es zwar zu deutlichen Konvergenzfortschritten in Europa gekommen, allerdings in erster Linie zwischen den Mitgliedstaaten und nicht zwischen den Regionen. Weil in diesen ersten Jahren kaum von einer gezielten und sichtbaren europäischen Kohäsionspolitik gesprochen werden könne, werden diese Annäherungserfolge vor allem auf die Ausweitung des innereuropäischen Handels zurückgeführt. In den achtziger Jahren hingegen, als die EU-Gelder reichlich flossen, sei die wirtschaftliche Annäherung von ärmeren und reicheren Ländern fast zum Stillstand gekommen.[130] Ähnliches gelte für die Entwicklung der mittel- und osteuropäischen Länder in den neunziger Jahren, die bis zu ihrem Beitritt 2004 durch die Europa-Abkommen zwar an den EU-Binnenmarkt assoziiert waren, aber noch nicht in den Genuss von EU-Strukturfondsgeldern kamen. Die Konvergenzprozesse innerhalb der Europäischen Union seien daher nicht notwendigerweise von der finanziellen Unterstützung durch die Strukturfonds abzuleiten. Andere Studien zogen andere Schlüsse.[131] Die Europäische Kommission[132] etwa brach-

---

[129] Vgl. als Überblick Hans-Friedrich Eckey/Matthias Türk, Convergence of EU-Regions. A Literature Report, Universität Kassel, Institut für Volkswirtschaftslehre, Volkswirtschaftliche Diskussionsbeiträge, Nr. 80/06.

[130] Vgl. Aadne Cappelen u. a., The Impact of EU Regional Support on Growth and Convergence in the European Union, in: JCMS, 2003, Vol. 41, No. 4, S. 621–644.

[131] Beispielsweise Maaike Beugelsdijk/Sylvester C.W. Eijfinger, The Effectiveness of Structural Policy in the European Union: An Empirical Analysis for the EU-15 in 1995–2001, in: JCMS, 2005, Vol. 43, No. 1, S. 37–51.

[132] Die Europäische Kommission versuchte die Wirkung der Strukturfonds mit Hilfe von Simulationsmodellen nachweisen zu lassen; sie stützt sich bei ihren Berechnungen auf drei verschiedene makroökonomische Modelle: HERMIN, QUEST und EcoMod. Vgl. Europäische Kommission, Wachsende Regionen, wachsendes Europa. Vierter Bericht über den wirtschaftlichen und sozialen Zusammenhalt, Luxemburg, Mai 2007, S. 95 ff. Sh. auch Sjef

te die positiven Entwicklungen in den Kohäsionsländern Griechenland, Spanien, Irland und Portugal, die in den neunziger Jahren zumeist ein jährliches Wirtschaftswachstum erzielten, das über dem EU-Durchschnitt lag, und in denen der Anteil der erwerbstätigen Bevölkerung ebenfalls überdurchschnittlich gewachsen sei, mit der Förderung aus den europäischen Strukturfonds in Verbindung. Die Disparitäten zwischen reichen und ärmeren Mitgliedstaaten hätten sich also abgeschwächt. Die Versuche, die Wirksamkeit der europäischen Strukturfondsgelder empirisch zu belegen, und die entsprechenden ökonometrischen Modelle sind folglich nicht unumstritten.[133]

Damit wurde stets auch die politische Legitimation der europäischen Kohäsionspolitik grundsätzlich in Frage gestellt.[134] Ebenso wie die GAP muss auch die Kohäsionspolitik von den europäischen Entscheidungsgremien, und insbesondere von der Europäischen Kommission, immer wieder neu begründet und legitimiert werden. Die Suche nach einem europäischen Mehrwert, der mit den europäischen Fördergeldern erzielt werden könne, ist allerdings schwierig. Angesichts der offenkundigen Verbindung zwischen der europäischen Kohäsionspolitik und den integrationspolitischen Fortentwicklungen der EU rückt zunehmend die Kompensationsfunktion der Strukturpolitik in den Vordergrund und damit auch der Blick auf die Nettosalden der Mitgliedstaaten. Nicht mehr die gemeinschaftlichen Vorteile der Förderpolitiken, sondern die ausgehandelten Summen zugunsten einzelner Mitgliedstaaten oder Regionen wurden zum eigentlichen Bewertungsmaßstab für die Vor- und Nachteile der europäischen Kohäsionspolitik.

Ederveen u. a., Funds and Games. The Economics of European Cohesion Policy, Den Haag: CPB Netherlands Bureau for Economic Policy Analysis, 2002; Tobias Hagen/Philipp Mohl, The Econometric Evaluation of EU Cohesion Policy – A Survey, in: Zentrum für Europäische Wirtschaftsforschung, ZEW-Discussion paper, 2009, No. 9–052; John Bradley/Gerhard Untiedt, EU Cohesion Policy and „Conditional" Effectiveness. What Do Cross-section Regressions Tell Us?, Münster, Mai 2008 (GEFRA Working Paper 4).

[133] Sh. hierzu auch das Sonderheft „The Evaluation of European Union Cohesion Policy" der Zeitschrift Regional Studies, hrsgg. von John Bachtler und Colin Wren, 40 (2006) 2; Roberto Esposti, „Regional Growth Convergence and EU Policies: Empirical Evidence and Measuring Problems", in: CESifo Forum, 9 (2008) 1, S. 14–22. Auch Aadne Cappelen u. a., The Impact of EU Regional Support, a. a. O.

[134] Sh. hierzu auch Peter Becker/Bettina Rudloff, Hohe Ausgaben verlangen nach neuer Legitimation - Die Gemeinsame Agrarpolitik und die Kohäsionspolitik, in: Annegret Bendiek/Barbara Lippert/Daniela Schwarzer (Hrsg.) Entwicklungsperspektiven der EU. Herausforderungen für die deutsche Europapolitik, SWP-Studien 2011/S. 18, Juli 2011, S. 49–59; Isabella Eiselt, What is wrong with EU cohesion policy? Observations of an overambitious policy design, in: Institut für Europäische Integrationsforschung, EIF Working Paper, Nr. 29, 2007.

2.3.3 Zwischenfazit: Einseitige Prioritäten und begrenztes Volumen

Die Prioritätensetzung auf der Ausgabenseite des EU-Budgets bestimmt letztlich das Gesamtvolumen des EU-Haushalts und des mehrjährigen Finanzrahmens. Vor dem Hintergrund des Verbots der EU, Schulden oder Kredite für die Finanzierung ihres Budgets aufnehmen zu dürfen und dem Grundsatz des Haushaltsausgleichs, wird mit der Verständigung bei den MFR-Verhandlungen auf die Mittelausstattung der einzelnen Politikbereiche zugleich auch der Finanzierungsbedarf festgeschrieben. Umgekehrt begrenzen die Mittelzusagen der Mitgliedstaaten die finanziellen Ressourcen der europäischen Politiken und damit implizit auch die politischen Handlungs- und Gestaltungsmöglichkeiten der EU. Da die Mitgliedstaaten auf der Einnahmenseite des Budgets noch immer den Entscheidungsprozess dominieren, können sie so auch der Europäischen Union und insbesondere den supranationalen Organen wie der Europäischen Kommission und dem Europäischen Parlament finanzielle Grenzen für die politischen Ziele, Anliegen und Wünsche ziehen.

Da die Mitgliedstaaten jedoch immer öfter die gemeinschaftliche Förderung europäischer Politiken und gemeinschaftlicher öffentlicher Güter sowie die Finanzierung von Maßnahmen und Politiken, die einen europäischen Mehrwert versprechen, hinter ihre nationalen politischen Ziele, Förderinteressen und haushaltspolitischen Zwänge zurückstellen, dominiert das Konzept des nationalen Nettosaldos die Verhandlungsführung der Mitgliedstaaten bei den Verhandlungen über Ausgabenprioritäten der EU. Angesichts der einseitigen Prioritätensetzung auf der Ausgabenseiten des EU-Budgets zugunsten der Gemeinsamen Agrarpolitik und der europäischen Kohäsionspolitik wird der nationale Saldo zwangsläufig davon bestimmt, welcher Mitgliedstaat in den Genuss von europäischen Fördergeldern in diesen beiden Politikbereichen kommt. Da derzeit die größten Finanziers des EU-Haushalts zugleich auch zu den größten Empfängern von EU-Geldern aus diesen beiden Ausgabenrubriken gehören, würde eine Veränderung der Ausgabenprioritäten bei gleichbleibender Verteilung der Finanzierungslasten des EU-Haushalts unweigerlich zu einer deutlichen Verschlechterung des jeweiligen Nettosaldos führen. Damit sinkt deren Bereitschaft zu weitreichenden Reformen an den beiden großen Ausgabeblöcken des EU-Budgets.

2.4 Der dominierende Konflikt – Die Nettosaldo-Debatte

Auch in der mit dem Vertrag von Lissabon reformierten europäischen Finanzverfassung dominieren die Mitgliedstaaten der EU die Verhandlungen über den mehrjährigen Finanzrahmen der Europäischen Union.[135] Für sie ist die Entwicklung ihres nationalen Nettosaldos noch immer das entscheidende Kriterium zur Beurteilung eines möglichen Verhandlungskompromisses. Jede Veränderung auf der Einnahmen- oder der Ausgabenseite wird daran gemessen, wie sie sich auf den nationalen Saldo von Zahlungen an und Rückflüssen aus dem EU-Haushalt auswirkt, und damit in eine nationale, von fiskalischen Motiven dominierte Kosten-Nutzenabwägung eingeordnet. Angefangen bei den ersten Debatten über wirkliche eigene Finanzierungsmittel der Europäischen Gemeinschaft in den sechziger Jahren und dann intensiver seit dem Beitritt Großbritanniens wurde der jeweilige nationale Nettosaldo zum zentralen Element der Haushaltsverhandlungen im Kreis der Mitgliedstaaten.[136]

Allerdings ist die Aussagekraft dieser „giftigen“[137] Fixierung der Mitgliedstaaten auf ihre Nettopositionen deutlich begrenzt, denn die Effekte der europäischen Integration und der Mitgliedschaft in der EU, die sich nicht in der reinen fiskalischen Gegenüberstellung von Zahlungen und Rückflüssen ausdrücken, bleiben unberücksichtigt. Darüber hinaus ist die Berechnung der Nettopositionen umstritten.[138] Häufig wird während der Verhandlungen die jeweilige nationale Nettoposition als Argument genutzt, um die eigene Verhandlungsposition mit scheinbar objektiven Zahlen begründen zu können. Trotz der wiederholten Debatten über die technische Ausgestaltung der Saldoberechnung und der begrenzten Aussagekraft des Nettosaldos, bleibt aber gerade der Nettosaldo im Zentrum der öffentlichen Berichterstattung über die europäischen Haushaltsverhandlungen. Der Saldo ist gerade wegen seiner scheinbaren Objektivität ein relativ gut nutzbarer Hebel für die politische und mediale Debatte. Nicht zuletzt deshalb bleibt er weiterhin das

---

[135] Vgl. unter vielen Vasjy Rant/Mojmir Mrak, The 2007 – 13 Financial Perspective: Domination of National Interests, in: JCMS. 2010, Vol. 48, No. 2, S. 347 – 372; Susanne Neheider/Indhira Santos, Reframing the EU-Budget Decision-Making Process, in: JCMS, 2011, Vol., 49, No. 3, S. 631 – 651 S. 633 ff.

[136] Vgl. Clifford J. Carrubba, Net Financial Transfers in the European Union: Who Gets What and Why?, in: Journal of Politics, 1997, Vol. 59, No. 2, S. 409–496.

[137] Jacques Le Cacheux, European budget. The poisonous rebate debate, Notre Europe, Studies&Research No. 41, June 2005.

[138] Vgl. auch Günter Wilms, Die Reform des EU-Haushalts im Lichte der Finanziellen Vorausschau 2007–2013 und des Vertrags von Lissabon – neue Perspektiven für die Europäische Union? in: EuR, 2007, 42. Jg., H. 6, S. 707–743, S. 718 ff.

bedeutendste Kriterium zur nationalen Bewertung der Verhandlungsergebnisse bei den Finanzverhandlungen.

Auch wenn der jeweilige nationale Nettosaldo die entscheidende Messlatte für die Positionierung und die Verhandlungsführung der Mitgliedstaaten bei den Finanzverhandlungen ist, gibt es bis heute keine gemeinsame Definition und noch keine unumstrittene Methode zur Berechnung des Nettosaldos, die von allen Mitgliedstaaten und der Europäischen Kommission akzeptiert würde. Im Grundsatz unstrittig ist lediglich, dass zur Berechnung des Saldos die Zahlungsströme zwischen den nationalen Haushalten und dem europäischen Haushalt gegeneinander aufgerechnet, das heißt die Bruttobeiträge und die Rückflüsse einander gegenübergestellt werden. Heftig umstritten sind jedoch die technische Ausgestaltung der Saldoberechnung[139] und die Aussagekraft des Nettosaldos. Folgende Fragen bestimmen diese Debatte:

a. Wie berechnet man den Nettosaldo? Sollen zum Beispiel nur die im mehrjährigen Finanzrahmen vorgesehenen Ansätze oder die tatsächlich geleisteten Zahlungen aus dem EU-Haushalt zur Berechnung der Salden herangezogen werden?
b. Welche Zahlungen der EU-Staaten an den Gemeinschaftshaushalt, das heißt auf der Einnahmenseite, gehen in die Saldenberechnung ein? Wie soll mit den traditionellen Eigenmitteln umgegangen werden und können diese Gelder überhaupt einzelnen Mitgliedstaaten zugeordnet werden? Würden die traditionellen Eigenmittel in die Nettosaldo-Berechnung einbezogen, müssten zum Beispiel die Zolleinnahmen an den großen Importhäfen der EU, also in Rotterdam, Antwerpen oder Hamburg, wo überproportional hohe Zolleinnahmen anfallen, die an den EU-Haushalt abgeführt werden, in die Kalkulation einbezogen und dem jeweiligen Mitgliedstaat zugeordnet werden. Und das obwohl sehr häufig die importierten Güter für Endabnehmer in anderen Mitgliedstaaten bestimmt sind und nicht im Staat der Zollerhebung verbleiben.[140] Deshalb deutet dieser „gateway"-Effekt (oder Rotterdam/Antwerpen-Effekt) eher auf eine Ausklammerung aus der Saldo-Berechnung hin. Demzufolge wären nur

[139] Ausführlich zu den methodischen Schwierigkeiten und den generellen Einwänden gegen das Nettosaldokonzept siehe den Eigenmittelbericht der Europäischen Kommission, „Die Finanzierung der Europäischen Union. Bericht der Kommission über das Funktionieren des Eigenmittelsystems", KOM(1998) 560 endg. 7.10.1998.

[140] Die Zolleinnahmen fallen naturgemäß an den Außengrenzen des Binnenmarkts oder an bedeutenden Hafenstädten oder Flughäfen an. Deshalb dürfen die Länder, die für andere EU-Mitgliedstaaten die Aufgaben der Zolladministration mit übernehmen, einen Teil der Zolleinnahmen als Ausgleich für diese erhöhten Verwaltungskosten einbehalten.

die Abführungen aus den nationalen Haushalten der Mitgliedstaaten in die Saldoberechnung einzubeziehen, die sich nach dem nationalen Bruttonationaleinkommen (also die BNE-Eigenmittel) und dem Mehrwertsteueraufkommen (also die MwSt-Eigenmittel) errechnen.

c. Welche Zahlungen aus dem EU-Haushalt, das heißt auf der Ausgabenseite, werden in der Saldenberechnung berücksichtigt? Wie werden die Verwaltungsausgaben behandelt? Einerseits wird argumentiert, dass diese Ausgaben der EU insgesamt und allen Mitgliedstaaten zugutekommen und sie deshalb auch nicht in die nationalen Saldenberechnungen einbezogen werden dürften. Andererseits wird die Meinung vertreten, dass die Ansiedlung von EU-Institutionen zusätzliche Arbeitsplätze schafft und die lokale Kaufkraft insbesondere in Brüssel und Luxemburg stärkt. Damit hätten sie auch einen EU-finanzierten Wachstumseffekt, der in die Saldo-Berechnung Belgiens und Luxemburgs eingerechnet werden könnte.

Immer wieder wurden auch einzelne Ausgabenblöcke aus dem EU-Budget hinterfragt, deren Einbeziehung in die Saldorechnung und damit die Zuordnung zu einem Mitgliedstaat strittig ist. Beispielsweise wird häufig über die Zuordnung europäischer Bildungsprogramme bei der Saldo-Berechnung diskutiert, wie die Erasmus-Stipendien mit denen europäische Studenten bei Auslandssemestern an anderen europäischen Hochschulen finanziell unterstützt werden. Welchem Mitgliedstaat soll der Zufluss dieser Fördermittel bei der Saldoberechnung zugerechnet werden – dem Herkunftsland des Studenten, der die Förderung erhält, oder dem Land des Auslandsaufenthalts?

Obwohl die Finanzierung des EU-Budgets mit Hilfe der größten Eigenmittelquelle, den BNE-Eigenmitteln, eng an die nationale Wirtschaftskraft gekoppelt wurde, zeigt die Betrachtung der Nettosalden, dass die Belastung einzelner Mitgliedstaaten nicht mit dem jeweiligen Wohlstandsniveau korrespondiert. So bewirkt die Ausgabenpolitik der EU mit ihrer einseitigen Prioritätensetzung auf die Agrarpolitik und die Förderung rückständiger Regionen, dass die Umverteilungswirkung über das EU-Budget nicht primär den Kriterien der nationalen Bedürftigkeit oder der Generierung eines europäischen Mehrwerts folgt.[141]

Die Empfänger europäischer Struktur- und Kohäsionsfonds argumentieren häufig mit dem ökonomischen Nutzen der europäischen Fördergelder für Unternehmen in anderen Mitgliedstaaten. Den Nettozahlungen dieser Länder an das EU-Budget müssten also auch die erhöhten Steuereinnahmen durch das von den

141 Auf der Einnahmenseite ist es insbesondere der britische Beitragsrabatt, der zu großen Verzerrungen und Ungleichbehandlungen führt.

europäischen Strukturfonds angestoßene Wirtschaftswachstum gegenüber gestellt werden. In einem Gutachten des polnischen Instituts für Strukturforschung im Auftrag des polnischen Ministeriums für regionale Entwicklung aus dem Jahr 2012 wurden die direkten Gewinne insbesondere durch den Verkauf von Baudienstleistungen und die Lieferung von Produkten mittlerer und hoher Technologie an die Empfänger europäischer Strukturfondsgelder und die indirekten Gewinne durch das hohe Wirtschaftswachstum und die damit verbundene stimulierte Nachfrage nach bestimmten Dienstleistungen und Gütern errechnet. Die Studie[142] kam zu dem Ergebnis, Deutschland sei der größte Nutznießer der europäischen Fördergelder für die vier neuen EU-Mitgliedstaaten Polen, Tschechien, Slowakei und Ungarn. Für jeden Euro, der aus dem Bundeshaushalt über den Umweg des EU-Budgets in die Kohäsionspolitik in diesen vier Ländern investiert werde, erhalte Deutschland 1,25 Euro in Form zusätzlicher Exporte und Steuereinnahmen zurück. Der Gesamtwert des deutschen Gewinns wurde für den Zeitraum 2004–2015 auf 31,5 Mrd. € geschätzt.

Weil die Höhe des Nettosaldos den EU-Mitgliedstaaten stets auch eine Argumentationsgrundlage bietet, um Veränderungen am Eigenmittelsystem oder an der Ausgabenstruktur des EU-Budgets zu rechtfertigen – oder umgekehrt, um an einmal durchgesetzten Sonderregelungen festzuhalten –, kommt dem gewählten Modus zur Berechnung des Saldos eine taktische Funktion in den Verhandlungen zu. Die Mitgliedstaaten streiten deshalb immer wieder über technische Fragen der Saldoberechnung, um ihre nationalen Ziele und Interessen in den Verhandlungen besser begründen und legitimieren zu können.[143]

Die Europäische Kommission ihrerseits sträubte sich lange dagegen, überhaupt eigene Berechnungen nationaler Nettosalden anzustellen und diese Ergebnisse zu veröffentlichen. Die Definition der Haushaltssalden sei stets mit großen konzeptionellen und buchungstechnischen Schwierigkeiten behaftet, so die Kommission. Sie argumentierte zudem, dass die Aufrechnung von Zahlungen an den EU-Haushalt und Rückflüssen „nur ein unzulängliches Bild von den Vorteilen, die den Mitgliedstaaten aus den Gemeinschaftspolitiken erwachsen“, vermitteln könne.[144] Sie

---

142 Instytut Badań Strukturalnych, Evaluation of benefits to the EU-15 countries resulting from the implementation of the Cohesion Policy in the Višegrad Group countries. Final report, Warschau 2012.

143 So errechnete die Bundesbank seit Ende der fünfziger Jahre die Haushaltssalden auf der Grundlage der deutschen Zahlungsbilanzstatistiken und nahm dabei alle Geldzahlungen an und Rückflüsse aus dem EU-Haushalt in die Kalkulationen auf.

144 Stellungnahme der Europäischen Kommission, Nr. 8/99 zu einem Vorschlag für einen Beschluss des Rates über das System der Eigenmittel der Europäischen Union, in: ABl. C 310 v. 28/10/1999, S. 1–5, Ziffer 8.

vermeidet deshalb bis heute in ihren Dokumenten den Begriff „Nettosaldo" und spricht stattdessen von „Haushaltsungleichgewichten". Erst nach heftigem Drängen der Nettozahler legte die Europäische Kommission 1998 eine erste offizielle Nettosaldo-Berechnung vor. Inzwischen erstellt sie einen jährlichen Finanzbericht, in dem sie die „operativen Haushaltssalden" für jeden Mitgliedstaat errechnet. Diese Berichte sind mittlerweile die einzige, unabhängig von nationalen Eigeninteressen erstellte Aufstellung der nationalen Nettosalden in der EU.

Zur Berechnung der Salden hat die Kommission eine spezielle Methode entwickelt: Zunächst werden jedem Mitgliedstaat die „operativen Ausgaben" aus dem EU-Haushalt zugeordnet, wobei die Verwaltungsausgaben unberücksichtigt bleiben; davon werden die „angepassten nationalen Beiträge" des jeweiligen Mitgliedstaates subtrahiert. Bei diesen nationalen Abführungen an das EU-Budget werden die traditionellen Eigenmittel nicht einbezogen und zugleich werden die nationalen Beiträge in Relation zum jeweiligen nationalen Anteil an den Gesamtausgaben aus dem EU-Haushalt gesetzt.

Bei den operativen Salden werden also die traditionellen Eigenmittel und die Verwaltungsausgaben aus der Berechnung ausgeklammert. Diese Methode bedingt zudem, dass die operativen Haushaltssalden sich nicht zu einem Gesamtsaldo von Null aufaddieren. Auch die Zahlungen, die die EU an Drittstaaten leistet, werden hier nicht abgebildet. Die operativen Haushaltssalden geben die Finanzströme zwischen den Mitgliedstaaten und der EU durch die rechnerische Ausklammerung der Zolleinnahmen und der Verwaltungsausgaben zwar angemessener wider, allerdings verstärkten die jährlich veröffentlichten Finanzberichte zugleich die klare Frontstellung zwischen Nettoempfängern und -zahlern.

Die Kommission berechnet die operativen Haushaltssalden in absoluten Zahlen und auch in Relation zum jeweiligen Bruttonationaleinkommen des Mitgliedstaates. Zusätzlich errechnen einige Mitgliedstaaten auch die operativen Haushaltssalden pro Einwohner. So argumentierten die Niederlande viele Jahre damit, dass zwar die Bundesrepublik Deutschland der größte nominale Nettozahler an den EU-Haushalt sei; die Niederländer aber pro Kopf gerechnet den höchsten Nettosaldo zu tragen hätten.[145] Nicht zuletzt mit dieser Argumentation konnte die niederländische Regierung bei den Verhandlungen zum Finanzrahmen 2007 bis 2013 einen Sonderrabatt auf ihre BNE-Beitragszahlungen von jährlich 650 Mio. EUR durchsetzen.

Grundsätzlich gehört Deutschland nach der Berechnungsmethode der Europäischen Kommission zu den größten Nettozahlern in der EU, insbesondere wenn

145 Vgl. Brigid Laffan, The Finances of the European Union, a. a. O., S. 56–59.

die absoluten Haushaltssalden in Betracht gezogen werden.[146] Werden hingegen die nationalen Nettosalden in Relation zum jeweiligen Bruttonational-Einkommen gesetzt, so gehören auch die Niederlande, Schweden und Luxemburg[147] zum Kreis der größten Nettozahler. Im Verlauf der letzten Finanzperiode 2007–2013 wuchsen die Nettozahlungen Italiens und Frankreichs deutlich an und auch deren relativer Anteil gemessen am nationalen BNE stieg deutlich. Auf der anderen Seite gehörten die neuen Mitgliedstaaten aus Mittel- und Osteuropa sowie Griechenland und Portugal zu den größten Nettoempfängern aus dem EU-Haushalt. In absoluten Zahlen wurde Polen zum größten Empfänger; gemessen in Prozent des nationalen BNE war dies Litauen (Tab. 2.3).

Grundsätzlich bleibt das Konzept der Nettosalden ein unzureichender Maßstab für die Bemessung der Vorteile der Mitgliedschaft in der Europäischen Union, aber auch für die Bewertung der Ergebnisse europäischer Haushaltsverhandlungen, denn die Konzentration auf die Nettosalden führt letztlich zu unangemessenen Schlussfolgerungen:

1. *Das EU-Finanzsystem wird lediglich unter dem Gesichtspunkt seiner Kompensationsfunktion bewertet. Dabei entspricht die Aufrechnung der Zahlungsströme keineswegs den integrationspolitischen Zielen der EU.*
   Die Nettosaldo-Logik mit ihrer Fixierung darauf, die Beiträge mit den Rückflüssen aus dem EU-Haushalt zu verrechnen, blendet andere, nicht-fiskalische Vorteile der Integration, die „Integrationsdividende", aus. Dabei soll doch gerade die Verlagerung von Aufgaben auf die EU-Ebene und die angemessene Ausstattung des EU-Haushalts zur Finanzierung dieser übertragenen Aufgaben dazu führen, dass sich Synergieeffekte, Effizienzsteigerungen und Einsparungen für die nationalen Haushalte ergeben. Im Ergebnis sollte das EU-Finanzsystem für alle Mitgliedstaaten zu einem positiven Saldo führen, der sich allerdings nicht an einer Einzahlungs-Rückfluss-Rechnung zum EU-Haushalt ablesen lässt. Vielmehr verbindet der EU-Haushalt integrationspolitische mit fiskalischen Zielen. Dieser weiter gefasste Saldo-Begriff ist jedoch an zwei Vorbedingungen gebunden: Zum einen muss es sich bei den übertragenen Aufgaben um ein europäisches öffentliches Gut handeln, das allen Unionsbürgern Vorteile bietet (wenn auch nicht unbedingt im gleichen Umfang). Zum anderen muss die Übertragung einer Aufgabe zu einem Mehrwert für die Mitgliedstaaten führen,

[146] Ausführlich auch Kap. 4.2.

[147] Luxemburg gehört zu diesem Kreis, weil nach der Berechnungsmethode der Europäischen Kommission, also der operativen Haushaltsungleichgewichte, die Verwaltungskosten keinem Mitgliedstaat zugeordnet werden, d. h. unberücksichtigt bleiben.

Tab. 2.3 Operative Haushaltssalden 2004–2010 (ohne Verwaltungsausgaben und TEM, einschl. VK-Rabatt). (Quelle: Finanzberichte der Europäischen Kommission)

	2004		2005		2006		2007		2008		2009		2010	
	Mio. €	% BNE	Mio. €	% BNE	Mio. €	% BNE	Mio. €	% BNE	Mio. €	% BNE	Mio. €	% BNE	Mio. €	% BNE
Belgien	– 536,1	– 0,18	– 607,5	– 0,20	– 709,9	– 0,22	– 965,9	– 0,29	– 838,7	– 0,24	– 1.452,7	– 0,42	– 1.466,4	– 0,41
Bulgarien							+ 327,7	+ 1,15	+ 658,7	+ 1,95	+ 642,2	+ 1,88	+ 895,5	+ 2,55
Dänemark	– 224,6	– 0,11	– 265,3	– 0,13	– 505,2	– 0,23	– 673,7	– 0,29	– 625,2	– 0,26	– 821,0	– 0,36	– 615,3	– 0,26
Deutschland	– 7.140,4	– 0,32	– 6.064,3	– 0,27	– 6.325,2	– 0,27	– 6.521,5	– 0,26	– 7.836,0	– 0,32	– 8.107,3	– 0,33	– 9.223,6	– 0,36
Estland	+ 145,0	+ 1,57	+ 154,3	+ 1,43	+ 176,4	+ 1,39	+ 222,3	+ 1,51	+ 222,0	+ 1,46	+ 582,0	+ 4,30	+ 672,7	+ 4,86
Finnland	– 69,6	– 0,05	– 84,8	– 0,05	– 241	– 0,14	– 223,2	– 0,12	– 383,3	– 0,21	– 430,3	– 0,25	– 300,2	– 0,16
Frankreich	– 3.050,7	– 0,18	– 2.883,5	– 0,17	– 3.012,5	– 0,17	– 3.500,9	– 0,18	– 4.494,9	– 0,23	– 4.739,4	– 0,25	– 5.534,8	– 0,28
Griechenland	+ 4.163,3	+2,26	+ 3.900,5	+ 2,03	+ 5.102,3	+ 2,47	+ 5.382,9	+ 2,44	+ 6.201,0	+ 2,71	+ 3.251,5	+ 1,42	+ 3.597,4	+ 1,61
Großbritannien	– 2.864,9	– 0,16	– 1.529,0	– 0,08	– 2.140,2	– 0,11	– 4.711,3	– 0,23	– 993,0	– 0,05	– 1.362,9	– 0,09	– 5.625,9	– 0,33
Irland	+ 1.593,8	+ 1,25	+ 1.136,6	+ 0,81	+ 1.080,5	+ 0,70	+ 619,0	+0,38	+ 512,6	+ 0,33	+ 47,0	+ 0,04	+ 803,9	+ 0,64
Italien	– 2.946,9	– 0,21	– 2.199,0	– 0,15	– 1.731,8	– 0,12	– 2.479,7	– 0,16	– 4.636,6	– 0,30	– 4.079,2	– 0,27	– 4.534,0	– 0,30
Lettland	+ 197,7	+ 1,81	+ 263,9	+ 2,05	+ 255,5	+ 1,64	+ 483,7	+2,37	+ 399,5	+ 1,75	+ 513,6	+ 2,57	+ 674,2	+ 3,67
Litauen	+ 369,3	+ 2,08	+ 476,4	+ 2,32	+ 585,3	+ 2,50	+ 785,9	+2,86	+ 832,3	+ 2,67	+ 1.510,6	+ 5,59	+ 1.358,4	+ 5,03
Luxemburg	– 93,6	– 0,39	– 86,8	– 0,33	– 60,2	– 0,23	– 147,8	– 0,49	– 31,9	– 0,11	– 82,8	– 0,31	– 41,9	– 0,14
Malta	+ 45,0	+ 1,01	+ 90,0	+ 1,96	+ 101,0	+ 2,07	+ 26,7	0,51	+ 28,2	+ 0,50	+ 11,7	+ 0,22	+ 52,9	+ 0,91

Tab. 2.3 (Fortsetzung)

	2004		2005		2006		2007		2008		2009		2010	
	Mio. €	% BNE	Mio. €	% BNE	Mio. €	% BNE	Mio. €	% BNE	Mio. €	% BNE	Mio. €	% BNE	Mio. €	% BNE
Niederlande	− 2.034,9	− 0,40	− 2.636,6	− 0,51	− 2.587,6	− 0,47	− 1766,4	− 0,30	− 1.551,0	− 0,27	− 2.026,2	− 0,36	1.833,1-	0,31
Österreich	− 365,1	− 0,16	− 277,9	− 0,12	− 301,5	− 0,12	− 545,5	− 0,20	− 341,4	− 0,12	− 431,5	− 0,16	− 677,0	− 0,24
Polen	+1.438,3	+ 0,72	+ 1.853,2	+ 0,77	+ 2.997,6	+ 1,13	+ 5.060,4	+ 1,69	+ 4.330,3	+ 1,22	+ 6.488,5	+ 2,17	+ 8.427,5	+ 2,47
Portugal	+3.124,0	+ 2,12	+ 2.378,0	+ 1,57	+ 2.291,7	+ 1,47	+ 2.433,4	+ 1,48	+ 2.642,1	+ 1,59	+ 2.242,8	+ 1,39	+ 2.622,6	+ 1,57
Rumänien							+ 562,0	+ 0,47	+ 1.537,9	+ 1,13	+ 1.755,8	+ 1,52	1.245,2	+ 1,03
Schweden	− 1.059,8	− 0,36	− 866,9	− 0,29	− 856,6	− 0,27	− 620,2	− 0,18	− 1.090,7	− 0,32	− 704,2	− 0,24	− 1.211,4	− 0,34
Spanien	+ 8.502,3	+ 1,02	+ 6.017,8	+0,67	+ 3.811,7	+ 0,39	+ 3.379,4	+ 0,33	+ 2.460,8	+ 0,23	+ 1.794,3	+ 0,17	+ 4100,9	+ 0,39
Slowenien	+ 109,7	+ 0,41	+ 101,5	+ 0,36	+ 142,8	+ 0,47	+ 80,3	+ 0,24	+ 102,1	+ 0,28	+ 261,6	+ 0,75	+ 424,1	+ 1,19
Slowakei	+ 169,2	+ 0,52	+ 270,9	+ 0,72	+ 323,2	+ 0,75	+ 603,1	+ 1,13	+ 705,7	+ 1,12	+ 580,2	+ 0,94	+ 1.349,6	+ 2,07
Tschechien	+ 272,2	+ 0,33	+ 178,0	+ 0,19	+ 386,2	+ 0,36	+ 625,6	+ 0,53	+ 1.133,9	+ 0,80	+ 1.776,8	+ 1,38	+ 2.079,3	+ 1,53
Ungarn	+ 193,4	+ 0,25	+ 590,1	+ 0,70	+ 1.115,0	+ 1,31	+ 1.578,1	+ 1,68	+ 1.078,9	+ 1,08	+ 2.772,1	+ 3,14	+ 2.748,4	+ 2,94
Zypern	+ 63,5	+ 0,52	+ 90,3	+ 0,69	+ 102,4	+ 0,75	− 14,5	− 0,10	− 23,1	− 0,14	+ 6,9	+ 0,04	+ 10,6	+ 0,06

das heißt zu einem zusätzlichen Nutzen nach Abzug der eventuell sich ergebenden Kosten, die bei einer rein nationalen Erfüllung der Aufgaben anfallen würden.

2. *Neben den politischen Vorteilen der Integration, die unabhängig von den Verteilungswirkungen und den fiskalischen Haushaltsberechnungen anfallen, sprechen auch politik-ökonomische Argumente gegen das Nettosaldokonzept.*
Aus dem Blickwinkel des Nettosaldo-Denkens wird eine Haushaltsposition im mehrjährigen Finanzrahmen selten danach bewertet, ob sie einer gemeinsamen europäischen Politik größtmöglichen Nutzen bringen kann oder ob damit ein europäischer Mehrwert erzielt werden könnte. Stattdessen geht es zumeist darum, ob die Einzahlungen für diese europäische Politik den monetären Rückflüssen aus dem EU-Budget entsprechen. Jeder Mitgliedstaat wird sich entsprechend dieser Logik in Politikbereichen, in denen er mit hohen Rückflussquoten rechnen kann, für eine Ausweitung des Budgetrahmens einsetzen. Und überall dort, wo seine Rückflüsse wahrscheinlich unterdurchschnittlich sein werden, wird er auf Einsparungen drängen. Eine solche Haltung führt dazu, dass die notwendige inhaltliche Bewertung einer Politik durch eine nationale, rein fiskalische Orientierung ersetzt wird. Darüber hinaus führt dieses Verfahren zu einer Verfestigung vereinbarter Kompromisse und zur Erstarrung einmal eingeführter Sonderregelungen. Zudem zeigen die Beteiligten wenig Neigung, einmal eingeschlagene Verhandlungswege zu verlassen. Jede grundsätzliche Veränderung des Verhandlungsrahmens sorgt zunächst für mehr Unsicherheit und weniger Vorhersehbarkeit, insbesondere was die Entwicklung des nationalen Nettosaldos anbelangt. In der Regel halten die Mitgliedstaaten deshalb an den bestehenden Vereinbarungen fest und versuchen lediglich, das Verhandlungsergebnis über kleinere Nachjustierungen an den vorhandenen Stellschrauben zu beeinflussen. Dieses Verhalten führt dann dazu, dass notwendige Modifikationen hinausgeschoben werden und die Ergebnisse häufig nicht hinreichend sind.
Die für einen solchen politischen Konsens und eine solche Kompromissfindung innerhalb der Europäischen Union erforderliche Komplexität und Intransparenz des Systems, die ständige, häufig jedoch unzureichende Anpassung mit Hilfe der „Stellschrauben" und Sonderregelungen, bedeuten für die Unionsbürgerinnen und Unionsbürger, dass sowohl die Finanzierungskosten der EU als auch die Legitimation der europäischen Ausgabenpolitik und die Verantwortlichkeiten für diese Politik unverständlich bleiben.
Eine weitere negative Folge dieser Logik ist, dass das Potential der EU-induzierten Synergie- und Effizienzsteigerungen nicht in vollem Umfang genutzt werden kann, weil die Verhandlungen zu einem insgesamt schlech-

teren und demzufolge langfristig auch teureren Ergebnis führen. Ein ‚gutes' EU-Finanzsystem sollte sich hingegen an einer effizienten Umsetzung der gemeinsamen Integrationsziele orientieren.

3. *Die Nettosaldo-Logik stößt bei den Verhandlungen zwangsläufig eine Diskussion über ein gerechtes Finanzierungssystem und ein faires „burden sharing" an. Dabei bleibt jedoch unklar, wie diese Gerechtigkeit des EU-Haushalts auszugestalten ist und zwischen welchen Akteuren oder Bereichen das „burden sharing" erfolgen sollte – zwischen den verschiedenen Politikbereichen, den Mitgliedstaaten oder den individuell Begünstigten?*
Zweifellos entsprechen die gegenwärtigen Abführungen einzelner Mitgliedstaaten an den EU-Haushalt nicht dem derzeitigen Stand ihres nationalen Wohlstands. In erster Linie führt jedoch die Struktur der EU-Ausgaben zu einem Missverhältnis zwischen Begünstigten und Einzahlern – sowohl zwischen den einzelnen Politikfeldern als auch zwischen den Mitgliedstaaten.
Die relative Einseitigkeit der EU-Ausgabenpolitik mit ihrer Konzentration auf die Gemeinsame Agrarpolitik und die Struktur- und Kohäsionspolitik hat gravierende Folgen: Sie führt zu einer wachsenden Unausgewogenheit zwischen Nutznießern und Finanziers und folglich zu einer Polarisierung im Kreis der Mitgliedstaaten entlang der Unterscheidung von Nettoempfängern und Nettozahlern. Dabei ist die Verteilungsfunktion des EU-Haushalts nicht per se negativ, sondern sie entspricht der ungleichen Verteilung von Wohlfahrtsgewinnen und verlusten in der EU – auch als Konsequenz der Integration. Der EU-Haushalt dient somit auch der Erfüllung der europäischen Solidaritätszusage, die eine normative Grundlage und ein wesentliches Ziel des europäischen Integrationsprozesses bildet. Aber gerade diese Funktion des europäischen Budgets wird von der einseitigen Konzentration auf die Nettosalden komplett verdrängt.

3 Die bisherigen Finanzpakete der Europäischen Union

Die EU soll über einen Finanzrahmen verfügen, der Planbarkeit und Vorhersehbarkeit garantiert und ausreichende Finanzmittel für die Hauptaufgaben zur Verfügung stellt. Der mehrjährige Finanzrahmen hat sich seit seiner Kreation durch Jacques Delors als ein insgesamt sehr erfolgreiches Instrument zur mittelfristigen Finanzplanung der Europäischen Union bewährt. Der Finanzrahmen garantiert Stabilität und Vorhersehbarkeit auf der Einnahmen- wie auf der Ausgabenseite und steht deshalb jedoch zugleich auch für die Inflexibilität des EU-Budgets. Grundsätzlich stehen sich bei den EU-Finanzverhandlungen stets die verbindliche Festschreibung von Haushaltsdisziplin und Beitragsgerechtigkeit auf der einen Seite und das Einfordern von finanzieller Solidarität sowie ökonomischer und sozialer Kohäsion in der EU auf der anderen Seite gegenüber. Mit dem Finanzrahmen werden die Prioritäten der Nettozahler mit den Interessen der Nettoempfänger zu einem Ausgleich gebracht.

Bei den Verhandlungen über den mehrjährigen Finanzrahmen der EU wurden bisher zwei alternative Vorgehensweisen gewählt:

a) Der *top down*-Ansatz sieht vor, zunächst das der EU maximal zur Verfügung stehende Finanzvolumen festzulegen, unabhängig von Wünschen und Aufgaben. Erst danach wird bestimmt, welche Rangfolge die Aufgaben erhalten und wie die Mittel auf die verschiedenen Ausgabenrubriken des Finanzrahmens verteilt werden.
b) Beim entgegengesetzten *bottom up*-Ansatz hingegen werden zuerst die anstehenden Herausforderungen an die EU sowie die Aufgaben zusammengestellt, die die Mitgliedstaaten der EU übertragen haben. Anschließend wird berechnet, wie viel Geld nötig ist, um diese Aufgaben und Wünsche zu erfüllen.

P. Becker, *Das Finanz- und Haushaltssystem der Europäischen Union*,
DOI 10.1007/978-3-531-94283-4_3, © Springer Fachmedien Wiesbaden 2014

Naturgemäß verstärken sich die ohnehin bei den Verhandlungen aufbrechenden Verteilungskonflikte im Kreis der Mitgliedstaaten, wenn die Verteilungssumme nach dem sogenannten *top down*-Ansatz zu Beginn der Verhandlungen auf ein Maximalvolumen begrenzt wird.

3.1 Die Charakteristika der Finanzverhandlungen

In den bislang fünf Verhandlungsrunden zu den Finanzpaketen entwickelte sich ein „politischer Haushaltsacquis“[1], der sich sowohl in den Verhandlungsthemen, den besonderen Konfliktlinien zwischen den antagonistischen Interessen der beteiligten Akteure als auch in den einzelnen Verfahrensschritten sowie dem Verlauf und der Dramaturgie der Verhandlungen manifestiert.[2] Sie umfassen dabei ein besonderes, mehrdimensionales Muster[3]:

- die politisch-materielle Dimension bezieht sich auf die Schwerpunktsetzung europäischer Politik, die sich in den Ausgabeprioritäten des EU-Budgets manifestiert;
- die fiskalische Dimension umfasst die Verteilung der Finanzierungslasten zwischen den Mitgliedstaaten und schließlich
- die verhandlungstaktische Dimension, die diese besondere Form europäischer Paketverhandlungen zwischen den Mitgliedstaaten betrifft.

Die komplexe Verhandlungssituation erfordert stets eine schwierige Koordinierung der verschiedenen Verhandlungsarenen und -gruppen. Sie ermöglicht damit nicht nur eine Vielzahl von Blockademöglichkeiten, sondern eröffnet auch die Möglichkeit zu Koppelgeschäften, *side payments* und Paketlösungen zwischen einzelnen Politiken und Verhandlungsarenen.

Trotz heftiger Konflikte einschließlich der bekannten Frontstellungen zwischen Nettozahlern und -empfängern, trotz klassischer Verteilungsprobleme und trotz der schwierigen Rahmenbedingungen ist es der Europäischen Union bislang noch immer gelungen, sich auf einen Kompromiss über den mehrjährigen Finanzrahmen zu verständigen. Alle Akteure in der EU sind daran interessiert, dieses Minimalziel

[1] Vgl. Brigid Laffan, The big budgetary bargains, a. a. O.

[2] Sh. auch Johannes Lindner, Conflict and Change, a. a. O.

[3] Vgl. Joachim Schild, a. a. O.

zu erreichen und die Verhandlungen mit einem tragbaren Ergebnis abzuschließen. Damit wollen sie in erster Linie beweisen, dass die EU handlungsfähig ist und über die Laufzeit des Finanzrahmens auch bleibt.

Der mehrjährige Finanzrahmen und das eingespielte Verhandlungsverfahren ist das Resultat eines inzwischen 25-jährigen Entwicklungsprozesses, in dem die meisten Konfliktpunkte vorhersehbar sind und die Rollenverteilungen nicht mehr hinterfragt werden. Diese Form der Kontinuität und der Vorhersehbarkeit sorgt (noch) dafür, dass die Haushaltsverhandlungen einvernehmlich abgeschlossen werden können. Dieser von keinem Akteur und keinem EU-Organ in Frage gestellte Minimalkonsens garantiert für sieben Jahre haushaltspolitische Stabilität und Planungssicherheit.[4] Die Verhandlungsteilnehmer ziehen es mit ihrem Festhalten an diesem Verfahren vor, sich in einem bewährten Prozedere auf den kleinsten gemeinsamen Nenner zu verständigen, statt sich in unkalkulierbare Konflikte zu verstricken, die eine umfassende Umgestaltung des EU-Budgets auf der Einnahme- und/oder der Ausgabenseite und ein (über)ambitionierter Reformversuch für einen modernisierten EU-Haushalt mit sich brächte. Die bequeme, wenn auch unbefriedigende Stabilität und Vorhersehbarkeit eines Kompromisses wiegt schwerer als die Unsicherheit und Unkalkulierbarkeit europäischer Grundsatzverhandlungen.[5]

Wie sieht nun dieser mehrfach eingeübte Verhandlungsprozess aus? Welche Konfliktlinien dominieren, welche Verfahrensschritte werden vorgenommen und wie werden die Rollen verteilt? Wie verläuft die informelle Dramaturgie mit ihren unausgesprochenen Regeln?

3.1.1 Die zentralen Akteure der Verhandlungen

Der Verhandlungsprozess folgt inzwischen einem eingespielten informellen Verlauf mit unterschiedlichen Rollenzuweisungen. Am Beginn des Verhandlungsprozesses zu einem mehrjährigen Finanzrahmen steht immer die Mitteilung der Kommission, in der sie ihre strategischen und finanziellen Ziele sowie ihre politischen Schwerpunkte vorstellt. Damit steckt sie mit Hilfe ihres Initiativmonopols den Rahmen der Verhandlungen ab und versucht dabei, eigene inhaltliche Prämissen zu verankern. Diesem offiziellen Verhandlungsauftakt der Finanzverhandlungen geht stets ein intensives und häufig strittiges internes Abstimmungsverfahren innerhalb der Kommission voraus, in das alle Generaldirektionen eingebunden sind.

---

[4] Vgl. Johannes Lindner, Conflict and Change, a. a. O.; Johannes Lindner, Institutional Stability and Change: Two Sides of the Same Coin, in: JEPP, 2003, Vol. 10, No. 6, S. 921–935.

[5] Vgl. Joachim Schild, a. a. O.

Die Kommission bereitet mit der Vorlage ihrer Überlegungen zu den künftigen strategischen Zielen und den finanziellen Schwerpunkten der Union die Verhandlungsgrundlage. Mit ihrem Initiativmonopol verfügt sie über eine bedeutende politische Rolle zu Beginn des Prozesses, kann sie doch die Eckpunkte des Finanzrahmens und damit die Verhandlungsthemen definieren. Mit der Vorlage der Legislativvorschläge zu den Fachpolitiken, z. B. zu den Strukturfonds, verfügt sie über ein zusätzliches Momentum in ihrer Rolle als *agenda-setter*. Im weiteren Verfahrensablauf schwindet jedoch ihre Verhandlungsstärke und ihr Einfluss wird nur noch mittelbar, vornehmlich über die Aggregation von Daten und Zahlen zur Begleitung der Verhandlungen zwischen den Mitgliedstaaten, spürbar.

In dieser zweiten Phase dominieren die Mitgliedstaaten im Rat und dessen Arbeitsgruppen den Verhandlungsprozess. Sie unterliegen dabei dem größten Konsensdruck, denn ein Ergebnis kommt nur nach einem einvernehmlichen Beschluss des Europäischen Rats zustande.

Die antagonistischen Interessen der Mitgliedstaaten lassen sich entlang dreier Streitpunkte einordnen:

1. Die Auseinandersetzung über die Gesamtsumme des Finanzrahmens, die dominiert wird vom Streit über die nationalen Bilanzen von Einzahlungen in und Rückflüssen aus dem EU-Haushalt, das heißt von dem Konflikt zwischen Nettozahlern und Nettoempfängern unter den Mitgliedstaaten.
2. Der Konflikt über die Verteilung der Finanzmittel auf die einzelnen Haushaltsrubriken, der häufig bestimmt wird von der Diskussion über die finanzielle Ausstattung der beiden größten Ausgabenblöcke, also der Gemeinsamen Agrarpolitik und der europäischen Kohäsionspolitik.
3. Die Kontroverse über eine gerechte und transparente Finanzierung der Union, bei der die Frage der Beitragsgerechtigkeit und die Vielzahl der Sonderregelungen und insbesondere die Fortführung des britischen Beitragsrabatts im Mittelpunkt stehen. Hinzu kommt regelmäßig auch der Vorschlag zur Einführung einer autonomen Eigenmittelquelle der EU, also einer EU-Steuer.

Zwar werden die traditionellen Konfliktlinien im Kern vom Gegensatz zwischen Nettozahlern und Nettoempfängern bestimmt, aber daneben treten stets auch Verteilungskonflikte zwischen den einzelnen Politikbereichen und deren Protagonisten auf, insbesondere der Agrarpolitik und der Kohäsionspolitik. Neben die Kontroversen zwischen den ökonomisch starken nordeuropäischen und den rückständigeren südeuropäischen Mitgliedstaaten ist mit der Erweiterung der EU nach Osten ein zusätzlicher West-Ost-Verteilungskonflikt getreten. Diese Auseinandersetzungen manifestieren sich häufig in spezifischen Rechts- und Umsetzungsfragen innerhalb einzelner Politikbereiche. Zum Beispiel streiten die Mitgliedstaaten darüber, welche landwirtschaftlichen Produkte wie üppig aus dem EU-Budget gefördert oder nach welchen Kriterien die Gelder aus den europäischen Strukturfonds verteilt werden.

Aus Sicht der Mitgliedstaaten, das heißt der Regierungen und der nationalen Parlamente, ist der jeweilige Nettosaldo noch immer maßgeblich, um das Verhandlungsergebnis zu bewerten. Gekennzeichnet wird die nationale Verhandlungsführung daher vom Zusammenspiel zwischen Bruttozahlungen an den EU-Haushalt über das Eigenmittelsystem der EU und den Rückflüssen in die Mitgliedstaaten über die EU-Förderprogramme, insbesondere in den beiden größten Ausgabeblöcken des EU-Budgets. Untrügliches Zeichen für diese Fokussierung im Verlauf der Budget-Verhandlungen auf den nationalen Nettosaldo ist die Tatsache, dass inzwischen alle Mitgliedstaaten über eigene computerbasierte Rechentools verfügen, mit denen sie die Auswirkungen von Reformvorschlägen der EU-Kommission oder anderer Mitgliedstaaten auf den eigenen Nettosaldo schon während der Verhandlungen kalkulieren können. Bei den ersten Verhandlungsrunden zu den Delors I und II-Paketen verfügte zunächst nur die Europäische Kommission über die Möglichkeit, die Nettosalden relativ zeitnah und exakt errechnen zu können. Später kamen die großen Mitgliedstaaten hinzu und inzwischen errechnen alle Mitgliedstaaten ihre potentiellen Nettosalden während der Verhandlungen. Das gilt vor allem für die Endphase der Verhandlungen im Europäischen Rat, wenn die Dynamik der Tauschgeschäfte zunimmt und verbindliche politische Kompromisse geschmiedet werden müssen. Der Erfolg der eigenen Verhandlungsführung kann insofern auch von der Qualität des Rechentools abhängen.

Dieser Blick auf die Nettosalden führt zu einseitigen, wenn auch vorhersehbaren Festlegungen der nationalen Verhandlungspositionen. So verfolgt Frankreich als großer Nettozahler zwar das Ziel, das Volumen des EU-Haushalts zu beschränken. Zugleich aber hat es als (noch) größter Empfänger aus den europäischen Agrartöpfen ein besonderes Interesse daran, dass die GAP-Förderpolitik aus dem EU-Budget fortgeführt wird. Deshalb verweist Paris häufig auf Einsparpotentiale bei den europäischen Strukturfonds. Da aus diesen Fonds noch relativ viel Geld vor allem in die ostdeutschen Länder fließt, versucht Deutschland seinerseits, gerade hier größere Einschnitte ins Fördervolumen zu vermeiden. Diese nämlich würden die Rückflüsse nach Deutschland schmälern und damit den deutschen Nettosaldo weiter verschlechtern. Ähnlich agiert die finnische Regierung. Sie bekundet stets, sie könne sich Kürzungen in allen Politikbereichen und auch bei den Strukturfonds vorstellen, davon will sie dann aber das besondere Förderziel der dünnbesiedelten lappländischen Regionen im hohen Norden ausgenommen sehen. Einer vergleichbaren Logik folgt die britische Verhandlungsführung. Sie setzt allerdings auf der

Einnahmenseite an, weil der britische Beitragsrabatt unabhängig von den Rückflüssen aus europäischen Fördertöpfen den britischen Nettosaldo deutlich verringert. Kurzum, die Orientierung an der nationalen Nettoposition wirkt sich darauf aus, welche politischen Prioritäten die EU bei ihren Ausgaben aus dem EU-Budget setzt.

Das Verhandlungspaket setzt sich demzufolge aus zwei wesentlichen Komponenten zusammen:

1. Der eigentliche mehrjährige Finanzrahmen und das zu seiner Implementierung entwickelte Instrumentarium. Sollte im Rahmen der Verhandlungen über die Ausgaben der EU auch eine Veränderung des Einnahmesystems der EU erforderlich werden, wird im Rahmen des Finanzpakets auch ein neuer Eigenmittelbeschluss verhandelt, der ebenfalls einstimmig verabschiedet werden muss.
2. Die Legislativvorschläge der Europäischen Kommission zur Umsetzung der haushaltspolitisch festgelegten Prioritäten in konkrete Programme und Fonds.

Die unterschiedlichen Elemente des Verhandlungspakets werden zeitgleich in den betroffenen Arbeitsgremien der Fachministerräte verhandelt, wobei dem Rat „Allgemeine Angelegenheiten" eine koordinierende Rolle zukommt. Diese Ratsformation steht dabei regelmäßig in Konkurrenz zum ECOFIN-Rat der Finanzminister und zum Rat der Agrarminister, die jeweils aus sehr unterschiedlichen Blickwinkeln versuchen, den Verhandlungsprozess im Rat nach ihren gegensätzlichen fachpolitischen Interessen zu lenken. Während die Finanzminister grundsätzlich eine restriktivere Haltung gegenüber Ausgabenzuwächsen einnehmen, versuchen die anderen Ratsformationen die finanzielle Ausstattung ihres jeweiligen Politikbereiches zu sichern oder im besten Fall sogar auszubauen. Die Ratsformation Allgemeine Angelegenheiten, in der sich die Außen- bzw. Europaminister der Mitgliedstaaten zusammenfinden, hat sich die Federführung bei den Finanzverhandlungen gesichert und sie gegen die Übernahmebestrebungen der Finanzminister bzw. des Rats für Wirtschaft und Finanzen behauptet. Diese Rollenverteilung bewirkt, dass die Verhandlungsführung der Mitgliedstaaten stärker europapolitisch orientiert und auf einen Gesamtkompromiss ausgerichtet ist. Nicht allein die haushaltspolitischen Aspekte sollen die Verhandlungen bestimmen, sondern auch die Suche nach einem Ausgleich zwischen fiskalischer Kosten-Nutzen-Abwägung und integrationspolitischer Weiterentwicklung der EU-Politiken.

3.1.2 Die drei Phasen des Verhandlungsprozesses

Nach der Vorlage der Mitteilung der Kommission nehmen die Mitgliedstaaten üblicherweise zunächst eine allgemeine Bewertung des Kommissionsvorschlages vor. Hierfür wird auf Arbeitsebene eine ad hoc-Arbeitsgruppe für die Finanzverhandlungen gebildet, die Gruppe „Freunde der Präsidentschaft" (FdP). Die Aufgabe dieser Gruppe ist es, die vielfältigen Verhandlungen über den mehrjährigen Finanzrahmen in den Arbeitsgremien des Rates zu koordinieren, während die Facharbeitsgruppen des Rates über die Legislativvorschläge zu den Politikbereichen verhandeln. Die ad hoc-Gruppe bereitet die Sitzungen des Ausschusses der Ständigen Vertreter (AStV) vor, der als zentrales Gremium der Arbeitsebene des Rates die Arbeiten der politischen Entscheidungsebene vorbereitet. Eine besondere Rolle nimmt häufig allerdings der „Sonderausschuss Landwirtschaft" (SAL) ein, der alle die Gemeinsame Agrarpolitik betreffenden Fragen erörtert und direkt, d. h. zumeist nicht über die Botschafter der Ständigen Vertretungen in Brüssel, die Ergebnisse seiner Verhandlungen dem Rat der Landwirtschaftsminister zuleitet.

Nach der Phase der allgemeinen Aussprache auf der Grundlage der Vorschläge der Europäischen Kommission wird im Kreis der Mitgliedstaaten dann eine detaillierte inhaltliche Prüfung der einzelnen Haushaltsrubriken des Finanzrahmens vorgenommen. Häufig wird ein sogenannter *„building bloc-approach"* als Verhandlungsansatz angewendet, dessen Ziel eine differenzierte Analyse der spezifischen Ausgabenblöcke und damit verbunden eine vertiefte Debatte über die veranschlagten Ausgabensummen ist.

Drei Maßstäbe dienen zumeist in dieser Verhandlungsphase als Bewertungskategorien:

- die Effektivität, d. h. die Mitgliedstaaten prüfen, ob ein Tätigwerden der EU zu einem europäischen Mehrwert und zu besseren Ergebnissen führt;
- die Effizienz, also ob auf EU-Ebene Kosteneinsparungen auch für die nationalen Haushalte möglich sind;
- die Synergieeffekte, d. h. ob und in welchen Bereichen Ansatzpunkte und Ergänzungsmöglichkeiten von Politiken der EU mit Entscheidungen in den Mitgliedstaaten denkbar und sinnvoll sind.

In diesem Verhandlungsstadium treten häufig die inhaltlich-materiellen Fragen in den einzelnen Politikbereichen in den Vordergrund und werden insbesondere auf der Arbeitsebene des Rates beraten. Hierfür bilden die Legislativvorschläge der EU-Kommission für die Vielzahl der europäischen Förderpolitiken und -programme die Verhandlungsgrundlage. Diese eng politikfeldbezogenen Verhandlungen werden auf der Fachebene der Arbeitsgruppen des Rates von den Experten in den nationalen Administrationen geführt. Die Verlagerung des Blickwinkels von den rein fiskalischen auf die materiellen Fragen des Finanzrahmens macht den Austausch über die Ziele einzelner Politiken, den zusätzlichen Nutzen dieser Politiken für die Union und die Mitgliedstaaten sowie die notwendigen Finanzmittel erforderlich.

Ein besonderer taktischer Vorteil dieser Form der Diskussion im Ministerrat besteht darin, dass die Vorschläge der Kommission, deren Prioritätensetzung und die vorgeschlagenen Einzelmaßnahmen detailliert analysiert, hinterfragt und damit zugleich relativiert werden. Der Rat kann in seinen Verhandlungen die Vorschläge der Kommission abändern, er muss allerdings auf die Zustimmung der Kommission und des Europäischen Parlaments am Ende des gesamten Verhandlungsprozesses achten.

Diese fachspezifischen Verhandlungen erhalten erst eine besondere politische Dynamik, wenn die einzelnen Dossiers auf der politischen Ebene des den Gesamtprozess koordinierenden Rats Allgemeine Angelegenheiten und dessen Vorbereitungsgremium, dem Ausschuss der Ständigen Vertreter (AStV), zu einem Gesamtpaket zusammengeschnürt werden. Allerdings gilt auch für die abgekoppelten fachspezifischen Verhandlungen der traditionelle Grundsatz internationaler Paketverhandlungen: Nichts gilt als vereinbart, bevor nicht über alles ein Konsens erzielt werden konnte.

Das Kerninstrument dieser Vorgehensweise in der nächsten Phase der Verhandlungen im Ministerrat ist die sogenannte „*negotiation box*". In diesem kontinuierlich überarbeiteten *non-paper* versucht die jeweilige Präsidentschaft im Format möglicher Schlussfolgerungen des Europäischen Rats die Verhandlungen immer stärker auf einen Gesamtkompromiss zu fokussieren und ihnen somit eine erhöhte Dynamik zu verleihen. Wenn die Liste der offenen Fragen und der Konflikte auf eine überschaubare Zahl im Ministerrat verringert werden konnte, wird das Gesamtpaket dem Europäischen Rat zur abschließenden Verhandlungsrunde präsentiert.

Das höchste politische Gremium, der Europäische Rat der Staats- und Regierungschefs, wird regelmäßig vom Rat Allgemeine Angelegenheiten über den Fortgang der Verhandlungen informiert. Der Europäische Rat übernimmt aber erst in der Endphase der Verhandlungen zwischen den Mitgliedstaaten die Führungsrolle, wenn die abschließende Konsenssuche in Form politischer Kompromisse, umfassender *package deals* und *do-ut-des-Geschäfte* anstehen.[6] Die Staats- und

[6] Vgl. Uta Stäsche, Die Entscheidungsproduktivität des Europäischen Rats. Rechtliche und empirische Untersuchung von Europäischem Währungssystem bis zum Vertrag von Lissabon, Berlin 2011, S. 130 ff.

Regierungschefs werden also erst dann aktiv, wenn sich eine Einigung auf das Gesamtpaket abzeichnet oder stockende Verhandlungen wieder in Gang gebracht werden müssen.

Doch bevor sich die Staats- und Regierungschefs verständigen, tritt regelmäßig eine Phase der Stagnation ein, das heißt die Außen- und Europaminister können zunächst keine weiteren Verhandlungsfortschritte erzielen. Mögliche Zugeständnisse und Kompromisse zu den schwierigen Konfliktpunkten werden mit Blick auf die letzte Verhandlungsrunde im Europäischen Rat dann aufgeschoben und den Staats- und Regierungschefs überlassen.

Inzwischen hat sich bei den bisherigen Paketverhandlungen eine unausgesprochene Dramaturgie für den Abschluss der zweiten Phase eingespielt: dem abschließenden Kompromiss auf ein Gesamtpaket im Kreis der Staats- und Regierungschefs gehen stets lange und schwierige Verhandlungen voraus, die sich meist ununterbrochen in multilateralen oder bilateralen Verhandlungsrunden über mehrere Tage und insbesondere Nächte erstrecken können. Teil dieser Inszenierung ist es auch, dass einige Wochen vor dem entscheidenden Abschlussgipfel zumeist ein gescheitertes Treffen des Europäischen Rats vorausgeht. Damit wird die Krisenstimmung weiter verstärkt und zugleich der Einigungsdruck auf alle Akteure erhöht. Zugleich erleichtert eine Vertagung allen Staats- und Regierungschefs, das Endergebnis gegenüber der eigenen Öffentlichkeit und den nationalen Medien zu legitimieren und überzeugend darzulegen, dass sie bis zum Ende für die nationalen Finanz- und Budgetinteressen gekämpft haben. Nach dieser krisenhaften Zuspitzung gelingt die Verständigung zumeist im zweiten Anlauf. Kommt der Europäische Rat dann schließlich zu einem Konsens, herrscht in der Öffentlichkeit zunächst Erleichterung vor und alle Regierungschefs versuchen sich vor den heimischen Medien als Verhandlungssieger oder zumindest nicht als Verlierer darzustellen.

Die Verständigung des Europäischen Rats bildet den Kulminationspunkt und Abschluss der Verhandlungen im Kreis der Mitgliedstaaten. Ergebnis dieser zweiten Verhandlungsphase ist ein politischer Kompromiss des Europäischen Rats über den mehrjährigen Finanzrahmen, d. h. über das Gesamtvolumens für die siebenjährige Laufzeit, die Ausgabenprioritäten und damit die Verteilung auf die einzelnen Politikfelder und über Veränderungen am Eigenmittelsystem. Dieser Abschluss bedeutet aber keineswegs das Ende des Verhandlungsprozesses über den EU-Finanzrahmen.

Erst in der abschließenden Verhandlungsphase über die rechtsverbindliche Umsetzung des politischen Kompromisses wird das Europäische Parlament direkt in die Verhandlungen eingebunden.[7] Bis zur Verankerung des mehrjährigen Finanzrahmens im Vertrag von Lissabon wurde die politische Verständigung des Europäischen Rats durch eine interinstitutionelle Vereinbarung zwischen der Europäischen Kommission, dem Rat und dem Europäischen Parlament fixiert. Nunmehr werden die Parlamentarier zwar über den Stand der Verhandlungen im Kreis der Mitgliedstaaten regelmäßig informiert[8] und die jeweilige Ratspräsidentschaft versucht, die Forderungen des Europäischen Parlaments in den Verhandlungen des Ministerrats vorzubringen. Dennoch können die Europaparlamentarier erst nach dem Kompromiss im Europäischen Rat unmittelbar auf den Inhalt des Haushaltspakets Einfluss nehmen. Damit eröffnet sich eine neue Verhandlungsarena, die durch die direkte und gleichberechtigte Einbeziehung des Europäischen Parlaments in den Verhandlungsprozess gekennzeichnet ist.

Die Repräsentanten des Europäischen Parlaments sitzen während der ersten beiden Phasen der Verhandlungen nicht direkt am Verhandlungstisch und spielen demzufolge eine weniger prominente Rolle.[9] Eine gewichtigere Rolle kommt dem Parlament in seiner Rolle als Mitgesetzgeber bei den förmlichen Gesetzgebungsverfahren über die MFR-Verordnung und über die verschiedenen Verordnungen zu den Fachpolitiken zu, insbesondere in der Kohäsions- und der Agrarpolitik. Allerdings werden diese Gesetzgebungsverfahren erst abgeschlossen, wenn eine Einigung über den gesamten Finanzrahmen erzielt wurde, der die maximalen Haushaltsansätze für alle Ausgabenrubriken verbindlich festschreibt. Insofern verfügt das Europäische Parlament auch bei den Haushaltsansätzen für die spezifischen Legislativverfahren nur über einen eingeschränkten Gestaltungsspielraum.

Das Europäische Parlament kann deshalb nur eingeschränkt über die Inhalte und die Details des Finanzrahmens mitverhandeln. Aber mit dem Hinweis auf seine später notwendige Zustimmung zu dem Gesamtkompromiss kann das Europaparlament die Berücksichtigung einiger wichtiger Anliegen bereits zu einem frühen Zeitpunkt anmahnen. Um ihren vornehmlich mittelbaren Einfluss auf den Verhandlungsprozess auszuweiten, suchen die Europaparlamentarier deshalb häufig

[7] Zur Rolle des Europäischen Parlaments in den Finanzverhandlungen sh. Peter Becker, Die EU-Finanzverhandlungen vor der dritten Phase – Die Rolle des Europäischen Parlaments, in: Andreas Maurer/Dietmar Nickel (Hrsg.), Das Europäische Parlament. Supranationalität, Repräsentation und Legitimation, Baden-Baden 2005, S. 179–199.

[8] In Artikel 312, Abs. 5 AEUV heißt es: „Das Europäische Parlament, der Rat und die Kommission treffen während des gesamten Verfahrens zur Annahme des Finanzrahmens alle erforderlichen Maßnahmen, um den Erlass des Rechtsakts zu erleichtern."

[9] Üblicherweise richtet das EP zur Begleitung der Verhandlungen im Rat und zur Vorbereitung der eigenen Positionierung einen befristeten Sonderausschuss ein, der sich zumeist aus Haushaltsexperten und politischen Schwergewichten des EP zusammensetzt.

„Verbündete", die direkt am Verhandlungstisch sitzen und damit insbesondere die Nähe zur Europäischen Kommission. In der politischen Praxis bleibt der Verhandlungsspielraum des Parlaments für grundsätzliche Modifikationen dennoch begrenzt – angesichts der hohen politischen Kosten, einen einmal gefundenen Gesamtkompromiss im Kreis der Mitgliedstaaten aufzulösen und neu zu verhandeln. Zugleich achten die Mitgliedstaaten sehr darauf, das fragile Kompromisspaket der Staats- und Regierungschefs möglichst nicht mehr zu öffnen. Die eigentlichen Verhandlungen in dieser Phase nach der politischen Einigung des Europäischen Rats finden in sogenannten Trilogen zwischen der jeweiligen Präsidentschaft des Rates, die im Auftrag der Mitgliedstaaten verhandelt, den Vertretern des Europäischen Parlaments, zumeist die Haushaltspolitiker der jeweiligen Fraktionen, und dem Haushaltskommissar der Europäischen Kommission statt. An einem Scheitern dieser Triloge hat keine Seite ein Interesse, denn dies könnte möglicherweise zu einem verspäteten Beginn der Förderperioden bei den Ausgabeprogrammen führen und in der Konsequenz dann auch zu reduzierten EU-Fördergeldern.

Die Rollen der EU-Organe sind insofern in den drei Phasen des Verhandlungsprozesses unterschiedlich verteilt. Während die Europäische Kommission in ihrer klassischen Rolle als *agenda setter* die erste Phase des Prozesses dominiert, übernehmen die Mitgliedstaaten im Rat und im Europäischen Rat für die zweite Phase die Hauptrolle. Erst in der dritten, abschließenden Phase kommt mit dem Europäischen Parlament ein weiterer Akteur hinzu, dessen Einfluss auf das Abschlussergebnis jedoch beschränkt bleibt.

Diese drei Verhandlungsabschnitte zeichnen sich dabei auch durch eine sehr unterschiedliche Dauer und eine stark differierende öffentliche Wahrnehmung aus. Die zweite Phase im Kreis der Mitgliedstaaten, auf den unterschiedlichen Ebenen des Rates, ist der deutlich längste Abschnitt im Verlauf des Gesamtprozesses. Wenn dann der Europäische Rat, die politisch zentrale und letztlich entscheidende Verhandlungsebene, sich mit der Kompromissfindung befasst, steigt das öffentliche Interesse der europäischen Medien an den EU-Finanzverhandlungen sprunghaft an – insbesondere, wenn die Verhandlungen kurz vor dem Abschluss stehen und der Europäische Rat zum entscheidenden Gipfeltreffen zusammenkommt.

Dieser Ablauf und diese besondere Dramaturgie der europäischen Finanzverhandlungen haben sich seit der ersten Verhandlungsrunde 1988 langsam und schrittweise entwickelt. Ein besonderes Kennzeichen dieser europäischen Finanzverhandlungen war es bislang stets, dass der eigentliche Kern der Verhandlungen, der mehrjährige Finanzrahmen, mit größeren und vordringlichen Integrationsprojekten zur Weiterentwicklung der Europäischen Union verknüpft wurde. Waren die ersten Finanzpakete verbunden mit der ersten umfassenden Reform des europäischen Vertragsrechts und dem großen Schritt zur Vertiefung der ökonomischen

Tab. 3.1 Die bisherigen Finanzpakete der EU

	Verabschiedung	Dauer	Laufzeit	Verpflichtungen (VE)	Zahlungen (ZE)	Eigenmittelobergrenze	Projekte
Delors I-Paket	a) Einigung Europäischer Rat in Brüssel am 19. Feb. 1988 b) Verabschiedung der IIV im Juni 1988	12 Monate & 4 Monate	1989–1992 (4 Jahre)	244.838 Mio. ECU	234.679 Mio. ECU	Obergrenze ansteigend von 1,15 % des EU-BSP auf 1,20 %	Einheitliche Europäische Akte; EG- Binnenmarkt
Delors II-Paket (EU-12 plus 3 Kandidaten)	a) Einigung Europäischer Rat in Edinburgh am 11./12. Dez. 1992 b) Verabschiedung der IIV im Oktober 1993	10 Monate & 11 Monate	1993–1999 (7 Jahre)	601.428 Mio. €	571.483 Mio. €	Erhöhung der Obergrenze v. 1,20 % des EU-BSP auf 1,27 %	Wirtschafts- und Währungsunion
Agenda 2000 (EU-15 plus 10 Kandidaten)	a) Einigung im Europäischen Rat in Berlin am 24./25.3.1999 (Anpassung im Feb. 2003) b) Verabschiedung der IIV im Mai 1999	20 Monate & 2 Monate	2000–2006 (7 Jahre)	745.725 Mio. €	727.277 Mio. €	Beibehaltung der 1,27 % Obergrenze; lediglich Umstellung auf 1,24 % des EU-BNE	EU-Osterweiterung
MFR 2007–2013 (EU-25 plus Rumänien u. Bulgarien)	a) Einigung Europäischer Rat in Brüssel 16./17. Dez. 2005 b) Verabschiedung der IIV im Mai 2006	24 Monate & 6 Monate	2007–2013 (7 Jahre)	864.364 Mio. €	821.380 Mio. €	Beibehaltung 1,24 % EU-BNE-Obergrenze	EU-Lissabon-Strategie (eingeschränkt)
MFR 2014–2020	a) Einigung Europäischer Rat in Brüssel am 8. Feb. 2013 b) Verabschiedung der MFR-Verordnung im Nov. 2013	21 Monate & 9 Monate	2014–2020 (7 Jahre)	959.988 Mio. € (+36.784) = 996.782 Mio. €	908.400 Mio. €	Beibehaltung 1,24 % EU-BNE-Obergrenze	Europa 2020 (Krise in der Eurozone)

Integration, der Schaffung eines europäischen Binnenmarktes und der Verständigung auf die schrittweise Etablierung der europäischen Wirtschafts- und Währungsunion, so wurde der dritte Finanzrahmen mit der bevorstehenden Osterweiterung der Europäischen Union verknüpft. Für die beiden letzten Finanzpakete für die Perioden 2007–2013 und 2014–2020 versuchte die EU-Kommission jeweils eine Verbindung zu der europäischen Wachstums- und Beschäftigungsstrategie, der sogenannten Lissabon-Strategie für das erste Jahrzehnt 2000–2010 und der Europa 2020-Strategie für das zweite Jahrzehnt 2010–2020, herzustellen.

Die Verknüpfung von Haushaltspaketen und Integrationsprojekten hatte das Ziel, die Kompromiss- und Konsensfindung in beiden Verhandlungsarenen zu erleichtern. Die Möglichkeiten für übergreifende Koppelgeschäfte und die Möglichkeit, Zugeständnisse an nationalen Verhandlungszielen in dem einen Verhandlungsprozess mit Verhandlungserfolgen auf dem anderen Gebiet auszugleichen, werden so deutlich erhöht. Dennoch hat die Dauer der Finanzverhandlungen stetig zugenommen. Dies hängt nicht nur mit der wachsenden Zahl an Interessengegensätzen, Konflikten und Streitfragen zusammen, sondern auch mit der kontinuierlich zunehmenden Komplexität der Verhandlungsinhalte und Regelungstiefe des politischen und rechtlichen Instrumentariums der europäischen Finanzverfassung.

Inzwischen wurden fünf Verhandlungsprozesse erfolgreich abgeschlossen, die sich in ihrer Dauer, dem zu verhandelnden Finanzvolumen und den rechtlichen Grundlagen unterscheiden (Tab. 3.1).

3.2 Der erste mehrjährige Finanzrahmen – Das Delors I-Paket

Das erste Finanzpaket, das nach dem damaligen Präsidenten der Europäischen Kommission Jacques Delors benannt wurde, wurde 1988 verabschiedet. Die Delors-Kommission hatte diesen ersten Vorschlag für einen mehrjährigen Finanzrahmen mit dem gemeinsamen Projekt der Vollendung des europäischen Binnenmarkts verbunden.[10] Zugleich hatte mit der Süderweiterung der Gemeinschaft um Griechenland 1981 sowie Spanien und Portugal im Jahr 1986 der Druck auf eine Reform

[10] Vgl. Brigid Laffan, The big budgetary bargains, a. a. O., S. 730 ff.; Jürgen Ruhfuss, Europapolitik im Vorfeld der deutschen Präsidentschaft, in: integration, 1987, 10. Jg., Nr. 4, S. 143–150, S. 144.

der europäischen Ausgabenpolitik erkennbar zugenommen.[11] Mit der Süderweiterung und der Einigung auf die Einheitliche Europäische Akte (EEA) vom Februar 1986 lagen die beiden Integrationsschritte zur Vertiefung und Erweiterung vor, die eine grundsätzliche Reform der finanziellen Grundlagen der Europäischen Gemeinschaft unbedingt erforderlich machten.

Die Reform des europäischen Finanz- und Haushaltssystems war vor dem Hintergrund dieser Erweiterungs- und Vertiefungsschritte der Europäischen Gemeinschaft unaufschiebbar geworden. War die erste Hälfte der achtziger Jahre noch eher eine „Phase des Übergangs"[12] im Verlauf des europäischen Integrationsprozesses, die gekennzeichnet war von Stillstand bei der Erweiterung um Spanien und Portugal sowie bei der Fortentwicklung der Vertiefung, wurde die zweite Hälfte des Jahrzehnts von neuen europäischen Initiativen bestimmt, von denen eine längst vergessene Aufbruchstimmung ausging.

Die Entscheidung über die mittelfristige Stabilisierung der finanziellen Grundlagen des europäischen Budgets und der Weiterentwicklung der Gemeinschaftspolitiken, wie insbesondere der europäischen Kohäsionspolitik, waren dabei eine bedeutende Triebkraft für die Vertiefung des europäischen Integrationsprozesses. Entscheidend für den erfolgreichen Abschluss war schließlich die Strategie des Präsidenten der Europäischen Kommission, große Verhandlungspakete zu schnüren, die Jacques Delors mit dem zünden einer dreistufigen Rakete verglich.[13] Die einzelnen Stufen dieser Rakete wurden als Teile der Gesamtstrategie miteinander verknüpft – also das Ziel, einen europäischen Binnenmarkts bis Ende 1992 zu schaffen, war verbunden mit der umfassenden Reform des europäischen Vertragswerks und der Neugestaltung der institutionellen Strukturen durch die Einheitliche Europäische Akte (EEA) und diese beiden Stufen waren unauflöslich verknüpft mit der Anpassung der finanziellen und haushaltspolitischen Grundlagen an die neuen Herausforderungen der vertieften Integration in Form des ersten mehrjährigen Finanzrahmens, der damals noch als Finanzielle Vorausschau bezeichnet worden war. Die politische Einigung auf das erste Finanzpaket beim Treffen der europäischen Staats- und Regierungschefs im Februar 1988 in Brüssel war insofern ein unverzichtbarer Baustein dieser Gesamtstrategie zur Vollendung des Binnenmarktes und zur Vertiefung des Integrationsprozesses.

---

[11] Brigid Laffan/Johannes Lindner, The Budget. Who gets what, when and how?, in: Helen Wallace/William Wallace/Mark A. Pollack (Hrsg.), Policy making in the European Union, 5. Auflage, Oxford 2005, S. 191–212, S. 199.

[12] So charakterisierte Helga Haftendorn diese Periode; Helga Haftendorn, Deutsche Außenpolitik zwischen Selbstbeschränkung und Selbstbehauptung, Stuttgart/München 2001, S. 308.

[13] Vgl. Claus-Dieter Ehlermann, Die Beschlüsse des Brüsseler Sondergipfels: Erfolg einer Gesamtstrategie der Delors-Kommission, in: integration, 1988, 11. Jg., H. 2, S. 56–63, S. 56.

3.2.1 Die erste Verhandlungsphase: Der Vorschlag der Kommission

Am 15. Februar 1987 legte der Präsident der Europäischen Kommission vor dem Plenum des Europäischen Parlaments in Straßburg unter der Überschrift „Die Einheitliche Akte muß ein Erfolg werden“[14] seine Vorstellungen zur Stabilisierung des gemeinschaftlichen Haushalts und zur Auflösung des „Problemstaus“[15] in der Europäischen Gemeinschaft vor. Kurz darauf folgte eine Mitteilung zu den Überlegungen zur künftigen Finanzierung des Haushalts.[16] Die Kommission verknüpfte in beiden Papieren ihre Vorschläge zur tiefgreifenden Reform der europäischen Haushaltspolitik mit einer erfolgreichen Reform des europäischen Vertragswerks. Die beiden Mitteilungen und das umfassende Reformkonzept waren das Ergebnis einer Rundreise des Kommissionspräsidenten Delors durch die Hauptstädte der zwölf Mitgliedstaaten und die ausführlichen bilateralen Gespräche mit den Staats- und Regierungschefs der Gemeinschaft über die notwendigen Schritte zur Reform der Gemeinsamen Agrarpolitik und der europäischen Strukturfonds sowie zur Stabilisierung der finanziellen Grundlagen der Gemeinschaft.[17]

Noch vor der Sommerpause und dann in der zweiten Jahreshälfte 1987 folgten eine Reihe weiterer Reformvorschläge und Präzisierungen[18], mit denen sowohl die rechtliche Basis des neuen EU-Budgets verändert als auch die beiden zentralen Ausgabenbereiche, die Gemeinsame Agrarpolitik und die europäischen Strukturfonds, neu ausgerichtet werden sollten. Die Kommission verknüpfte die Neuausrichtung der Ausgabenprioritäten des EU-Budgets mit Vorschlägen für eine Reform

---

[14] Europäische Kommission, Die Einheitliche Akte muß ein Erfolg werden. Eine neue Perspektive für Europa, KOM (1987) 100 endg., v. 15. Februar 1987.

[15] Dieter Biehl, Ein substantielles, aber begrenztes Reformpaket – Zum Brüsseler Reformgipfel, in: integration 1988, 11. Jg., H. 2, S. 64–74, S. 64.

[16] Europäische Kommission, Bericht über die Finanzierung des Gemeinschaftshaushalts, KOM (1987) 101 endg., v. 3. März 1987.

[17] Jacques Delors hatte bereits beim Treffen des Europäischen Rats im Dezember 1986 durchgesetzt, dass die europäischen Staats- und Regierungschefs seine avisierte Rundreise billigten und die Kommission zur Vorlage eigener Reformüberlegungen mandatierten. Vgl. Schlussfolgerungen des Vorsitzes des Europäischen Rats in London vom 6. Dezember 1986.

[18] Sh. Europäische Kommission, Vorschlag für eine Verordnung des Rates über Aufgaben und Effizienz der Strukturfonds und über die Koordinierung der Interventionen untereinander sowie mit denen der Europäischen Investitionsbank (EIB) und anderer Finanzinstrumente, KOM (87) 376 endg., v. 4.8.1987; Europäische Kommission, Mitteilung über die Haushaltsdisziplin, KOM (87) 430 endg., v. 4.8.1987; Europäische Kommission, Vorschlag für einen Beschluß des Rates über das System der eigenen Mittel der Gemeinschaften, KOM (87) 420 endg., v. 4.8.1987.

des Eigenmittelbeschlusses und der europäischen Haushaltsordnung auf der Einnahmenseite; zugleich mahnte sie eine Verbesserung der Haushaltsdisziplin an.

Zu diesem Zeitpunkt wurden bereits zwei Krisensymptome[19] der europäischen Haushaltspolitik erkennbar:

1. Bereits im April 1987 hatte Kommissionspräsident Delors die europäischen Staats- und Regierungschefs auf eine Finanzierungslücke des Budgets in Höhe von mindestens fünf Mrd. ECU für das laufende Jahr 1987 hingewiesen. Ursache dieses Defizits waren Mehrausgaben in der Agrarpolitik sowie Einnahmeausfälle bei den traditionellen Eigenmitteln, d. h. bei Zöllen und Agrarabschöpfungen. Im Juli 1987 wurde ein Berichtigungs- und Nachtragshaushalt verabschiedet, um die Haushaltslage zu entspannen und die finanziellen Grundlagen der EG bis zum Jahresende sicher zu stellen. Die Ausgabenentwicklung in der Agrarpolitik stellte dabei das größte Problem dar; das Defizit des Agrarfonds EAGFL wurde Mitte 1987 auf rd. 4,3 Mrd. ECU geschätzt.[20]
2. Mitte 1987 zeichnete sich darüber hinaus im Verfahren zur Aufstellung des Jahreshaushalts 1988 ab, dass sich die Mitgliedstaaten im Rat nicht auf einen Haushaltsplan verständigen können würden und der Ministerrat dem Europäischen Parlament deshalb nicht wie vorgeschrieben, Anfang Oktober seinen Entwurf für einen Haushaltsplan vorlegen konnte. Bereits seit Beginn der achtziger Jahre hatten die Verhandlungen zwischen Ministerrat und Europaparlament über das Jahresbudget und die Finanzierung der Gemeinschaft regelmäßig zu heftigen Konflikten geführt. Der Europäische Gerichtshof wurde mehrfach von der einen oder der anderen Konfliktpartei angerufen, um einzelne Streitfragen bei den festgefahrenen Budgetverhandlungen zu klären. Höhepunkt dieses institutionellen Streites war sicherlich das Urteil des Gerichtshofs vom 3. Juli 1986, in dem die Feststellung des Haushalt für das Jahr 1986 durch den Präsidenten des Europäischen Parlaments für nichtig erklärt worden war.[21]

Die Notwendigkeit einer grundlegenden und umfassenden Reform der EU-Finanzverfassung[22] – sowohl auf der Ausgaben- als auch auf der Einnahmenseite –

---

[19] Vgl. ausführlich dazu Christian Siebert, Haushaltspolitik, in: Werner Weidenfeld/Wolfgang Wessels (Hrsg.), Jahrbuch der Europäischen Integration 1987/88, Bonn 1988, S. 148–156.

[20] Vgl. Eckart Gaddum, Die deutsche Europapolitik in den 80er Jahren. Interessen, Konflikte und Entscheidungen der Regierung Kohl, Paderborn u. a. 1994, S. 167.

[21] EuGH, RS 34/84 v. 3.7.1986.

[22] Vgl. Gero Pfennig, Für eine neue Finanzverfassung für die EG, a. a. O.

wurde vor diesem Hintergrund von nahezu allen Akteuren in der EU anerkannt und die Forderung nach einer solchen strukturellen Veränderung wurde immer lauter vorgetragen, um die haushaltspolitische „Paralyse"[23] zu beenden.

Allerdings war auf der Seite der Mitgliedstaaten die Skepsis gegenüber den Überlegungen des Kommissionspräsidenten deutlich spürbar, denn deren Unfähigkeit, sich auf einen Haushaltsplan für das Jahr 1988 zu verständigen, war eng verknüpft mit dem noch ausstehenden erfolgreichen Abschluss der Verhandlungen über das neue Instrument eines mehrjährigen Finanzrahmens. Umgekehrt hatten gerade die aus dem Ruder laufenden Agrarausgaben im Jahr 1987 verdeutlicht, dass eine Reform der Agrarpolitik unumgänglich war. Für das gemeinsame Vorhaben, den europäischen Binnenmarkt zu vollenden, wurden darüber hinaus zusätzliche Finanzmittel benötigt, die über die Strukturfonds die Vorbehalte der rückständigeren Mitgliedstaaten, insbesondere die neuen Mitgliedstaaten Spanien, Portugal und Griechenland, verringern sollten.

Der Vorschlag der Delors-Kommission beinhaltete auf der Einnahmenseite die deutliche Aufstockung der Ressourcen des Gemeinschaftshaushalts, verbunden mit einer Stärkung der Haushaltsdisziplin und einer gerechteren Verteilung der Finanzierungslasten auf die Mitgliedstaaten. Auf der Ausgabenseite wollte die Kommission die Vollendung des europäischen Binnenmarkts mit angemessen finanzierten Politiken ergänzen und warb deshalb für eine deutliche Aufstockung der europäischen Strukturfonds und eine Anpassung der Gemeinsamen Agrarpolitik, um die Überschussproduktion zu begrenzen. Es war diese Verknüpfung von strikter Haushaltsdisziplin, verbesserter Haushaltskontrolle und notwendiger Erhöhung des Volumens, die den Erfolg des Gesamtpakets ausmachte.[24]

Konkret schlug die Kommission vor, die Eigenmittelobergrenze der Gemeinschaft bis 1992 schrittweise auf 1,4 % des EG-Bruttosozialprodukts zu erhöhen und eine neue, am nationalen BSP orientierte Eigenmittelquelle einzuführen. Ergänzend sollten die Mehrwertsteuereigenmittel von bisher 1,4 % der einheitlichen Bemessungsgrundlage auf 1 % reduziert werden und die Erstattungen der EG an die Mitgliedstaaten für die Erhebung der Zölle und Abschöpfungen sollten entfallen.

Die konkreten Reformvorschläge für die Ausgabenseite, die die Kommission in der zweiten Hälfte des Jahres 1987 vorlegte, sahen eine schrittweise Verdoppelung der europäischen Strukturfonds vor. Zusätzlich schlug sie eine Anpassung der Ziele und der Förderschwerpunkte der Strukturfonds an die neuen Vertragsgrundlagen der Einheitlichen Europäischen Akte vor. Künftig sollten die Förderprioritäten der finanziell gestärkten Strukturfonds auf fünf Ziele ausgerichtet werden:

---

[23] Michael Shackleton, The EC's Budget in the Move to a Single Market, in: Governance, 1991, Vol. 4, No. 1, S. 94–114, S. 99.

[24] Michael Shackleton, The EC's budget on the Move to a Single Market, a. a. O., S. 99/100.

- die Förderung der strukturell rückständigsten Regionen (Ziel 1);
- die Umstellung der im Niedergang befindlichen Industrieregionen (Ziel 2);
- die Bekämpfung der Langzeitarbeitslosigkeit (Ziel 3);
- die berufliche Eingliederung von Jugendlichen (Ziel 4);
- die Entwicklung des ländlichen Raums (Ziel 5).

Die europäischen Fördergelder sollten auf die rückständigsten Regionen konzentriert werden, also auf die ärmsten Regionen in Portugal, Spanien, Griechenland und Irland sowie auf Süditalien, Nordirland und die französischen Überseedepartements. Durch diese Konzentration der Fördergelder hoffte die Kommission, die Effizienz der strukturpolitischen Beihilfen aus dem Gemeinschaftshaushalt verbessern zu können und dass „eine optimale Allokation der Ressourcen erleichtert“[25] werden könne.

Mit der mittelfristigen Festlegung der Förderziele und der Finanzausstattung der Strukturfonds verband die Kommission auch einen neuen Programmansatz. Nicht mehr einzelne Vorhaben, sondern regionale Entwicklungsprogramme sollten künftig mit den europäischen Strukturfondsgeldern gefördert werden.

Um zusätzliche Gelder für die Strukturfonds frei machen zu können, geriet zwangsläufig die Agrarpolitik in den Fokus der Reformbemühungen. Mit Blick auf die Finanzausstattung der Gemeinsamen Agrarpolitik hatte die britische Regierung unter Margaret Thatcher ohnehin seit einigen Jahren eine deutliche Reduzierung der Agrarausgaben gefordert, was allerdings von Deutschland und Frankreich bis dahin abgelehnt worden war. Die offensichtliche Krise der Agrarpolitik, die seit vielen Jahren bereits große Lücken in das Budget riss, sollte durch restriktive Steigerungsraten der Ausgaben für die Agrarausgaben bekämpft und die Dominanz dieses Politikbereichs im Haushalt sollte so langsam abgeschmolzen werden. Die Agrarausgaben sollten demnach mit einer Agrarleitlinie kontrolliert werden und nur noch um 74 % der jährlichen Steigerungsraten des BSP der Gemeinschaft anwachsen. Diese Begrenzung und langsame Rückführung des für die GAP zur Verfügung stehenden Finanzvolumens sollte ebenfalls mit tiefgreifenden Veränderungen der politischen Steuerung der Agrarpolitik einher gehen. Wenn Europa langfristig seine Wettbewerbsfähigkeit und seinen Lebensstandard wahren wolle, seien inhaltliche Reformen unausweichlich, so die Feststellung der Europäischen Kommission. Die Marktpreise für landwirtschaftliche Erzeugnisse sollten das zentrale Steuerungsinstrument der GAP bleiben, sonst werde die Politik „immer tiefer in ein Labyrinth von administrativen und regulatorischen Maßnahmen zur Steuerung der Pro-

---

[25] Europäische Kommission, Die Einheitliche Akte muß ein Erfolg werden. Eine neue Perspektive für Europa, KOM (1987) 100 endg. v. 15. Februar 1987.

duktionsmenge geraten...".[26] Deshalb sollten die Interventionsinstrumente der Gemeinschaft auf ihre ursprüngliche Rolle als Ausgleichsmechanismen für Preisschwankungen zurückgeführt werden. Die Interventionen, so die Kommission, dürften also nicht mehr als künstliche Ergänzung des Marktes eingesetzt werden. Dieser grundsätzlichen Vorgabe folgend forderte sie das Einfrieren oder eine Senkung der Preise und eine Beschränkung der Interventionsaufkäufe auf besonders problematische Erzeugnisse. „Ganz allgemein geht es darum, die Landwirte schrittweise dahin zu bringen, daß sie bei der Wahl ihrer Erzeugungen und bei der Suche nach nicht-subventionierten Absatzmärkten verantwortlicher vorgehen", so die Europäische Kommission in ihrer Mitteilung.

Zur Umsetzung dieses mehrjährigen Finanzrahmens schlug die Kommission eine institutionelle Vereinbarung zwischen Rat und Parlament vor, in der die verbindliche Verpflichtung zur Einhaltung der Reformen des Eigenmittelsystems und der Ausgabenpolitiken festgeschrieben werden sollte. Konkret sollte diese Vereinbarung die Sätze der nicht-obligatorischen Ausgaben aus dem Gemeinschaftshaushalt vorab festlegen. Hierfür wollte die Kommission mehrjährige Vorausschätzungen zum Finanzbedarf sowohl in Verpflichtungs- als auch in Zahlungsermächtigungen vorlegen. Ergänzend schlug sie in ihrer Mitteilung zur Haushaltsdisziplin vor, die fünfjährige Finanzielle Vorausschau jedes Jahr bis spätestens 15. Februar zu aktualisieren und fortzuschreiben.[27] „Die Mehrjahresperspektiven .... werden die Rolle eines gleitenden Planes spielen, der mittelfristig gesehen nur als Richtschnur dient"[28], so die Kommission im Februar 1987.

Der Vorschlag der Delors-Kommission band demzufolge Reformvorschläge auf der Ausgabenseite mit einer Neuordnung des Eigenmittelsystems und Maßnahmen einer strengeren Haushaltsdisziplin zu einem Gesamtpaket zusammen und verknüpfte dieses Reformpaket mit der institutionellen Reform der vertraglichen Grundlagen und dem Ziel der wirtschaftlichen Vertiefung des europäischen Integrationsprozesses. Jacques Delors hatte die besondere Bedeutung dieser politischen Verbindung von Binnenmarktprojekt und zusätzlichem Finanzbedarf erkannt. Die Kommission begründete deshalb die Verdoppelung der Strukturfondsgelder mit den eklatant ausgeweiteten regionalen Disparitäten in der Gemeinschaft als Folge der Süderweiterung; dies entsprach zudem den Forderungen der wirtschaftlich schwächeren neuen Mitglieder Spanien, Portugal und Griechenland, die unter der Führung des spanischen Ministerpräsidenten Felipe Gonzáles für eine deutliche Erhöhung der Strukturfondsmittel eingetreten waren.

[26] KOM (1987) 100, a. a. O., S. 12.

[27] KOM (1987) 430 endg., a. a. O., Ziffer B 3.

[28] KOM (87) 100, a. a. O.

3.2.2 Die zweite Phase: Die Verhandlungen im Rat

Der Kommissionspräsident hatte bei seiner Rundreise durch die Hauptstädte und in den direkten Gesprächen mit den zwölf Staats- und Regierungschefs das Gefühl gewonnen, dass alle Regierungen die Notwendigkeit für eine umfassende Reform im Grundsatz unterstützten. Die konkreten Überlegungen der Kommission trafen dann allerdings nicht auf die uneingeschränkte Zustimmung aus dem Kreis der Mitgliedstaaten. Vielmehr wurde das Jahr 1987 von der breiten Öffentlichkeit als europäisches Krisenjahr wahrgenommen, das durch „Stagnation, Dissens, Zweifel"[29] charakterisiert sei. Zunächst hatten Portugal und Italien das Delors-Paket abgelehnt und die Bundesrepublik und Großbritannien hatten ihre Zustimmung zum Gesamtpaket von weiteren – allerdings gegensätzlichen – Anpassungen in der Agrarpolitik abhängig gemacht. Gemeinsam lehnten die Regierungen in London und Bonn die vorgesehene Verdoppelung der Gelder für die Strukturfonds ab. Das Vorgehen der Europäischen Kommission, das zentrale Integrationsprojekt, auf das sich die Mitgliedstaaten gerade erst verständigt hatten, nämlich die Umsetzung des umfassenden Binnenmarktprogramms bis 1992 und die gerade gelungene Reform des europäischen Vertragsrechts mit der Einheitlichen Europäischen Akte, nun mit der Idee eines mehrjährigen Finanzrahmens zu verbinden, wurde von den Mitgliedstaaten allerdings zu keinem Zeitpunkt hinterfragt. Das Delors-Paket wurde nicht aufgeschnürt; vielmehr blieben die Kommissionsvorschläge die Grundlage der intensiven Verhandlungen des Ministerrats und des Europäischen Rats.[30] Insbesondere den Beratungen der Außenminister zur Vorbereitung der politischen Verständigung kam eine besondere Bedeutung zu. Die Außenminister mussten die entscheidenden Sitzungen des Europäischen Rats vorbereiten, denn es war von Anfang an klar, dass nur auf höchster politischer Entscheidungsebene im Europäischen Rat der Staats- und Regierungschefs eine Einigung erfolgen konnte und möglich war. Wenn eine Einigung auf einen mehrjährigen Finanzrahmen überhaupt realistisch werden sollte, mussten die Außenminister darüber hinaus auch ihre Kollegen im Agrarministerrat auf dieses gemeinsame Ziel verpflichten. Nur wenn die Agrarminister ihren seit vielen Jahren schwelenden Konflikt über eine Begrenzung des Agrarbudgets lösen konnten, war eine Gesamteinigung denkbar.

Nach der Vorlage des Delors-Pakets im Februar 1987 befassten sich die nachfolgenden drei Gipfeltreffen des Europäischen Rats bis zur Einigung im Februar 1988

---

[29] Werner Weidenfeld, Die Bilanz der Europäischen Integration 1987/88. Szenenwechsel in Europa, in: Werner Weidenfeld/Wolfgang Wessels (Hrsg.), Jahrbuch der Europäischen Integration 1987/88, Bonn 1988, S. 13–23, S. 13.

[30] Vgl. Claus-Dieter Ehlermann, a. a. O., S. 57.

ausführlich mit den europäischen Haushaltsfragen. Diese Treffen wurden von den regulären Außenministertreffen und drei zusätzlichen Vorbereitungstreffen der Außenminister, dem sogenannten Konklave, vorbereitet. Die zentrale Aufgabe dieser Sondertreffen der Außenminister war die Zuspitzung der Verhandlungen auf die zentralen politischen Entscheidungsfragen, die den Staats- und Regierungschefs vorgelegt werden sollten. Die Agrarminister versuchten, den Großteil der agrarpolitischen Fach- und Spezialfragen in ihrem Expertenkreis zu beantworten und nur die finanz- und integrationspolitischen Grundsatzfragen dem Europäischen Rat vorzulegen. So konnten zu einzelnen Marktordnungen, wie Getreide oder Ölsaaten, bereits auf Ratsebene im Vorfeld des Europäischen Rats reformierte Regelungen, Sparbeschlüsse und angepasste Garantieschwellen oder automatische Sanktionen vereinbart werden.[31]

Das Treffen des Europäischen Rats im Juni 1987 in Brüssel bestätigte die Zerstrittenheit der Gemeinschaft. Bereits die vorbereitenden Sitzungen der Agrar-, Finanz- und Außenminister waren erfolglos geblieben und hatten nur die gegensätzlichen nationalen Verhandlungspositionen in wechselnden Koalitionen bestätigt. Das Schlussdokument des Gipfels wurde schließlich von elf Staats- und Regierungschefs gebilligt; alleine die britische Premierministerin Margaret Thatcher lehnte das Dokument ab und pochte auf eine verbindliche Festlegung über zusätzliche Einsparungen bei den Agrarausgaben.

Damit war ein zusätzlicher Anlauf notwendig. Für den Dezember-Gipfel 1987 in Kopenhagen hatte die Kommission zwar neue Sparvorschläge für die Agrarpolitik vorgelegt, ohne jedoch die Interessengegensätze der Mitgliedstaaten überbrücken zu können. Bereits im Vorfeld des Gipfeltreffens der Staats- und Regierungschefs waren die Agrarminister nicht in der Lage, einen Kompromiss über das Agrardossier zu vereinbaren. Auf der einen Seite lehnten der deutsche Agrarminister Kiechle und sein französischer Kollege Guillaume deutliche Einkommenseinbußen zu Lasten ihrer Bauern ab und auf der anderen Seite bestanden die britische und die niederländische Regierung auf spürbaren Einschnitten in das Agrarbudget. Trotz einiger, in Kopenhagen sichtbaren Positionsannäherungen blieb es der deutschen Ratspräsidentschaft im ersten Halbjahr 1988 vorbehalten, den Verhandlungsfaden weiter zu spinnen, um eine Konsenslösung zu erreichen.

Die festgefahrenen Verhandlungen, die zum Scheitern des Kopenhagener Gipfels im Dezember 1987 geführt hatten, vergrößerten zugleich die Gefahr, dass dem Binnenmarktprojekt die nötige finanzielle Grundlage entzogen werden könnte. Erst auf dem vereinbarten Brüsseler Sondergipfel im Februar 1988 konnte schließlich

31 Vgl. Walter Meier, Der Ministerrat, in: Werner Weidenfeld/Wolfgang Wessels (Hrsg.), Jahrbuch der Europäischen Integration 87/88, Bonn 1988, S. 51–59, S. 56.

in äußerst schwierigen 38-stündigen Dauerverhandlungen eine Einigung erreicht werden.[32] Diese Verständigung auf das Finanzpaket wirkte als „Befreiungsschlag" – Peter Hort sprach sogar von einem „Wunder, das unter deutscher Präsidentschaft im ersten Halbjahr 1988 gelungen sei."[33] Für dieses Wunder musste die deutsche Präsidentschaft allerdings „erhebliche Opfer" bringen, die die Bundesregierung auf über vier Mrd. DM für das Jahr 1988 und auf rund 10 Mrd. DM für das Jahr 1992 bezifferte.[34]

Während die EEA zwar bereits die primärrechtlichen Vorgaben für eine gemeinschaftliche Kohäsions- und Strukturpolitik beinhaltete, gab es noch keine Verständigung über die Finanzausstattung dieser neuen Politik. Diese wurde erst auf dem Brüsseler Sondergipfel am 11./12. Februar 1988 vereinbart. Es wurde beschlossen, die Haushaltsmittel für die drei Strukturfonds von 7,2 Mrd. im Jahre 1987 bis auf 14,5 Mrd. im Jahre 1993 zu verdoppeln (in Preisen von 1988).[35] Wie von der Kommission vorgeschlagen, wurden fünf neue Förderziele beschlossen, wobei der überwiegende Teil der erhöhten Strukturfondsgelder auf die rückständigsten Gebiete entfallen sollte. Die Verdopplung der zur Verfügung stehenden Fördermittel und deren Konzentration auf die Ziel 1-Regionen entsprach somit den Vorgaben der neuen vertragsrechtlichen Grundlagen in der Einheitlichen Europäischen Akte.

Im Bereich der Agrarpolitik wurden, wie von der Kommission vorgeschlagen, die jährlichen Ausgabensteigerungen auf 74 % der Steigerungsrate des BSP der Gemeinschaft begrenzt.[36] Basis dieser Lösung zur schrittweisen Reform der Agrarpolitik war ein deutsch-französischer Interessenausgleich.[37] Insgesamt wurden für das Ausgangsjahr des ersten Finanzrahmens 1988 eine Summe von 27,5 Mrd. ECU und damit mehr als 60 % des Haushalts für diesen Politikbereich festgeschrieben. Verbunden wurden diese Gelder mit einer Reihe automatischer landwirtschaftlicher Stabilisatoren und verstärkten Überwachungsmöglichkeiten der EU-Kommission über die Einhaltung der Produktionsobergrenzen.[38] Die von

---

[32] Vgl. Peter Hort, Eine Bilanz der deutschen EG-Präsidentschaft, in: Jochen Thies/Wolfgang Wagner (Hrsg.), Auf dem Weg zum Binnenmarkt. Europäische Integration und deutscher Föderalismus, Bonn 1989, S. 113–120.

[33] Peter Hort, Europäischer Rat, in: Werner Weidenfeld/Wolfgang Wessels (Hrsg.), Jahrbuch der Europäischen Integration 1988/89, Bonn 1989, S. 39–46, S. 39.

[34] Zitiert nach Dieter Biehl, Ein substantielles, aber begrenztes Reformpaket, a. a. O., S. 67.

[35] Vgl. Brigid Laffan/Michael Shackleton, The Budget, in: Hellen Wallace/William Wallace (Hrsg.), Policy-Making in the European Union, Oxord, 3rd edition, 1998, S. 71–96, S. 79 ff.

[36] Vgl. Christian Siebert, Haushaltspolitik, a. a. O., S. 152 ff.

[37] Vgl. Eckart Gaddum, a. a. O., S. 164 ff.

[38] Michael Shackleton, The EC's budget on the Move to a Single Market, a. a. O, S. 100.

der Kommission vorgeschlagenen Agrarstabilisatoren sahen eine Reduzierung der Preise für Agrarerzeugnisse vor, wenn im Vorjahr die festgesetzten Mengenschwellen überschritten worden waren. Die Verhandlungen konzentrierten sich in der Folge auf diese Begrenzungen der Garantiefördermengen, den Umfang der Preissenkungen sowie auf die Möglichkeiten der Abweichungen oder der Befreiungen von den Mengenbeschränkungen zugunsten von Kleinerzeugern. Obgleich die Agrarminister bereits die Mehrzahl der strittigen Einzelfragen klären konnten, entzündete sich dennoch ein heftiger Streit im Kreis der Staats- und Regierungschefs an den zu vereinbarenden Eckwerten der Getreidemarktregulierung, „der den Sondergipfel bis zum dramatischen Schluß prägte".[39] Die Staats- und Regierungschefs verhandelten stundenlang über kleinere Veränderungen bei den Garantiemengen und verhakten sich in Detailfragen der Agrarreform. Die Staats- und Regierungschefs wurden so zu Akteuren „einer denaturierten und ihres eigentlich gedachten Zwecks längst entkleideten Veranstaltung"[40], so der Journalist Peter Hort. Schließlich verständigte sich der Europäische Rat auf eine umfassende Liste an Stabilisierungsmaßnahmen, zu denen nun auch die Möglichkeit der Flächenstilllegungen als Ergänzung der marktpolitischen Maßnahmen gehörte.[41]

Um die zusätzlichen Ausgaben im Bereich der Kohäsions- und Strukturpolitik finanzieren zu können, verständigten sich die Mitgliedsstaaten auf eine erhöhte Ausgabenobergrenze von 1,20 % des EU-BSP bis zum Jahr 1992. Darüber hinaus wurde die Einführung einer vierten Eigenmittelquelle beschlossen, die als prozentualer Anteil am BSP errechnet wurde. Der 1984 in Fontainebleau vereinbarte britische Sonderrabatt blieb unangetastet.[42] Die Laufzeit des ersten mehrjährigen Finanzrahmens betrug fünf Jahre und garantierte somit bis 1992 eine stabile europäische Haushalts- und eine vorhersehbare Ausgabenpolitik. Entgegen der Überlegungen der Europäischen Kommission, die Vorgaben des Finanzrahmens jährlich zu überprüfen und die festgelegten Obergrenzen falls erforderlich anzupassen, verständigten sich die Staats- und Regierungschefs auf die Festlegung der beiden Eckpunkte der neuen mittelfristigen Finanzplanung, also die Ausgabenobergrenzen für das Jahr 1988 und das Jahr 1992 (Tab. 3.2).

Die Verhandlungsdauer dieses ersten Finanzpakets betrug von der Vorlage des Vorschlags der Europäischen Kommission im Februar 1987 bis zum Abschluss der Gespräche im Februar 1988 genau ein Jahr. Die umfangreichen Debatten beschrieb

39 Peter Hort, Eine Bilanz der deutschen EG-Präsidentschaft, a. a. O., S. 115.

40 Ebd.

41 Vgl. Konsolidierte Schlußfolgerungen des Vorsitzes, Europäischer Rat, Brüssel, Dok SN 461/1/88 vom 19. 2. 1988, Anlage I u. II.

42 Vgl. Brigid Laffan/Johannes Lindner, The Budget, a. a. O., S. 199/200.

Tab. 3.2 Delors I-Paket – Ergebnis des Europäischen Rats von Brüssel am 19. Februar 1988 (in Mio. ECU). (Quelle: Schlussfolgerungen des Vorsitzes, Dok. SN/461/1/88, Kap. 7, S. 28)

	1988	1992
EAGFL-Garantie	27,5	29,6
Finanzierung des Lagerabbaus	1,2	1,4
Flächenstilllegung – Einkommensbeihilfen	0	0,6
Strukturmaßnahmen insgesamt	7,8	13
Strukturfonds	7,7	12,9
EPIDP (Europäisches Programm zur industriellen Entwicklung Portugals)	0,1	0,1
Politiken mit mehrjährigen Mittelausstattungen (Forschung – IMP)	1,4	2,4
Andere Politiken	1,7	2,8
Erstattungen und Verwaltung	3,5	2
Währungsreserve	1	1
	44,1	*52,8*

Brigid Laffan als „interactive process“[43], in den eine ganze Reihe von Arbeitsgruppen des Rates und verschiedene Ratsformationen eingebunden waren und die insgesamt dreimal auf der Tagesordnung des Europäischen Rates gestanden hatten.

Trotz der zähen und schwierigen Verhandlungen im Rat waren die Verhandlungsziele der Mitgliedstaaten relativ klar und vorhersehbar. Während Deutschland und Frankreich im Interesse ihrer Agrarsektoren für eine reformierte Weiterführung der Gemeinsamen Agrarpolitik eintraten, wollten Großbritannien und die Niederlande gerade hier tiefere Einschnitte vornehmen. London lehnte auch zunächst den Vorschlag der Kommission ab, die europäischen Strukturfonds deutlich zu erhöhen – ebenso wie die anderen Nettozahler Deutschland und Frankreich. Die ärmeren Mitgliedstaaten Griechenland, Portugal, Spanien und Irland forderten aber gerade diese Unterstützung aus dem EU-Haushalt ein. Italien schließlich wollte eine Reform des Eigenmittelsystems durch die Einführung einer neuen BSP-orientierten Einnahmequelle und die Reduzierung der Mehrwertsteuer-Eigenmittel erreichen.[44]

Es war am Ende die Verknüpfung von Binnenmarktprojekt und Delors I-Paket und die besondere Betonung der Haushaltsdisziplin, die zum erfolgreichen Abschluss der Verhandlungen führten. Insbesondere die Bundesregierung unter

[43] Brigid Laffan, The big budgetary bargains, a. a. O., S. 732.

[44] Vgl. auch Peter Hort, Eine Bilanz der deutschen EG-Präsidentschaft, a. a. O.

Bundeskanzler Helmut Kohl war mit Blick auf den europäischen Binnenmarkt zur Erhöhung des deutschen Finanzierungsanteils bereit.[45] Für die Bundesregierung bot die Verbindung von Binnenmarkt-Ziel und der Verabschiedung des Finanzrahmens eine willkommene Paketstrategie, um den ausgehandelten Kompromiss politisch rechtfertigen zu können, denn ein Scheitern der Haushaltsverhandlungen hätte absehbar höhere Kosten für den Bundeshaushalt ausgelöst.[46]

Die Einigung auf das Gesamtpaket war insgesamt eine große Kraftanstrengung, denn auf der Einnahmenseite bedeutete der schrittweise Anstieg der Eigenmittelobergrenze einen Zuwachs des Gesamtvolumens des EU-Budgets von 1988 bis 1992 um 14 % bei den Zahlungsermächtigungen und 16,5 % bei den Verpflichtungsermächtigungen.[47] Die Verständigung auf eine neue Eigenmittelquelle bedeutete nicht nur eine neue Einnahmequelle zur Finanzierung des Aufwuchses auf das vereinbarte Haushaltsvolumen, sondern auch eine Verbindung zwischen EU-Haushalt und nationalem Wohlstand und damit eine gerechtere Lastenteilung. Zudem wurde mit dieser neuen Eigenmittelquelle eine Auffüllfinanzierung geschaffen, die die Finanzierung des Gemeinschaftshaushalts an die Entscheidungen auf der Ausgabenseite koppelte. Mit den BSP-bezogenen Einnahmen wurde das Gesamtvolumen des Haushalts von der Höhe der vereinbarten Ausgaben bestimmt, denn die Lücke zwischen den zur Verfügung stehenden Geldern aus den Eigenmitteln und den vereinbarten Ausgaben konnte stets mit dieser neuen Finanzierungsquelle gefüllt werden. Die Verständigung auf eine verbesserte Flexibilität des Gemeinschaftshaushalts war allerdings nur um den Preis einer stärker intergouvernementalen Finanzierung des Haushalts in Form nationaler Beiträge zu erhalten; die neue Eigenmittelquelle war deutlich an die klassischen Finanzierungsmodelle anderer internationaler Organisationen angelehnt.[48] Die Zustimmung zu dieser Ausweitung der finanziellen Grundlage der Gemeinschaft war bei den Zahlerländern nur dadurch zu erhalten, dass mit der Verständigung auf feste Obergrenzen für die Laufzeit der Vorausschau die Vorhersehbarkeit der finanziellen Belastungen für die nationalen Haushalte deutlich erhöht wurden. Der größte Erfolg des ersten Verhandlungspakets war allerdings sicherlich der erfolgreiche Abschluss der schwierigen Paketverhandlungen und die Verständigung auf eine mehrjährige Finanzielle Vorausschau und damit auf eine vorhersehbare Finanzplanung.

---

45 Sh. Brigid Laffan, The big budgetary bargains, a. a. O., S. 732.

46 Vgl. Eckart Gaddum, a. a. O., S. 180.

47 Vgl. Michael Shackleton, The EC's budget on the Move to a Single Market, a. a. O., S. 101.

48 Vgl. Michael Shackleton, The EC's budget on the Move to a Single Market, a. a. O.

3.2.3 Die dritte Phase: Die Verständigung mit dem Europäischen Parlament und die geregelte Anpassung des Finanzrahmens

Da dieses neue Instrument einer mehrjährigen Finanzplanung mit festen Ausgabenobergrenzen nicht in den Verträgen vorgesehen war und zugleich sehr weitgehend in die vorgegebenen haushaltspolitischen Rollen von Ministerrat und Europäischem Parlament eingegriffen wurde, war es eine wichtige Aufgabe der deutschen Ratspräsidentschaft nach der Verständigung im Europäischen Rat eine Übereinkunft mit dem Europäischen Parlament zu suchen. Die Europaparlamentarier akzeptierten die Festschreibung der Obergrenzen und handelten ihrerseits dafür von den Mitgliedstaaten die Zusage aus, dass eine Anhebung aller Ausgabenobergrenzen nur mit seiner Zustimmung erfolgen konnte. Da die Obergrenzen für die Laufzeit des Finanzrahmens damit festgeschrieben waren, verlor das im EG-Vertrag festgeschriebene Höchstsatzverfahren und die Unterscheidung zwischen obligatorischen und nicht-obligatorischen Ausgaben, mit dem die Machtbalance zwischen den beiden Pfeilern der europäischen Haushaltsbehörde Parlament und Ministerrat austariert wurde, seine Bedeutung. Das Europäische Parlament konnte also auf diesem Wege seine zumindest indirekte Mitwirkung an der Entscheidungsfindung über die Höhe der obligatorischen Ausgaben durchsetzen, für die es zuvor mehrfach den offenen Konflikt mit dem Rat im Haushaltsverfahren eingegangen war und vor dem EuGH geklagt hatte. Zudem entsprach der Kompromiss des Europäischen Rats in weiten Teilen den Zielen des Europäischen Parlaments. Die Parlamentarier hatten bereits im Vorfeld des Brüsseler Sondergipfels den Vorschlag der Europäischen Kommission zur Reform des europäischen Finanzierungs- und Haushaltssystems unterstützt. Sie erkannten sehr schnell ihre mit diesem Paket verbundene institutionelle Aufwertung als Teil der europäischen Haushaltsbehörde.

Zwar wurden die entscheidenden Eckpunkte für die Trilog-Verhandlungen zwischen den Organen über die IIV bereits in den Schlussfolgerungen des Europäischen Rats vom 19. Februar 1988 in Brüssel festgeschrieben. Allerdings beinhaltete der Kompromiss der Staats- und Regierungschefs auf diesen ersten mehrjährigen Finanzrahmen noch keine konkrete Festlegung auf die Obergrenzen der Ausgaben für die spezifischen Politikbereiche – im Unterschied zu allen nachfolgenden Verständigungen. Lediglich die jährlichen Obergrenzen für die Jahre 1988 und 1992 wurden in Zahlen fixiert und die Obergrenzen für einzelne Politikbereiche und Ausgabekategorien festgeschrieben. Diese relative Offenheit übertrug den drei Organen einen großen Spielraum zur einvernehmlichen Konkretisierung des Gipfelbeschlusses.

Dabei kam der Europäischen Kommission eine entscheidende Vermittlerrolle im Verlauf des langwierigen Konkretisierungsprozesses zu. Der Europäische

Rat hatte die Kommission beauftragt, detaillierte Vorschläge für diese Arbeiten vorzulegen. Diese sehr viel detailliertere „Finanzielle Vorausschau“ vom 29. Juni 1988 goss die politische Verständigung des Europäischen Rats vom Februar 1988 und die Trilog-Verhandlungen in Zahlen und fixierte somit die Obergrenzen in Verpflichtungs- und Zahlungsermächtigungen sowie in obligatorische und nicht-obligatorische Ausgaben. Zugleich vereinbarten die drei Organe Rat, Europäisches Parlament und Europäische Kommission in dieser IIV, dass sie sich dazu verpflichteten, die „jährliche(n) Ausgabenhöchstbeträge während jedes entsprechenden Haushaltsverfahrens einzuhalten.“[49]

Eine Anpassung des ersten Finanzrahmens an die Entwicklung des europäischen Bruttosozialprodukts und die Inflationsrate sollte in Form sogenannter technischer Anpassungen regelmäßig erfolgen; ansonsten sollte eine Abänderung der Obergrenzen nur durch einen gemeinsamen Beschluss von Europäischem Parlament und Rat auf Vorschlag der Kommission möglich sein (Tab. 3.3).

War die Festschreibung des Ausgabenvolumens und damit die Vorhersehbarkeit und Planbarkeit der europäischen Politiken über einen mehrjährigen Zeitraum der besondere haushaltspolitische Vorteil des Delors I-Pakets, so erwies sich dieser Mehrwert dennoch als begrenzt. Die erste Finanzielle Vorausschau für die Jahre 1988 bis 1992 musste insgesamt fünfmal an veränderte Rahmenbedingungen bzw. Beschlüsse zu erhöhten Ausgaben angepasst werden. Zuletzt wurde die Vorausschau im Jahr 1991 angepasst, weil die weltpolitischen Umbrüche seit 1989 und dem Ende des Ost-West-Konflikts neue, nicht eingeplante Ausgaben erforderten. So musste die Finanzplanung geändert werden, um zusätzliche Gelder für technische Hilfen an die damalige Sowjetunion zu finanzieren oder auch, um Finanzhilfen an Israel oder an die kurdische Bevölkerung im Norden des Irak während des ersten Golfkriegs leisten zu können.[50]

3.2.4 Fazit

Die Verständigung auf diesen ersten mehrjährigen Finanzrahmen war ein großer Erfolg der Delors-Kommission, garantierte der Kompromiss doch die fiskalische Basis für das große Integrationsprojekt, die Schaffung des europäischen Binnenmarkts. Darüber hinaus konnte die Kommission ihre Reformvorschläge weitgehend durchsetzen und die einseitige Schwerpunktsetzung des Haushalts auf die Agrarpo-

[49] Vgl. Interinstitutionelle Vereinbarung, in: ABl. L 185/88 v. 15.7.1988, S. 33–37, Ziffer 7.

[50] Vgl. Susanne Neheider, a. a. O., S. 49.

Tab. 3.3 Delors I-Paket – Ergebnis der IIV: Die Finanzielle Vorausschau 1988–1992 (in Mio. ECU – Preise 1988). (Quelle: Interinstitutionelle Vereinbarung über die Haushaltsdisziplin und die Verbesserung des Haushaltsverfahrens, in: ABl. L/33–73, v. 15.7.1988)

	1988	1989	1990	1991	1992
EAGFL-Garantie	27.500	27.700	28.400	29.000	29.600
Strukturpolitische Maßnahmen	7790	9200	10.600	12.100	13.450
Politikbereiche mit mehrjähriger Mittelausstattung (Integrierte Mittelmeerprogramme; Forschung)	1210	1650	1900	2150	2400
Sonstige Politikbereiche	2103	2385	2500	2700	2800
davon Nicht-obligatorische Ausgaben	1646	1801	1860	1910	1970
Erstattungen und Verwaltung	5700	4950	4500	4000	3550
davon Abbau der Lagerbestände	1240	1400	1400	1400	1400
Währungsreserve	1000	1000	1000	1000	1000
Insgesamt	*45.303*	*46.885*	*48.900*	*50.950*	*52.800*
davon obligatorische Ausgaben	33.698	32.607	32.810	32.980	33.400
davon nicht-obligatorische Ausgaben	11.605	14.278	16.090	17.970	19.400
Erforderliche Zahlungsermächtigungen	*43.779*	*45.300*	*46.900*	*48.600*	*50.100*
davon obligatorische Ausgaben	33.640	32.604	32.740	32.910	33.110
davon nicht-obligatorische Ausgaben	10.139	12.696	14.160	15.690	16.990
Zahlungsermächtigungen in % des BSP	1,12	1,14	1,15	1,16	1,17
Spielraum für unvorhergesehene Ausgaben	0,03	0,03	0,03	0,03	0,03
Erforderliche Eigenmittel in % des BSP	1,15	1,17	1,18	1,19	1,20

litik zumindest mittelfristig abbauen.[51] Darüber hinaus gelang es der Europäischen Kommission, die Grundstruktur und die Ausgabenprioritäten der EU verbindlich und im Konsens mit den Mitgliedstaaten und dem Europäischen Parlament festzuschreiben. Mit der Einführung der neuen, am nationalen Wohlstand orientierten Einnahmequelle, den BSP-Eigenmitteln, verschaffte sich die EU eine flexible und als gerecht empfundene Finanzierungsquelle.

Mit dem Delors I-Paket konnten die haushaltspolitischen Krisen der EU der siebziger und achtziger Jahre überwunden werden. Mit diesem ersten Finanzpaket wurden ein Grundkonsens und ein neues Instrumentarium sowohl im Kreis der Mitgliedstaaten als auch im Zusammenspiel von Rat und Europäischem Parlament etabliert. Durch die nachfolgende Verständigung mit dem Europäischen

[51] Vgl. Brigid Laffan/Michael Shackleton, The Budget, a. a. O., S. 81.

Parlament auf eine Interinstitutionelle Vereinbarung wurden die institutionellen Konflikte zwischen den beiden Teilen der Haushaltsbehörde nicht endgültig beendet, aber doch deutlich beruhigt.[52] Diese erste IIV zur Verständigung auf einen mehrjährigen Finanzrahmen der EU garantierte die Beachtung und Einhaltung der haushaltspolitischen Eckpunkte bei den jährlichen Budgetverhandlungen. Alle drei Organe – die Europäische Kommission, der Rat und das Europäische Parlament – hielten sich seither an die politische Selbstverpflichtung zur Respektierung der jährlichen Obergrenzen und der Verteilung der Gelder auf die Ausgabenbereiche. Der Haushaltsplan für das Jahr 1989 wurde erstmals seit zehn Jahren ohne Konflikte zwischen Rat und Parlament vereinbart.

Diese Zäsur in der Entwicklung der europäischen Haushaltspolitik war nicht zuletzt verbunden mit dem durch den neuen Präsidenten der Europäischen Kommission, Jacques Delors, ausgelösten Politikwechsel. Delors befasste sich als ehemaliger französischer Finanzminister auch persönlich mit diesem Reformprojekt.[53] Er erkannte die Notwendigkeit einer grundlegenden und umfassenden Reform des Entscheidungsverfahrens, der Rollenzuteilung unter den Organen und der Verbindung von einem größeren Haushalt mit einem zentralen Integrationsprojekt.

Das Delors I-Paket lieferte das Muster für den sich herausbildenden europäischen Haushaltsacquis. Brigid Laffan fasst diese Zäsur treffend zusammen: „The highly conflictual bargaining of the 1970s and 1980s was replaced by a more predictable, consensual and rule-bound system."[54]

3.3 Die Fortführung des erfolgreichen Konzepts – Das Delors II-Paket

Der zweite Verhandlungsprozess knüpfte an die Organisation und die Themen des Delors I-Pakets an. Stand das erste Finanzpaket in einem direkten Zusammenhang mit dem europäischen Binnenmarktprojekt und der Einheitlichen Europäischen Akte, so wurde der zweite Finanzrahmen mit der Reform der vertraglichen Grundlagen durch den Vertrag von Maastricht und der Entscheidung zur Schaffung der europäischen Wirtschafts- und Währungsunion verbunden. Wieder verknüpfte die

[52] Vgl. Johannes Lindner/Berthold Rittberger, The Creation, Interpretation and Contestation of Institutions – Revisiting Historical Institutionalism, in: JCMS, 2003 Vol. 41, No. 3, S. 445–473, S. 463 ff.

[53] Vgl. Johannes Lindner, Conflict and Change, a. a. O., S. 75/76.

[54] Brigid Laffan, The big budgetary bargains, a. a. O., S. 733.

EU-Kommission ihren Vorschlag, das sogenannte Delors II-Paket, mit dem Hinweis, dass die Verabschiedung des Finanzrahmens unbedingt erforderlich sei, um den gerade unterzeichneten Vertrag von Maastricht umsetzen zu können.

Allerdings war die Ausgangslage der zweiten Verhandlungsrunde aus drei Gründen ungünstiger als beim Delors I-Paket:

1. Die ökonomische Ausgangslage der Nettozahler in der Europäischen Gemeinschaft – und insbesondere die Situation des größten Nettozahlers Deutschland – hatte sich zu Beginn der neunziger Jahre spürbar verschlechtert. Fiel die Laufzeit des Delors I-Pakets noch in eine ökonomische Wachstumsphase mit positiven Auswirkungen für das zur Verfügung stehende Finanzvolumen der Finanziellen Vorausschau, so zeichneten sich bereits bei den Verhandlungen zu dem Nachfolgepaket zunehmend schwierigere konjunkturelle Rahmenbedingungen ab. Die einfache Lösung, durch eine Erhöhung des EU-Budgets alle gegensätzlichen Wünsche und Anforderungen an die EU befriedigen zu können, war schwieriger geworden.
2. Auch die integrationspolitischen Rahmenbedingungen verschlechterten sich im Verlauf der Verhandlungen – das „Nein" der Dänen im Juni 1992 und die denkbar knappe Zustimmung der Franzosen im September 1992 zum Vertrag von Maastricht lösten eine neuerliche Vertrauens- und Legitimationskrise in der EU aus. Der von der EU-Kommission[55] proklamierte Zusammenhang zwischen der Ratifizierung und Implementierung des Maastrichter Vertrags und dem Abschluss der Finanzverhandlungen war nicht mehr unauflöslich.
3. Der Ablehnung des Vertrags von Maastricht im ersten dänischen Referendum folgte eine tiefe Krise des europäischen Währungssystems. Nach dem dänischen Nein schien der vorgezeichnete Weg in die europäische Währungsunion zunächst versperrt, was die Unsicherheit und Nervosität auf den europäischen Finanzmärkten verstärkte. Im September 1992 kamen das britische Pfund, die italienische Lira und die spanische Peseta unter starken Abwertungsdruck. Nach erfolglosen Versuchen mit Hilfe von Stützungskäufen die Währungsparitäten im europäischen Währungssystem (EWS) beizubehalten zogen sich schließlich Großbritannien und Italien aus dem EWS zurück. Ein zusätzlicher europapolitischer Fehlschlag sollte insbesondere bei dem anstehenden Gipfeltreffen des Europäischen Rats im Dezember 1992 in Edinburgh vermieden werden.

[55] Vgl. Europäische Kommission, Die öffentlichen Finanzen der Gemeinschaft in der Zeit bis 1997, KOM (92) 2001 endg., v. 10.3.1992.

3.3.1 Die erste Phase: Das Paket der Europäischen Kommission

Der Präsident der Europäischen Kommission Jacques Delors präsentierte am 11. Februar 1992, nur wenige Tage nach der Unterzeichnung des Maastrichter Vertragswerkes, die Vorschläge[56] für einen neuen mehrjährigen Finanzrahmen vor dem Plenum des Europäischen Parlaments. Der Vorschlag sah eine deutliche Aufstockung der Finanzmittel auf 1,34 % des EU-BSP bis zum Jahr 1997 in Zahlungsermächtigungen vor und damit einhergehend die schrittweise Anhebung der Eigenmittelobergrenze auf 1,37 % des EU-BSP. Insgesamt sollten die Ausgaben von 66,6 Mrd. ECU (in Verpflichtungsermächtigungen) im Ausgangsjahr 1992 auf 87,5 Mrd. ECU im Jahr 1997 anwachsen.

Die Kommission zog aus der Tatsache, dass die erste Finanzielle Vorausschau mehrfach an sich veränderte Rahmenbedingungen angepasst werden musste, die Schlussfolgerung, dass die Flexibilität der Vorausschau erhöht werden sollte. Der, insbesondere für die Nettozahler, zentrale Wert des Finanzrahmens, die mittelfristige Vorhersehbarkeit und Planbarkeit des EU-Budgets, sollte keineswegs in Frage gestellt werden, sondern ergänzt werden um die grundsätzliche Möglichkeit auf neue politische Erfordernisse angemessen reagieren zu können. Angesichts der starren Festschreibungen und der fehlenden Spielräume des Finanzrahmens sowie der mehrfachen Anpassungen des Delors I-Pakets an veränderte Herausforderungen hatte die Europäische Kommission und das Europäische Parlament bereits 1991 eine Reserve für unvorhersehbare Ausgaben gefordert. Deshalb schlug die Kommission nun eine neue Flexibilitätsmarge von 0,03 % des EU-BSP als gesonderte Haushaltsrubrik vor. Die Anzahl der Rubriken der Finanziellen Vorausschau sollten erhöht werden und die bisherige Kategorie „Sonstige Politiken" in zwei Plafonds für „Interne Politiken (ohne strukturpolitische Maßnahmen)" und „Aktionen im Außenbereich" aufgeteilt werden (Tab. 3.4).

Angesichts der mit dem Vertrag von Maastricht der EU neu übertragenen Zuständigkeiten forderte die EU-Kommission zusätzliche Mittel für neue außenpolitische Programme. Die neue Kategorie der internen Politiken beinhaltete darüber hinaus Vorschläge für ambitionierte umwelt- und verkehrspolitische Programme, industriepolitische Maßnahmen oder auch den Aufwuchs der Forschungsförderung. Die größten Ausgabenblöcke sollten allerdings weiterhin die Ausgaben für die Gemeinsame Agrarpolitik und die strukturpolitischen Maßnahmen bleiben. Die Kommission forderte eine weitere Erhöhung der Strukturfondsmittel (insgesamt von 18,6 auf 29,3 Mrd. ECU) sowie einen neuen, zusätzlichen Fonds, den

[56] Vgl. Europäische Kommission, Von der Einheitlichen Akte zu der Zeit nach Maastricht: Ausreichende Mittel für unsere ehrgeizigen Ziele, KOM (92) 2000 endg., v. 11.2.1992.

Tab. 3.4 Delors II-Paket – Der Vorschlag der Europäischen Kommission. (Quelle: Europäische Kommission, Von der Einheitlichen Akte zu der Zeit nach Maastricht: Ausreichende Mittel für unsere ehrgeizigen Ziele, KOM (92) 2000 endg. v. 11.2.1992)

Finanzielle Vorausschau 1992–1997 (Delors II-Vorschlag) Verpflichtungsermächtigungen in Mrd. ECU

	1987	1992	1997
I. Gemeinsame Agrarpolitik	32,7	35,3	39,6
II. Strukturpolitische Maßnahmen (einschließlich Kohäsionsfonds)	9,1	18,6	29,3
III. Interne Politiken (ohne strukturpolitische Maßnahmen)	1,9	4	6,9
IV. Außenpolitik	1,4	3,6	6,3
V. Verwaltungsausgaben (und Erstattungen)	5,9	4,0	4,0
VI. Reserven	0,0	1,0	1,4
Insgesamt	*51,0*	*66,5*	*87,5*
Zahlungsermächtigungen	49,4	63,2	83,2
In Prozent des BSP	1,05 %	1,1,5 %	1,34 %
Eigenmittelobergrenze in % des BSP	Keine Obergrenze außer MwSt-Satz: 1,40 %	1,20 %	1,37 %

europäischen Kohäsionsfonds.[57] Insgesamt sollten die Gelder für die Struktur- und Kohäsionsfonds der Gemeinschaft nach den Vorschlägen der Kommission um rund 60 % erhöht werden. Die Reformen zur Begrenzung der Finanzmittel für die GAP sollten fortgeführt werden. Die Europäische Kommission hatte ohnedies bereits im Februar 1991 mit ihrem Grundsatzpapier zur Reform der Agrarpolitik, die nach dem Agrarkommissar benannte McSharry-Reform, angestoßen.[58] Darin wurde der weitere Reformbedarf der Gemeinsamen Agrarpolitik offen gelegt und die bestehenden Förderinstrumente als die größten Schwachstellen kritisiert. Der Finanzbedarf sei immens und zugleich die Ursache falscher Anreize, die zu Überproduktion und intensiven Anbaumethoden mit ihren übermäßigen Belastungen der Umwelt führten. Die früheren Reformbemühungen der Gemeinschaft seien bis-

[57] Vgl. Hans-Jörg Timmann, Haushaltspolitik, in: Werner Weidenfeld/Wolfgang Wessels (Hrsg.), Jahrbuch der Europäischen Integration 1991/92, Bonn 1992, S. 135–142, S. 140 ff.; Susanne Neheider, a. a. O., S. 51 f.; Michael Shackleton, Keynote Article: The Delors II Budget Package, in: JCMS, 1993, Vol. 31, Annual Review, S. 11–25.

[58] Sh. Europäische Kommission, Die künftige Entwicklung der Gemeinsamen Agrarpolitik, KOM (91) 100 endg., v. 1.2.1991.

lang nicht ausreichend gewesen und zumeist Stückwerk geblieben. Deshalb müsse eine weitere Reform der GAP bei der Finanzausstattung der Politik ansetzen und das Ziel weiterer Einsparungen verfolgen. Dennoch sollten die Agrarausgaben auch nach den Überlegungen der Europäischen Kommission weiterhin knapp die Hälfte aller Ausgaben aus dem EU-Haushalt ausmachen.

3.3.2 Die zweite Phase: Bekannte Konflikte im Rat

Nachdem die Europäische Kommission ihre Vorschläge für den zweiten Finanzrahmen vorgelegt hatte, brachen erneut die bekannten Konfliktlinien zwischen den Mitgliedstaaten auf. Die Konfliktlinie verlief noch deutlicher als bei den Delors I-Verhandlungen zwischen der Gruppe der Nettozahler um Deutschland und Großbritannien einerseits sowie den Kohäsionsländern angeführt von Spanien andererseits. Während Großbritannien und die Bundesrepublik nicht bereit waren, die erneute deutliche Ausweitung des Gesamtvolumens des Haushalts zu akzeptieren, kämpften die Empfänger der europäischen Strukturfondsgelder für die Ausweitung der Fonds. Die ärmeren Mitgliedstaaten Spanien, Portugal, Griechenland und Irland hatten frühzeitig ihre Zustimmung zum Vertrag von Maastricht und zur Europäischen Wirtschafts- und Währungsunion von einer adäquaten Kompensation im Rahmen einer Stärkung des wirtschaftlichen und sozialen Zusammenhaltes abhängig gemacht; diese Kompensationsleistungen forderten sie nun in den Finanzverhandlungen ein. Sie befürchteten, durch die vereinbarte Währungsunion und die strengen Konvergenzkriterien zu stark in ihrem finanzpolitischen Handlungsspielraum eingeschränkt und in ihrer ökonomischen und sozialen Entwicklung von den reicheren Staaten im Zentrum Europas abgehängt zu werden. Sie verlangten deshalb, wie von der Kommission vorgeschlagen, eine erneute Verdopplung der Strukturfondsmittel sowie die Einrichtung eines Kohäsionsfonds für Mitgliedstaaten, deren BIP pro Kopf unter 90 % des Gemeinschaftsdurchschnitts lag. Spanien nutzte die Nachverhandlungen über die dänischen Ausnahmeregelungen zum Maastrichter Vertrag nach dem gescheiterten Referendum und machte seine Zustimmung zu den dänischen Ausnahmebestimmungen von einer angemessenen Berücksichtigung seiner Forderungen bei den Finanzverhandlungen abhängig.

Für die britische Präsidentschaft im Rat war es schwierig zwischen den gegensätzlichen Verhandlungspositionen zu vermitteln, zumal Großbritannien durchaus eigene Interessen verfolgte.[59] London wollte seinen Rabatt weiter unverändert sicher stellen und zugleich das Gesamtvolumen des Finanzrahmens möglichst niedrig

[59] Vgl. Michael Shackleton, Keynote Article, a. a. O.

halten. Deshalb stärkte der britische Vorsitz die Rolle des ECOFIN-Rates der Finanzminister bei den Verhandlungen. Die britische Regierung glaubte, dass die Finanzminister eher an Einsparungen interessiert seien, als die Außen- oder die Europaminister.[60] Zu Beginn des britischen Ratsvorsitzes im Juli 1992 schickte der britische Finanzminister Norman Lamont einen insgesamt 85 Fragen umfassenden Brief an seine Kollegen, um die Verhandlungen auf konkrete Einzelfragen zu konzentrieren und damit von allgemeinen integrationspolitischen Interessen und Erwägungen abzugrenzen.[61] Dieser Versuch, den institutionellen Verhandlungsrahmen zu verändern, blieb allerdings erfolglos; die Vorbereitungen für das entscheidende Gipfeltreffen des Europäischen Rats in Edinburgh im Dezember 1992 erfolgte wie üblich im Rat für Allgemeine Angelegenheiten der Außen- und Europaminister. Die Finanzminister wurden lediglich von den Außenministern zu einer gemeinsamen Vorbereitungssitzung der beiden Ratsformationen am 27. November 1992 hinzugezogen. Für dieses Treffen des Rates im sogenannten „Jumbo"-Format von Außen- und Finanzministern hatte der britische Vorsitz am 25. November 1992 ein Kompromisspapier vorgelegt, in dem die Forderung der Europäischen Kommission nach einer deutlichen Erhöhung der Eigenmittelobergrenze abgelehnt wurde.[62] Die Ratspräsidentschaft schlug ihrerseits eine moderate Anhebung der Obergrenze bis 1999 auf 1,2 % des EU-BSP vor, anstelle der von der Europäischen Kommission geforderten Steigerung auf 1,37 % bis 1997. Kommissionspräsident Jacques Delors lehnte diesen britischen Vorschlag umgehend als nicht akzeptabel ab (Tab. 3.5).[63]

Der Gipfel des Europäischen Rats in Edinburgh am 11./12. Dezember 1992 sollte und musste eine Einigung dieser erneut langen und schwierigen Verhandlungen erzielen.[64] Dies war angesichts der schwierigen politischen Rahmenbedingungen und der heftigen Konflikte im Vorfeld umso erstaunlicher.[65] Noch in Edinburgh standen die Verhandlungen kurz vor dem Scheitern. Erst gesonderte trilaterale Gespräche zwischen Bundeskanzler Kohl und dem französischen Staatspräsidenten Mitterrand mit dem spanischen Premier Felipe Gonzáles am Morgen des zweiten Gipfeltages ermöglichten die Einigung auf die Finanzielle Vorausschau für den Zeitraum von 1993 bis 1999.

---

[60] Brigid Laffan/Michael Shackleton, The Budget, a. a. O., S. 83.

[61] Vgl. Michael Shackleton, Keynote Article, a. a. O., S. 18.

[62] Vgl. Michael Shackleton, Keynote Article, a. a. O.

[63] Brigid Laffan/Michael Shackleton, The Budget, a. a. O., S. 83/84.

[64] Europäischer Rat in Edinburgh am 11./12.12.1992, Teil C, Anlage 2.

[65] Vgl. Otto Schmuck, Der Gipfel von Edinburgh: Erleichterung nach einem europapolitisch schwierigen Jahr, in: integration, 1993, Jg. 16, H. 1, S. 33–36, S. 33.

Tab. 3.5 Delors II-Paket – Gegenüberstellung der Vorschläge für den Finanzrahmen 1992–1999. (Quelle: Michael Shackleton, Keynote Article: The Delors II Budget Package in: JCMS. 1993, Vol. 31, Annual Review, S. 11–25)

	1993			1994			1995			1996			1997			1998		1999	
	KOM	UK	Erg.	KOM	UK	Erg.	KOM	UK	Erg.	KOM	UK	Erg.	KOM	UK	Erg.	UK	Erg.	UK	Erg.
Agrarleitlinie	35.340	35.230	35.230	37.480	35.095	35.095	38.150	35.722	35.722	38.840	36.364	36.364	39.600	37.023	37.023	37.697	37.697	38.389	38.389
Strukturpolitik	21.270	20.348	21.277	22.740	20.950	21.885	24.930	21.900	23.480	23.120	23.450	24.990	29.300	25.000	25.526	26.050	28.240	26.300	30.000
Strukturfonds	19.770	19.348	19.777	20.990	19.700	20.135	22.930	20.400	21.480	24.870	21.700	22.740	26.800	23.000	24.026	23.800	25.690	23.800	27.400
Kohäsionsfond	1500	1000	1500	1750	1250	1750	2000	1500	2000	2250	1750	2250	2500	2000	2500	2250	2550	2500	2600
Interne Politiken	4500	1650	3940	5035	4000	4084	5610	4100	4323	4230	4200	4520	6900	4300	4710	4400	4910	4500	5100
Externe Politiken	4070	1840	3950	4540	4000	4000	5060	4200	4280	5650	4400	4500	6300	4300	4830	5000	5180	5300	5600
Verwaltung	3310	3280	3280	3465	3380	3380	3720	3400	3580	3850	3500	3650	4000	3600	3800	3700	3850	3800	3900
Reserven	1500	1500	1500	1600	1000	1500	1200	1050	1100	1300	100	1100	1400	1100	1100	1100	100	1100	1100
Währungsres.	1000	1000	1000	1000	500	1000	500	500	500	500	500	500	500	500	500	500	500	500	500
Soforthilfe	500	200	200	600	200	200	700	250	300	800	300	300	900	300	300	300	300	300	300
Kreditgarantien	–	300	300	–	300	300	–	300	300	–	300	300	–	300	300	300	300	300	300
Verpflichtungen	69.990	67.848	69.177	74.860	68.395	69.944	78.670	70.372	72.485	829.904	73.014	75.224	87.500	75.723	77.989	77.947	80.977	79.389	84.089
Zahlungen	67.005	64.831	65.908	71.650	65.549	67.036	75.110	67.403	69.150	79.060	69.880	71.290	83.200	72.400	74.491	74.471	77.249	75.819	80.114
Zahlungen (% BSP)	1,19	1,18	1,20	1,24	1,17	1,19	1,27	1,17	1,20	1,30	1,19	1,21	1,34	1,20	1,23	1,20	1,25	1,20	1,26
Spielraum (% BSP)	0,03	0,00	0,00	0,03	0,03	0,01	0,03	0,03	0,01	0,03	0,03	0,01	0,03	0,03	0,01	0,05	0,01	0,05	0,01
Eigenmittel-Obergrenze	1,22	1,20	1,20	1,27	1,20	1,20	1,30	1,20	1,21	1,33	1,.22	1,22	1,37	1,23	1,24	1,25	1,26	1,25	1,27

Die insgesamt in der Finanziellen Vorausschau zur Verfügung stehenden Gelder wurden gegenüber dem Delors I-Paket deutlich erhöht; allerdings lag diese Aufstockung des Gesamtvolumens unter den Forderungen der Europäischen Kommission und zugleich wurde Geltungsdauer des Finanzrahmens um zwei Jahre gestreckt und damit die Zeitspanne des Anstiegs. Die Einnahmen-Obergrenze wurde bis 1995 auf 1,20 % des BSP festgesetzt und erst danach schrittweise auf 1,27 % bis zum Jahre 1999 angehoben. Die Laufzeit des neuen Finanzrahmens betrug nun also sieben Jahre bis 1999. Die Mitgliedstaaten hatten aus den Verhandlungen und den mehrmaligen Anpassungen des ersten Delors-Pakets zwei Schlüsse gezogen: Zum Einen wurde der neue Finanzrahmen sehr viel konkreter und differenzierter als der Finanzrahmen, den die Staats- und Regierungschefs noch bei ihrem Sondergipfel im Februar 1988 verabschiedet hatten. Der Finanzrahmen für die Jahre 1993–1999 folgte nun dem Ergebnis der Verhandlungen mit dem Europäischen Parlament über die IIV und ging mit Blick auf die eingefügten Unterrubriken noch darüber hinaus. Zum Zweiten teilten die Mitgliedstaaten die Meinung von Europäischer Kommission und Europäischem Parlament, dass der nächste Finanzrahmen etwas flexibler gestaltet werden sollte. Sie fügten deshalb die neue Rubrik „Reserven" mit Unterrubriken ein. Zudem bekräftigte der Europäische Rat die Notwendigkeit strikter Haushaltsdisziplin, die in Anlage II zu dem in Edinburgh verabschiedeten Finanzpaket besonders betont wurde. Die Kommission solle besonders auf die Einhaltung der Obergrenzen der Agrarausgaben bzw. die Einhaltung der Agrarleitlinie und damit auf die angestrebte langsame Absenkung des Agrarhaushalts achten.

Auf der Einnahmenseite wurde die Bedeutung der Mehrwertsteuer-Eigenmittel weiter reduziert: Die Obergrenze des Abrufsatzes der Mehrwertsteuer-Einnahmen wurde von 1,4 % im Jahr 1995 auf 1,0 % der gemeinsamen Bemessungsgrundlage im Jahr 1999 zurückgefahren und die Kappungsgrenze von 55 auf 50 % zurück genommen. Damit wurde zugleich die Bedeutung der BSP-bezogenen Eigenmittel verstärkt. Der britische Premier John Major konnte den britischen Beitragsrabatt unverändert sichern, obgleich im September 1992 sechs Mitgliedstaaten, unter ihnen auch Deutschland und Frankreich, einen förmlichen Einspruch gegen die Fortschreibung des Rabatts eingelegt hatten. Der britische Vorsitz beantwortete diese Initiative mit dem Hinweis auf die erforderliche Einstimmigkeit zur Änderung oder gar Ablösung der Rabattregelung. Die Europäische Kommission hatte als eine mögliche Option zur Verringerung des Rabattumfangs die Ausklammerung des neuen Kohäsionsfonds auf die zu rabattierenden Ausgaben vorgeschlagen. Dies wurde von Großbritannien jedoch abgelehnt. Ansonsten ließ der britische Vorsitz jedoch die Formulierung einer neuen Rabattregelung in ihrem Kompromissvorschlag vom November 1992 für das entscheidende Gipfeltreffen in Edinburgh offen. Wie zu erwarten war, konnte der Europäische Rat sich angesichts der übrigen vielfältigen Konflikte dann lediglich auf eine Formulierung verständigen, mit der die unveränderte Fortschreibung des britischen Beitragsrabatts bestätigt wurde.[66]

Auch bei der Streitfrage einer zusätzlichen Einnahmequelle für den EU-Haushalt konnte keine Einigung erzielt werden. Einige Mitgliedstaaten und insbesondere das Europäische Parlament hatten eine zusätzliche „fünfte Einnahmequelle" neben den Zolleinnahmen, den Agrarabschöpfungen, den Mehrwertsteuer-Eigenmitteln und den BSP-bezogenen Zahlungen der Mitgliedstaaten gefordert. Diese Forderung wurde mit einem zusätzlichen Bedarf an Finanzmitteln für die neuen Aufgaben, die der EU mit dem Vertrag von Maastricht übertragen wurden, und den tiefgreifenden Herausforderungen, die aus den weltpolitischen Umbrüchen 1989/90 erwachsen seien, begründet. Darüber hinaus wurde diese Forderung häufig mit dem Wunsch einer verbesserten finanz- und haushaltspolitischen Autonomie der EU auf dem Weg zu einer politischen Union verbunden.[67] Als Ergebnis der Verhandlungen verständigten sich die Staats- und Regierungschefs in Edinburgh auf einen Verfahrensbeschluss. Danach nahm der Europäische Rat den Wunsch einiger Mitgliedstaaten zur Kenntnis, die Einführung einer fünften Eigenmittelquelle prüfen zu lassen. Hierfür sollte die Kommission alle in Betracht kommenden Möglichkeiten untersuchen und dem Rat vor Ende der Laufzeit des Finanzrahmens einen Bericht vorlegen.

Auf der Ausgabenseite wurden die Haushaltsrubriken, wie von der Kommission vorgeschlagen, an die neue vertragsrechtliche Grundlage des Vertrags von Maastricht angepasst und neue Rubriken für interne und externe Politiken eingeführt. Die zusätzlichen Gelder sollten insbesondere den europäischen Strukturfonds zu Gute kommen. Von besonderer Bedeutung war dabei die Einrichtung des neuen Kohäsionsfonds, der gesonderte Vorhaben in den Bereichen Umwelt und Verkehr in Spanien, Portugal, Griechenland und Irland finanzieren sollte. Diese ärmeren Mitgliedstaaten konnten so ihre Zahlungen aus den europäischen Strukturfonds verdoppeln. Die Mitgliedstaaten einigten sich auf die von der Kommission vorgeschlagene stufenweise Mittelaufstockung der Struktur- und des Kohäsionsfonds auf rund 30 Mrd. ECU im Jahr 1999 (zu Preisen von 1992). Die Steigerungsrate betrug zwischen 1993 und 1999 demnach über 40 %. Insgesamt wurden die strukturpolitischen Ausgaben im Rahmen des Delors II-Pakets auf rund 177 Mrd. ECU festgeschrieben.[68]

Deutlich ausgeweitet wurden auch die Mittelbindungen für außenpolitische Maßnahmen, die von 3,85 auf 6,2 Mrd. ECU anwachsen sollten. Reduziert wurden dagegen die Gelder für die Gemeinsame Agrarpolitik, die durch die zuvor gelungene

---

66 Vgl. Michael Shackleton, Keynote Article, a. a. O., S. 18.

67 Sh. Gero Pfennig, Für eine neue Finanzverfassung für die EG, a. a. O.

68 Vgl. Brigid Laffan/Michael Shackleton, a. a. O., S. 82 ff.

Verständigung auf die McSharry-Reform erleichtert wurde. Die Agrarleitlinie, mit der die Agrarpreissteigerungsrate auf 74 % der BSP-Steigerungsrate begrenzt worden war, wurde beibehalten. Zur Kompensation der reduzierten Preisstützungen und Interventionspreise wurden flächen- und tiergebundene Ausgleichszahlungen eingeführt, um die Einkommenseinbußen der europäischen Landwirte abzufedern. Damit wurde das neue Instrument der Direktzahlungen an die europäischen Landwirte in die GAP eingeführt. Bis zum Ende der Laufzeit des Finanzrahmens im Jahr 1999 sollte der Anteil der Agrarausgaben auf 46 % des Gesamthaushalts zurückgeführt werden (Tab. 3.6).

3.3.3 Die dritte Phase: Ein gestärktes Europäisches Parlament

Mit der Verständigung auf den zweiten mehrjährigen Finanzrahmen hatte sich das Instrument zur Gewährleistung finanzieller und haushaltspolitischer Stabilität und Vorhersehbarkeit etabliert. Kein EU-Organ und kein Mitgliedstaat hatten die Verhandlungen selbst oder das Verfahren, das noch immer nicht im europäischen Vertragsrecht vorgesehen war, in Frage gestellt. Allerdings konnten mit dem ersten Finanzpaket Delors I angesichts der Brüche und Zäsuren der internationalen Politik 1989/90 nicht alle Konflikte im jährlichen Haushaltsverfahren zwischen dem Europäischen Parlament und dem Rat beigelegt werden. Vielmehr kam es im Zuge der Verabschiedung von Nachtrags- und Berichtigungshaushalten, die u. a. für die Nahrungsmittelhilfen an die damalige UdSSR und die Unterstützungen für die mittel- und osteuropäischen Reformstaaten notwendig geworden waren, zu neuen Streitfällen.

Das Instrument des mehrjährigen Finanzrahmens konnte allerdings eine starke politische Bindungswirkung entfalten. So wurde der lange und heftig umstrittene Jahreshaushalt für das Jahr 1993 unmittelbar nach dem Abschluss der Verhandlungen im Europäischen Rat von Edinburgh abgeschlossen. Im Unterschied zur ersten Verständigung auf ein Finanzpaket im Februar 1988 war die Aufstellung der Ausgabenkategorien und der jährlichen Obergrenzen in einer Tabelle nunmehr das zentrale Verhandlungsergebnis.[69] Die Mitgliedstaaten hatten bereits den besonderen Mehrwert des ersten Pakets erkannt, nämlich die Vorhersehbarkeit ihrer Finanzbeziehungen mit der EU über einen längeren, vorbestimmten Zeitraum. Mit der Festschreibung der Obergrenzen für jedes Jahr der Laufzeit des Finanzrahmens und für die einzelnen Haushaltsrubriken bauten sie diesen Mehrwert weiter aus und verringerten zugleich das Risiko von Abweichungen in den jährlichen Haushaltsverhandlungen mit dem Europäischen Parlament.

---

[69] Vgl. Michael Shackleton, Key Note Article, a. a. O., S. 14.

Tab. 3.6 Das Delors II-Paket – Das Verhandlungsergebnis des Europäischen Rats von Edinburgh (in Mio. ECU – Preise 1992). (Quelle: Schlussfolgerungen des Europäischen Rats in Edinburgh, 11./12. Dezember 1992, Part C)

	1993	1994	1995	1996	1997	1998	1999
1. Agrarleitlinie	35.230	35.095	35.722	36.364	37.023	37.697	38.389
2. Strukturpolitische Maßnahmen	21.885	21.785	23.480	24.990	26.526	28.240	30.000
Kohäsionsfonds	1500	1750	2000	2250	2500	2550	2600
Strukturfonds u. andere Maßnahmen	19.777	20.135	21.480	22.740	24.026	25.690	27.400
3. Interne Politikbereiche	3940	4084	4323	4520	4710	4910	5100
4. Externe Politikbereiche	3950	4000	4280	4560	4830	5189	5600
5. Verwaltungsausgaben	3280	3380	3580	3690	3800	3850	3900
6. Reserven	1500	1500	1100	1100	1100	1100	1100
Währungsreserve	1000	1000	500	500	500	500	500
Soforthilfe	200	200	300	300	300	300	300
Kreditgarantien	300	300	300	300	300	300	300
Verpflichtungen insgesamt	69.177	69.944	72.485	75.224	77.989	80.977	84.089
Zahlungen	65.908	67.036	69.150	71.290	74.491	77.249	80.114
Mittel für Zahlungen (in % BSP)	1,20	1,19	1,20	1,21	1,23	1,25	1,26
Spielraum für unvorhergesehene Ausgaben (in % BSP)		0,01	0,01	0,01	0,01	0,01	0,01
Eigenmittel-Obergrenze (in % BSP)	1,20	1,20	1,20	1,22	1,24	1,26	1,27

Somit wurde mit dieser Konkretisierung der Verhandlungsspielraum zwischen den Mitgliedstaaten und dem Europäischen Parlament in den Verhandlungen über eine neue Interinstitutionelle Vereinbarung neu abgesteckt. Wie bereits bei den Trilog-Verhandlungen 1988 nutzte das Europäische Parlament seine Zustimmung zum Finanzpaket, um institutionelle Zugeständnisse des Rates zu erreichen. Die unmittelbare Reaktion der Europaparlamentarier auf den Kompromiss von Edinburgh in der Dezember-Sitzung des Parlamentsplenums war sehr kritisch bis ablehnend. Das EP hatte den ursprünglichen Vorschlag der EU-Kommission, die Eigenmittelobergrenze deutlich auf 1,37 % des EU-BSP zu erhöhen, in einer Entschließung unterstützt.[70] Der Kompromiss von Edinburgh blieb insofern hinter den Erwartungen und Forderungen der Europaparlamentarier zurück. Auch die langsame Verbesserung der Finanzausstattung durch den Beitritt der wohlhabenderen EFTA-Staaten Schweden, Finnland, Österreich und Norwegen, mit denen die EU bereits über die Beitrittskonditionen verhandelte, sei unberücksichtigt geblieben.[71] Ein besonderes Interesse der Parlamentarier bei den anstehenden Verhandlungen mit dem Rat über eine neue IIV zur Verabschiedung des Finanzrahmens war es, die formelle Unterscheidung zwischen obligatorischen und nicht-obligatorischen Ausgaben weiter zu relativieren. Mit diesem Anliegen knüpfte das EP an seine Ziele der Triloge über das Delors I-Paket an. Der Rat hatte bereits im Vorgriff auf den angestrebten Kompromiss in Edinburgh am 11./12. Dezember 1992 am 7. Dezember 1992 einen Gemeinsamen Standpunkt zu den Hauptelementen einer erneuerten IIV verabschiedet. Allerdings gestalteten sich die Verhandlungen zwischen den Organen zunächst sehr schleppend. Erst im Sommer 1993 erfuhren die Trilog-Verhandlungen mit der neuen belgischen Ratspräsidentschaft eine neue Dynamik. Besonders umstritten waren in diesen Verhandlungen drei Punkte:

1. Die Klassifizierung der Ausgaben aus dem EU-Haushalt in obligatorische und nicht-obligatorische Ausgaben und damit die Grundlage zur einvernehmlichen Verabschiedung der Jahreshaushalte: Die neue IIV beinhaltete deshalb eine weitere Klarstellung zur Klassifizierung der Ausgabenkategorien. Demnach wurden alle Ausgaben der Rubrik 2, also alle strukturpolitischen Maßnahmen, und der Rubrik 3, also für die internen Politikbereiche, der Kategorie der nicht-obligatorischen Ausgaben zugeordnet. Auch Ausgaben für die Beziehungen der EU mit Drittstaaten sollten gemäß einer gemeinsamen Erklärung der Organe künftig dieser Kategorie zugeordnet werden. Zur Eingruppierung der obligatorischen Ausgaben verständigten sich Rat und EP auf eine engere Abstimmung. In Anhang II zur IIV vereinbarten die Organe ein Ad hoc-Konzertierungsverfahren, mit dessen Hilfe bereits im Vorfeld des förmlichen Gesetzgebungsverfahrens zur Verabschiedung der Jahreshaushalte eine Verständigung auf die Haushaltsansätze der obligatorischen Ausgaben in informellen Trilogen angestrebt wurde.[72]

---

[70] Entschließung des Europäischen Parlaments vom 10.6.1991 in: ABl. C 176 v. 13.7.1992, S. 74 ff.

[71] Vgl. Otto Schmuck, Der Gipfel von Edinburgh, a. a. O., S. 34.

[72] Damit wurde dieser ständige Streitfall zwischen Rat und Parlament jedoch noch immer nicht vollkommen beigelegt; vielmehr kam es 1995 erneut zu einem Verfahren vor dem EuGH zur Abgrenzung der beiden Ausgabenkategorien (C 41/95 Rat gegen EP/ECRI-4411).

2. Die Möglichkeit zur Änderung der Finanziellen Vorausschau, insbesondere im Hinblick auf die bevorstehende Erweiterung und die für 1996 geplante Regierungskonferenz zur Reform des europäischen Vertragswerks: In dieser Frage konnten sich Rat und Parlament bei den Trilog-Verhandlungen auf einen Verfahrenskompromiss verständigen. Demzufolge sollte im Fall der Erweiterung die Finanzielle Vorausschau auf Vorschlag der Kommission angepasst werden. Die strittige Frage der Beschlussfassung, also die Frage, mit welchem Quorum im Rat und im EP-Plenum über eine solche Anpassung entschieden werden sollte, wurde in der IIV nicht erwähnt. Während die Mitgliedstaaten an dem einstimmigen Votum im Rat festhalten wollten, strebten die Europaparlamentarier eine Abstimmung mit qualifizierter Mehrheit an. Das Parlament konnte allerdings durchsetzen, dass für den Fall, dass eine Einigung über einen neuen Finanzrahmen nicht zustande käme, es nicht länger an die Vorgaben der IIV gebunden wäre. Mit Blick auf die für 1996 vorgesehene Regierungskonferenz zur Überarbeitung der Maastrichter Verträge vereinbarten die Organe, dass die IIV entweder angepasst oder zumindest jedoch formell bestätigt werden müsse.
3. Die Europaparlamentarier drängten auf eine Reform des Eigenmittelsystems und die Einführung einer zusätzlichen Finanzierungsquelle des EU-Budgets. Obgleich der Europäische Rat diese Forderung in seinen Schlussfolgerungen zumindest anerkannt hatte, wollte das Europäische Parlament eine Konkretisierung des Verfahrens zur Weiterentwicklung des Eigenmittelsystems in der IIV durchsetzen. Vereinbart wurde schließlich nur eine gemeinsame Erklärung zum Eigenmittelsystem, die der IIV beigefügt wurde. Darin nahmen die Organe die Beschlüsse des Europäischen Rats zur Kenntnis und erklärten sich zudem bereit, an einer Konferenz des Europäischen Parlaments zur künftigen Entwicklung des Eigenmittelsystems teilzunehmen.

Das Ergebnis der Finanzverhandlungen im Kreis der Mitgliedstaaten und der Kompromiss des Europäischen Rats von Edinburgh, die Finanzielle Vorausschau und die Verteilung der EU-Gelder auf die Ausgabenrubriken, blieben in den Trilog-Verhandlungen im Kern unangetastet.[73] Das Europäische Parlament nutzte also das Instrument des mehrjährigen Finanzrahmens vornehmlich für seine institutionellen Ziele. Nach schwierigen Verhandlungen billigte das Europäi-

Vgl. Isabella Eiselt/Johannes Pollak/Peter Slominski, Codifying temporary Stability, a. a. O., S. 88 ff.

[73] Das Verhandlungsergebnis des Europäischen Rats, die Tabelle zum Finanzrahmen für die Jahre 1993–1999, wurde als Anhang I der IIV unverändert beigefügt.

sche Parlament den Kompromiss zu einer neuen IIV, die Ende Oktober 1993 unterzeichnet werden konnte.[74]

3.3.4 Notwendige Anpassung durch die Erweiterung

Als Folge der Nord-Erweiterung um Schweden, Finnland und Österreich 1995 musste der Kompromiss über das Finanzpaket grundlegend überarbeitet und angepasst werden. Die Kommission hatte bereits im Oktober 1994 ihren Vorschlag zur Anpassung der Finanziellen Vorausschau an die EU-Erweiterung um die zum damaligen Zeitpunkt noch vier Beitrittskandidaten[75] vorgelegt. Da die neuen Mitglieder sich durch ein hohes Wohlstandsniveau auszeichneten und damit dem Kreis der Nettozahler zuzuordnen waren, waren die Verhandlungen weniger von den Verteilungskonflikten innerhalb der EU dominiert, als von den Bestrebungen der neuen Mitglieder, ihre Abführungen an den EU-Haushalt und ihre Nettozahlungen zu begrenzen. Allerdings nutzten einige alte Mitgliedstaaten die Öffnung des Delors II-Pakets, um nationale Anliegen vorzubringen und gesonderte Programme in der Finanziellen Vorausschau zu verankern.

In schwierigen Verhandlungen zwischen der EU und den Kandidaten wurde die Änderung des Finanzrahmens in fünf Punkten beschlossen[76]:

1. Die Budgetansätze wurden um den Anstieg des EU-BSP und die zusätzlichen Beitragsleistungen der neuen Mitglieder angehoben.
2. Die Ausgaben in Rubrik 1 für die Gemeinsame Agrarpolitik wurden um 74 % des BSP der Beitrittsländer erhöht. Die Beitrittsländer erhielten einige Ausgleichszahlungen aus dem EU-Haushalt zur Finanzierung von Anpassungsleistungen ihrer Landwirte.
3. In den Beitrittsverträgen wurden Anpassungen für die Mittelvergabe der europäischen Strukturfonds ausgehandelt. So wurde ein gänzlich neues, auf die beiden neuen Mitglieder Schweden und Finnland zugeschnittenes Förderziel in

[74] Interinstitutionelle Vereinbarung über die Haushaltsdisziplin und die Verbesserung des Haushaltsplans, in: ABl. 1199 C 331 vom 7.12.1993 S. 1 ff.

[75] Mit dem vierten Kandidaten Norwegen wurde zwar ein Beitrittsvertrag ausgehandelt und unterzeichnet, aber nach dem gescheiterten Referendum in Norwegen wurde dieser Beitritt nicht vollzogen.

[76] Sh. Walter Deffaa/Peter Zangl, Haushaltspolitik, in: Werner Weidenfeld/Wolfgang Wessels (Hrsg.), Jahrbuch der Europäischen Integration 1994/95, Bonn 1995, S. 123–130, S. 126 ff.

die Strukturfonds aufgenommen. Mit diesem neuen Ziel 6 sollten dünn besiedelte Regionen, wie die schwedischen und finnischen Nordregionen, besonders gefördert werden. Zugleich wurde ein Sonderprogramm in Höhe von 200 Mio. ECU zur Unterstützung des Friedenprozesses in Nordirland neu in die Rubrik aufgenommen.

4. Bei Rubrik 3 „Interne Politikbereiche" konnte Portugal die Erhöhung der Budgetansätze entsprechend dem BSP-Anteil der neuen Mitgliedstaaten nutzen, um zusätzlich die Finanzierung eines Modernisierungsprogramms für die portugiesische Textilindustrie aus dem EU-Budget durchzusetzen.
5. Den neuen Mitgliedern wurden Ausgleichszahlungen in dem neuen mehrjährigen Finanzrahmen eingeräumt, damit die Differenz zwischen den direkt nach dem Beitritt zu zahlenden Beiträgen an den EU-Haushalt und den mit einer gewissen Verzögerung zurückfließenden Geldern aus den Strukturfonds und der Agrarpolitik nicht zu groß würde. Hierfür wurde eine neue Rubrik in den Finanzrahmen eingefügt und somit der Nettobeitrag, den die neuen Mitglieder bei einer Fortschreibung des Status Quo zu zahlen gehabt hätten, etwas reduziert.

3.3.5 Fazit

Diese grundlegende Veränderung des Delors II-Pakets bedeutete, dass erstmals ein europäischer Finanzrahmen mit dem Projekt verbunden worden war, die EU zu erweitern. Zunächst hatte die EU-Kommission die beiden ersten Verhandlungspakete mit zwei Projekten zur Vertiefung des europäischen Integrationsprozesses verbunden – das Delors I-Paket mit der Vollendung des europäischen Binnenmarkts und das Delors II-Paket mit der Einigung auf die Schaffung der Europäischen Währungsunion. Darüber hinaus waren die ersten beiden Pakete mit einer Ausweitung des Finanzvolumens verbunden, das dem Gemeinschaftshaushalt zur Verfügung stehen sollte.

Mit der Anpassung der Strukturfonds an die besonderen Bedürfnisse der neuen skandinavischen Mitgliedstaaten wurde erneut bestätigt, dass die Kohäsionspolitik der EU neben seiner Funktion, dem Ausgleich und der Solidarität zwischen den europäischen Regionen zu dienen, auch stets eine Rolle zur finanziellen Kompensation integrationspolitischer Entscheidungen übernehmen musste. Mit der Reduktion der Mehrwertsteuer-Eigenmittel ging eine deutliche Aufwertung der am jeweiligen BSP-orientierten Abführungen der Mitgliedstaaten einher. Damit und mit der unveränderten Fortschreibung des mit dem negativen nationalen Nettosaldo begründeten britischen Beitragsrabatts wurde der dominierende Blick auf die jeweiligen Nettosalden jedoch erneut verstärkt. Trotz der Anpassungen durch das

Delors II-Paket und der immer wieder aufbrechenden Haushaltskonflikte zwischen Rat und Europäischem Parlament sorgte gerade dieser zweite Verhandlungsprozess für eine Anerkennung des neuen Verfahrens jenseits der vertraglichen Vorgaben. Dieses Verfahren der Paketverhandlungen festigte die finanz- und haushaltspolitische Stabilität der Europäischen Union – auch und gerade in den ökonomisch sehr schwierigen Umbruchzeiten.

3.4 Das dritte Finanzpaket – die Agenda 2000

Der dritte Verhandlungsprozess über einen mehrjährige Finanzrahmen, die sogenannte Agenda 2000, knüpfte an die Erfahrungen der beiden vorhergehenden Prozesse an und orientierte sich an dem bereits eingeübten und erfolgreich abgeschlossenen Verfahren der Paketverhandlungen.[77]

Der Verhandlungsprozess wurde dabei von vier Wegmarken abgesteckt:

- der Vorlage der Agenda 2000 durch die Europäische Kommission am 16. Juli 1997;
- der Vorlage der konkreten Legislativvorschläge der Kommission am 18. März 1998;
- dem Berliner Sondergipfel des Europäischen Rates am 25./26. März 1999 und schließlich
- dem Abschluss der Verhandlungen über eine neue Interinstitutionelle Vereinbarung zwischen Europäischer Kommission, dem Rat und dem Europäischen Parlament am 6. Mai 1999.

Allerdings unterschieden sich die Agenda 2000-Verhandlungen von den Delors I und II-Paketen durch erneut deutlich erschwerte Rahmenbedingungen:

1. Die Finanzverhandlungen waren eng verknüpft mit der Osterweiterung der Europäischen Union.[78] Die budgetären Belastungen durch die Erweiterung um die ersten Kandidaten würde nach verschiedenen Schätzungen zu jährlichen

[77] Vgl. Peter Becker, Die Reformbereitschaft der Europäischen Union auf dem Prüfstand – die Agenda 2000, in: Barbara Lippert (Hrsg.), Osterweiterung der Europäischen Union – die doppelte Reifeprüfung, Bonn 2000, S. 61–104.

[78] Brigid Laffan sprach von einem „shadow of enlargement". Vgl. Brigid Laffan, The big budgetary bargains, a. a. O., S. 737.

Netto-Mehrausgaben zwischen insgesamt 25–35 Mrd. € führen.[79] Mit der im Dezember 1997 anstehenden Entscheidung über die Eröffnung der Beitrittsverhandlungen mit den Reformstaaten in Mittel- und Osteuropa wurde die Lösung des bislang latent im Hintergrund stehenden Problems langfristig stabiler Finanzen vorrangig. Dies erhöhte die Komplexität des Verhandlungsprozesses durch den offensichtlichen Zusammenhang zu der beabsichtigten Aufnahme der ärmeren Beitrittskandidaten und erschwerte die Verständigung auf einen neuen Finanzrahmen.

2. Die ökonomischen und finanziellen Rahmenbedingungen der Agenda 2000-Verhandlungen waren ungleich schwieriger als bei den Delors-Paketen. Die Mitgliedstaaten sahen sich einem starken Druck ausgesetzt, zur Vorbereitung ihrer nationalen Haushalte auf die dritte Stufe der europäischen Wirtschafts- und Währungsunion nationale Sparkurse zu verfolgen, die Ausgaben zu beschränken und die Haushalte strikt zu konsolidieren. Der größte Mitgliedstaat Deutschland befand sich seit Mitte der neunziger Jahre in einer zunehmend schwieriger werdenden ökonomischen Situation mit stark ansteigender Verschuldung der öffentlichen Haushalte. Damit war die bei den Delors-Paketen gefundene Lösung ausgeschlossen, durch eine Erhöhung des Finanzvolumens des EU-Haushalts die widerstreitenden nationalen Interessen auszubalancieren und die tiefen Konflikte überbrücken zu können. Zudem konnten die Nettozahler argumentieren, dass nicht nur die Mitgliedstaaten ihre nationalen Haushalte konsolidieren müssten, sondern auch die EU selbst sich auf eine strikte Haushaltsdisziplin verpflichten müsse. „The EU budget debate has now shifted from negotiating more money for specific policy priorities (for example, regional policy) to maintaining, or even reducing, the size of the budget as EU membership rises".[80]
3. Der Zeitrahmen für die Finanzverhandlungen war knapp bemessen. Erst mit der Vorlage des Legislativpaketes von rund 20 Verordnungsentwürfen der Kommission am 18. März 1998 begann der eigentliche Verhandlungsprozess. Diese Verhandlungen sollten, so hatten sich die Mitgliedstaaten einvernehmlich verpflichtet, bis zum März 1999 abgeschlossen sein, um ausreichenden zeitlichen Vorlauf für die endgültige Verabschiedung der Verordnungen in der Struktur-

---

[79] Vgl. die Zusammenstellung verschiedener Kostenschätzungen von Stephan Bartsch, Mittel- und Osteuropa und die gesamteuropäische Integration. Wirtschaftliche Fragen, Probleme und Chancen, in: Osteuropa, 1998, 48. Jg., Heft 8–9, S. 954–968.

[80] Robert Ackrill/Adrian Kay, Historical-institutionalist perspectives on the development of the EU budget system, a. a. O., S. 128.

und Agrarpolitik zu haben. Die Verhandlungsphase war also auf maximal ein Jahr befristet.[81]

3.4.1 Die erste Phase: Die umfassende Mitteilung der EU-Kommission

Wie bereits bei den Delors-Paketen stellte die Europäische Kommission auch für das dritte Finanzpaket eine direkte Verbindung zwischen einer langfristig gesicherten Finanzausstattung der EU und einem großen Integrationsprojekt her – der Osterweiterung der EU.

Die Agenda 2000 wurde zum Bindeglied zwischen Reform und Erweiterung der Europäischen Union. Im Dezember 1995 hatten die Staats- und Regierungschefs bei ihrem Gipfeltreffen in Madrid die Kommission ersucht, neben der Fortsetzung und Intensivierung der unmittelbar die Beitrittsaspiranten betreffenden Instrumente, eine „... Evaluierung der Auswirkungen der Erweiterung auf die Gemeinschaftspolitiken, insbesondere was die Agrarpolitik und die Strukturpolitik anbelangt, ...“ und „eine eingehende Analyse des Finanzierungssystems der Europäischen Union ...“[82] vorzunehmen. Die Analyse der Auswirkungen und der möglichen Kosten der anstehenden Osterweiterung, die Hochrechnungen des Finanzrahmens, in dem die Erweiterung erfolgen sollte, und die Ausarbeitung umfassender Vorschläge zur Reform der kostenintensiven Politikbereiche beschäftigten die Kommission während des gesamten Jahres 1996 und verstärkt im ersten Halbjahr 1997. Die besondere Schwierigkeit bestand für die Kommission zunächst darin, die verschiedenen eng miteinander verbundenen Themen, d. h. die Weiterentwicklung der Kohäsionspolitik und der Gemeinsamen Agrarpolitik, die Osterweiterung und deren Finanzierung sowie die Struktur und die Prioritäten des neuen Finanzrahmens und die von einigen Mitgliedstaaten geforderte Reform des Eigenmittelsystems zu einer abgestimmten Gesamtstrategie zusammenzufügen. Um überhaupt eine Grundlage für eine konstruktive Reformdiskussion unter den Mitgliedstaaten vorlegen zu können, musste die Kommission den widerstreitenden Gruppen praktikable Lösungen anbieten:

---

[81] Dieser Zeitrahmen wurde durch die Tatsache weiter eingeschränkt, dass erst nach der Bundestagswahl im September 1998 eine neue Bundesregierung tatsächlich in der Lage sein würde, verbindliche Absprachen und Vorentscheidungen zu treffen. Das eigentliche Zeitfenster für die Verhandlungen wurde damit merklich kleiner.

[82] Vgl. Schlussfolgerungen des Vorsitzes, Europäischer Rat von Madrid, 15./16. Dezember 1995, Teil A, Kap. III.

a. Sie berücksichtigte die Befürchtungen der Nettozahler, die mit Blick auf die Osterweiterung übermäßig steigende Beitragslasten auf sich zukommen sahen.
b. Sie musste zugleich die Ängste der Kohäsionsländer vor gravierenden Einschnitten in ihre Struktur- und Kohäsionsfondsförderungen als Konsequenz aus der Aufnahme der ärmeren Staaten aus Mittel- und Osteuropa in die EU ernst nehmen.
c. Sie durfte aber auch nicht die Begünstigten der Gemeinsamen Agrarpolitik einseitig für die Finanzierung der Osterweiterung in Anspruch nehmen; andererseits musste sie das Finanzpaket nutzen, um die zweifellos notwendige strukturelle Reform der Agrarpolitik fortsetzen zu können.
d. Und schließlich musste sie ein insgesamt überzeugendes Konzept zur Finanzierung der Osterweiterung vorlegen, ohne die neuen Mitgliedstaaten zu Mitgliedern zweiter Klasse zu degradieren.

Am 16. Juli 1997 legte die Kommission ihre 1300 Seiten umfassende Mitteilung „Agenda 2000. Eine stärkere und erweiterte Union“[83] vor, die vom damaligen Kommissionspräsidenten Jacques Santer als „Vision für das Europa des Jahres 2000 und darüber hinaus“[84] bezeichnet worden war. Die Agenda 2000 beinhaltete sowohl die Stellungnahmen der Europäischen Kommission zu den Beitrittsanträgen der assoziierten Staaten aus Mittel- und Osteuropa als auch die Vorschläge der Europäischen Kommission zur Reform der Gemeinsamen Agrarpolitik und für einen neuen finanziellen und rechtlichen Rahmen der Struktur- und Kohäsionsfonds sowie für einen neuen Finanzrahmen für die Jahre 2000 bis 2006.

Die Kommission hatte sich darauf festgelegt, die Kosten der Erweiterung ohne eine erneute Ausweitung des Finanzrahmens finanzieren zu wollen. Für die Regional- und Strukturfonds sollten weiterhin 0,46 % des EU-BSP eingeplant, die Förderziele von sieben auf drei reduziert, die Gemeinschaftsinitiativen von bisher 14 auf drei zurückgeführt und somit die Förderpolitik insgesamt konzentriert und gestrafft werden. Der Anteil der EU-Bevölkerung, die in den Genuss von EU-Fördermitteln gelangte, sollte so von bislang 51 % auf 35–40 % der EU-Bürger gesenkt werden. Mit den Reformvorschlägen im Bereich der Gemeinsamen Agrarpolitik sollten die 1992 eingeleiteten Reformen fortgeführt werden. Die EU-

83 Europäische Kommission, Agenda 2000. Eine stärkere und erweiterte Union, KOM (97) 2000 endg., 15. Juli 1997. Auch abgedruckt in: Bulletin der EU, Beilage 5/97, Brüssel 1997.

84 Vgl. Jacques Santer, Presseerklärung IP/98/258 v. 18.3.1998, Agenda 2000: Legislativvorschläge; ebenso Jacques Santer, Agenda 2000 – für eine stärkere und erweiterte Union, in: Peter Wittschorek (Hrsg.), Agenda 2000. Herausforderungen an die Europäische Union und an Deutschland, Baden-Baden 1999, S. 21–31, S. 22.

Garantiepreise sollten stärker an die Weltmarktpreise angenähert und die Einbußen der Landwirte mit direkten Einkommensbeihilfen kompensiert werden.

Entsprechend den Wachstumsprognosen sah die Kommission ein Anstieg des Budgets zwischen 2000 und 2006 auf 745,5 Mrd. € vor; davon sollten den zehn mittel- und osteuropäischen Beitrittsländern (MOEL-10) insgesamt 74,8 Mrd. € im Rahmen der Heranführungshilfen und nach den ersten Beitritten im Rahmen der Gemeinsamen Agrarpolitik und der Strukturfonds zufließen (Tab. 3.7).

Die Reformvorschläge der Agenda 2000 wurden zunächst von allen Mitgliedstaaten als gute Grundlage für weitere Diskussionen begrüßt. In der Folge setzte allerdings sehr schnell eine deutliche Kritik an einzelnen Vorschlägen ein. Die Interessenvertreter und -verbände auf europäischer und nationaler Ebene, die Fachräte und die nationalen Fachministerien begannen, die sie betreffenden Punkte der Agenda zu kommentieren und häufig zu kritisieren. Es wurde deutlich, dass die Kommission bereits während der Abfassung des Berichtes zwischen „Skylla und Charybdis“[85], oder deutlicher zwischen den mitgliedstaatlichen Interessen und verschiedenen sektorspezifischen Prioritäten innerhalb der Kommission manövrieren musste. Das Ergebnis wurde von wissenschaftlichen Beobachtern als halbherziges Kompromisspaket bewertet, das nicht als umfassender Reformansatz, sondern „eher als ein Jonglieren mit dem Status quo“ erscheine. „Statt großer Sachlösungen, ist taktierendes Lavieren durch den Slalom der hoffentlich geringsten Widerstände offenbar das Rezept“.[86] Bemängelt wurde auch das eklatante Missverhältnis zwischen dem enormen Bedarf an Finanzhilfen für die Aufnahme der MOEL in die EU und der bescheidenen Berücksichtigung im Vorschlag der Kommission. Dies komme einer Ungleichbehandlung von künftigen und Alt-Mitgliedern gleich.[87]

Die Konkretisierung der Agenda 2000 erfolgte rund acht Monate später am 18. März 1998 durch ein Paket von rund 20 Legislativvorschlägen zu nahezu allen Ausgabenbereichen.[88] In der ebenfalls im März 1998 vorgelegten Mitteilung über die

---

[85] Vgl. Lykke Friis/Anna Murphy, Amsterdam-Luxembourg. Express or slow train to meeting enlargement and legitimacy?, DUPI-Working Paper 1998/5, Kopenhagen 1998, S. 20.

[86] Werner Weidenfeld, Die Bilanz der Europäischen Integration 1996/97, in: Werner Weidenfeld/Wolfgang Wessels, Jahrbuch der Europäischen Integration 1996/97, Bonn 1997, S. 13–26, S. 21.

[87] Vgl. Heather Grabbe/Kirsty Hughes, Enlarging the EU eastwards, London 1998.

[88] Vgl. hierzu auch die Darstellung von Heinz-Jürgen Axt, Zur Einführung: Reformbemühungen in schwierigem politischem Terrain, in: Heinz-Jürgen Axt (Hrsg.), Agenda 2000 – eine gute Grundlage für die Reform der EU-Strukturpolitik?, Duisburger Materialien zur Politik- und Verwaltungswissenschaft, Nr. 21, 1999, S. 7–27.

Tab. 3.7 Agenda 2000: Der Vorschlag der Europäischen Kommission für einen neuen Finanzrahmen 2000–2006. (Quelle: Europäische Kommission, Agenda 2000. Eine stärkere und erweiterte Union, KOM (97) 2000 endg., 15. Juli 1997)

Verpflichtungsermächtigungen in Mio. EUR; Preise 1997	2000	2001	2002	2003	2004	2005	2006
1. Landwirtschaft	*46.050*	*46.920*	*47.820*	*48.730*	*49.670*	*50.630*	*51.610*
Davon Hilfen zur Beitrittsvorbereitung	520	520	520	520	520	520	520
2. Strukturpolitische Maßnahmen	*36.640*	*37.470*	*36.640*	*35.600*	*34.450*	*33.410*	*32.470*
Strukturfonds	32.600	33.430	32.600	31.560	30.410	29.370	28.430
Kohäsionsfonds	3.000	3.000	3.000	3.000	3.000	3.000	3.000
Strukturpolitische Hilfen zur Beitrittsvorbereitung	1.040	1.040	1.040	1.040	1.040	1.040	1.040
3. Interne Politikbereiche	*6.390*	*6.710*	*6.880*	*7.050*	*7.230*	*7.410*	*7.600*
4. Externe Politikbereiche	*6.870*	*7.070*	*7.250*	*7.430*	*7.610*	*7.790*	*7.900*
Davon Hilfen zur Beitrittsvorbereitung	1.560	1.560	1.560	1.560	1.560	1.560	1.560
5. Verwaltung	*4.730*	*4.820*	*4.910*	*5.010*	*5.100*	*5.200*	*5.300*
6. Reserven	*850*	*850*	*600*	*350*	*350*	*350*	*350*
Mittel für Verpflichtungen insgesamt	*101.530*	*103.840*	*104.100*	*104.170*	*104.410*	*104.790*	*105.230*
Mittel für Zahlungen insgesamt	*98.800*	*101.650*	*102.930*	*103.520*	*103.810*	*104.170*	*104.560*
In % des BSP	1,24 %	1,24 %	1.22 %	1,20 %	1,18 %	1,15 %	1,13 %
Eigenmittelobergrenze	*1,27 %*	*1,27 %*	*1,27 %*	*1,27 %*	*1,27 %*	*1,27 %*	*1,27 %*

Erstellung eines neuen Finanzrahmens[89] für den Zeitraum 2000 bis 2006 errechnete die Kommission einen deutlichen Zuwachs des Finanzrahmens. Allerdings wurde der errechnete Zuwachs in absoluten Zahlen unterschiedlich auf die einzelnen

[89] Mitteilung der Kommission an den Rat und das Europäische Parlament über die Erstellung einer neuen Finanziellen Vorausschau für den Zeitraum 2000–2006, KOM (1998) 164 endg., v. 18.3.1998.

Ausgaberubriken verteilt. Die Steigerungsraten schwankten zwischen 19 % bei Rubrik 3 „Interne Politikbereiche" bis zu einem Rückgang von 11,4 % in Rubrik 2 „Strukturpolitische Maßnahmen". Dieser starke Rückgang der Mittelbindungen in der Kohäsionspolitik erklärte sich durch die vorgeschlagene Verlagerung der strukturpolitischen Förderung des ländlichen Raums in den Europäischen Ausgleichs- und Garantiefonds für die Landwirtschaft (EAGFL) in Rubrik 1 „Landwirtschaft". Die Verordnungsvorschläge zur Neuauflage der Strukturfonds betonten die Prioritätensetzung zugunsten des wirtschaftlichen und sozialen Zusammenhalts und der Solidarität. Dies sei gerade angesichts der Erweiterung der EU um Staaten mit niedrigerem Entwicklungsstand von besonderer Bedeutung, so die Kommission. Klar definierte Ziele der europäischen Strukturpolitik sollten künftig die Förderung und Gewährleistung von wettbewerbsfähigen Wirtschaftsstrukturen, einer nachhaltigen Entwicklung, eines dauerhaften und beschäftigungswirksamen Wachstums, wirtschaftlicher und technologischer Innovation sowie der Qualifikation und der Flexibilität der Erwerbsbevölkerung sein.[90] Als Gesamtsumme für die Struktur- und Kohäsionsfonds setzte die Kommission für den Finanzrahmen 2000–2006 einen Betrag von insgesamt 286,4 Mrd. € (in Preisen von 1999) ein. Davon sollten 240 Mrd. € für die bisherigen EU-15 eingeplant werden, gegenüber 208 Mrd. € für den Zeitraum von 1993–1999. Die verbleibenden rund 47 Mrd. € sollten für Strukturhilfen zugunsten künftiger Mitgliedstaaten reserviert werden. Die Kommission hielt damit an der Obergrenze von 0,46 % des BSP der EU für die Ausgabenrubrik 2 des Finanzrahmens fest.[91]

Die Prämissen der Konzentration und der Effizienzsteigerung bei der Abwicklung der Fonds versuchte die Kommission durch eine Reduzierung der Förderziele, der Zahl der Gemeinschaftsinitiativen und des prozentualen Anteils der EU-Bevölkerung in den Förderregionen zu erfüllen.[92] Neu – und umstritten – war der Vorschlag, eine leistungsgebundene Reserve in Höhe von 10 % der Gesamtfördermittel einzuführen, die als Anreiz für eine effiziente und erfolgreiche Abwicklung der Förderprogramme dienen sollte. Eine Auffangklausel (bzw. ein Sicherheitsnetz) sollte die Einschnitte in die Förderprogramme der einzelnen Mitgliedstaaten auf ein Drittel begrenzen. Eine Auslaufklausel sollte den Regionen, die nicht mehr im Rahmen der Ziel 1 oder Ziel 2-Förderung unterstützt würden, über einen Zeitraum bis 2006 ein ‚Hinausgleiten' aus den EU-Programmen ermöglichen.

---

[90] Vgl. Kathleen Toepel, Reform der Europäischen Strukturfonds 2000, in: Deutsches Institut für Wirtschaftsforschung, DIW-Wochenbericht, 1998, 65. Jg., Nr. 26, S. 463–468.

[91] Vgl. Heinz-Jürgen Axt, Solidarität und Wettbewerb a. a. O., S. 135 ff.

[92] Vgl. Reinhard H. Cuny, Reform der Europäischen Strukturfonds, in: Wirtschaftsdienst, 1997, 77. Jg., Nr. 4, S. 227–233.

Die Legislativvorschläge der Kommission für den Bereich der Agrarpolitik umfassten neue bzw. modifizierte Verordnungen zu den gemeinsamen Marktordnungen und für die Förderung der Entwicklung des ländlichen Raums durch den Europäischen Ausrichtungs- und Garantiefonds für die Landwirtschaft (EAGFL), eine Revision der Finanzierung des EAGFL sowie eine horizontale Verordnung zu den Direktzahlungen im Bereich der GAP.[93] Die Gemeinsame Agrarpolitik sollte auf die Veränderungen des Weltmarktes, insbesondere auf das erwartete Nachfragewachstum nach hochwertigen europäischen Agrarprodukten in Asien, vorbereitet werden. Ziel der Kommissionsvorschläge war eine verbesserte internationale Wettbewerbsfähigkeit der europäischen Landwirtschaft mithilfe von Preisanpassungen, wobei die Einkommenseinbußen der Landwirte durch WTO-konforme Beihilfen ausgeglichen werden sollten. Hierzu sollte das Instrument der Preisstützungen hinter die Direktzahlungen an die Landwirte zurücktreten. Zur Begrenzung der Subventionierung von landwirtschaftlichen Großbetrieben schlug die Kommission ein neues Prinzip der Degressivität vor, d. h. die Einführung einer degressiven Obergrenze für direkte Einkommensbeihilfen. Danach sollten die Zahlungen im Bereich zwischen 100.000 und 200.000 € um 20 % und bei Beträgen über 200.000 € um 25 % gekürzt werden. Um umweltpolitische Maßnahmen stärker in die GAP integrieren zu können, schlug die Kommission Umweltschutzauflagen im Rahmen der Marktstützungsmaßnahmen der Mitgliedstaaten vor. Bei Verstößen gegen diese Auflagen sollten die Mitgliedstaaten die Direktzahlungen kürzen.

Zeitgleich mit der Vorstellung der Verordnungsvorschläge teilte die Kommission mit, dass sie beabsichtige, im Herbst 1998 eine zusätzliche Mitteilung zum Eigenmittelsystem vorzulegen. Mit dieser Zusage gab die Kommission dem Drängen der Gruppe der Nettozahler um Deutschland nach, vorzeitig einen Bericht zur Einnahmenseite des EU-Budgets vorzulegen. Der Europäische Rat von Edinburgh vom 11./12. Dezember 1992 hatte die Kommission lediglich ersucht, bis zum Ende der Finanziellen Vorausschau 1993–1999 einen Überprüfungsbericht über das Funktionieren des Eigenmittelsystems vorzulegen.[94] Die Bundesregierung hatte, unterstützt von Österreich, Schweden und den Niederlanden gefordert, dass die Kommission diesen Bericht früher vorlegen müsse und er ein unverzichtbarer Teil des Gesamtpakets für die Verhandlungen über den nächsten Finanzrah-

---

[93] Vgl. Dirk Ahner, Die agrarpolitischen Aspekte der Agenda 2000, in: Peter Wittschorek (Hrsg.), Agenda 2000. Herausforderungen an die Europäische Union und an Deutschland, Baden-Baden 1999, S. 47–58.

[94] Europäischer Rat von Edinburgh am 11./12. Dezember 1992, Teil C, Künftige Finanzierung der Gemeinschaft. Delors-Paket II, Nr. 4.

men sein müsse. In einem gemeinsamen Schreiben vom 5. März 1998 hatten die Finanzminister der vier Mitgliedstaaten ein „Kappungsmodell" vorgeschlagen, das basierend auf dem Korrekturmechanismus zugunsten Großbritanniens eine allgemeine Begrenzung der Nettozahlungen vorsehen sollte.

Die Nettozahler hatten sich mit ihrer Forderung schließlich in zweifacher Hinsicht durchgesetzt. Zum Ersten wurde der Bericht der Kommission bereits im Oktober 1998, d.h. ein Jahr früher als vorgesehen, vorgelegt und damit Teil des Gesamtpakets der Agenda 2000-Verhandlungen.[95] Zum Zweiten wurde der Prüfauftrag der Kommission über die Bewertung der Effizienz und Effektivität des bestehenden Eigenmittelsystems hinaus ausgedehnt und die Kommission musste erstmals offiziell das Problem der Nettosalden anerkennen. Die von den Nettozahlern aufgeworfene Systemfrage des Eigenmittelsystems entsprach jedoch keineswegs der Position der Mehrheit der EU-Mitgliedstaaten.

Der Bericht zum System der Eigenmittel, der laut Kommissionspräsident Santer „vollständig, transparent, objektiv und ausbaufähig"[96] sei, umfasste zwei Teile:

Im ersten Teil kam die Kommission dem Auftrag von Edinburgh nach und bewertete in einer Bestandsaufnahme die Leistungsfähigkeit des Eigenmittelsystems. Das System habe sich als finanziell ergiebig und im Hinblick auf die Verteilung der Bruttobeitragslasten als gerecht bewährt. Bedenken äußerte die Kommission allerdings im Hinblick auf die geringe finanzielle Eigenständigkeit der EU. Eine neue Eigenmittelquelle, beispielsweise eine modifizierte Mehrwertsteuer-Einnahme, sei eine Option zur Erhöhung der Finanzautonomie der Union. Der zweite Teil des Berichts behandelte mit dem Problem der Haushaltsungleichgewichte erstmals das Thema der Nettosalden. Die Kommission erneuerte in ihrem Bericht die generellen Einwände gegen das Konzept des Haushaltssaldos. Dennoch erkannte sie an, dass sich die Finanzierungssalden Deutschlands, Österreichs, Schwedens und der Niederlande in den letzten Jahren derart verschlechtert hätten, „... daß ihr Negativstand den des Vereinigten Königreichs – vor Korrektur – erreicht oder sogar überschreitet".[97]

[95] Europäische Kommission, „Die Finanzierung der Europäischen Union. Bericht der Kommission über das Funktionieren des Eigenmittelsystems", KOM (1998) 560 endg., v. 7.10.1998.

[96] Rede des Präsidenten der Europäischen Kommission Jacques Santer vor dem Europäischen Parlament zur Vorstellung des Berichts der Kommission über das Eigenmittelsystem, Straßburg, 7. Oktober 1998.

[97] So Jacques Santer bei der Vorstellung des Berichts in Straßburg.

Die Kommission stellte deshalb drei Reformoptionen zur Diskussion:

a. Die Abschaffung oder zumindest Verringerung des bestehenden Korrekturmechanismus von Fontainebleau zugunsten Großbritanniens im Zuge einer umfassenden Vereinfachung und Vereinheitlichung des Systems. Der „Briten-Rabatt" könnte im Zuge der Abschaffung der Mehrwertsteuereigenmittel abgelöst werden.
b. Die Korrektur der Ungleichgewichte auf der Ausgabenseite durch die Einführung eines Kofinanzierungsmechanismus in Höhe von 25 % der direkten Agrarbeihilfen. Da zugleich die Abführungen an den Gemeinschaftshaushalt in gleicher Höhe gesenkt werden sollten, würde der Umstand, dass die Nettozahler einen wesentlich höheren Anteil an der Finanzierung des EU-Haushaltes als an den EU-Agrarausgaben tragen, implizit zu einer Verringerung der negativen Nettosalden führen.
c. Die Einführung eines allgemeinen Korrekturmechanismus, in dem auch der Sonderrabatt Großbritanniens aufgehen sollte. Dieser von Deutschland, Österreich, Schweden und den Niederlanden vorgeschlagene Ansatz könnte in Form einer „Kappungsgrenze" bestehen, die sich am BSP der Mitgliedstaaten (beispielsweise 0,3 % des BSP) orientieren sollte. Ein solcher „beschränkt erweiterter Korrekturmechanismus" bei gleichzeitiger Abschaffung des britischen Sonderrabatts könnte nach dem Vorschlag der Kommission durch einen Ausgleich in Höhe von 66 % der Nettobelastungen erfolgen, die über die Marge von 0,3 % des nationalen BSP hinausgehen.[98]

Allerdings stellte die Kommission in ihrem Bericht fest: „Keine der im Bericht diskutierten Optionen bietet eine ideale Lösung. Technische und konzeptuelle Schwächen weisen sie alle auf."[99] Damit beschränkte sich die Kommission auf die Darstellung verschiedener Reformoptionen, ohne eindeutig für eine Option zu votieren. Für die weiteren Verhandlungen im Rahmen der Agenda 2000-Verhandlungen war der Bericht allerdings von überaus hoher politischer Bedeutung. Mit ihm erkannte die Kommission explizit die bestehenden übermäßigen Haushaltsungleichgewichte an – auch wenn sie nur ungern von Nettosalden sprach – und lieferte zugleich die von Deutschland geforderte Beratungsgrundlage für den Rat.

---

[98] In einer Simulationsrechnung kam die Kommission zu dem Ergebnis, dass „... bei einem beschränkt erweiterten Korrekturmechanismus deutlich weniger Haushaltsmittel umverteilt werden." (Anhang 6 zu dem Bericht, S. 7).

[99] Bericht der Kommission über das Funktionieren des Eigenmittelsystems, a. a. O., S. 37.

3.4.2 Die zweite Phase: Schwierige Verhandlungen im Rat über das Gesamtpaket

Der Rat Allgemeine Angelegenheiten folgte bei der Diskussion der Vorschläge der Kommission zu einem neuen Finanzrahmen dem Muster der Verhandlungen zu den Delors-Paketen und sicherte sich so die Federführung in diesem sensiblen Feld[100]; allerdings musste die besondere Rolle der Fachministerräte ECOFIN und Landwirtschaft stärker berücksichtigt werden. Insgesamt war die Ausgangslage für die Verhandlungen im Rat überaus schwierig. Bereits frühzeitig ließ sich die bekannte Blockbildung im Kreis der Mitgliedstaaten feststellen. Der Club der Nettozahlerstaaten, bestehend aus Deutschland, Großbritannien, Frankreich, den Niederlanden, Österreich und Schweden formulierte immer häufiger abgestimmte Positionen und übte verstärkten Druck aus, um seinem Anliegen nach einer gerechteren Finanzierung Nachdruck zu verleihen. Allerdings fand dieser Club keineswegs in allen Verhandlungs- und Reformfragen eine gemeinsame und einheitliche Position. Die Kohäsionsländer beharrten auf einer signifikanten Steigerung der Strukturausgaben; Großbritannien war nicht bereit, über seinen Sonderrabatt zu verhandeln; Frankreich lehnte die Kofinanzierung als Element der Reformen im Agrarsektor ab und Belgien forderte eine neue Eigenmittelquelle in Form einer europäischen Energiebesteuerung.

Die ersten Debatten im Kreis der Mitgliedstaaten bestätigten die innere Zerrissenheit des Rates. Selbst die grundlegenden Prämissen für einen Finanzrahmen, wie die 1,27-Prozent Eigenmittelobergrenze, wurden in Frage gestellt.[101] Dazu kamen generelle Systemfragen, wie das Problem der Nettozahlungen. Während Dänemark, Frankreich, Portugal, Griechenland und Belgien zum Teil unterstützt von Luxemburg und Italien vor einer prinzipiellen Diskussion über das Eigenmittelsystem warnten, bestanden Deutschland, Österreich, Schweden und die Niederlande gerade auf einer solchen Debatte und auf einer „fairen Lastenverteilung". Während die Nettozahler betonten, dass die 1,27 %-Marge der Eigenmittel die absolute Obergrenze sei, die deutlich unterschritten werden müsse, stellten Spanien und Griechenland diese Begrenzung angesichts der zu erwartenden Erweiterungskosten grundsätzlich in Frage. Spanien schlug hierfür eine neue progressive Eigenmittel-

[100] Vgl. David Galloway, Agenda 2000 – Packaging the Deal, in: JCMS, 1999, Vol. 37, Annual Review, S. 9–35, S. 10/11.

[101] Vgl. Rat der Europäischen Union, Zwischenbericht über die Agenda 2000 an den Europäischen Rat (Teil I – Einleitende Zusammenfassung), Dok. 9000/98 und Rat der Europäischen Union, Zwischenbericht des Rates über die Agenda 2000 an den Europäischen Rat (Teil II – Analyse der bei den wichtigsten Fragen erzielten Fortschritte), Dok. 9000/98, ADD 1.

quelle vor, die die Einnahmen der EU erhöhen und zugleich für eine verbesserte Finanzierungsgerechtigkeit sorgen sollte.

Die britische Präsidentschaft im ersten Halbjahr 1998 verfolgte schließlich einen „*twin-track- approach*“, in dem die politischen Verhandlungen über eine umfassende Reform des europäischen Haushalts-und Finanzsystems von den technischen Verhandlungen über die Legislativvorschläge abgetrennt wurden. Das bescheidene Ziel des britischen Vorsitzes war, die Reformverhandlungen anzustoßen und weiterzuführen. Zur Ausbalancierung des Gesamtpaketes der Finanzverhandlungen fehlte allerdings noch ein wichtiges Element – der Bericht der Europäischen Kommission über das Funktionieren des Eigenmittelsystems. Dieser Bericht sollte aber erst im Herbst 1998 vorliegen, in jedem Fall aber nach den Bundestagswahlen im September 1998.

Die Verordnungsentwürfe der Kommission vom März 1998 wurden zunächst in den zuständigen Ratsarbeitsgruppen diskutiert.[102] Durch die Debatte in den Arbeitsgruppen ergab sich im Rat ein erstes Bild über offensichtliche oder potenzielle Konfliktpunkte. Auf der Arbeitsebene konnten sich zum Beispiel die Delegationen bereits auf einen Großteil der neuen vorwiegend technischen Regelungen im Bereich der Strukturfonds (rund 60–70 % der Verordnungstexte bzw. -regelungen) verständigen – ungelöste, strittige Punkte wurden auf der nächsthöheren informellen Arbeitsebene verhandelt, den „Freunden der Präsidentschaft (FdP)“. Diese Gruppe bestand aus hochrangigen Ministerialbeamten aus den Ständigen Vertretungen in Brüssel und den Hauptstädten sowie dem Generalsekretariat des Rates. Die Reform der GAP sowie die speziellen Verordnungsvorschläge der Kommission im Agrarsektor wurden allerdings im Sonderausschuss Landwirtschaft (SAL) behandelt. Der SAL nahm dabei für den Bereich der Landwirtschaft eine ähnliche Rolle ein, wie die ad hoc-Gruppe „Freunde der Präsidentschaft“ in den übrigen Reformbereichen. Mit der Behandlung der Legislativvorschläge wurden alle regelmäßigen AStV Sitzungen sowie drei spezielle Treffen der Ständigen Vertreter befasst; die Gruppe „Freunde der Präsidentschaft“ traf sich seit März 1998 im Wochenrhythmus.

In ihren Schlussfolgerungen konnten auch die Staats- und Regierungschefs bei ihrem Gipfeltreffen am 15./16. Juni 1998 in Cardiff zum Abschluss des britischen Vorsitzes nur die „grundlegende Bedeutung“ der Agenda 2000 und von Reformen insgesamt anerkennen sowie den Verhandlungszeitraum bis spätestens März 1999 begrenzen. Der Rat solle, so die Staats- und Regierungschefs, „seine Arbeiten nun

102 Vgl. David Galloway, Agenda 2000, a. a. O., S. 11 ff.

noch zügiger fortführen". In der Sache ließ der Europäische Rat von Cardiff aber „alles offen".[103]

Die österreichische Präsidentschaft im zweiten Halbjahr 1998 versuchte einen ersten Entwurf für einen Gesamtbericht zu erarbeiten, in dem die Konturen der endgültigen Vereinbarung erkennbar sein sollten. Zugleich wurden die Arbeiten an den neuen Verordnungen intensiviert und bei einzelnen Entwürfen fast abgeschlossen. Im Bereich der Strukturfondsverordnungen und der Marktordnungen im Agrarbereich konnten wichtige Fortschritte erzielt werden, die die Form der neuen Verordnungen erkennen ließen. Der Rat konnte schließlich einen sehr umfangreichen, rund 650 Seiten umfassenden Bericht vorlegen, der sich aus dem Sachstandsbericht des Allgemeinen Rates, den Berichten des ECOFIN-Rates und des Agrarrates sowie fünf umfangreichen Addenden zu den notwendigen Verordnungsentwürfen zusammensetzte.[104] In diesen Anhängen wurden der aktuelle Verhandlungsstand, die Fortschritte sowie die noch bestehenden unterschiedlichen Positionen der Mitgliedstaaten zusammengestellt.

Die Staats- und Regierungschefs konnten anlässlich ihres Treffens am 11./12. Dezember 1998 in Wien folgerichtig keinen Durchbruch in den schwierigen politischen Fragen oder weitergehende inhaltliche Ergebnisse erzielen. Zwar bestätigte der Europäische Rat die zeitliche Vorgabe von Cardiff, vor den Wahlen zum Europäischen Parlament zu einer umfassenden Einigung zu kommen, und betonte, dass die Agenda 2000 „als ein Paket, über das nur als Ganzes eine Einigung erzielt werden kann", betrachtet werden solle.[105] Darüber hinaus konnten die Staats- und Regierungschefs lediglich eine Fortsetzung der „sorgfältigen Prüfung" einfordern.

Es blieb somit der deutschen Präsidentschaft im 1. Halbjahr 1999 vorbehalten, die fundamentalen Gegensätze der nationalen Interessen in allen Verhandlungsdossiers zu einem, alle Elemente umfassenden Kompromisspaket zusammenzubinden (Tab. 3.8). Die strikte Zeitvorgabe von drei Monaten bedeutete zwangsläufig eine weitere Intensivierung und Politisierung der Verhandlungen in der Schlussphase. Die Annäherung in den fundamentalen politischen Streitpunkten in allen Verhandlungsdossiers musste wieder ins Zentrum der Verhandlungen gerückt werden, um möglichst frühzeitig zu einer Gesamtschau eines Kompromisspakets zu kommen.

---

[103] Christian Engel, Der Europäische Rat, in: Werner Weidenfeld/Wolfgang Wessels (Hrsg.), Jahrbuch der Europäischen Integration 1997/98, Bonn 1998, S. 53–62, S. 60.

[104] Vgl. Rat der Europäischen Union, Agenda 2000: Sachstandsbericht des Rates an den Europäischen Rat, Dok. 13621/98 Agenda 229.

[105] Europäischer Rat in Wien, 11./12. Dezember 1998, Schlussfolgerungen des Vorsitzes, in: Presse und Informationsamt der Bundesregierung, Bulletin, Nr. 7, S. 69–87, S. 75, Rdnr. 54–57.

Tab. 3.8 Agenda 2000 – Nationale Verhandlungspositionen zu Beginn der deutschen Präsidentschaft 1999. (Quelle: Eigene Zusammenstellung auf der Basis von John Peet/Kitty Ussher. The EU budget: an agenda for reform?, CER Working Paper, London, Februar 1999)

	B	DK	D	FIN	F	GR	UK	I	IRL	LUX	NL	A	P	SE	ESP
Finanzrahmen und Eigenmittelsystem															
Prinzip der „realen Konstanz"	+/−	+/−	++	+/−	+	−−	++	−	−	−	++	++	−−	++	−−
Stärkung der BSP-Eigenmittel	−−	−	+	−	+	+/−	−	−−	+/−	+/−	+	+	+/−	+/−	+/−
Genereller Korrekturmechanismus	+/−	+/−	+	−	−	+/−	−	−	+/−	+/−	+	+	−	+	−
Abschaffung des GB-Rabatts	+	+	++	+	+	+	−−	+	+	+	+	+	+	+	+
Reform der Gemeinsamen Agrarpolitik															
Übereinstimmung mit dem Vorschlag der EU-Kommission	+	+[a]	+	(+)	(+)	(+)	+[a]	+[a]	+	(+)	−	(+)	+/−	+[a]	−
Nationale Kofinanzierung	+	−	+	+/−	−−	−−	++	+	−	+	+	+	−	++	−
Degressivität	+/−	+	−	+/−	+	−	++	+	+	+	+/−	+	+/−	+	+/−
Reform der Strukturfonds															
Übereinstimmung mit den Vorschlägen der EU-Kommission	+	+	+	(+)	+	+	(+)	+	+	+	(+)	+	−	(+)	−
Auslaufen des Kohäsionsfonds für WWU-Teilnehmer	+/−	+/−	++	+/−	+/−	−−	+	+/−	−	+/−	+	+	−−	+	−−
Besondere Interessen	+	−	+	++	−	+	+	+	+	−	+	+	++	+	++

++ unbedingt dafür, + dafür, (+) eingeschränkt dafür, +/− keine Festlegung, − dagegen, −− keinesfalls
[a] mit Ausnahme des Milchsektors

Der deutsche Vorsitz legte daher direkt zu Beginn seiner Präsidentschaft ein politisches Papier vor, das den Rahmen der politischen Gesamtlösung vorzeichnete und somit als Diskussionsgrundlage der weiteren Verhandlungen diente. In dieser so bezeichneten „Verhandlungsbox" wurden die Themenblöcke des Gesamtpakets Agenda 2000 zusammengestellt, wie sie von einer Sondertagung des Europäischen Rates in Berlin verabschiedet werden sollten.[106] In Anlehnung an die früheren Verhandlungen zu den Delors-Finanzpaketen sollte die Verhandlungsbox im Wechselspiel zwischen politischer Ebene und Arbeitsebene ständig weitergeschrieben und die Zahl der auf dem Gipfel Ende März noch zu lösenden Fragen auf ein Minimum begrenzt werden.

Kernpunkt der deutschen Verhandlungsführung war die frühzeitige Zusammenführung der Verhandlungsstränge, insbesondere von Agrarreform und Finanzieller Vorausschau. Unter der Überschrift „reale Konstanz" wollte der deutsche Vorsitz eine weitere Ausweitung des Volumens des mehrjährigen Finanzrahmens vermeiden. Dem Allgemeinen Rat der Außen- und Europaminister kam dabei die zentrale Rolle zu, auch um die Eckpunkte für die Verhandlungen in den Fachräten zu definieren. Dabei sollte mit einer kohärenten Verhandlungsführung gewährleistet werden, dass eine Einigung auf die zentrale Reform der Gemeinsamen Agrarpolitik nicht unabhängig von den finanziellen Rahmenvoraussetzungen erfolgte. Vielmehr sollte der finanzielle Rahmen durch den ECOFIN fixiert und den Agrarministern als Richtschnur ihrer Reformbemühungen vorgegeben werden. Somit rückte die deutsche Präsidentschaft die Verhandlungen über den allgemeinen Finanzrahmen und damit die Finanzausstattung der zu reformierenden Politikbereiche in den Vordergrund.[107]

Die Zusammenstellung der Verhandlungspositionen und der Politikbereiche deckte die noch immer großen Diskrepanzen auf, die unter deutschem Vorsitz überwunden werden mussten. In Rubrik 1 „Gemeinsame Agrarpolitik" bestand zwischen den einzelnen nationalen Standpunkten eine Differenz von rund 45 Mrd. € für die gesamte Laufzeit des Finanzrahmens, in Rubrik 2 „Strukturpolitische Maßnahmen" lag die Lücke bei insgesamt 47 Mrd. €, in den übrigen Rubriken (interne Politikbereiche, externe Politikbereiche und Verwaltungsausgaben) lagen die Positionen insgesamt um rund 20 Mrd. € auseinander. Ziel der weiteren Verhandlungen war es nun, mittels inhaltlicher Reformen zu einer Kostensenkung und damit zu einer Verengung der Finanzkorridore zwischen den einzelnen Standpunkten zu gelangen.

---

[106] Vgl. David Galloway, Agenda 2000, a. a. O., S. 15.

[107] Vgl. Jonas Tallberg, The Power and the Presidency: Brokerage, Efficiency and Distribution in EU Negotiations, in: JCMS, 2004, Vol. 42., No. 5, S. 999–1022, S. 1007 ff.

Am schwierigsten gestalteten sich die Verhandlungen – beinahe traditionell – über die Fortsetzung der Reform der Gemeinsamen Agrarpolitik. Ausgangspunkt der Verhandlungen der Landwirtschaftsminister war die konkrete Vorgabe der Finanzminister zur Einhaltung einer 40,5 Mrd. € Grenze für die jährlichen Haushaltsansätze der GAP. Die entscheidende Tagung der Landwirtschaftsminister im Februar 1999 wurde begleitet von großen Demonstrationen und heftigen Protesten der nationalen und europäischen Bauernverbände in Brüssel und in ganz Europa. Die Demonstrationen waren so heftig, dass der deutsche Landwirtschaftsminister Funke als amtierender Ratsvorsitzender und EU-Landwirtschaftskommissar Fischler eine Delegation der Bauernverbände zu einem Gespräch empfingen und der Beginn der Ratstagung sich deshalb deutlich verzögerte. Der Verlauf der Ratstagung war von Beginn an schwierig und kontrovers. Mehrfach wurden die Sitzungen für bilaterale Gespräche des Vorsitzes mit den einzelnen Delegationen (Beichtstuhlverfahren) unterbrochen. Am Ende der ersten Verhandlungswoche des Agrarrates hatten die Delegationen Einigung über die Reformen in den Sektoren Wein und Ackerkulturen sowie in der horizontalen Frage der Förderung des ländlichen Raums erzielt. Umstritten waren demnach noch immer die Sektoren Rind- und Kalbfleisch sowie Milch. In der Frage der Reform des Milchsektors standen sich zwei Gruppen diametral gegenüber. Eine Gruppe forderte eine grundlegende Reform des Sektors mit dem klar definierten Ziel, das Quotensystem bis zum Jahr 2006 auslaufen zu lassen (insbesondere Großbritannien, Dänemark, Italien und Schweden). Dagegen sperrte sich eine zweite Gruppe, die eine weitergehende Reform und insbesondere den Ausstieg aus der Milchquote grundsätzlich ablehnte (v. a. Irland, Frankreich, Belgien, Luxemburg, Portugal, Griechenland und Spanien).

Im Verlauf der ersten Verhandlungswoche prallten nicht nur unterschiedliche Positionen in Sachfragen der Reform der Gemeinsamen Agrarpolitik aufeinander. Vielmehr waren auch die unterschiedlichen Vorstellungen über die Bedeutung des Agrarsektors und die Rolle der Gemeinsamen Agrarpolitik im Rahmen des europäischen Integrationsprozesses im Hintergrund der Verhandlungen spürbar. Insbesondere von französischer Seite wurde deutliche Kritik an der deutschen Verhandlungsführung geäußert.

Die Brisanz der Verhandlungen im Agrarrat wurde durch den informellen Gipfel des Europäischen Rats auf dem Bonner Petersberg während der Verhandlungsunterbrechung der Landwirtschaftsminister noch verstärkt. Die Staats- und Regierungschefs hatten am 26. Februar 1999 gerade noch einmal die fundamentale Bedeutung der Einhaltung der Finanzierungsbegrenzung betont. Zwischen den Landwirtschaftsministern war allerdings umstritten, ob unter der 40,5 Mrd. € Obergrenze ein Durchschnittswert für die Gesamtlaufzeit der Finanziellen Vorausschau zu verstehen sei, oder ob diese Marge in jedem der sieben Jahr einzuhalten sei.[108]

[108] David Galloway, Agenda 2000, a. a. O., S. 25.

Ergebnis der zähen Verhandlungen war eine auf 20 % verringerte Preissenkung im Rindfleischsektor bei unterschiedlichen Kompensationszahlungen, eine Verlängerung der Milchquote bis 2006 unter dem Vorbehalt einer Überprüfung im Jahr 2003 und eine schrittweise Preissenkung im Bereich der Ackerkulturen. Dennoch lag dieser Kompromiss um rund 7 Mrd. € über der vorgegebenen Messlatte des Europäischen Rats und ca. 1,5 Mrd. € über dem Modell der Kommission.[109]

Diese Überschreitung war Handhabe für den französischen Staatspräsidenten Chirac bereits am Tag der Rückkehr seines Agrarministers aus Brüssel die Einigung in Frage zu stellen. Die Außenminister verständigten sich jedoch auf ihrem informellen Treffen am 13./14. März 1999 auf Schloss Reinhartshausen im Rheingau, also unmittelbar nachdem der Agrarkompromiss vorlag, darauf, dieses Kompromisspaket nicht wieder aufzuschnüren. Die gleiche Haltung nahm auch der ECOFIN-Rat auf seiner Tagung am 15. März ein. Allerdings sollten weitere Möglichkeiten der Einsparung und der Einfügung von Degressionselementen geprüft werden. Damit konnte sich auch Frankreich prinzipiell einverstanden erklären.

Zur weiteren Vorbereitung des entscheidenden Berliner Gipfels sah die deutsche Präsidentschaft eine Rundreise von Bundeskanzler Schröder zu den Partnern in allen Mitgliedstaaten sowie ein Treffen der EU-Außenminister als letzte Etappen vor dem Gipfel vor. Vor dem Berliner Gipfel ergab sich folgende Verhandlungssituation:

1. Im Bereich der Strukturfonds lag der Korridor in der Verhandlungsbox zwischen 190,5 und 216 Mrd. €. Da aber alle Delegationen bis zum Berliner Gipfel offiziell an ihren Maximalpositionen festhielten, lag die Spanne sogar zwischen 190 und 240 Mrd. €, mit der niederländischen und der spanischen Position als den beiden Eckpunkten.[110] Offen war auch die Frage nach der Ausgestaltung der *Phasing Out*-Formel für Regionen bzw. Mitgliedsländer, die aus der Ziel 1-Förderung herausfallen würden. Hier wurden die Sonderfälle Irland und Portugal (Tejo-Region) zu diesem Zeitpunkt von allen Delegationen anerkannt; allerdings hatten auch andere Mitgliedstaaten auf besondere Situationen hingewiesen, z. B. die Niederlande, Belgien oder Großbritannien, die allerdings noch nicht von allen Delegationen akzeptiert waren. Bei den technischen Fragen der Formulierung der Verordnungstexte war bis zum Berliner Gipfel auf der Ebene des AStV weitgehende Einigung erzielt worden. Die legislative Arbeit an den Verordnungen zu den Struktur- und Kohäsionsfonds war damit zunächst abgeschlossen.

---

109 Jonas Tallberg, The Power and the Presidency, a. a. O., S. 1009.

110 Ebda.

2. Im Bereich der Gemeinsamen Agrarpolitik standen über den erzielten Kompromiss des Agrarrates hinaus zusätzliche Degressionselemente zur Debatte. Zugleich bestanden einzelne Delegationen, wie Großbritannien und die Niederlande, auf der Möglichkeit, Kofinanzierungselemente weiter zu prüfen. Von allen Mitgliedstaaten wurde die Notwendigkeit anerkannt, doch noch zusätzliche Einsparungen vorzunehmen und so zur Einhaltung der 40,5 Mrd. € Obergrenze zu gelangen. Die französische Regierung hatte Einsprüche gegen das vorliegende Agrardossier angekündigt und stellte damit den Gesamtkompromiss des Agrarrates in Frage.
3. Im Bereich der Eigenmittel zeichnete sich eine Kombination unterschiedlicher Lösungsoptionen ab. Die italienische Delegation hatte bereits eine flexiblere Position in der Frage der Verminderung des Anteils der Mehrwertsteuer-Eigenmittelquelle zugunsten der am Bruttosozialprodukt orientierten Eigenmittelquelle zu erkennen gegeben. Absehbar war somit bereits im Vorfeld des Berliner Gipfels, dass die Reform des Eigenmittelsystems folgende Elemente beinhalten würde: eine Überprüfung des „Briten-Rabatts" und eine Stärkung der BSP-Eigenmittelquelle. Die diskutierten Reformmodelle – Kappungsmodell bzw. allgemeiner Korrekturmechanismus und Kofinanzierung im Bereich der GAP – blieben weiterhin auf dem Verhandlungstisch. Auch für die übrigen offenen Fragen, wie dem Zeitpunkt, zu dem die Änderung des Eigenmittelbeschlusses wirksam werden sollte, und die Einführung einer neuen Eigenmittelquelle musste der Berliner Gipfel eine Antwort finden.

Die politischen Rahmenbedingungen für eine Einigung des Europäischen Rats waren jedoch angesichts der zeitlichen und politischen Belastungen durch die latent schwelende Kosovo-Krise und die Suche nach einem Ausweg aus der schwierigen institutionellen und personellen Notlage, in der sich die EU nach dem Rücktritt der Europäischen Kommission am 15. März 1999 befand, überaus schwierig. Der Beginn der NATO-Luftangriffe gegen die Bundesrepublik Jugoslawien hatte zunächst den Europäischen Rat überrascht und wurde dann von den Staats- und Regierungschefs diskutiert. Ebenso hatte die unklare institutionelle Situation und Personalfragen nach dem Rücktritt der Europäischen Kommission das Treffen des Europäischen Rats beschäftigt. Sowohl die Vorbereitung als auch der Auftakt des Gipfels selbst waren mit der schwierigen Suche nach einem Nachfolger für Jacques Santer belastet. Für beide Probleme benötigten die Staats- und Regierungschefs Zeit, die von der Verhandlungsdauer für die Agenda 2000-Probleme abging. Beide Krisen erhöhten jedoch zugleich auch den politischen Einigungsdruck in Berlin.

Die Verhandlungen über die Agenda 2000 begannen am Mittwochabend, dem 24. März 1999; sie wurden dann am Donnerstagvormittag fortgesetzt und bis zum

Freitagmorgen gegen sechs Uhr fast ununterbrochen weitergeführt.[111] Die Verhandlungen über das Gesamtpaket dauerten somit mehr als 20 Stunden und wurden in verschiedenen Zusammensetzungen und auf unterschiedlichen Ebenen nahezu permanent geführt.

Nach einer ersten Plenumsrunde wurden in bilateralen Gesprächen die Verhandlungsmargen der nationalen Delegationen ausgelotet und auf dieser Basis legte dann die Bundesregierung mit Unterstützung der EU-Kommission und des Ratsgeneralsekretariats überarbeitete Kompromissformulierungen für das Gesamtpaket vor.[112] Kanzler Schröder traf im sog. Beichtstuhlverfahren mit den Delegationen Frankreichs, Großbritanniens, Spaniens, Italiens, der Niederlande und Schwedens zusammen, während Außenminister Fischer und Europastaatsminister Günter Verheugen die bilateralen Verhandlungen mit den anderen Delegationen führten. Der Kompromiss konnte erst nach weiteren harten und kontroversen Verhandlungsrunden vereinbart werden, die wiederum von zahlreichen Einzelgesprächen unterbrochen worden waren und bei denen mehrfach ein Scheitern im Raum stand. Bundeskanzler Schröder wurde sogar mit der Drohung zitiert, dass die deutsche Präsidentschaft keinen zweiten Anlauf zu einem Kompromiss versuchen werde. „In Helsinki aber, warnte Schröder, fungiere Deutschland nicht mehr als ehrlicher Makler, sondern vertrete nationale Interessen – wie alle anderen auch."[113] Es wurde berichtet, dass der französische Präsident mit seiner Abreise gedroht habe, sollten seine Forderungen in der Agrarpolitik nicht berücksichtigt werden. Auch die spanische und die portugiesische Delegationen hatten gedroht, den Gipfel scheitern zu lassen, wenn der Kohäsionsfonds nicht aufgestockt würde. „Aber sowohl Chirac als auch Aznar kalkulierten offensichtlich damit, dass sich Schröder ein Scheitern des Berliner Gipfels weder innen- noch außenpolitisch erlauben konnte, und setzten daher auf Nerven und Ausdauer."[114]

---

[111] Joschka Fischer beschreibt ausführlich den Verlauf der Verhandlungen. Vgl. Joschka Fischer, Die rot-grünen Jahre. Deutsche Außenpolitik vom Kosovo bis zum 11. September, München 2008 (Taschenbuch-Ausgabe), S. 294–298.

[112] Vgl. Christoph Jessen, Das Reformpaket von Berlin als Erfolg für Gesamteuropa, in: integration, 1999, 22. Jg., H. 3, S. 167–175, S. 171.

[113] Hans-Henning Krumrey/Ines Zöttl, „Europa geht vor. Mit dem Verzicht auf eine baldige Senkung der Nettobeiträge bezahlte die deutsche Bundesregierung den Berliner Gipfel-Erfolg", in: Focus, 1999, Nr. 13 v. 29.2.1999.

[114] Joschka Fischer, Die rot-grünen Jahre, a. a. O., S. 295. Brigid Laffan zitiert den spanischen Premier: „I said ‚no' at midnight, I said ‚no' at 2 am and finally I said ‚yes' at 5.30." Brigid Laffan, The Agenda 2000 Negotiations: La Présidence Coûte Cher?, in: German Politics, 2000, Vol. 9, No. 3, S. 1–22, S. 15.

In den anschließenden Stellungnahmen und Pressekonferenzen am frühen Morgen des 26. März 1999 zeigten sich alle Delegationen sichtlich erleichtert und zufrieden. Bundeskanzler Gerhard Schröder nannte das Berliner Ergebnis einen „guten Kompromiss", Bundesaußenminister Fischer sah darin gar eine „hervorragende Grundlage" für die Osterweiterung und der zu diesem Zeitpunkt nur noch kommissarische Kommissionspräsident Jacques Santer sprach von einem wichtigen Schritt zur Einigung Europas. Jacques Chirac nannte die Agenda 2000 eine „vernünftige Vereinbarung" und Tony Blair wurde mit den Worten zitiert: „Wir haben ein positives Ergebnis erzielt und das heißt: kein Euro mehr, kein Euro weniger." Der spanische Premier Jose Maria Aznar nannte das Ergebnis sogar „zweifellos exzellent, ich bin wirklich zufrieden".[115]

In Berlin wurde ein Kompromiss[116] gefunden, der sich in der Hauptsache aus drei Dossiers zusammensetzte – der Reform der Gemeinsamen Agrarpolitik, der Reform der Struktur- und Kohäsionsfonds und der Reform des Eigenmittelsystems – und sich in den Rubriken und Zahlen des neuen Finanzrahmens manifestierte. Insgesamt sollte das Berliner Gesamtpaket europäische Solidarität mit strenger Haushaltsdisziplin verbinden. In den Schlussfolgerungen von Berlin hieß es zusammenfassend: „Der Europäische Rat ist der Auffassung, dass die in diesen Schlussfolgerungen dargelegten politischen Reformen und der Finanzrahmen zu ihrer mittelfristigen Finanzierung sicherstellen werden, dass die Union für die in der nächsten Zeit zu bewältigenden Aufgaben und eine erfolgreiche Gestaltung der bevorstehenden Erweiterung gerüstet ist."[117]

Im Ergebnis wurde in Berlin eine weitere prozentuale Steigerung des Haushaltsvolumens über die 1,27 %-Marge des EU Bruttosozialprodukts hinaus verhindert. Damit wurde der Trend zur Ausweitung des EU-Budgets erstmals begrenzt, denn der Haushalt wuchs in absoluten Mittelansätzen nur noch durch das wirtschaftliche Wachstum des BSP in der Europäischen Union. Schlüsselwort dieser Konsolidierungspolitik war das Konzept der „realen Konstanz".[118] In absoluten Zahlen

[115] Vgl. DPA Meldungen v. 26.3.1999 und weitere Presseberichterstattung in überregionalen Tageszeitungen. Mit weitere Stellungnahmen wurden zitiert Viktor Klima: „Wir haben Handlungsfähigkeit bewiesen."; Massimo d'Alema: „Wir haben eine solide finanzielle Basis gefunden."; Jean-Claude Juncker: „Manche haben mehr gegeben, manche weniger."

[116] Zur nachfolgenden Darstellung der Ergebnisse des Europäischen Rats von Berlin vgl. Christoph Jessen, Agenda 2000, a. a. O.

[117] Europäischer Rat in Berlin, 24./25. März 1999, Schlussfolgerungen des Vorsitzes, Teil I Agenda 2000, Punkt 3.

[118] Eine Definition des Konzepts der realen Konstanz wurde in RdNr. 72 der Schlussfolgerungen von Berlin gegeben: „Indem eine neue Finanzielle Vorausschau festgelegt wird, mit der auf Unionsebene eine ähnlich strenge Haushaltsdisziplin wie auf nationaler Ebene sicher-

bedeutete dies, dass der EU bis zum Jahr 2006 eine Gesamtsumme in Höhe von rund 686 Mrd. € zur Verfügung stehen sollte. Die Befürworter einer noch weitergehenden Sparpolitik konnten durchsetzen, dass die 1,27 %-Obergrenze nicht ausgeschöpft werden sollte und auch der im Vorschlag der Kommission vorgesehene Reservepuffer größer ausfiel. Am Ende der mittelfristigen Finanzplanung wurden 0,14 % als Spielraum für unvorhergesehene Ausgaben eingestellt. Die Kommission hatte nur 0,03 % eingeplant. Die Finanzielle Vorausschau für die EU-15 blieb damit um 62 Mrd. € unter dem Entwurf der Kommission.

Entsprechend der Vorgaben der Europäischen Räte von Madrid und Cardiff wurden die vorbeitrittsbedingten Ausgaben in der Vorausschau der EU-15 in einer neu geschaffenen 7. Ausgabenrubrik „Hilfe zur Vorbereitung auf den Beitritt" ausgewiesen. Im Hinblick auf die Erweiterung um Polen, Ungarn, Tschechien, Slowenien, Estland und Zypern wurde zudem eine zweite Vorausschau für eine EU mit 21 Mitgliedstaaten erstellt, in der zusätzlich die erweiterungsbedingten Ausgaben in einer neuen Rubrik 8 „Erweiterung" eingestellt wurden. Diese gesonderte Ausweisung der vorbeitritts- und erweiterungsbedingten Ausgaben sollten die Gelder auch für den Fall späterer Beitritte reservieren.

Auf der Einnahmenseite mündete eine Kombination von Modifikationen in einen neuen Eigenmittelbeschluss, der nach seiner Ratifikation in allen Mitgliedstaaten im Jahr 2002 in Kraft trat. Danach wurde der Anteil der über den Mehrwertsteuersatz finanzierten Eigenmittel weiter zurückgeführt und dafür der Anteil der Beiträge, der sich nach dem nationalen Bruttosozialprodukt der Mitgliedstaaten errechnet, weiter erhöht. Der britische Beitragsrabatt blieb grundsätzlich unangetastet, lediglich die Heranführungshilfen für die MOEL und die sogenannten *windfall*-Gewinne, die im Zuge der Veränderungen des Eigenmittelbeschlusses anfallen würden, sollten von einer Rabattierung ausgenommen bleiben. Zusätzlich wurden die Anteile der Nettozahler Deutschland, Schweden, Österreich und Niederlande an der Finanzierung des britischen Rabatts auf 25 % der gesamten Rabattsumme begrenzt.

Auf der Ausgabenseite wurden für die GAP rund 283 Mrd. € eingesetzt, zusätzlich wurden 14 Mrd. € für die ländliche Entwicklung und Maßnahmen im Veterinär- und Pflanzenschutzbereich vorgesehen. Am Ende der Laufzeit der Agenda 2000 sollten nur noch 42 % des EU-Budgets für die Finanzierung der GAP zur Verfügung stehen. Von grundsätzlicher Bedeutung für den Haushalt der Gemeinschaft war die Umschichtung der Mittel zur Förderung des ländlichen Raums aus

gestellt wird, und indem ferner vereinbart wird, dass die Ausgaben der EU nicht schneller als die öffentlichen Ausgaben der Mitgliedstaaten steigen, wird die Höhe der Gesamtausgaben der Union nunmehr in einem konsolidierten Rahmen stabilisiert."

den Mitteln der Strukturfonds in den Haushalt der Gemeinsamen Agrarpolitik. Neu war auch die Verbindung der Einhaltung der Umweltschutz- und Tierschutzanforderungen mit der Förderung der Umstrukturierung von landwirtschaftlichen Betrieben (die *cross compliance*). Diese Möglichkeit zur indirekten Umweltorientierung der Landwirtschaftspolitik eröffnete den Mitgliedstaaten größere nationale Steuerungsspielräume.

Bei den Strukturfonds wurde das Konzept der Kommission im Grundsatz bestätigt. Erreicht wurde eine Reduktion der Mittel auf rund 195 Mrd. € gegenüber einem Gesamtbetrag von 209 Mrd. € des Kommissionsvorschlags. Im Rahmen des Kohäsionsfonds wurden 18 Mrd. € bereitgestellt; das waren 3 Mrd. € mehr als ursprünglich von der Kommission vorgeschlagen. Insgesamt sah die Einigung vor, dass die EU rund 31 % ihres Haushalts für die Struktur- und Kohäsionsfonds ausgeben wollte. Die Förderziele wurden auf drei reduziert und die Gemeinschaftsinitiativen auf drei beschränkt. Um die auch von der Kommission vorgeschlagene Konzentration der Mittelvorgabe einzuhalten, wurde der Bevölkerungsanteil in den geförderten Regionen von 50 auf 42 % der EU-Gesamtbevölkerung zurückgefahren. Mit dem neu konzipierten Ziel 2 wurden entsprechend den Überlegungen der Kommission Gebiete mit Strukturproblemen und zur Bekämpfung der wirtschaftlichen und sozialen Auswirkungen des Strukturwandels gefördert. Maximal 18 % der EU-Bevölkerung sollten unter dieses Ziel fallen, wobei eine Aufteilung von 10 % für Industriegebiete, 5 % für ländliche Gebiete, 2 % für städtische Gebiete und 1 % für von Fischerei abhängige Gebiete vorgesehen waren. Neben den traditionell regionalpolitischen Förderzielen wurde das neue Ziel 3 als Instrument der europäischen Beschäftigungspolitik geschaffen.

In der langen Verhandlungsnacht wurden darüber hinaus die bestehenden Forderungen nach nationalen Sonderregelungen in einer 13 Maßnahmen umfassenden Liste erfüllt. Diese Liste verwässerte die an transparenten und strikten Kriterien orientierte Verteilung der Strukturfondsmittel. Insgesamt 5,25 Mrd. € wurden als Sondermaßnahmen auf elf Mitgliedstaaten verteilt. Von Sonderzahlungen wurden lediglich Finnland, Frankreich, Luxemburg und Dänemark nicht begünstigt (Tab. 3.9).

3.4.3 Die dritte Phase: Die Einbeziehung des Europäischen Parlaments

Bereits während der Verhandlungen zwischen den Mitgliedstaaten im Rat wurde das Europäische Parlament intensiv über die Fortschritte informiert. Zusätzlich wurde das Parlament im Rahmen informeller Trilog-Gespräche über die Arbeiten an der Formulierung der Verordnungsentwürfe eingebunden.

Tab. 3.9 Agenda 2000 – Ergebnis des Europäischen Rats von Berlin am 24./25. März 1999. (Quelle: Schlussfolgerungen des Europäischen Rats in Berlin vom 24./25. März 1999)

Finanzrahmen für die EU-15 (in Mio. Euro – Preise 1999)	2000	2001	2002	2003	2004	2005	2006
1. Landwirtschaft	*40920*	*42800*	*43900*	*43770*	*42760*	*41930*	*41660*
GAP-Ausgaben (außer Entwicklung des ländl. Raums)	36620	38480	39570	39430	38410	37570	37290
Entwicklung d. ländl. Raums u. flankierende Maßnahmen	4300	4320	4330	4340	4350	4360	4370
2. Strukturpolitische Maßnahmen	*32045*	*31455*	*30865*	*30285*	*29595*	*29595*	*29170*
Strukturfonds	29430	28840	28250	27670	27080	27080	26660
Kohäsionsfonds	2615	2615	2615	2615	2515	2515	2510
3. Interne Politikbereiche	*5900*	*5950*	*6000*	*6050*	*6100*	*6150*	*6200*
4. Externe Politikbereiche	*4550*	*4560*	*4750*	*4580*	*4590*	*4600*	*4610*
5. Verwaltung	*4560*	*4600*	*4700*	*4800*	*4900*	*5000*	*5100*
6. Reserven	*900*	*900*	*650*	*400*	*400*	*400*	*400*
Währungsreserven	500	500	250	0	0	0	0
Reserve für Soforthilfen	200	200	200	200	200	200	200
Reserve für Garantien	200	200	200	200	200	200	200
7. Hilfe zur Vorbereitung auf den Beitritt	*3120*	*3120*	*3120*	*3120*	*3120*	*3120*	*3120*
Landwirtschaft	520	520	520	520	520	520	520

Tab. 3.9 (Fortsetzung)

Finanzrahmen für die EU-15 (in Mio. Euro – Preise 1999)	2000	2001	2002	2003	2004	2005	2006
Strukturpolitisches Instrument zur Beitrittsvorbereitung	1040	1040	1040	1040	1040	1040	1040
Phare (Bewerberländer)	1560	1560	1560	1560	1560	1560	1560
Gesamtbetrag der Mittel für Verpflichtungen	*91995*	*93385*	*93805*	*93005*	*91465*	*90795*	*90260*
Gesamtbetrag der Mittel für Zahlungen	*89590*	*91070*	*94130*	*94740*	*91720*	*89910*	*89310*
Mittel für Zahlungen in Prozent des BSP	1,13 %	1,12 %	1,13 %	1,11 %	1,05 %	1,00 %	0,97 %
Beitrittsbetrag (Mittel für Zahlungen)			*4140*	*6710*	*8890*	*11440*	*14220*
Landwirtschaft			1600	2030	2450	2930	3400
Sonstige Ausgaben			2540	44680	6640	8510	10820
Obergrenze für Zahlungen	*89590*	*91070*	*98270*	*101450*	*100610*	*101350*	*103530*
Obergrenze der Mittel für Zahlungen in Prozent des BSP	1,13 %	1,12 %	1,18 %	1,19 %	1,15 %	1,13 %	1,13 %
Spielraum für unvorhergesehene Ausgaben	0,14 %	0,15 %	0,09 %	0,08 %	0,12 %	0,14 %	0,14 %
Eigenmittelobergrenze	*1,27 %*	*1,27 %*	*1,27 %*	*1,27 %*	*1,27 %*	*1,27 %*	*1,27 %*

Tab. 3.9 (Fortsetzung)

Finanzrahmen für die EU-21 (in Mio. Euro – Preise 1999)	2000	2001	2002	2003	2004	2005	2006
1. Landwirtschaft	*40920*	*42800*	*43900*	*43770*	*42760*	*41930*	*41660*
GAP-Ausgaben (außer Entwicklung des ländl. Raums)	36620	38480	39570	39430	38410	37570	37290
Entwicklung des ländl. Raums u. flankierende Maßnahmen	4300	4320	4330	4340	4350	4360	4370
2. Strukturpolitische Maßnahmen	*32045*	*31455*	*30865*	*30285*	*29595*	*29595*	*29170*
Strukturfonds	29430	28840	28250	27670	27080	27080	26660
Kohäsionsfonds	2615	2615	2615	1615	2515	2515	2510
3. Interne Politikbereiche	*5900*	*5950*	*6000*	*6050*	*6100*	*6150*	*6200*
4. Externe Politikbereiche	*4550*	*4560*	*4750*	*4580*	*4590*	*4600*	*4610*
5. Verwaltung	*4560*	*4600*	*4700*	*4800*	*4900*	*5000*	*5100*
6. Reserven	*900*	*900*	*650*	*400*	*400*	*400*	*400*
Währungsreserven	500	500	250	0	0	0	0
Reserve für Soforthilfen u. Garantien	400	400	400	400	400	400	400
7. Hilfe zur Vorbereitung auf den Beitritt	*3120*	*3120*	*3120*	*3120*	*3120*	*3120*	*3120*
Landwirtschaft	520	520	520	520	520	520	520

Tab. 3.9 (Fortsetzung)

Finanzrahmen für die EU-21 (in Mio. Euro – Preise 1999)	2000	2001	2002	2003	2004	2005	2006
Strukturpolitisches Instrument zur Beitrittsvorbereitung	1040	1040	1040	1040	1040	1040	1040
Phare (Bewerberländer)	1560	1560	1560	1560	1560	1560	1560
8. Erweiterung			*6450*	*9030*	*11610*	*14200*	*16780*
Landwirtschaft			1600	2030	2450	2930	3400
Strukturpolitische Maßnahmen			3750	5830	7920	10000	12080
Interne Politikbereiche			730	760	790	820	850
Verwaltung			370	410	450	450	450
Gesamtbetrag der Mittel für Verpflichtungen	*91995*	*93385*	*100255*	*102035*	*103075*	*104995*	*107040*
Gesamtbetrag der Mittel für Zahlungen	*89590*	*91070*	*98270*	*101450*	*100610*	*101350*	*103530*
davon Erweiterung			*4140*	*6710*	*8890*	*11440*	*14220*
Mittel für Zahlungen in Prozent des BSP	1,13 %	1,12 %	1,14 %	1,15 %	1,11 %	1,09 %	1,09 %
Spielraum für unvorhergesehene Ausgaben	0,14 %	0,15 %	0,13 %	0,12 %	0,16 %	0,18 %	0,18 %
Eigenmittelobergrenze	*1,27 %*	*1,27 %*	*1,27 %*	*1,27 %*	*1,27 %*	*1,27 %*	*1,27 %*

Von besonderer Bedeutung und Intensität war naturgemäß der Trilog im Anschluss an den Berliner Gipfel zur Verbesserung des Haushaltsverfahrens und der Haushaltsdisziplin. Die Verhandlungen waren zunächst schwierig, zumal die Parlamentarier des EP-Haushaltsausschusses die Ergebnisse von Berlin in ihren ersten Reaktionen scharf kritisiert hatten.[119] Dem Parlament ging es im Wesentlichen um drei Punkte:

1. Die Überführung einzelner Teile des Agrarhaushaltes aus den obligatorischen in die Kategorie der nicht-obligatorischen Ausgaben. Dies hätte dem EP über das jährliche Haushaltsverfahren ein erweitertes Mitspracherecht in diesen Politikbereichen gesichert und zu einer beträchtlichen Ausweitung seines Einflusses geführt. Das EP suchte insbesondere die Mittel zur Entwicklung des ländlichen Raums sowie bestimmte agrarpolitische Begleitmaßnahmen in diesen Bereich zu überführen.
2. Die Parlamentarier forderten eine Aufstockung der Mittel in den Ausgaberubriken 3 und 5 (interne Politiken und Verwaltungsausgaben). Zusätzlich sollten die frei verfügbaren Haushaltsreserven pro Haushaltsjahr der Rubrik 6 (Flexibilitätsreserve) auf die Ausgabenrubriken 3 und 5 konzentriert werden.
3. Die kohäsionspolitische Gemeinschaftsinitiative „Urban" zur Förderung industriell geprägter städtischer Gebiete sollte auch in der nächsten Förderperiode weitergeführt und mit einer ausreichenden Finanzausstattung versehen werden.

Insbesondere diese letzte Forderung war aus Sicht des Rates schwierig, weil der zwischen den Mitgliedstaaten erzielte Kompromiss auf eine neue Rahmenverordnung für die Strukturfonds wieder neu verhandelt werden musste. Dagegen wurde die Forderung des Parlaments, die Ausgabenrubrik 3 (interne Politiken) zu erhöhen, von der Kommission begrüßt.[120] In intensiven Verhandlungen gab der Rat schließlich dem Drängen des Europäischen Parlaments in den Grundsatzfragen nach. Die Gemeinschaftsinitiative „Urban" wurde in die Strukturfondsverordnung aufgenommen, die Finanzierung durfte allerdings nicht den in Berlin gefundenen Gesamtkompromiss sprengen und wurde im Rahmen der eingesetzten Finanzmittel vereinbart. Auch bei der Erhöhung der Flexibilitätsreserve war der Rat kompromissbereit. Er lehnte zwar eine Veränderung der vom Europäischen Rat in Berlin

---

[119] Vgl. Andreas Middel, „Empörte Europa-Abgeordnete drohen mit Blockade der EU-Reform. Bonn und Brüssel sind alamiert", in: Die Welt v. 1.4.1999; Peter Sennekamp, „Gipfel der Unverschämtheit", in: TAZ v. 1.4.1999.

[120] So Jacques Santer am 14. April 1999 in seiner Rede zu den Ergebnissen des Europäischen Rats von Berlin vor dem Plenum des Europäischen Parlaments.

gebilligten Finanzansätze ab, aber er gestand eine Akkumulation der Mittel für maximal 3 Jahre zu.

Ein endgültiger Abschluss der legislativen Arbeiten konnte im April erreicht werden, sodass das Europäische Parlament die Verordnungen am 5. Mai 1999 verabschieden konnte.

3.4.4 Fazit der Agenda 2000-Verhandlungen

Zu Beginn des Verhandlungsprozesses wurde die Agenda 2000 eng mit den als notwendig erachteten Reformen der europäischen Ausgabenpolitiken verbunden, um die angestrebte besondere Herausforderung finanzieren zu können, die Aufnahme der rückständigen Kandidaten aus Mittel- und Osteuropa. Die in der Agenda 2000 angelegte Verbindung von Vertiefung und Erweiterung wurde im Verlauf des Verhandlungsprozesses jedoch zusehends aufgelöst. Die bevorstehende Osterweiterung war weder bei der Reform der GAP noch der Strukturfonds ausreichend, um als Hebel für präventive und vorgezogene Reformen in diesen Politikfeldern dienen zu können. Im Verlauf der Verhandlungen wurde auch immer deutlicher, dass die Reformschritte kleiner ausfallen würden, als sie viele Beobachter aus Wissenschaft und Medien für notwendig erachtetet hatten und auch als die Kommission es ursprünglich vorgeschlagen hatte, um die EU und ihren Haushalt auf die Osterweiterung vorzubereiten.

Sowohl die Inhalte, die Ansatzpunkte für Veränderungen, die legislativen Instrumente, als auch die Verfahren waren vorgegeben. Die Kommission lehnte sich bereits in ihrem ersten Bericht an die vorhandenen Strukturen an und die deutsche Präsidentschaft verfolgte in ihrem Verhandlungsansatz für die Endphase der Verhandlungen den ergebnisorientierten Ansatz der Delors-Pakete. Das Festhalten an dieser eingeübten Verhandlungsroutine und an den bereits erfolgreich angewendeten Verfahren erzeugte eine „Pfadabhängigkeit", die wiederum zu einem Reformgradualismus führte. Der termingerechte Abschluss von Minimalreformen wurde wichtiger als der „große Wurf". Betrachtet man den Berliner Kompromiss aus dem Blickwinkel der Sicherung der unmittelbaren Handlungsfähigkeit der EU, so konnte das Ergebnis von Berlin sicherlich als Erfolg gewertet werden.[121] Eine grundlegende Reform, wie sie insbesondere für die Ausgabenpolitiken der EU gefordert worden war, wurde allerdings verfehlt. Selbst auf die zurückhaltenden Vorschläge zu Reformen, die die Kommission und einzelne Regierungen vorgeschlagen hatten, konnten sich die Mitgliedstaaten nicht verständigen. Die Bindewirkung und die Pfadabhängigkeit der eingeübten Verfahren erlaubten offenbar keine tiefgreifenden und fundamentalen Reformen. Der Gradualismus war

---

121 So auch Christoph Jessen, Agenda 2000, a. a. O.

inzwischen im System der europäischen Haushalts- und Finanzverhandlungen fest verankert.

Trotz dieser Betonung der eingeübten Verfahren zeichneten sich auch Unterschiede zwischen den Verhandlungen zur Agenda 2000 und den Delors-Paketen ab. Bei den Agenda 2000-Verhandlungen wurden die beiden Säulen des Verhandlungspakets – die mehr technischen Fragen der legislativen Arbeit an den Verordnungen sowie die politischen Verhandlungen über die mittelfristige Finanzplanung, in der sich auch die mittelfristigen politischen Ziele, Aufgaben und die Prioritäten der EU widerspiegeln sollten – sehr viel enger miteinander verbunden und parallel geführt. Dies erforderte eine engere Abstimmung und Zusammenarbeit der Organe, d. h. zwischen Rat, Kommission und Europäischem Parlament. Die Parallelität der Arbeiten erforderte auch den Aufbau koordinierender ad hoc-Arbeitsgruppen – die Gruppe der „Freunde der Präsidentschaft" und die unter der deutschen Präsidentschaft geschaffene ad hoc-Arbeitsgruppe „Hochrangige Gruppe Landwirtschaft" – die neben den vorhandenen Ratsarbeitsgruppen auf Arbeitsebene alle horizontalen Fragen der Agenda 2000 behandelten. Zwischen den Ebenen des AStV und den regulären Arbeitsgruppen des Rates wurde so eine zusätzliche Koordiniationsebene eingezogen, die die Verhandlungen in den Ratsarbeitsgruppen zu den speziellen Fragen der Agenda 2000 überwachte und zusammenführte. Zugleich konnten begrenzte politische Fragen auf dieser Ebene durch die Verknüpfung der Einzelfragen leichter gelöst bzw. die Lösung vorbereitet werden. Der Gruppe „Freunde der Präsidentschaft" kam damit eine zentrale, nicht zu unterschätzende Funktion in den Verhandlungen des Rates und in der Vorbereitung des Kompromisspakets zu. Eine zusätzliche Belastung der Agenda 2000-Verhandlungen gegenüber den Delors-Paketen war die Verbindung von internen Verteilungskonflikten mit externen Anwärtern. Zum einen sollten in den Verhandlungen ausreichend Mittel für die Beitrittsanwärter bereitgestellt werden, um sie zunächst auf die Mitgliedschaft vorzubereiten. Zum anderen bedeutete das Konzept der realen Konstanz auch Einsparungen und Ausgabenkürzungen zu Lasten der EU-15.

3.5 Die Finanzierung der EU-Osterweiterung und die Anpassung des Finanzrahmens

Von herausragender Bedeutung der Einigung im März 1999 in Berlin auf die Agenda 2000 war, dass es der Bundesregierung gelungen war, die Verhandlungen termingerecht abzuschließen und damit die formelle Voraussetzung schaffen konnte, um die Erweiterungsverhandlungen mit den Kandidaten aus Mittel- und Osteuropa auf einer gesicherten Finanzgrundlage führen zu können.[122] Die einvernehmliche Verteilung der erweiterungsbedingten Zusatzkosten für den EU-Haushalt war die unabdingbare und unbestrittene Voraussetzung für die versprochene Aufnahme der ärmeren Nachbarn aus Mittel- und Osteuropa. Insbesondere die beiden größten Ausgabenblöcke des EU-Haushalts, also die GAP und die europäische Kohäsionspolitik, waren Gegenstand dieser konfliktreichen Verhandlungen innerhalb der Europäischen Union.[123] Sie waren allerdings auch die finanzpolitischen Stolpersteine bei den Verhandlungen zwischen den alten und den künftigen Mitgliedstaaten über die Konditionen des Beitritts. Gerade der Agrarsektor hatte in allen Kandidatenländern eine erheblich größere politische und ökonomische Bedeutung als in der EU. Und wegen der deutlichen wirtschaftlichen und sozialen Rückständigkeit der Beitrittsländer war mit erheblichen Transfers aus den europäischen Strukturfonds in die zukünftigen neuen Mitgliedstaaten zu rechnen.[124]

Zwar sollte die Agenda 2000 die EU und ihren Haushalt auf diese absehbaren Kosten der Osterweiterung vorbereiten und der Berliner Kompromiss berücksichtigte bereits zum Teil die budgetären Effekte der Aufnahme der neuen Mitglieder, aber dennoch standen die Verhandlungen mit den Beitrittskandidaten über die genauen Konditionen ihrer Integration noch aus.

Die EU-15 hatte sich mit der Agenda 2000 frühzeitig auf die Eckpunkte zur Finanzierung der Osterweiterung festgelegt:

1. Als Hilfe für die Vorbereitung der künftigen Mitglieder auf den Beitritt und zur Finanzierung der hohen Anpassungskosten stellte die EU Heranführungshilfen in Höhe von rund 22 Mrd. € für die zehn Beitrittskandidaten bereit.
2. Wie es die Europäische Kommission in ihrem Erweiterungsszenario in der Agenda 2000 ausgearbeitet hatte, rechnete die EU mit einem Beitritt von zunächst sechs Kandidaten im Jahr 2002, für die insgesamt 50 Mrd. € an zusätzlichen Hilfen aus den Struktur- und Agrarfonds angesetzt wurden.
3. Diese zusätzlichen erweiterungsbedingten Fördermittel wurden im Finanzrahmen in einer gesonderten Haushaltsrubrik ausgewiesen und damit sichtbar vom Budget für die EU-15 abgegrenzt. Dieses sogenannte „*ring-fencing*“ bzw. die

[122] Zum Prozess der Osterweiterung Heather Grabbe/Kirsty Hughes, a. a. O.; Michael J. Baun, A Wider Europe. The Process and Politics of European Union Enlargement, Lanham u. a., 2000, Peter Ludlow, The Making of the new Europe. The European Councils in Brussels and Copenhagen 2002, Brüssel 2004.

[123] Vgl. Alan Mayhew, Recreating Europe. The European Union's Policy towards Central and Eastern Europe, Cambridge 1998, S. 300 ff.

[124] Vgl. Christian Weise et.al., Die Finanzierung der EU-Osterweiterung, Baden-Baden 2002.

doppelte Programmierung des Finanzplans hatte der französischen Außenminister Hubert Védrine bereits zu Beginn der Verhandlungen über die Agenda 2000 im Herbst 1997 vorgeschlagen.

4. Die Mitgliedstaaten der EU-15 hatten im Vorgriff auf die Osterweiterung zwei kostendämpfende Anpassungen in der Agrar- und der Kohäsionspolitik vorgenommen. Zum Einen vereinbarten sie, dass die Landwirte in den neuen Mitgliedstaaten nicht direkt nach dem Beitritt in den Genuss von direkten Einkommensbeihilfen in der vollen Höhe kommen sollten. Vielmehr sollten die Direktzahlungen langsam und schrittweise eingeführt werden. Die EU begründete diese Differenzierung bei den Förderregeln der GAP mit den unterschiedlichen Einkommens- und Wohlstandsniveaus in den Beitrittsländern und in der EU. Die Preise für Agrarerzeugnisse in den neuen Mitgliedstaaten würden voraussichtlich ansteigen und damit die Einkommen der Landwirte ohnehin anwachsen. Deshalb werde eine Kompensation für die Rückführung der Preisstützungen und der Marktinterventionen nicht gebraucht und sei nicht zu rechtfertigen. Diese sei aber die Funktion und die Begründung der mit den McSharry-Reformen eingeführten Direktzahlungen an die Landwirte in den alten Mitgliedstaaten gewesen.
   Zum anderen wurde für die Verteilung der Struktur- und Kohäsionsfonds der EU eine neue „Absorptionsgrenze“ in Höhe von maximal 4 % des jeweiligen nationalen BIP eingeführt. Damit wurde eine Obergrenze für die Mittelzuflüsse in die neuen Mitgliedstaaten eingezogen und eine Deckelung der Fördersummen vorgenommen.

Trotz dieser einseitigen Vorfestlegungen der EU-15 zeichneten sich im Zuge der Beitrittsverhandlungen mit den mittel- und osteuropäischen Kandidaten einige grundlegende Abweichungen von diesen Eckpunkte und Planungen ab: Der Beitritt der ersten neuen Mitgliedstaaten würde nicht im Jahr 2002 erfolgen und die Gruppe der ersten Beitrittsländer würde größer sein, als die im Zuge der Agenda 2000-Berechnungen ursprünglich vorgesehenen sechs Kandidaten. Darüber hinaus zeichnete sich ab, dass die Beitrittsländer nicht bereit waren, die einseitige und vorzeitige Begrenzung ihrer Ansprüche aus den Fonds der GAP und der Kohäsionspolitik ohne Verhandlungen zu akzeptieren. Nachverhandlungen des Finanzpakets innerhalb der EU und mit den Beitrittskandidaten waren demnach unausweichlich.

Die Kommission eröffnete die Verhandlungen im Kreis der EU-15 über die Finanzierung der Osterweiterung mit der Vorlage mehrerer Informationsvermerke. Sie legte am 30. November 2001 eine Informationsnote zur Regionalpolitik und am 30. Januar 2002 ein Diskussionspapier zur Integration der neuen Mitglieder in die Gemeinsame Agrarpolitik sowie einen umfassenden Vorschlag zu den Kosten

Tab. 3.10 Ansätze der Agenda 2000 für die Osterweiterung der EU (in Mio. EUR in Preisen 1999). (Quelle: Informationsvermerk der Kommission: Gemeinsamer Finanzrahmen 2004–2006 für die Beitrittsverhandlungen, Dok. 6045/02 v. 7.2.2002)

	2002	2003	2004	2005	2006	2002–2006
Landwirtschaft	1600	2030	2450	2930	3400	12.410
Regionalpolitik	3750	5830	7920	10.000	12.080	39.580
Interne Politikbereiche	730	760	790	820	850	3950
Verwaltung	370	410	450	450	450	2130
Verpflichtungen insgesamt	*6450*	*9030*	*11.610*	*14.200*	*16.780*	*58.070*

der Erweiterung in den Bereichen Landwirtschaft und Regionalpolitik vor.[125] Die Kommission schlug vor, die Beitrittsländer nur schrittweise in das System der Direktzahlungen in der Gemeinsamen Agrarpolitik einzubeziehen und zusätzliche Gelder im Bereich der Kohäsionspolitik zur Verfügung zu stellen (Tab. 3.10).

Sie blieb mit ihren Vorschlägen zwar unter den Ansätzen der Agenda 2000, dennoch gestalteten sich die Verhandlungen im Kreis der EU-15 sehr schwierig. Die Kommission suchte in ihren Stellungnahmen eine vermittelnde Position zwischen den Forderungen der Beitrittsländer und den Interessen der EU-Mitgliedstaaten einzunehmen; dabei konnte sie insbesondere auf die Interessen der Nettozahler in der EU nur bedingt Rücksicht nehmen (Tab. 3.11).[126]

Die Verhandlungen über die inhaltlichen Aspekte der Regionalpolitik waren im Kreis der EU-15 relativ unumstritten. Die Kommission hatte vorgeschlagen, dass der Schwellenwert für die Bestimmung der Ziel 1-Regionen auch weiterhin bei 75 % des durchschnittlichen Bruttoinlandsprodukt (in Kaufkraftparitäten) der alten Mitgliedstaaten von 1999 berechnet werden sollte und dass die Regionen in den Beitrittsländern auf Grundlage einer Referenzperiode der letzten drei Jahren

[125] Vgl. Information Note on Chapter 21. "Regional Policy and Co-ordination of Structural Instruments" of Enlargement Negotiations (Worked out by Commissioners Verheugen and Barnier in agreement with Commissioners Diamantopoulou and Fischler), Doc. ELARG 347 v. 23.11.2001; Europäische Kommission, Erweiterung und Landwirtschaft: Die erfolgreiche Integration der neuen Mitgliedstaaten in die GAP, Diskussionspapier, SEK (2002) 95 v. 30.1.2002; Europäische Kommission, Mitteilung der Kommission, Informationsvermerk. Gemeinsamer Finanzrahmen 2004–2006 für die Beitrittsverhandlungen, SEK (2002) 102 v. 30.1.2002.

[126] Vgl. auch Barbara Lippert, Die Erweiterungspolitik der Europäischen Union, in: Werner Weidenfeld/Wolfgang Wessels (Hrsg.), Jahrbuch der Europäischen Integration 2001/2002, Bonn 2002, S. 295–406, S. 399.

Tab. 3.11 Vorschlag der EU-Kommission zur Finanzierung der Osterweiterung vom 30. Januar 2002 (in Mio. EUR in Preisen 1999). (Quelle: Europäische Kommission, Mitteilung der Kommission, Informationsvermerk. Gemeinsamer Finanzrahmen 2004–2006 für die Beitrittsverhandlungen, SEK(2002) 102 v. 30.1.2002)

	2004	2005	2006
1. Mittel für Verpflichtungen			
a. Landwirtschaft	2048	3596	3933
Marktordnung	516	749	734
Ländliche Entwicklung	1532	1674	1781
Direktzahlungen[a]		1173	1418
Regionalpolitik	7067	8150	10.350
b. Interne Politikbereiche	1176	1096	1071
c. Nukleare Sicherheit			
KKW Bohunice	20	20	20
KKW Ignalina	105	70	70
Verwaltungsaufbau	200	120	60
Zypern	39	67	100
d. Verwaltung	503	558	612
Verpflichtungen insgesamt	*10.794*	*13.400*	*15.966*
Mittel für Zahlungen	*5686*	*10.493*	*11.840*

[a] Da Zahlungen von der KOM an die Mitgliedstaaten im Bereich Direktzahlungen immer für das jeweils zurückliegende Jahr geleistet werden, waren nur Beträge für 2005 und 2006 vorgesehen

vor dem Abschluss der Verhandlungen bestimmt werden sollten. Nach den ersten Berechnungen der Kommission würden alle Beitrittsländer außer Zypern in die höchste Förderkategorie fallen. Nur die Hauptstadtregionen Prag, Bratislava und Budapest würden nicht unter die höchste Förderstufe fallen, sondern wären nur im Rahmen von Ziel 2 förderfähig. Dieser Vorschlag bedeutete, dass keine grundlegende Veränderung des rechtlichen Status quo in der Strukturpolitik vorgenommen werden sollte; die Verhandlungen konzentrierten sich demzufolge auf die Finanzausstattung. Danach sollten in den Jahren 2004 bis 2006 Ausgaben in Höhe von insgesamt 40,16 Mrd. € für die Erweiterung veranschlagt werden. Die ursprünglich veranschlagten Kosten sollten um rund 2,5 Mrd. € unterschritten werden.

Für die schwierige Frage der Integration der künftigen Mitglieder in die Gemeinsame Agrarpolitik schlug die Kommission vor, dass die Kandidaten stufenweise in das System der Direktzahlungen einbezogen werden sollten. Im ersten Jahr ihrer Mitgliedschaft sollten 25 % der aktuellen EU-Quoten gezahlt werden; dieser Betrag sollte danach jedes Jahr gesteigert werden bis 2013 der Stand von 100 % erreicht wäre. Dieser Vorschlag wurde von den Nettozahlern Deutschland, Schweden, Großbritannien und den Niederlanden abgelehnt.

Die Bundesregierung argumentierte, dass die Agenda 2000 von einem Beitritt von sechs Staaten zum Jahr 2002 ausgegangen sei. Die ursprünglich kalkulierten Kosten für das Beitrittsjahr N und die Jahre N + 1 und N + 2 (also die Jahre 2002, 2003 und 2004) sollten auf das nun anvisierte Beitrittsjahr 2004 und die Folgejahre übertragen werden, also die Jahre 2004, 2005 und 2006. Wegen der erhöhten Anzahl der nunmehr zehn beitretenden Staaten war Deutschland zu einer Erhöhung der vorgesehenen Haushaltsmittel um 20 % bereit. Die Parallelverschiebung des Dreijahreszeitraums der Jahre N bis N + 2 hätte trotz des Aufschlags nach den Berechnungen des Bundesfinanzministeriums ein Gesamtvolumen der Erweiterungskosten von rund 27,09 Mrd. € in Verpflichtungsermächtigungen (bzw. rund 19,75 Mrd. € in Zahlungsermächtigungen) bedeutet. Die von der EU-Kommission errechneten Erweiterungskosten von insgesamt 40,16 Mrd. € (in Verpflichtungsermächtigungen) lagen demnach rund 13 Mrd. € über den Vorstellungen der Nettozahler – aber rund 2 Mrd. € unter den Ansätzen der Agenda 2000.

Die Nettozahler waren zunächst auch nicht bereit, die Beitrittsstaaten in das System der Direktzahlungen in der Gemeinsamen Agrarpolitik aufzunehmen. Erstens habe der Berliner Finanzierungskompromiss vom März 1999 diese Möglichkeit bewusst ausgeschlossen. Zweitens bestehe die Funktion der Direktzahlungen darin, die niedrigen Produktpreise auf den Weltmärkten für die Landwirte mit Ausgleichszahlungen aus dem EU-Budget zu kompensieren; gerade dies könne bei den Beitrittsländern aber nicht gelten, denn die Erzeugerpreise lagen unter den Weltmarktpreisen und würden sich mit dem Beitritt ohnehin erhöhen. Deshalb seien Direktzahlungen, drittens, auch aus ökonomischen Gründen abzulehnen, weil sie die für eine wettbewerbsfähige Landwirtschaft in den Beitrittsstaaten dringend erforderlichen Strukturanpassungen und Umstrukturierungsprozesse verlangsamen oder ganz verhindern würden. Die Direktzahlungen würden unrentable Betriebe erhalten, die Bodenpreise erhöhen und zu starken Einkommensunterschieden in den Beitrittsstaaten führen. Frankreich war umgekehrt jedoch nicht bereit, das bestehende System der Direktzahlungen an seine Landwirte abzuändern, um mithilfe der so erzielten Einsparungen die Aufnahme der neuen Mitgliedstaaten zu finanzieren.

In der zweiten Jahreshälfte 2002 entwickelten sich diese gegensätzlichen Positionen zu einem deutsch-französischen Konflikt, der erst in bilateralen Gesprächen auf höchster Ebene beigelegt werden konnte. Der Europäische Rat vom 24./25. Oktober 2002 in Brüssel schaffte schließlich den Durchbruch bei den Verhandlungen über die Finanzierung der Erweiterung innerhalb der EU-15. Die Staats- und Regierungschefs verständigten sich auf der Basis eines deutsch-französischen Vorschlags, den Bundeskanzler Schröder und der französische Präsident Chirac in direkten Gesprächen unmittelbar vor dem Gipfeltreffen vereinbart hatten.

Für das Kapitel Landwirtschaft wurde der Vorschlag der Kommission zu einem *phasing-in* der Beitrittsländer in das System der Direktzahlungen übernommen, den die Bundesregierung bis dahin stets abgelehnt hatte. Ausgehend von einem Niveau von 25 % der Zahlungen im Jahre 2004 sollten die neuen Mitglieder stufenweise bis zum Jahr 2013 in das System hinein gleiten (2004: 25 %, 2005: 30 %, 2006: 35 %; 2007: 40 %, danach in 10 %-Schritten bis 2013). Gleichzeitig wurde die Gesamthöhe der marktbezogenen Ausgaben und der Direktzahlungen ab 2006 für die EU-25 auf die Summe des Betrages, der 2006 für die EU-15 (ca. 43 Mrd. €) sowie für Beitrittsländer (ca. 4 Mrd. €) zur Verfügung stehen sollte, eingefroren. Das *phasing-in* zugunsten der neuen Mitgliedstaaten bedeutete demnach zugleich eine schrittweise Reduzierung der Direktzahlungen bei den alten Mitgliedstaaten. Außerdem wurde ein Inflationsausgleich von jährlich 1 % vereinbart. Der Kompromiss enthielt somit lediglich eine finanzielle Plafondierung der Agrarausgaben im Bereich der Direktzahlungen, eine inhaltliche Diskussion über eine Reform der europäischen Agrarpolitik war nicht möglich und wurde vertagt.

Im Bereich der Kohäsionspolitik sollten die Beitrittsländer rund 23 Mrd. € erhalten, der Anteil für den europäischen Kohäsionsfonds wurde um ca. 1,5 Mrd. € aufgestockt. Der Vorschlag der Kommission hatte zunächst 25,6 Mrd. € vorgesehen, während die Nettozahler lediglich 21,2 Mrd. € bereitstellen wollten. Dieses Budget sollte nach den bereits im Rahmen der Beitrittsverhandlungen über das Kapitel „Regionalpolitik" vereinbarten Prozentsätzen auf die zehn Kandidaten aufgeteilt werden.

Die letzte strittige Frage in dem Bereich der Finanz- und Haushaltspolitik betraf die Einbindung der neuen Mitgliedstaaten in das Eigenmittelsystem der EU. Die neuen Mitglieder sollten nach den Vorstellungen der EU vom ersten Tag ihrer Mitgliedschaft an Beiträge an den EU-Haushalt abführen. Da die Rückflüsse aus den Fonds der GAP und der Kohäsionspolitik jedoch erst mindestens ein Jahr später an die neuen Mitglieder ausgezahlt würden, prognostizierte die EU-Kommission, dass die neuen Mitglieder zunächst einen negativen Beitragssaldo ausweisen würden. Die Kommission hatte einen Negativsaldo für einzelne Kandidaten in Höhe von 800 Mio. € für das Jahr 2004, 335 Mio. € für das Jahr 2005 und immerhin noch 160 Mio. € für das Jahr 2006 errechnet.[127] Um dies zu verhindern, sollten

[127] Vgl. European Commission, Paper on the Methodological Aspects related to the Calculation of Net Budgetary Balances, MD 285/02 v. 5.9.2002.

die betroffenen Beitrittsländer Haushaltsausgleichszahlungen von der EU erhalten. Die Ausgleichszahlungen waren degressiv und befristet für die Jahre 2004 bis 2006 vorgesehen. Die Beitrittsländer hatten ihrerseits eine Verbesserung ihrer Position gegenüber den Vorbeitrittshilfen und hierzu ein langsames *phasing-in* bei den Zahlungen an den EU-Haushalt gefordert.

Nach der Einigung des Europäischen Rats auf eine Verhandlungsposition und ein Angebot an die Beitrittsländer zu den Finanzdossiers im Oktober 2002 begannen die Verhandlungen mit den Beitrittsländern, die bis Ende 2002 abgeschlossen werden sollten. Nach schwierigen und zunächst erfolglosen Versuchen der dänischen Ratspräsidentschaft, auf der Basis der abgestimmten Position der EU zu einer Verständigung mit den zehn Kandidaten zu kommen, wurde der Gipfel von Kopenhagen am 12. und 13. Dezember 2002 zum entscheidenden Abschlussakkord der Beitrittsverhandlungen.[128]

Die schwierigen Verhandlungen in Kopenhagen waren geprägt von einer Vielzahl paralleler bilateraler Gespräche. Die entscheidenden Verhandlungen am 13. Dezember gestalteten sich insbesondere mit der innenpolitisch geschwächten polnischen Regierung Miller als sehr schwierig. Nachdem acht der zehn Beitrittsländer einem nochmals verbesserten Angebot der dänischen Präsidentschaft zugestimmt hatten, drehten sich die bilateralen Gespräche mit Polen und Tschechien im Kern schließlich um eine „Milliarde Euro Cash"[129] für Polen und die Erhöhung der Milchquoten. Neben der dänischen Präsidentschaft waren dabei der deutsche Erweiterungskommissar Günter Verheugen und Bundeskanzler Schröder die wichtigsten Ansprechpartner für den polnischen Premierminister Miller.[130]

Der schließlich gefundene Kompromiss sah eine Ausgabenobergrenze für erweiterungsbedingte Kosten von 40,85 Mrd. € für die Jahre 2004 bis 2006 vor und lag damit unter den in der Agenda 2000 veranschlagten Erweiterungskosten von 42,6 Mrd. € (Tab. 3.12).

Den größten Ausgabenblock machten die Gelder für die Kohäsionspolitik mit knapp 21,7 Mrd. € aus. Davon waren etwa 14,3 Mrd. € für die Strukturfonds zugunsten der rückständigen Regionen und 7,6 Mrd. € für den Kohäsionsfonds an die neuen Mitgliedstaaten vorgesehen. Im Bereich der Gemeinsamen Agrarpolitik wurde für die Direktzahlungen die Sonderregelung vereinbart, nach der die Zahlungen über einen Zeitraum von zehn Jahren schrittweise in den neuen Mitgliedstaaten

[128] Vgl. Peter Ludlow, The Making of the new Europe, a. a. O., S. 289 ff.

[129] Barbara Lippert, Die Erweiterungspolitik der Europäischen Union, in: Werner Weidenfeld/Wolfgang Wessels (Hrsg.), Jahrbuch der Europäischen Integration 2002/2003, Bonn 2003, S. 417–430, S. 419.

[130] Vgl. Peter Ludlow, The Making of the New Europe, a. a. O., S. 289 ff.

Tab. 3.12 Obergrenzen für erweiterungsbedingte Gelder an die zehn neuen Mitgliedstaaten 2004–2006 (in Mio. EUR zu Preisen 1999). (Quelle: Schlussfolgerungen des Europäischen Rats von Kopenhagen, 12./13. Dezember 2002, Anlage 1)

	2004	2005	2006	Insg.
Rubrik 1 Landwirtschaft	1.897	3.747	4.147	9.791
1a – Gemeinsame Agrarpolitik	327	2.032	2.322	4.681
1b – Entwicklung des ländlichen Raums	1.570	1.715	1.825	5.110
Rubrik 2 Strukturpolitische Maßnahmen	6.070	6.907	8.770	21.747
Strukturfonds	3.453	4.755	5.948	14.156
Kohäsionsfonds	2.617	2.152	2.822	7.591
Rubrik 3 Interne Politikbereiche	1.457	1.428	1.372	4.257
Rubrik 5 Verwaltungsausgaben	503	558	612	1.673
Obergrenzen der Mittel für Verpflichtungen insgesamt	*9.927*	*12.640*	*14.901*	*37.468*
Rubrik X	1.273	1.173	940	3.386
Cashflow-Fazilität	1.011	744	644	2.399
Vorübergehender Haushaltsausgleich	262	429	296	987
Mittel insgesamt	*11.200*	*13.813*	*15.841*	*40.854*

eingeführt werden sollten, ausgehend von 25 % im Jahr 2004. Den Beitrittsländern wurde es gestattet, diese Quoten mit eigenen Mitteln aufzustocken. Die neuen Mitgliedstaaten erhielten darüber hinaus für die Entwicklung ihrer ländlichen Gebiete aus der zweiten Säule der GAP etwa 50 % der für die alten Mitgliedstaaten eingeplanten Mittel. Die Europäische Union war den Beitrittsländern in Kopenhagen auch in diesem Politikfeld entgegengekommen und hatte die zunächst vorgesehenen Annäherungsschritte an die Höhe der Direktzahlungen zugunsten der neuen Mitglieder verbessert. Insgesamt wurden für die GAP ein Gesamtvolumen von 4,68 Mrd. € für die erste Säule, also die Direktzahlungen und die Agrarmarktordnungen, und von 5,11 Mrd. € für die zweite Säule, also die Entwicklung des ländlichen Raums, eingeplant.

Diesen Ausgaben standen kalkulierte Beiträge der zehn neuen Mitgliedstaaten an den EU-Haushalt in Höhe von rund 14,3 Mrd. € gegenüber, so dass sich für die EU insgesamt die Nettokosten der Osterweiterung in den ersten drei Jahren auf rund 26,5 Mrd. € beliefen. Darin enthalten waren auch eine Cashflow-Fazilität zugunsten der neuen Mitglieder sowie Zahlungen an einzelne Beitrittsländer, die allesamt in einer gesonderten Rubrik X ausgewiesen wurden (Tab. 3.13).

Tab. 3.13 Verteilung der Gelder auf die Beitrittsländer. (Quelle: Deutscher Bundestag, Vertrag über den Beitritt der Tschechischen Republik, Estlands, Zyperns, Lettlands, Litauens, Ungarns, Maltas, Polens, Sloweniens und der Slowakei zur Europäische Union, v. 16. April 2003, Drs. 15/1100 v. 2.6.2003, Beitrittsakte, Artikel 29 u. 30)

	Cashflow-Fazilität			Haushaltsausgleich			Insgesamt
	2004	2005	2006	2004	2005	2006	
	(in Mio. Euro, in Preisen von 1999)						
Tschech. Republik	174,7	91,55	91,55	125,4	178,0	85,1	*746,3*
Estland	15,8	2,9	2,9				*21,6*
Zypern	27,7	5,05	5,05	68,9	119,2	112,3	*338,2*
Lettland	19,5	3,4	3,4				*26,3*
Litauen	34,8	6,3	6,3				*47,4*
Ungarn	155,3	27,95	27,95				*211,2*
Malta	12,2	27,15	27,15	37,8	65,6	62,9	*232,8*
Polen	442,8	550,0	450,0				*1.442,8*
Slowenien	65,4	17,85	17,85	29,5	66,4	35,5	*232,5*
Slowakei	63,2	11,35	11,35				*85,9*

Dieser Kompromiss des Europäischen Rats von Kopenhagen mir den zehn Beitrittsländern hatte Auswirkungen auf den laufenden mehrjährigen Finanzrahmen, die Agenda 2000, wie sie zwischen dem Ministerrat und dem Europäischen Parlament in einer IIV verabschiedet worden war. Die IIV musste deshalb zwangsläufig an die Erfordernisse der erweiterten EU-25 angepasst werden, wie es bei den Kopenhagener Verhandlungen vereinbart und im Beitrittsvertrag ratifiziert worden war. Die Kommission legte ihren Vorschlag für die Anpassung des Finanzrahmens im Februar 2003 vor.[131] Darin fand sich auch eine vorweggenommene Anpassung des Finanzrahmens für den Fall, dass es zu einer politischen Regelung der Zypernfrage kommen sollte.

Die neue Mittelverteilung ersetzte die Verteilung der IIV vom 6. Mai 1999; alle anderen Regelungen der IIV blieben jedoch unangetastet. Die Anpassung der IIV wurde am 19. Mai 2003 von den beiden Präsidenten des Rates und des Europäischen Parlaments Papandreou und Cox unterzeichnet (Tab. 3.14). Aber sowohl die Verständigung zwischen der EU-15 und den neuen Mitgliedstaaten in den

[131] Sh. Europäische Kommission, Vorschlag über die Anpassung der Finanziellen Vorausschau anlässlich der Erweiterung, KOM (2003), 70 endg., v. 11.2.2003.

Tab. 3.14 Neuer Finanzrahmen 2000–2006 – Anpassung anlässlich der EU-Osterweiterung. (Quelle: Beschluss des Europäischen Parlaments und des Rates zur Anpassung der Finanziellen Vorausschau anlässlich der Erweiterung, ABl. L 147 v. 14. 6. 2003, S. 25–30, S. 27)

In Mio. Euro zu Preisen 1999							
	2000	2001	2002	2003	2004	2005	2006
1. Landwirtschaft	40.920	42.800	43.900	43.770	44.657	45.677	45.807
1a. Gemeinsame Agrarpolitik	36.620	38.480	39.570	39.430	38.737	39.602	39.612
1b. Ländliche Entwicklung	4300	4320	4330	4340	5920	6075	6195
2. Strukturpolitische Maßnahmen	32.045	31.455	30.865	30.285	35.665	36.502	37.940
Strukturfonds	29.430	28.840	28.250	27.670	30.533	31.835	32.608
Kohäsionsfonds	2615	2615	2615	2615	5132	4667	5332
3. Interne Politikbereiche	5930	6040	6150	6260	7877	8098	8212
4. Externe Politikbereiche	4550	4560	4570	4580	4590	4600	4610
5. Verwaltungsausgaben	4560	4600	4700	4800	5403	5558	5712
6. Reserven	900	900	650	400	400	400	400
Währungsreserve	500	500	250	0	0	0	0
Soforthilfe	200	200	200	200	200	200	200
Darlehensgarantien	200	200	200	200	200	200	200
7. Heranführungshilfe	3120	3120	3120	3120	3120	3120	3120
Landwirtschaft	520	520	520	520	–	–	–
Strukturpolitische Instrumente	1040	1040	1040	1040	–	–	–
PHARE	1560	1560	1560	1560	–	–	–
8. Ausgleichbeträge	–	–	–	–	1273	1173	940
Verpflichtungen insgesamt	*92.025*	*93.475*	*93.955*	*93.215*	*102.985*	*105.128*	*106.741*
Zahlungen insgesamt	*89.600*	*91.110*	*94.220*	*94.880*	*100.800*	*101.600*	*103.840*
Obergrenze Zahlungen in % BNE	1,07 %	1,08 %	1,11 %	1,10 %	1,08 %	1,06 %	1,06 %
Spielraum für unvorhergesehene Ausgaben	0,17 %	0,16 %,	0,13 %	0,14 %	0,16 %	0,18 %	0,18 %
Eigenmittelobergrenze	1,24 %	1,24 %	1,24 %	1,24 %	1,24 %	1,24 %	1,24 %

Beitrittsverhandlungen als auch die neue IIV zwischen den beiden Haushaltsorganen Rat und Parlament betrafen nur die Jahre 2004, 2005 und 2006.[132]

Die Verteilungskämpfe zwischen neuen und alten Mitgliedstaaten waren lediglich für diesen kurzen Zeitraum beigelegt.[133] Die eigentlichen Verteilungskonflikte und die damit verbundene Reform insbesondere der europäischen Angelegenheiten waren damit keineswegs gelöst und ausgeräumt. Sie sollten die Verhandlungen über die nachfolgenden mehrjährigen Finanzrahmen für die Jahre 2007 bis 2013 und 2014 bis 2020 kennzeichnen.

3.6 Der vierte mehrjährige Finanzrahmen der EU 2007–2013

Die Budgetverhandlungen über den mehrjährigen Finanzrahmen für die Jahre 2007 bis 2013 wurden angesichts der schwierigen politischen und ökonomischen Rahmenbedingungen und ihrer besonderen Bedeutung als „die größte Pokerpartie"[134] bezeichnet, die in der EU je gespielt worden sei, ging es doch bei diesen Verhandlungen um ein Finanzvolumen von insgesamt zwischen 815 und 1000 Mrd. €.

Diese Verhandlungsrunde wurde durch den Kompromiss der Erweiterungsverhandlungen bereits in einigen Punkten vorbestimmt. Bereits im Oktober 2002 hatte der Europäische Rat im Zuge der Erweiterungsverhandlungen mit den neuen Mitgliedstaaten aus Mittel und Osteuropa eine wichtige Vorentscheidung über den größten Ausgabenblock des EU-Haushalts, die Gemeinsame Agrarpolitik, getroffen. Um die Erweiterungsverhandlungen abschließen zu können hatten sich die Staats- und Regierungschefs auf der Grundlage eines zwischen dem französischen Staatspräsidenten Jacques Chirac und Bundeskanzler Gerhard Schröder ausgehandelten Kompromisses auf eine Festschreibung der Agrarausgaben bis 2013 verständigt. Das Kompromisspaket begrenzte die Agrarausgaben für die erweiterte Union der 25 auf dem Niveau der EU-15. Auf dieser Grundlage konnten zwar die Erweiterungsverhandlungen schließlich vom Europäischen Rat in Kopenhagen im

[132] Sh. Beschluss des Europäischen Parlaments und des Rates vom 19. Mai 2003 zur Anpassung der Finanziellen Vorausschau anlässlich der Erweiterung, in: Abl., L 147 v. 14.6.2003 S. 25–30.

[133] Vgl. Christian Weise, Agenda 2007 – Kosten und Finanzierung der erweiterten Europäischen Union, in: Barbara Lippert (Hrsg.), Bilanz und Folgeprobleme der EU-Erweiterung, Baden-Baden 2004, S. 177–196.

[134] Handelsblatt, 30.5.2005, S. 6.

Dezember 2002 erfolgreich abgeschlossen werden. Für die ein Jahr später beginnenden Finanzverhandlungen bedeutete dieser Kompromiss allerdings andererseits eine Vorfestlegung über rund 40 % des Verhandlungsvolumens.

Mit einem gemeinsamen Schreiben an EU-Kommissionspräsident Romano Prodi eröffneten dann sechs Staats- und Regierungschefs am 15. Dezember 2003 die Verhandlungen, die erstmals in dem großen Kreis von 25 Mitgliedstaaten zu führen waren. In ihrem Schreiben formulierte diese Gruppe der sechs Nettozahler – Deutschland, Frankreich, Großbritannien, die Niederlande, Österreich und Schweden – ihre Position, dass sie keinen Spielraum für einen EU-Haushalt in der Nähe der derzeitigen Eigenmittelobergrenze von 1,24 % des EU-Bruttonationaleinkommens (BNE) sehen. Die durchschnittlichen Ausgaben sollten auf dem Niveau des Jahres 2003 stabilisiert werden und dürften keinesfalls mehr als 1,0 % des EU-BNE betragen. Die Gruppe der Nettozahler hatte somit schon ihr vorrangiges Verhandlungsziel festgelegt, bevor die Kommission ihren offiziellen Vorschlag überhaupt unterbreiten und den Verhandlungsprozess förmlich eröffnen konnte.

Die Verhandlungen über den Finanzrahmen der erweiterten Europäischen Union bildeten nach dem erfolgreichen Abschluss der Regierungskonferenz über den europäischen Verfassungsvertrag das nächste große Verhandlungsprojekt innerhalb der EU. Die Ankündigung Großbritanniens und Frankreichs, den europäischen Verfassungsvertrag durch ein Referendum bestätigen zu lassen, hatten die Verhandlungspositionen zweier Protagonisten gegenüber der Europäischen Kommission und auch gegenüber den anderen Mitgliedstaaten im Vorfeld weiter gestärkt. Vor dem Hintergrund der europaskeptischen bis europakritischen Stimmen in Großbritannien und Frankreich erschien es wenig realistisch, dass die Kommission in ihren Vorschlägen den britischen Beitragsrabatt oder die französischen Interessen zum Schutz der eigenen Landwirte ernsthaft in Frage stellen könnte.

Damit wurden zwar erneut die Verhandlungen über den mehrjährigen Finanzrahmen mit einem großen Integrationsprojekt verbunden – aber dieses Mal wurde nicht wie bei den Delors-Paketen die Verknüpfung von der Europäischen Kommission hergestellt und auch keineswegs mit dem Ziel verbunden, die Notwendigkeit zur Verabschiedung oder gar die Erhöhung des Volumens des EU-Finanzrahmens mit einem bedeutendem europäischen Vertiefungs- oder Erweiterungsprojekt zu begründen. Vielmehr diente diese Verbindung als taktisch einsetzbare Drohkulisse der Mitgliedstaaten für die Verhandlungen, die je nach Verlauf für die eigenen Verhandlungsziele einsetzbar war.[135]

---

[135] Vgl. Peter Becker, Fortschreibung des Status Quo – Die EU und ihr neuer Finanzrahmen, in: integration, 2006, 29. Jg., H. 2, S. 106–121.

3.6.1 Die erste Phase: Der Vorschlag der EU-Kommission

Der offizielle Auftakt zu den MFR-Verhandlungen erfolgte dann am 10. Februar 2004, als die Kommission[136] ihre allgemeinen politischen Prioritäten für die nächste Finanzielle Vorausschau zur Diskussion stellte. Sie formulierte drei Schwerpunkte[137]:

1. Bewahrung und nachhaltige Bewirtschaftung der natürlichen Ressourcen durch eine Mobilisierung von Wirtschafts-, Sozial- und Umweltpolitik;
2. Stärkung der Unionsbürgerschaft als vorrangiges politisches Konzept; Vollendung eines Raumes der Freiheit, des Rechts und der Sicherheit;
3. Entwicklung der EU zu einem globalen Partner, der seinen Beitrag zur zivilen und strategischen Sicherheit leistet.

Die internen Diskussionen im Vorfeld hatten zwischen den Kommissionsdienststellen[138] zu teils kontroversen Verhandlungen über die Haushaltsansätze und Ausgabenprioritäten geführt und waren ein Grund für die mehrmalige Verschiebung der Verabschiedung der Mitteilung.[139] Die Kommission wählte einen ausgesprochenen ‚bottom up-approach' und versuchte ihre Vorschläge für die spezifischen Haushaltsansätze den politischen Zielen der erweiterten EU

---

[136] Europäische Kommission, Unsere gemeinsame Zukunft aufbauen – Politische Herausforderungen und Haushaltsmittel der erweiterten Union – 2007–2013, KOM(2004) 101 endg., v. 10.2.2004.

[137] Vgl. Peter Becker Der EU-Finanzrahmen 2007–2013. Auf dem Weg zu einer europäischen Finanzverfassung oder Fortsetzung der nationalen Nettosaldopolitik? SWP-Studie 2005/S 36, November 2005.

[138] Die Kommission hatte entsprechend den fünf für den neuen MFR vorgeschlagenen Haushaltsrubriken fünf übergreifende Arbeitsgruppen gebildet, die gestützt auf eine Analyse der anstehenden europapolitischen Herausforderungen und der bereits formulierten politischen Prioritäten der erweiterten Union eine Zusammenstellung der benötigten Haushaltsmittel erarbeiteten. Hinzu kam eine sechste Arbeitsgruppe zur Einnahmenseite des EU-Haushalts.

[139] Die Diskussion innerhalb der Kommission war durch die Studie der Forschergruppe um André Sapir im Auftrag des Kommissionspräsidenten Romano Prodi verschärft worden, von der sich der damalige Kommissar für Regionalpolitik Michel Barnier deutlich distanzierte. Rainder Steenblock und Ines Hartwig bewerten die Konflikte in der Kommission dementsprechend drastisch: „Als ein Novum in der Geschichte der europäischen Integration haben die Kommissare sich bei einem für die Europäische Union derart wichtigen Reformpaket offen auseinander dividieren lassen." Rainder Steenblock/Ines Hartwig: Die Agenda 2007: Solidarität, Nachhaltigkeit und Innovation, in: integration, 2004, 27. Jg., Nr. 1–2, S. 85–94, S. 85. Sh. auch den Sapir-Report, André Sapir, An agenda for a growing Europe. a. a. O., Juli 2003.

anzupassen.[140] Die Dienststellen der Kommission errechneten also die erforderlichen Finanzmittel, die sie zur Bearbeitung der anstehenden Herausforderungen und zur Erfüllung aller ihr von den Mitgliedstaaten der EU übertragenen Aufgaben benötigen würden.

In ihrer Mitteilung errechnete die Kommission zur Umsetzung der politischen Ziele einen Finanzmittelbedarf von insgesamt 1.025 Mrd. € an Verpflichtungsermächtigungen (im Durchschnitt 1,26 % des EU-BNE) und 929 Mrd. € an Zahlungsermächtigungen (im Durchschnitt 1,14 % des EU-BNE). Der EU-Haushalt sollte von 116,5 Mrd. € im Jahr 2006 auf 143 Mrd. € im Jahr 2013 steigen, also um insgesamt 26,5 Mrd. €. Dies entsprach einer Erhöhung um 22,8 % (bei den Zahlungsermächtigungen; bei den Verpflichtungsermächtigungen lag die Steigerungsrate bei 31 %). Dabei legte die Kommission ihren Berechnungen eine durchschnittliche jährliche Wachstumsrate von 2,3 % des europäischen BNE zugrunde.

Am 14. Juli 2004 konkretisierte sie ihre Mitteilung durch ein erstes Paket von Gesetzgebungsvorschlägen und durch drei weitere Mitteilungen. Dieses Paket umfasste Rechtsverordnungen zur künftigen Kohäsionspolitik, zwei Vorschläge zur Reform des europäischen Eigenmittelsystems und zur Überprüfung des britischen Sonderrabatts sowie den Entwurf einer neuen IIV.[141] Die Kommission vervollständigte das Gesamtpaket für die Finanzverhandlungen mit zwei weiteren Legislativpaketen am 29. September 2004 und am 6. April 2005.

Im Bereich der Struktur- und Kohäsionsfonds kalkulierte die Kommission insgesamt Mittelansätze in Höhe von 336,1 Mrd. €.[142] Davon sollten 78,54 % (dies entsprach 264 Mrd. €) für das Ziel „Konvergenz", das frühere Ziel 1, also die höchste Förderkategorie, reserviert werden. Für das neue Ziel „Regionale Wettbewerbsfähigkeit und Beschäftigung", in dem die früheren Ziele 2 und 3

---

[140] Vgl. Alan Mayhew, The Financial Framework of the European Union, 2007–2013: New Policies? New Money?, in: Sussex European Institute (SEI), SEI Working paper 78, October 2004, S. 5.

[141] Sh. Europäische Kommission, Vorschlag zur Erneuerung der Interinstitutionellen Vereinbarung über die Haushaltsdisziplin und die Verbesserung des Haushaltsverfahrens, KOM (2004) 498 endg., v. 14.7.2004, sowie Europäische Kommission, Finanzierung der Europäischen Union: Bericht der Kommission über das Funktionieren des Eigenmittelsystems, KOM (2004) 505 endg./2, v.6.9.2004.

[142] Vgl. zu den Vorschlägen der Kommission auch Ingeborg Tömmel, Neuer Wein in alten Schläuchen? Die Vorschläge der Europäischen Kommission zu Reform der Strukturpolitik 2007–2013, in: Ines Hartwig/Wolfgang Petzold (Hrsg.), Solidarität und Beitragsgerechtigkeit. Die Reform der EU-Strukturfonds und die Finanzielle Vorausschau, Baden-Baden 2005, S. 57–66.

zusammengeführt wurden, veranschlagte die Kommission 17,22 % oder insgesamt 57,9 Mrd. €, und für das neue dritte Ziel „Territoriale Kohäsion" wurden 3,94 % oder 13,2 Mrd. € eingeplant. Damit hatte die Kommission dem heftigen Drängen der Nettozahlerländer widerstanden, die eine deutliche Reduktion der Gesamtsummen und eine eindeutigere Konzentration der Mittel auf die höchste Förderkategorie, das heißt auf Regionen mit dem größten Entwicklungsrückstand, gefordert hatten. Die Kommission hielt auch daran fest, denjenigen Regionen einen gesonderten Status einzuräumen, die im Zuge der Aufnahme der ärmeren neuen Mitgliedstaaten aus Mittel- und Osteuropa aus statistischen Gründen über die Grenze der höchsten Förderkategorie von 75 % des EU-BIP rutschten – der sogenannte „statistische Effekt" der Erweiterung. Dies betraf in erster Linie spanische und britische Regionen, aber auch einige ostdeutsche Bundesländer.

Neu war der Vorschlag zur Erstellung eines übergreifenden Strategiepapiers der EU für die Struktur- und Kohäsionspolitik, in dem gemeinsam mit den Mitgliedstaaten klare Prioritäten und Ziele für die Programme vereinbart werden sollten. Davon versprach sich die Kommission eine Stärkung der politischen Verantwortung und eine engere Orientierung der Mittelverwendung an den Grundzügen der europäischen Wirtschaftspolitik und der EU-Beschäftigungsstrategie. Die Kommission beabsichtigte, jährlich einen Bericht zu erstellen, der die Fortschritte der Mitgliedstaaten messen und die Annäherung an die Ziele und Vorgaben der gemeinsamen Strategie dokumentieren sollte. Diese Fortschrittsberichte wiederum sollten zusammen mit den jährlichen Berichten der Kommission zu den Grundzügen der Wirtschaftspolitik, dem gemeinsamen Beschäftigungsbericht und dem Bericht über die Durchführung der Binnenmarktstrategie dem Europäischen Rat zu seinen Frühjahrstagungen vorgelegt werden.[143] Damit wollte die Kommission das eingespielte Controlling- und Benchmarking-Verfahren aus anderen Politikfeldern auf die Kohäsionspolitik ausweiten und zugleich eine enge inhaltliche Verbindung zu den strategischen Zielen des Europäischen Rates von Lissabon herstellen, der Lissabon-Strategie vom März 2000.[144] Dort hatten sich die europäischen Staats- und Regierungschefs zum Ziel gesetzt, die EU bis zum Jahr 2010 zum wettbewerbsfähigsten und dynamischsten wissensbasierten Wirtschaftsraum der Welt

143 Vgl. auch Peter Becker, Die Modernisierung der Kohäsionspolitik, a. a. O.

144 Vgl. den Sapir-Report; André Sapir, An agenda for a growing Europe, a. a. O.; High Level Group chaired by Wim Kok, Facing the Challenge. The Lisbon strategy for growth and employment Luxemburg November 2004 (Kok-Bericht); Rolf Caesar/Konrad Lammers/Hans-Eckart Scharrer (Hrsg.), Europa auf dem Weg zum wettbewerbsfähigsten und dynamischsten Wirtschaftsraum der Welt? Eine Zwischenbilanz der Lissabon-Strategie, Baden-Baden 2005.

zu machen.[145] Die Kohäsionspolitik sollte seither deutlicher als bisher auf diese Ziele und damit auf die Förderung des wirtschaftlichen Wachstums, die Verbesserung der Wettbewerbsfähigkeit und das Ziel der Vollbeschäftigung ausgerichtet werden.[146]

Um dem Europäischen Parlament entgegen zu kommen hatte die Kommission ein besonderes Flexibilitätsinstrument für den neuen Finanzrahmen vorgeschlagen, die sogenannte „Reallokationsflexibilität". Damit sollte die Mittelverteilung zwischen den einzelnen Ausgabenrubriken leichter an veränderte Gegebenheiten angepasst werden können. Für die Ausgabenrubrik „Wettbewerbsfähigkeit für Wachstum und Beschäftigung" der Finanziellen Vorausschau empfahl die Kommission einen neuen „Wachstumsanpassungsfonds", der bis zu einer Höchstgrenze von 1 Mrd. € aus nicht abgerufenen Strukturfondsmitteln gespeist werden und der Reaktion auf kurzfristige wirtschaftliche Schocks dienen sollte.

Besondere Aufmerksamkeit erfuhr die Überlegung, den britischen Sonderrabatt abzuschaffen. Um den unvermittelten Wechsel der Nettosalden-Position Großbritanniens einerseits und die Gefahr einer Unterfinanzierung der EU andererseits auszuschließen, schlug die Kommission die Einführung eines allgemeinen Korrekturmechanismus (AKM) für alle Mitgliedstaaten vor, die von einem Ungleichgewicht zwischen Einzahlungen in den EU-Haushalt und Rückflüssen betroffen seien.[147] Zur Einführung dieses neuen allgemeinen Rabattsystems schlug sie Übergangsregelungen bis zum Jahr 2011 vor: Ein schrittweises „phasing out" Großbritanniens aus seiner Sonderrabattierung und ein schrittweises „phasing in" aller anderen Mitgliedstaaten in die Finanzierung des AKM. Ergänzend errechnete sie verschiedene Modelle mit unterschiedlichen Kappungsgrenzen von 0,1 bis 0,5 % des EU-BNE und deren Verteilungswirkung auf die Mitgliedstaaten.[148] Die unterschiedlichen Szenarien der Kommission zeigten, dass die Niederlande, Schweden, Deutschland und Großbritannien auch dann die größten Nettozahler der Union bleiben würden, wenn ein solcher AKM eingeführt würde. Verändern würde sich lediglich die Reihenfolge: Großbritannien wäre dann größter Nettozahler, gefolgt von den Niederlanden, und an dritter Stelle stünde Deutschland.

---

[145] Vgl. Europäischer Rat, Schlussfolgerungen des Vorsitzes, Europäischer Rat (Lissabon) vom 23./24. März 2000, Ziffer 5.

[146] Sh. auch Carlos Mendez, The Lisbonization of EU Cohesion Policy, a. a. O.

[147] Alan Mayhew, The Financial Framework of the European Union, 2007–2013, a. a. O., S. 24 ff.

[148] Vgl. European Commission, Multiannual Financial Framework 2007–2013, Fiche No. 83 rev. 1, Calculating Member States' Net Budgetary Balances, 24.2.2005.

Zugleich hatte die Kommission vorgeschlagen, die Transparenz des Eigenmittelsystems der EU durch die Erschließung einer an das Steueraufkommen gekoppelten Finanzierungsquelle zu erhöhen. Dabei forderte sie keine eigene Steuerkompetenz für die Union, sondern die Einführung eines EU-Anteils entweder am nationalen Mehrwertsteueraufkommen oder an den Mineralöl- oder Unternehmenssteuern. Allerdings sah die Kommission selbst noch keine Realisierungschancen für diesen Vorschlag und schlug deshalb vor, die Neuerung frühestens im Jahr 2014 umzusetzen (Tab. 3.15).

3.6.2 Die zweite Phase: Die Verhandlungen der Mitgliedstaaten

Nach der Vorlage der Mitteilung der Kommission nahmen die Mitgliedstaaten zunächst eine allgemeine Bewertung des Kommissionsvorschlages vor.[149] Hierfür wurde auf Arbeitsebene eine ad hoc-Arbeitsgruppe „Finanzielle Vorausschau“ gebildet, die unter luxemburgischer Präsidentschaft im ersten Halbjahr 2005 von der Gruppe „Freunde der Präsidentschaft“ abgelöst wurde. Beide Gruppen konzentrierten ihre Verhandlungen auf die Finanzaspekte der Agenda 2007, während die Facharbeitsgruppen des Rates die Legislativvorschläge für die jeweiligen Politikbereiche verhandelten.

Nach der Prüfung der Mitteilung der EU-Kommission vom Februar 2004 und den ersten Verhandlungsrunden im Rat zeichnete sich im Kreis der Mitgliedstaaten deutlich die bekannte Gruppenbildung ab:

1. die Gruppe der Nettozahler, die bereits vor der Veröffentlichung der Kommissionsmitteilung ihre Position in dem spezifischen Punkt der Eigenmitteobergrenze öffentlich gemacht hatte. Zu dieser Gruppe gehören neben den Unterzeichnern des Dezemberbriefs auch Dänemark und Finnland.
2. die Gruppe der Kohäsionsländer der EU15, die eine drastische Begrenzung auf die 1 %-Marge ablehnte und zum Teil eine Aufstockung der Mittelansätze forderte, zumindest aber die Kommission in ihrem Finanzierungskonzept unterstützte. Zu dieser Gruppe gehörten Griechenland, Portugal, Irland und Spanien.

---

149 Andreas Maurer/Wolfram Schroff, Solidarität und Finanzierungsgerechtigkeit in der EU-25. Die Positionen europäischer und deutscher Akteure zur Finanziellen Vorausschau 2007–2013, in: Ines Hartwig/Wolfgang Petzold (Hrsg.), Solidarität und Beitragsgerechtigkeit. Die Reform der EU-Strukturfonds und die Finanzielle Vorausschau, Baden-Baden 2005, S. 179–201.

Tab. 3.15 MFR 2007–2013 – Vorschlag der EU-Kommission.
(Quelle: Europäische Kommission, Unsere gemeinsame Zukunft aufbauen – Politische Herausforderungen und Haushaltsmittel der erweiterten Union – 2007–2013, KOM (2004) 101 endg. v. 10.2.2004)

Verpflichtungsermächtigungen	2006	2007	2008	2009	2010	2011	2012	2013	
1. Nachhaltiges Wachstum	46.621	58.735	61.875	64.895	67.350	69.795	72.865	75.950	–
1a. Wettbewerbsfähigkeit für Wachstum und Beschäftigung	8791	12.105	14.390	16.680	18.965	21.250	23.540	25.825	–
1b. Kohäsion für Wachstum und Beschäftigung	37.830	46.630	47.485	48.215	48.385	48.545	49.325	50.125	–
2. Erhaltung und Bewirtschaftung der natürlichen Ressourcen	56.015	57.180	57.900	58.115	57.980	57.850	57.825	57.805	–
davon: Landwirtschaft	43.735	43.500	43.673	43.354	43.034	42.714	42.506	42.293	–
3. Unionsbürgerschaft, Freiheit, Sicherheit und Recht	2342	2570	2935	3235	3530	3835	4145	4455	–
4. Die EU als globaler Partner	11.232	11.280	12.115	12.885	13.720	14.495	15.115	15.740	–
5. Verwaltung	3436	3675	3815	3950	4090	4225	4365	4500	–
6. Ausgleichszahlungen	1041	120	60	60	0	0	0	0	–
Verpflichtungsermächtigungen insgesamt	*120.688*	*133.560*	*138.700*	*143.140*	*146.670*	*150.200*	*154.315*	*158.450*	–
Zahlungsermächtigungen insg.	*114.740*	*124.600*	*136.500*	*127.700*	*126.000*	*132.400*	*138.400*	*143.100*	–
Zahlungsermächtigungen (% BNE)	1,09 %	1,15 %	1,23 %	1,12 %	1,08 %	1,11 %	1,14 %	1,15 %	1,14 %
Verfügbare Marge	0,15 %	0,09 %	0,01 %	0,12 %	0,16 %	0,13 %	0,10 %	0,09 %	0,10 %
Eigenmittelobergrenze (% BNE)	*1,24 %*	*1,24 %*	*1,24 %*	*1,24 %*	*1,24 %*	*1,24 %*	*1,24 %*	*1,24 %*	*1,24 %*

3. eine Gruppe von Mitgliedstaaten, die in der Frage der Eigenmittelobergrenze noch nicht festgelegt schienen. Dazu gehörten Belgien, Italien, Luxemburg sowie die neuen Mitgliedstaaten Malta und Zypern.
4. die Gruppe der neuen Mitgliedstaaten aus Mittel- und Osteuropa, die zumindest in zwei Zielen geeint wirkten: in der Ablehnung der strikten 1 %-Obergrenze und in dem Ziel, die 4 %-Kappungsgrenze des nationalen BSP für Zahlungen aus den EU-Strukturfonds an sie aufzuweichen.

Nach der ersten Grundsatzaussprache begannen unter der niederländischen Präsidentschaft im zweiten Halbjahr 2004 die konkreten Verhandlungen über mögliche politische Schwerpunktsetzungen und deren Ausstattung mit entsprechenden finanziellen Ressourcen. Dabei verfolgte die Präsidentschaft einen *„building bloc-approach"*, dessen Ziel eine differenzierte Analyse der spezifischen Ausgabenblöcke und damit verbunden eine vertiefte Debatte über die veranschlagten Ausgabensummen war.

Es wurde schnell deutlich, dass die Vorschläge der Kommission für ein großzügig ausgestattetes Budget kaum Aussichten auf eine Realisierung hatten. Vielmehr wurden die Vorstellungen und Finanzansätze der Gruppe der sechs Nettozahler zur zusätzlichen Zielmarge.[150] Die Kommission wurde nur noch mittelbar über die Aggregation von Daten und Zahlen zur Begleitung der Verhandlungen zwischen den Mitgliedstaaten aktiv. So legte die Kommission auf Anfrage der Mitgliedstaaten für die Verhandlungen im Rat mehr als 90 Hintergrundpapiere, sogenannte *„fiches thematiques"*, vor, die allen Mitgliedstaaten als unabhängige Bezugs- und Berufungsgrundlage dienten. Am Ende der niederländischen Präsidentschaft waren die Vorschläge und der Entwurf eines Finanztableaus der Kommission nicht mehr die alleinige Verhandlungsgrundlage; die Vorschläge und Finanzansätze der Mitgliedstaaten, insbesondere der Gruppe der sechs Nettozahler, traten gleichrangig daneben. In einem Sachstandsbericht stellte der niederländische Vorsitz die Positionen der einzelnen Delegationen zu den Verhandlungsbausteinen zusammen.[151] Dabei wurden die Gesamtausgaben in einer Spanne von 694 bis 1056 Mrd. € beziffert, die deutsche Verhandlungsposition befand sich mit 815 Mrd. € innerhalb der sechs Nettozahler im Mittelfeld.

---

[150] Daniel Gros/Stefano Micossi, A better budget for the European Union. More Value for money, more money for value, in: CEPS policy brief, Nr. 66, Februar 2005; Friedrich Heinemann/Maxime Lefebvre, Deutsch-französische Überlegungen zur Zukunft der EU-Haushalts, in: DGAP-Analyse, Nr. 31, November 2004.

[151] Rat der Europäischen Union, Sachstandsbericht des Vorsitzes, Finanzielle Vorausschau 2007–2013, Dok. 14953/04 v. 19.11.2004.

Die nachfolgende luxemburgische Präsidentschaft versuchte dann im ersten Halbjahr 2005 die fragmentierte Diskussion über einzelne Politikfelder und Haushaltsrubriken wieder zusammenzuführen und einem Gesamtkompromiss näher zu bringen. Erst unmittelbar vor dem Treffen der Staats- und Regierungschefs am 16./17. Juni 2005 legte die luxemburgische Präsidentschaft ein Verhandlungspapier[152], die sogenannte negotiation box, vor, in dem erstmals konkrete Zahlen für den Finanzrahmen enthalten waren, der allerdings von fünf Mitgliedstaaten (Großbritannien, Schweden, die Niederlande, Spanien und Finnland) aus jeweils unterschiedlichen Beweggründen abgelehnt wurde. Das Non-Paper sah für den siebenjährigen Geltungszeitraum des Finanzrahmens 2007–2013 Ausgaben in Höhe von insgesamt 875 Mrd. € vor. Dieses Ausgabenvolumen würde 1,06 % des EU-BNE entsprechen und damit der Forderung der Gruppe der sechs Nettozahler relativ nahe kommen, die gefordert hatte, den Gesamtrahmen von 1,0 % des EU-BNE oder 815 Mrd. € nicht zu überschreiten. Im Unterschied zur Kommission sah die luxemburgische Präsidentschaft in ihrem Papier deutliche Einsparungen in der Haushaltsrubrik 1a „Wettbewerbsfähigkeit im Dienste von Wachstum und Beschäftigung“ vor. Von besonderer Brisanz war ihr Vorschlag, den Beitragsrabatt Großbritanniens auf einem Niveau von 4,6 Mrd. € einzufrieren und dann ab dem Jahr 2007 schrittweise und allmählich abzuschmelzen. Die anderen Nettozahler Deutschland, Schweden und die Niederlande sollten einen gesonderten Rabatt im Bereich der Mehrwertsteuereigenmittel erhalten.[153] Um einen Ausgleich der gegenläufigen Interessen der größten Nettozahler – Deutschland, die Niederlande, Schweden und Österreich auf der einen Seite – und der hauptsächlich Begünstigten der bisherigen EU-Ausgabenpolitik – Frankreich und Spanien auf der anderen Seite – zu ermöglichen, hatte die Präsidentschaft versucht, sich den erforderlichen finanziellen Spielraum durch den Abbau des britischen Sonderrabatts zu verschaffen. Die britische Regierung sah aber keine Möglichkeit, dieser einschneidenden Verschlechterung des britischen Status quo zuzustimmen, ohne dabei gleichzeitig den Status quo der anderen Begünstigten, insbesondere Frankreichs in der GAP, in gleichem Umfang, mit gleicher Endgültigkeit und vergleichbarem öffentlichen Aufmerksamkeitswert anzutasten.

Der erste Einigungsversuch des Europäischen Rates auf einen Gesamtkompromiss am 16. und 17. Juni 2005 in Brüssel fand vor dem schwierigen Hintergrund der gescheiterten Verfassungsreferenden in Frankreich und den Niederlanden statt.

---

[152] Rat der Europäischen Union, Finanzielle Vorausschau 2007–2013, Dok. 10030/05 v. 15. Juni 2005.

[153] Schweden und Niederlande sollten darüber hinaus noch einen versteckten Sonderrabatt in Form einer Erhöhung des Einbehalts auf Zolleinnahmen von bisher 25 % auf 35 % erhalten.

Das Scheitern des Verfassungsvertrages gab der Nettozahlerkoalition neuen Aufwind, da sie sich einerseits in ihrer Politik der nationalen Haushaltskonsolidierung bestätigt sah und sich andererseits von dem erhöhten Einigungsdruck ein Einlenken der anderen Mitgliedstaaten zu ihren Gunsten erwartete. Dennoch schlug eine erste Konsenslösung aufgrund der divergierenden Interessen Frankreichs und Großbritanniens fehl. Aus Sicht der Briten konnte ohne eine konkrete Zusage Frankreichs, das Agrarpaket in naher Zukunft aufzuschnüren, keine Einigung erzielt werden. Auch auf der Einnahmenseite, vor allem bei den Verhandlungen über den Korrekturmechanismus des Vereinigten Königreichs blieben letztlich die Widerstände bestehen, sodass auch Schweden und die Niederlande sich gezwungen sahen, den Kompromissvorschlag abzulehnen.

Es blieb also dem britischen Vorsitz im zweiten Halbjahr 2005 vorbehalten, einen erneuten Einigungsversuch zu versuchen. Nach dem Scheitern des Juni-Gipfels wurden die Verhandlungen erst mit einem Konklave der Außenminister am 7. Dezember 2005 wieder aufgenommen. Zuvor hatte der britische Vorsitz lediglich in bilateralen Vorgesprächen versucht, mögliche Verhandlungsspielräume auszuloten.

Durch diese ‚Hinhaltetaktik' verstärkte die britische Präsidentschaft zunächst den Druck auf die anderen Mitgliedstaaten, die stärker an einer schnellen Kompromisslösung interessiert waren. Während sie im Oktober 2005 noch zu einem informellen Gipfeltreffen des Europäischen Rats ohne Beschlussvorlagen nach Hampton Court einlud und dort die Finanzverhandlungen nicht ansprechen wollte, drängten alle anderen EU-Partner London dazu, einen eigenen Vorschlag vorzulegen, um die Verhandlungen fortzusetzen. Trotz der auch über die Medien lancierten Unzufriedenheit in nahezu allen Hauptstädten hielt der britische Vorsitz an seinem Zeitplan fest und legte erst am 5. Dezember einen eigenen Kompromisstext mit Budgetzahlen vor. Jedoch sollte auch dieser Vorschlag offensichtlich weniger als Grundlage für einen ausgewogenen Kompromiss, sondern als Menetekel dienen, welche Verhandlungsposition London einnehmen würde, wenn eine Einigung im Dezember scheitern würde und London dann nicht mehr zu einer vermittelnden Rolle als Vorsitz gezwungen wäre. Die späte Vorlage eines neuen Vorschlags nur zehn Tage vor dem entscheidenden Gipfel erhöhte den Einigungsdruck auf die Nettoempfänger zusätzlich. Bei einem nochmaligen Scheitern der Verhandlungen liefen sie Gefahr, dass die EU-Programme, von denen sie zu profitieren hofften, verspätet anlaufen würden. Dies würde nicht nur zu einer de facto verkürzten Förderperiode, sondern in der Konsequenz auch zu einem verringerten Mittelvolumen führen. London hatte mit seinem ersten Entwurf zugleich auch die Verhandlungsspielräume neu abgesteckt. Mit der nochmaligen deutlichen Kürzung des luxemburgischen Vorschlags wurde die von den fünf Nettozahlern geforderte 1-Prozent-Zielmarge endgültig zur Verhandlungsgrundlage der letzten Runde. Der Vorschlag der EU-Kommission vom Februar 2004, mit dem die ursprüngliche Verhandlungsgrundlage formuliert worden war, spielte keine Rolle mehr. Die Verhandlungsmarge war somit auf die Differenz zwischen dem letzten luxemburgischen Papier vom 17. Juni und dem zweiten britischen Vorschlag vom 14. Dezember 2005, also rd. 133,7 Mrd. € zusammen geschmolzen. Kompensationen und kleinere Korrekturen wurden vornehmlich über die Liste der Sonderregelungen und technisch-administrative Anpassungen gesucht.

Über allem stand aber wie bereits im Juni 2005 die Notwendigkeit, ausreichende finanzielle Manövriermasse auf der Einnahmenseite zu erzeugen, um die nationalen Sonderzahlungen finanzieren zu können. Die Bereitschaft Tony Blairs auf einen größeren Teil der Zuwachses des britischen Beitragsrabatts zu verzichten war hierfür ebenso notwendig, wie die deutsche Bereitschaft über die Aufstockung des Gesamtvolumens die deutschen Abführungen an den EU-Haushalt zu erhöhen und das französische Zugeständnis, auf eine Anpassung des Agrarkompromisses an die Aufnahme Bulgariens und Rumäniens im Jahr 2007 zu verzichten.

Gerade die deutsche Gipfeldiplomatie wuchs vor dem Hintergrund der restriktiven britischen Verhandlungsstrategie und der ebenso starren französischen Position, nicht mehr am Agrarkompromiss vom Oktober 2002 zu rütteln, fast zwangsläufig in die vermittelnde Rolle des Maklers zwischen den beiden Polen hinein. Unmittelbar nach dem Gipfel wurde diese Verhandlungsstrategie der neuen deutschen Bundesregierung und insbesondere die neue Bundeskanzlerin Angela Merkel gelobt.

Die Erleichterung war allenthalben groß als es den europäischen Staats- und Regierungschefs nach mehr als 30 Stunden intensiver Verhandlungen in der Nacht vom 16. zum 17. Dezember 2005 endlich gelungen war, einen Kompromiss über den mehrjährigen Finanzrahmen der erweiterten Europäischen Union für die Jahre 2007 bis 2013 zu vereinbaren.[154] Diese überaus schwierigen Verhandlungen waren nach dem ersten Scheitern im Juni 2005 und den beiden negativen Verfassungsreferenden in Frankreich und den Niederlanden über den europäischen Verfassungsvertrag zu einem weiteren Symbol der Zerrissenheit und der Krise in der erweiterten Union geworden.[155] Dennoch hatte die Europäische Union mit dieser politischen

[154] Vgl. „Barroso fordert nach Streit um EU-Haushalt ‚völlig neues Verfahren'", in: Handelsblatt, v. 20.12.2005; umfassend auch Lars P. Feld/Jan Schnellenbach, Das Finanzierungssystem der EU und die Nettozahlerdebatte, in: Wirtschaftsdienst, 2007, 87. Jg., H. 2, S. 114–120.

[155] Vgl. z. B. „Die EU leidet an Lähmungserscheinungen", in: NZZ, v. 20.06.2005; Michael Stabenow, „Traum und Trauma", in: FAZ, v. 20.06.2005.

Einigung ihre Handlungsfähigkeit bewiesen; eine grundsätzliche und umfassende Modernisierung der europäischen Finanzverfassung und des EU-Haushalts, wie sie Tony Blair noch in seiner fulminanten Rede vor dem Europäischen Parlament am 23. Juni 2005 zu Beginn der britischen Präsidentschaft gefordert hatte, war mit diesem Kompromiss allerdings offensichtlich nicht erreicht worden.[156]

Hatte die Kommission im Februar 2004 davon gesprochen, dass es bei dem Finanzrahmen um ein „politisches Projekt"[157] gehe, das einer starken politischen Führung und einer echten politischen Vision bedürfe, so symbolisierte das Ergebnis des Europäischen Rates vom 17. Dezember 2005 die ernüchternde europäische Realität.

Für den Siebenjahreszeitraum des Finanzrahmens wurde ein Gesamtvolumen von 862,363 Mrd. € oder 1,045 % des EU-BNE vereinbart.[158] Damit lag das Verhandlungsergebnis mehr 15,6 Mrd. € über dem ursprünglichen britischen Vorschlag von 846,754 Mrd. € und 9,25 Mrd. unter dem gescheiterten Luxemburger Vorschlag von 871,614 Mrd. Den ersten Vorschlag der EUKommission vom Februar 2004 über ein Gesamtvolumen von 1025,035 Mrd. € hatte der Europäische Rat damit um über 162 Mrd. zusammengestrichen. In Relation zum erwarteten Wirtschaftswachstum der EU sank der Anteil des EU-Haushalts leicht von 1,09 % im Jahr 2007 auf 1,0 % des EU-BNE im Jahr 2013; das heißt, die Wachstumsraten der europäischen Wirtschaft waren höher als die Wachstumsraten des EU-Haushalts (Tab. 3.16).

Von den insgesamt rund 862 Mrd. € sollten noch immer rund 307 Mrd. für die europäischen Strukturfonds und rund 293 Mrd. für die marktbezogenen Agrarausgaben und die Direktzahlungen an die Landwirte ausgegeben werden; damit blieben weiterhin rund 70 % der Haushaltsmittel für die Gemeinsame Agrarpolitik und die europäische Kohäsionspolitik gebunden. Insgesamt belief sich der Agrarhaushalt auf etwa 363 Mrd. €. Allerdings sank der Anteil der marktbezogenen Ausgaben der Gemeinsamen Agrarpolitik langsam im Verlauf der sieben Jahre, während der Haushaltsplafonds der Strukturfonds stetig anstieg. Mit weiteren rund 70 Mrd. € sollte die Entwicklung des ländlichen Raums und die Umweltpolitik gefördert werden; von dieser Summe waren 33 Mrd. € für die zehn neuen Mitgliedstaaten sowie Bulgarien und Rumänien reserviert. Die europäischen Strukturfonds wurden in

---

[156] Sh. Rede des britischen Premierministers Tony Blair am 23. Juni 2005 vor dem Europäischen Parlament.

[157] Europäische Kommission, Unsere gemeinsame Zukunft aufbauen – Politische Herausforderungen und Haushaltsmittel der erweiterten Union – 2007–2013, KOM(2004) 101 endg./3, v. 12.3.2004.

[158] Sh. auch Peter Becker, Fortschreibung des Status Quo, a. a. O.

Tab. 3.16 MFR 2007–2013 – Verhandlungsergebnis des Europäischen Rats v. 7. Dez. 2005 (in Mio. EUR, zu Preisen von 2004). (Quelle: Europäischer Rat v. 16./17. Dezember 2005, Finanzielle Vorausschau 2007–2013, Dokument 15915/05 v. 19. Dez. 2005, S. 33)

Verpflichtungsmittel	2007	2008	2009	2010	2011	2012	2013	Gesamt
1. Nachhaltiges Wachstum	*51.090*	*52.148*	*53.330*	*54.001*	*54.945*	*56.384*	*57.841*	*379.739*
1a. Wettbewerbsfähigkeit (Lissabon-Strategie)	8.250	8.860	9.510	10.200	10.950	11.750	12.600	72.120
1b. Kohäsion (Strukturfonds)	41.840	43.288	43.820	43.801	43.995	44.634	45.241	307.619
2. Erhaltung und Bewirtschaftung der natürlichen Ressourcen	*54.972*	*54.308*	*53.652*	*53.021*	*52.386*	*51.761*	*51.145*	*371.244*
Marktbezogene Ausgaben u. Direktzahlungen	43.120	42.697	42.279	41.864	41.453	41.047	40.645	293.105
3. Unionsbürgerschaft, Freiheit, Sicherheit u. Recht	*1.120*	*1.210*	*1.310*	*1.430*	*1.570*	*1.720*	*1.910*	*10.270*
3a. Freiheit, Sicherheit und Recht	600	690	790	910	1.050	1.200	1.390	6.630
3b. Unionsbürgerschaft	520	520	520	520	520	520	520	3.640
4. Die EU als globaler Partner	*6.280*	*6.550*	*6.830*	*7.120*	*7.420*	*7.740*	*8.070*	*50.010*
5. Verwaltung	*6.720*	*6.900*	*7.050*	*7.180*	*7.320*	*7.450*	*7.680*	*50.300*
6. Ausgleichszahlungen (Bulg, Rum)	*419*	*191*	*190*	*0.0*	*0.0*	*0.0*	*0.0*	*800*
Verpflichtungsermächtigungen	*120.601*	*121.307*	*122.362*	*122.752*	*123.641*	*125.055*	*126.646*	*862.363*
In % des BNE	1,10 %	1,08 %	1,06 %	1,04 %	1,03 %	1,02 %	1,00 %	1,045 %
Zahlungsmittel insgesamt	*116.650*	*119.535*	*111.830*	*118.080*	*115.595*	*119.070*	*118.620*	*819.380*
In % des BNE	1,06 %	1,06 %	0,97 %	1,00 %	0,96 %	0,97 %	0,94 %	*0,99 %*
Spielraum Eigenmittel-Obergrenze 1,24 % BNE	0,18 %	0,18 %	0,27 %	0,24 %	0,28 %	0,27 %	0,30 %	*0,25 %*

zwei etwa gleich große Summen zwischen den rückständigen Regionen der alten EU-Mitgliedstaaten und den neuen Mitgliedern aufgeteilt. Zwar war der für die neuen Mitgliedstaaten bereitgestellte Betrag gegenüber den ersten Ansätzen der Kommission deutlich geringer, jedoch mussten die ärmeren Mitgliedstaaten künftig nur noch einen um zehn Prozentpunkte reduzierten Kofinanzierungsanteil aus ihren nationalen Haushalten aufbringen. Auch private Investitionskosten und sogar die Mehrwertsteuer wurden auf diesen Kofinanzierungssatz angerechnet. Als weitere Erleichterung diente die Verlängerung der Frist, innerhalb deren die in Brüssel bereitgestellten Finanzmittel abgerufen werden können, um ein Jahr auf nunmehr drei Jahre. Diese technischen Anpassungen kamen den Bedürfnissen der angespannten nationalen Haushalte und den häufig überforderten Fondsverwaltern in den neuen Mitgliedstaaten weitaus stärker entgegen, als eine Erhöhung der Gesamtmittel.

Den deutlichsten Zuwachs über die gesamte Laufzeit verzeichnete die Rubrik 3a „Freiheit, Sicherheit und Recht". Die bereitgestellten Mittel für die gemeinsame Asyl- und Einwanderungspolitik, den EU-Außengrenzschutz und gemeinsame Maßnahmen zur Bekämpfung der illegalen Migration, des organisierten Verbrechens und des Terrorismus wurden zwischen 2007 und 2013 mehr als verdoppelt – allerdings von einem vergleichsweise sehr niedrigen Niveau von 600 Mio. € im Jahr 2007 auf 1390 Mio. im Jahr 2013.

Eine beträchtliche Erhöhung um über 50 % mit einer festgelegten jährlichen realen Steigerungsrate von 7,5 % im Vergleich zu 2006 erfuhr die Rubrik 1a „Wettbewerbsfähigkeit im Dienste von Wachstum und Beschäftigung". Aus diesem Titel wurden in erster Linie transeuropäische Netze, EU-Programme im Bereich Bildung, Forschung und Entwicklung sowie Maßnahmen im Rahmen der sozialpolitischen Agenda 2005–2010 und der europäischen Beschäftigungspolitik finanziert. Die Mittel für die Gemeinsame Außen- und Sicherheitspolitik wuchsen mit einer durchschnittlichen jährlichen Wachstumsrate von 4 % an. Die EU veranschlagte damit ungefähr genauso viel Geld für Verwaltungsausgaben wie für die Nachbarschaftspolitik, die Vorbeitrittshilfen und die neuen Stabilitäts- und Entwicklungsfonds in der Rubrik 4 (Abb. 3.1).

Der neue Finanzrahmen wurde durch eine Inflation von Sonderregelungen zugunsten einzelner Mitgliedstaaten charakterisiert.[159] Während die Agenda 2000 bereits 13 Sonderregelungen mit einem Gesamtvolumen von rund 5,35 Mrd. € umfasste, wurden in den neuen Finanzrahmen insgesamt 18 Sonderregelungen mit einem Volumen von weit über 10 Mrd. € aufgenommen. Diese Bestim-

[159] Sh. Hans-Werner Seiler, Die Finanzielle Vorausschau 2007–2013: Grundlage für eine handlungsfähige EU?, in: Wirtschaftsdienst, 2006, 86. Jg., H. 3, S. 175–179.

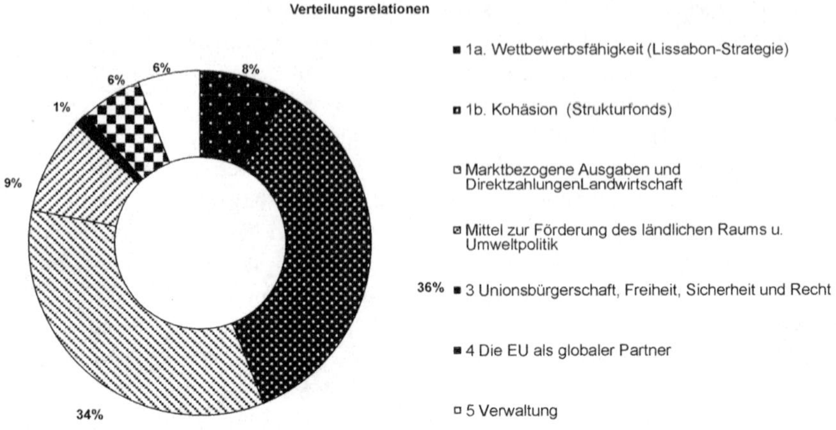

Abb. 3.1 MFR 2007–2013 – Die Verteilungsrelationen. (Quelle: Eigene Berechnungen)

mungen reichten von Sonderzahlungen für einzelne Regionen wie Ceuta und Melilla, Korsika, Nordirland, Prag, die ärmsten ostpolnischen Regionen, die neuen Bundesländer, Bayern und die österreichischen Grenzregionen bis hin zu Sonderregelungen für die Aufteilung der Mittel des neuen Finanzierungsinstruments zur Förderung des ländlichen Raums (ELER) auf einige westeuropäische Mitgliedstaaten. Die größten Profiteure dieser Ausnahmeregelungen waren Spanien mit Sonderzahlungen in Höhe von mindestens 2,1 Mrd. €, Italien mit 1,9 Mrd. und Polen mit rund 1,2 Mrd. €.

Verschiedene Sonderregelungen wurden auch auf der Einnahmenseite des Finanzrahmens eingeführt, um die negativen Salden der Nettozahler Österreich, Deutschland, Niederlande und Schweden zu verringern. Schweden und die Niederlande konnten auf diesem Weg erhebliche Reduzierungen ihrer Bruttoabführungen aushandeln.

Der britische Beitragsrabatt wurde um maximal 10,5 Mrd. € gekürzt und diese Absenkung über das Jahr 2013 hinaus dauerhaft festgeschrieben. Damit übernahm Großbritannien einen größeren Anteil der durch die Osterweiterung entstandenen Mehrausgaben in der EU-Strukturpolitik; lediglich die Agrarausgaben für die neuen EU-Staaten wurden weiterhin zugunsten Großbritanniens rabattiert. Erst nach schwierigen Verhandlungen stimmte der britische Premier Tony Blair dieser Reform zu, um das sich verschärfende Ungleichgewicht zwischen den Nettozahlern zu mildern und den nationalen Vorteil des Sonderrabatts durch die von London stets geforderte Erweiterung der EU nicht übermäßig auszureizen.

Um den Forderungen einiger Mitgliedstaaten nach einer umfassenden Reform des EU-Finanzsystems entgegenzukommen, beinhaltete der Kompromiss eine spezielle Überprüfungsformel. Neben Großbritannien hatte auch Schweden auf einer solchen Öffnungsklausel für eine Grundsatzreform bestanden. Danach verständigten sich die Staats- und Regierungschefs darauf, im Jahr 2009 eine umfassende „Neubewertung des Finanzrahmens" durchzuführen, die sowohl die Einnahmen- als auch die Ausgabenseite des EU-Haushalts einschließen sollte. Die Kommission wurde aufgefordert, bis 2008/2009 „eine vollständige, weit reichende Überprüfung vorzunehmen". Wichtig war, dass in der Überprüfungsklausel sowohl die Gemeinsame Agrarpolitik als auch der britische Beitragsrabatt explizit genannt werden. Die Verbindung dieser beiden Streitpunkte auf der Einnahmen- und der Ausgabenseite sollte, wie Tony Blair in seiner letzten Rede als Ratspräsident am 20. Dezember 2005 vor dem Europäischen Parlament betont hatte, zu einer umfassenden und dauerhaften Reform der Strukturen des EU-Finanzsystems führen. Die Kommission wollte jedenfalls, so Kommissionspräsident Barroso, in ihre Überprüfung alle Haushaltskategorien und Politikbereiche einbeziehen und im Jahr 2008 ihren Bericht vorlegen. Ohne den Begriff der EU-Steuer ausdrücklich zu verwenden, kündigte Kommissionspräsident Barroso an, auch die Einführung einer zusätzlichen autonomen Eigenmittelquelle der EU zu prüfen, um künftig von den schwierigen Haushaltsverhandlungen unabhängiger zu werden.

3.6.3 Die dritte Phase: Die Verhandlungen mit dem Europäischen Parlament

Das Europäische Parlament lehnte am 18. Januar 2006 den Kompromiss des Europäischen Rats vom 17. Dezember 2005 vehement ab und forderte eine Aufstockung des Finanzrahmens.[160] Die deutliche Ablehnung des Verhandlungsergebnisses im Plenum des Parlaments und die Erfahrung früherer Verhandlungen unterstrichen, dass die Parlamentarier nicht bereit waren, alle Kompromisse des Europäischen Rats ohne Diskussion mitzutragen.

Das Europäische Parlament hatte bereits im April 2004, also weit vor seiner formellen Einbeziehung in den Trilogverhandlungen, seine Ziele für die Haushalts-

[160] Europäisches Parlament, Entschließung zum Standpunkt des Europäischen Rates zur Finanziellen Vorausschau und zur Erneuerung der Interinstitutionellen Vereinbarung 2007–2013, P6_TA(2006)0010 v. 18.1.2006.

verhandlungen definiert. Eine deutliche Mehrheit der Europaparlamentarier[161] war nicht bereit, eine Beschränkung des Finanzrahmens auf 1 % des EU-BNP zu akzeptieren, wie sie die Gruppe der sechs Nettozahler gefordert hatte. Vielmehr wurde der *bottom up*-Ansatz der Kommission unterstützt, zunächst die Aufgaben zu bestimmen, die die EU erfüllen solle und erst anschließend die hierzu notwendigen Finanzmittel zu errechnen.

Am 15. September 2004 setzte dann das Europäische Parlament einen Nichtständigen Ausschuss für die Begleitung der Verhandlungen über den mehrjährigen Finanzrahmen ein.[162] Dessen Aufgabe war es, die Positionierung des EP sowohl zum Finanzrahmen als auch zu den Legislativvorschlägen der Kommission vorzubereiten und damit die politischen Prioritäten zu formulieren. Damit hatte das Parlament ein verändertes Vorgehen gegenüber den Verhandlungen zur Agenda 2000 gewählt. Während der Verhandlungen 1998/99 hatte das EP lediglich einen Lenkungsausschuss aus den Vorsitzenden der Fachausschüsse gebildet, um dem Verhandlungsprozess zwischen den Mitgliedstaaten folgen zu können.[163] Mit der Bildung des Sonderausschusses betonte das EP nun seinen Anspruch, stärker in die laufenden Verhandlungen des Rates einbezogen zu werden, und seinen Willen, den eigenen Vorstellungen frühzeitig ausreichendes Gehör zu verschaffen.[164] Die herausgehobene politische Bedeutung des Nichtständigen Ausschuss wurde auch durch die Tatsache unterstrichen, dass der Präsident des Parlaments, Josep Borrell Fontelles, auch den Vorsitz des Ausschusses übernahm.[165] Der Nichtständige Ausschuss nahm am 14. Oktober 2004 seine Arbeit auf und führte bis April 2005 mehrere Diskussionen mit den Vertretern der Kommission, Vertretern der jeweiligen Präsidentschaft des Ministerrats, eine Expertenanhörung sowie eine

---

161 Lediglich die britischen Konservativen im Europäischen Parlament hatten Änderungsanträge vorgelegt, in denen die Forderung der Nettozahler zur Einführung der 1 %-Obergrenze aufgegriffen wurde.

162 Europäisches Parlament, Einsetzung eines nichtständigen Ausschusses zu den politischen Herausforderungen und Haushaltsmitteln der erweiterten Union 2007–2013, P6_TA-PROV(2004)0005.

163 Vgl. David Galloway, Agenda 2000: Packaging the deal, a. a. O., S. 17.

164 Sh. „Streit um Rolle des Parlaments bei EU-Budgetverhandlungen", in: FAZ v. 11.9.2994, S. 12.

165 Die beabsichtigte Signalwirkung seiner Benennung zum Ausschussvorsitzenden betonte der Parlamentspräsident explizit in einer Rede vor dem Plenum am 14. Dezember 2004. Mit drei Stellvertretern des Vorsitzenden und 47 weiteren Mitgliedern sowie 50 stellvertretenden Mitgliedern deckte der Ausschuss alle parlamentarischen Fraktionen und nationalen Gruppen ab und bildete somit einen repräsentativen Querschnitt des Parlaments.

zweitägige Aussprache mit Vertretern der nationalen Parlamente durch.[166] Im Mai 2005 legte der Ausschuss einen Bericht und einen Entschließungsentwurf vor, der im Plenum des Europäischen Parlaments am 8. Juni 2005 mit großer Mehrheit angenommen wurde.[167] Damit hatte das Europäische Parlament erstmals vor den Schlussfolgerungen des Rates seine Verhandlungsposition festgelegt.

Der Ausschuss hatte darüber hinaus ein eigenes Finanztableau ausgearbeitet, das mit rund 975 Mrd. € deutlich über den Margen der Mitgliedstaaten lag und das eine um zwei Jahre verlängerte Laufzeit hatte. Die Parlamentarier stellten zusätzlich eine Verbindung zwischen der verlängerten Laufzeit des Finanzrahmens und der Verbesserung der Flexibilität des Ausgabensystems her. Hierfür unterstützten sie die Vorschläge der Kommission zu einem Reallokationsmechanismus, der Umschichtungen zwischen den verschiedenen Ausgabenrubriken ermöglichen sollte, und eines allgemeinen Flexibilitätsmechanismus und einer Flexibilitätsmarge für unvorhergesehene Ereignisse. Das 1 %-Szenario der Gruppe der sechs Nettozahlerländer wurde von den Parlamentariern brüsk abgelehnt. Hinzu kam, dass das Parlament andere politische Schwerpunkte setzen wollte und mehr Geld für die Forschungsförderung und die Beschäftigungspolitik, die Innen- und Justizpolitik sowie die Gemeinsame Außen- und Sicherheitspolitik einplanen und dafür unter anderem bei den Direktzahlungen im Bereich der GAP Gelder einsparen wollte. Für alle gemeinsamen Politiken der Union schlug die Entschließung die Prüfung neuer Finanzierungselemente und auch die Möglichkeit der Kofinanzierung vor. Damit hatte das Parlament auch den Einstieg in die Kofinanzierung der Direktzahlungen aus dem EU-Budget an die europäischen Landwirte durch nationale Zahlungen vorgeschlagen. Auf der Einnahmenseite forderte das Parlament eine „tiefgreifende Reform", wobei diese Reform auf die Stabilisierung der Nettobeiträge und ein ausgewogeneres, transparenteres und demokratischeres Finanzierungssystem zielen sollte (Tab. 3.17).

Mit dieser Entschließung unterstrich das Europäische Parlament seine Entschlossenheit, die eigenen Positionen in die Verhandlungen einzubringen. Das Parlament wollte „der nächsten Finanziellen Vorausschau nicht zustimmen, wenn

---

[166] In insgesamt 22 Arbeitsdokumenten wurde jede Rubrik des MFR anhand von vier Standardkriterien (europäischer Mehrwert, Verbesserung der Effizienz, Achtung der Subsidiarität und Aspekte des Haushaltsvollzugs) durch den Ausschuss analysiert. Alle Fachausschüsse lieferten darüber hinaus ihre Stellungnahmen zu, die Eingang in den Entwurf und den Berichtes fanden, den der deutsche Berichterstatter Reimer Böge vorgelegt hatte. Bis zum Ende der Einreichungsfrist am 13. April 2005 gingen insgesamt 616 Änderungsanträge zu diesem Entwurf ein.

[167] Europäisches Parlament, Politische Herausforderungen und Haushaltsmitteln der erweiterten Union 2007–2013, P6_TAPROV (2005) 0224, v. 8.6.2005.

Tab. 3.17 Vorschlag des Nichtständigen Ausschuss des Europäischen Parlaments vom 8. Juni 2005 für den MFR 2007–2013. (Quelle: Europäisches Parlament, Politische Herausforderungen und Haushaltsmitteln der erweiterten Union 2007–2013, a. a. O.)

	2007	2008	2009	2010	2011	2012	2013	2014	2015	Gesamt
1. Nachhaltiges Wachstum	57.610	60.490	63.280	65.002	67.336	70.122	73.079	76.470	80.189	613.578
1a. Wettbewerbsfähigkeit für Wachstum und Beschäftigung	11.008	13.035	15.097	16.651	18.827	20.835	22.994	25.791	28.909	173.146
1b. Kohäsion für Wachstum und Beschäftigung	46.602	47.455	48.183	48.351	48.509	49.287	50.085	50.679	51.281	440.432
2. Erhaltung und Bewirtschaftung der natürlichen Ressourcen	56.744	56.866	56.980	56.747	56.524	56.299	56.088	55.933	55.815	507.996
davon: Landwirtschaft	43.120	42.697	42.279	41.864	41.453	41.047	40.645	40.247	39.852	373.204
3. Unionsbürgerschaft, Freiheit, Sicherheit und Recht	1.650	2.166	2.524	2.964	3.234	3.665	3.904	4.380	4.921	29.409
4. Die EU als globaler Partner	8.281	9.010	9.558	10.324	11.091	11.705	12.526	13.407	14.372	100.273
5. Verwaltung	3.675	3.815	3.950	4.090	4.225	4.365	4.500	4.646	4.796	38.062
Verpflichtungsermächtigungen	*127.960*	*132.347*	*136.291*	*139.127*	*142.410*	*146.155*	*150.097*	*154.836*	*160.094*	*1.289.317*
Ausgaben der Kommission	3.114	3.321	3.528	3.744	3.942	4.140	4.356	4.583	4.822	35.550
Geschätzte Ausgaben EU-Agenturen	307	313	320	326	332	339	346	353	360	2.996
Zahlungsermächtigungen	*119.376*	*130.248*	*121.590*	*119.520*	*125.533*	*131.082*	*135.556*	*139.836*	*144.585*	*1.167.325*
Verpflichtungsermächtigungen (% BNE)	1,18 %	1,19 %	1,20 %	1,19 %	1,19 %	1,20 %	1,21 %	1,22 %	1,23 %	1,20 %
Zahlungsermächtigungen (% BNE)	1,10 %	1,17 %	1,07 %	1,02 %	1,05 %	1,08 %	1,09 %	1,10 %	1,11 %	1,09 %

seine Prioritäten im endgültigen Standpunkt des Rates nicht berücksichtigt werden".[168] Mit dem Hinweis auf die Folgen einer Nicht-Berücksichtigung seiner Forderungen und seinen Prioritäten dokumentierte das Parlament seine Gegenposition zur Gruppe der sechs Nettozahler und seine Eigenständigkeit in diesen Verhandlungen.

Auch nach der aus Sicht der Parlamentarier unbefriedigenden Einigung des Europäischen Rats im Dezember 2005 formulierten die Europaparlamentarier unmissverständlich, dass sie einer neuen IIV nicht zustimmen könnten, wenn ihre Forderungen nicht berücksichtigt würden. Allerdings hatten die Parlamentarier ihren umfangreichen Forderungskatalog vom Juni 2005 auf vier Kernforderungen reduziert und konzentrierten in den Trilogverhandlungen auf diese Ziele:

- Um notwendige Anpassungen des Finanzrahmens vornehmen zu können, forderte das Europäische Parlament einen Revisionsmechanismus, der eine umfassende Überprüfung und auch eine Veränderung des Finanzrahmens ermöglichen würde und an dem das Parlament gleichberechtigt mit dem Ministerrat zu beteiligen wäre.
- Die Flexibilitätsreserven sollten deutlich erhöht werden. Das Parlament forderte ein neues mehrjähriges Flexibilitätsinstrument, das rund 0,03 % des EU-BNE bzw. insgesamt rund 20 Mrd. € betragen sollte; diese Summe sollte außerhalb des Finanzrahmens bereitgestellt werden und im Fall von Naturkatastrophen, internationalen Krisen und ökonomischen Schocks durch einen gemeinsamen Beschluss von Rat und Parlament mobilisiert werden können.
- Die Haushaltsordnung sollte mit dem Ziel einer Qualitäts- und Effizienzsteigerung der EU-Haushaltsführung und der Ausgabenpolitik überarbeitet werden.
- Die neuen EU-Programme im Bereich der Gemeinsamen Außen- und Sicherheitspolitik sollten im Mitentscheidungsverfahren gleichberechtigt von Rat und EP verabschiedet werden.

Die Verhandlungen mit dem Europäischen Parlament bis April 2006 gestalteten sich angesichts dieser Forderungen zunächst sehr schwierig. Während den Mitgliedstaaten sehr daran gelegen war, das fragile Kompromisspaket der Staats- und Regierungschefs möglichst nicht mehr zu öffnen, wollten die Europaparlamentarier ihre weitergehenden Forderungen in den Verhandlungen mit dem Rat durchsetzen. An deren Scheitern hatten allerdings beide Seiten kein Interesse.

In den Verhandlungen mit dem Ministerrat forderten die Parlamentarier zunächst eine Aufstockung des Finanzvolumens der Finanziellen Vorausschau um

---

[168] Europäisches Parlament, Politische Herausforderungen und Haushaltsmitteln, a. a. O., Ziffer 9.

Tab. 3.18 MFR 2007–2013 – Aufstockung nach der Interinstitutionellen Vereinbarung vom 4. April 2006. (Quelle: Europäisches Parlament, Bericht über die Interinstitutionelle Vereinbarung, A6–0150/2006 v. 27.4.2006)

Rubrik	Mrd. Euro
1a. Wettbewerbsfähigkeit, Wachstum und Beschäftigung	2,1
Transeuropäische Netze	0,5
Lebenslanges Lernen, Erasmus und Leonardo	0,8
Forschungsrahmenprogramm	0,3
Wettbewerbsfähigkeit und Innovation	0,4
Soziales (Progress)	0,1
1b. Kohäsion, Wachstum und Beschäftigung	0,3
Förderung der territorialen Kooperation	0,3
2. Schutz natürlicher Ressourcen	0,1
Life + und Natura 2000	0,1
3. Unionsbürgerschaft, Freiheit, Sicherheit und Recht	0,5
Gesundheit und Verbraucherschutz	0,2
Kulturprogramme wie Jugend, Kultur, Bürger für Europa	0,3
4. EU als globaler Partner	1,0
Europäische Nachbarschaftspolitik	0,2
Gemeinsame Außen- und Sicherheitspolitik	0,8
Insgesamt	**4,0**

insgesamt 12 Mrd. €. Dies stieß auf die deutliche Ablehnung der Nettozahler. Am 4. April 2006 verständigten sich schließlich das Europäische Parlament und der Ministerrat doch auf einen Finanzrahmen der Europäischen Union für die Jahre 2007 bis 2013 und auf eine neue Interinstitutionelle Vereinbarung (IIV).[169]

Die neue Interinstitutionelle Vereinbarung (IIV) über die Haushaltsdisziplin und die wirtschaftliche Haushaltsführung entsprach weitgehend der Einigung der 25 Staats- und Regierungschefs. Allerdings konnten die Europaparlamentarier einige quantitative und qualitative Veränderungen an der ursprünglichen politischen Verständigung des Europäischen Rats durchsetzen (Tab. 3.18).[170]

---

[169] Diese Einigung wurde in vier Trilog-Sitzungen (am 23.1., 21.2., 21.3. und 4.4.2006) zwischen den Vertretern des Europäischen Parlaments, der Europäischen Kommission und der Ratspräsidentschaft ausgehandelt.

[170] Vgl. Europäisches Parlament, Bericht über die Interinstitutionelle Vereinbarung über die Haushaltsdisziplin und die wirtschaftliche Haushaltsführung, Berichterstatter Reimer Böge, A6–0150/2006 vom 27.4.2006.

Tab. 3.19 MFR 2007–2013 – Flexibilitäts- und Notfallreserven (in Mrd. EUR). (Quelle: Europäisches Parlament, Bericht über die Interinstitutionelle Vereinbarung, A6–0150/2006 v. 27.4.2006)

Europäischer Entwicklungsfonds	22,7
Solidaritätsfonds für Katastrophenhilfe in der EU	7,0
Reserven für Katastrophensoforthilfe an Drittstaaten	1,4
Globalisierungsfonds	3,5
Flexibilitätsreserve	1,4
Sonderetats insgesamt	*36,0*

Der EU-Finanzrahmen wurde um 2 Mrd. € aufgestockt und sah Gesamtausgaben von 1,045 % des BNE der EU-25 vor (in Verpflichtungsermächtigungen). Da die anfängliche Planung durch Einsparungen bei den Verwaltungsausgaben und die Auslagerung der sogenannten Notreserve um 2 Mrd. € gekürzt wurde, standen für die EU-Programme nun tatsächlich 4 Mrd. € zusätzlich zur Verfügung. Diese Einigung wurde möglich, weil sowohl das Europäische Parlament von seiner ursprünglichen Forderung Abstand nahm, den Finanzrahmen um 12 Mrd. € gegenüber dem im Dezember 2005 erzielten Kompromiss aufzustocken, als auch die Regierungen der EU-Mitgliedstaaten bereit waren, nicht um jeden Preis an ihrem Kompromiss festzuhalten.[171]

Erfolgreich war das Parlament mit seiner Forderung nach einer Erhöhung der Flexibilitätsreserven, die außerhalb des MFR geschaffen wurden (Tab. 3.19).

Nachdem der Ministerrat im schriftlichen Verfahren dem Kompromiss der Trilog-Verhandlungen zugestimmt hatte, billigte auch das Plenum des Europäischen Parlaments am 17. Mai 2006 mit einer deutlichen Mehrheit (440 dafür, 190 dagegen, 15 Enthaltungen) die neue Interinstitutionelle Vereinbarung über die Haushaltsdisziplin und die wirtschaftliche Haushaltsführung. Auch nach der Einigung mit dem Europäischen Parlament lag der neue Finanzrahmen mit einer Gesamtsumme von 864,3 Mrd. € auf den ersten Blick deutlich näher an der ursprünglichen Forderung der sechs Nettozahler vom 15. Dezember 2003, die eine Begrenzung des Finanzrahmens auf 1 % des EU-BNE oder ca. 815 Mrd. € gefordert hatten, als an den Wünschen der Kommission, die ein Gesamthaushaltsvolumen von

[171] Sh. Interinstitutionelle Vereinbarung zwischen dem Europäischen Parlament, dem Rat und der Europäischen Kommission über die Haushaltsdisziplin und die wirtschaftliche Haushaltsführung, in: Amtsblatt der Europäischen Union, C 139/1, vom 14.6.2006.

1025,026 Mrd. € an Verpflichtungsermächtigungen (im Durchschnitt 1,26 % des EU-BNE) vorgeschlagen hatte. Rechnet man die Sonderetats der Flexibilitäts- und Notfallreserven hinzu, ergibt sich ein Volumen von zusätzlich rund 36 Mrd. €. Damit lag das tatsächlich zur Verfügung stehende Finanzvolumen mit etwa 900 Mrd. € weitaus höher als die 864,3 Mrd. €, die die Interinstitutionelle Vereinbarung offiziell aufführte (Tab. 3.20).

3.6.4 Fazit

Das Ergebnis vom Dezember schrieb den strukturkonservativen europäischen Status quo fort – sowohl die Prioritäten auf der Ausgabenseite als auch die fortdauernde Intransparenz und Komplexität des Eigenmittelsystems folgten den eingefahrenen Bahnen. Um aber überhaupt zu einer Einigung zu gelangen bedurfte es einer zugespitzten Verhandlungsdynamik und einer besonderen Krisensituation, damit die ‚Drohung des Scheiterns' ausreichenden Entscheidungs- und Konsensdruck erzeugen konnte. Die nationalen Positionen in den Finanzverhandlungen waren allzu deutlich am Nettosaldo ausgerichtet. Verbunden mit dem Erfordernis der Einstimmigkeit führt diese Nettosaldo-Orientierung zwangsläufig zu einer häufig kritisierten „Basarmentalität" im Europäischen Rat und einem Gefeilsche um – im Vergleich zu den Ansätzen in den nationalen Haushalten – relativ kleine Summen. Zugleich führte das Verfahren zu einer übermäßigen Verfestigung einmal vereinbarter Kompromisse und zur Erstarrung einmal eingeführter Regelungen. Positiv war zu bewerten, dass der Europäische Rat mit der Einigung einen langwierigen und sehr konfliktreichen Verhandlungsprozess vorläufig abschließen konnte. Der Kompromiss schuf nicht nur eine sichere Finanzierungs- und Planungsbasis für die weitere europäische Legislativtätigkeit, sondern auch die erforderliche Stabilität zur Fortsetzung des politischen Integrationsprozesses. Dies war angesichts der gescheiterten Ratifizierung des europäischen Verfassungsvertrags und der verbreiteten Unsicherheit über den weiteren Vertiefungs- und Konstitutionalisierungsprozess von besonderer Bedeutung (Tab. 3.21).

Tab. 3.20 MFR 2007–2013 – Ergebnis der Trilogverhandlungen vom April 2006 (in Mio. EUR, zu Preisen von 2004). (Quelle: Interinstitutionelle Vereinbarung zwischen dem Europäischen Parlament, dem Rat und der Europäischen Kommission über die Haushaltsdisziplin und die wirtschaftliche Haushaltsführung, ABl. C 139 v. 13.6.2006, S. 10)

Verpflichtungsmittel	2007	2008	2009	2010	2011	2012	2013	Gesamt
1. Nachhaltiges Wachstum	*51.267*	*52.415*	*53.616*	*54.294*	*55.368*	*56.876*	*58.303*	*382.139*
1a. Wettbewerbsfähigkeit (Lissabon-Strategie)	8.404	9.097	9.754	10.434	11.295	12.153	12.961	74.098
1b. Kohäsion (Strukturfonds)	42.863	43.318	43.862	43.860	44.073	44.723	45.342	308.041
2. Erhaltung und Bewirtschaftung der natürlichen Ressourcen	*54.985*	*54.322*	*53.666*	*53.035*	*52.400*	*51.775*	*51.161*	*371.344*
Marktbezogene Ausgaben u. Direktzahlungen	43.120	42.697	42.279	41.864	41.453	41.047	40.645	293.105
Förderung d. ländlichen Raums u. Umweltpolitik	11.865	11.625	11.387	11.171	10.947	10.728	10.516	78.239
3. Unionsbürgerschaft, Freiheit, Sicherheit u. Recht	*1.199*	*1.258*	*1.380*	*1.502*	*1.645*	*1.797*	*1.988*	*10.770*
3a. Freiheit, Sicherheit und Recht	600	690	790	910	1.050	1.200	1.390	6.630
3b. Unionsbürgerschaft	599	568	590	593	595	597	598	4.140
4. Die EU als globaler Partner	*6.199*	*6.469*	*6.739*	*7.009*	*7.339*	*7.679*	*8.029*	*49.463*
5. Verwaltung	*6.633*	*6.818*	*6.973*	*7.111*	*7.255*	*7.400*	*7.610*	*49.800*
6. Ausgleichszahlungen (Bulg, Rum)	*419*	*191*	*190*	*0.0*	*0.0*	*0.0*	*0.0*	*800*
Verpflichtungsermächtigungen	*120.702*	*121.473*	*122.564*	*122.962*	*124.007*	*125.527*	*127.091*	*864.316*
In % des BNE	1,1 %	1,08 %	1,07 %	1,04 %	1,03 %	1,02 %	1,01 %	1,048 %
Zahlungsmittel insgesamt	*116.650*	*119.620*	*111.990*	*118.280*	*115.860*	*119.410*	*118.970*	*820.780*
In % des BNE	1,06 %	1,06 %	0,97 %	1,00 %	0,96 %	0,97 %	0,94 %	1,00 %
Spielraum Eigenmittelobergrenze; 1,24 % des BNE	0,18 %	0,18 %	0,27 %	0,24 %	0,28 %	0,27 %	0,30 %	*0,24 %*

Tab. 3.21 MFR 2007–2013 – Gegenüberstellung der Vorschläge (in Mrd. EUR). (Quelle: Eigene Zusammenstellung)

Rubrik	EU-Kommission (10. Febr. 2004)[a]	Europäisches Parlament (8. Juni 2005)	Luxemburger Vorschlag (17. Juni 2005)	Britischer Vorschlag (14. Dez. 2005)	Ergebnis Europäischer Rat (17. Dez. 2005)	IIV-Einigung mit dem EP (4. April 2006)
1a. Wettbewerbsfähigkeit (Lissabon-Strategie)	121,685	110,600	72,010	72,010	72,120	74,098
1b. Kohäsion (Strukturfonds)	338,710	336,330	309,594	298,989	307,619	308,041
2. Erhaltung u. Bewirtschaftung der natürlichen Ressourcen	400,275	396,306	377,800	367,294	371,245	371,344
davon: Marktbezogene Aus- gaben und Direktzahlungen in der Landwirtschaft	301,074	293,105	295,105	293,105	293,105	293,105
3. Unionsbürgerschaft, Freiheit, Sicherheit und Recht	20,945	16,054	11,000	10,270	10,270	10,770

Tab. 3.21 (Fortsetzung)

Rubrik	EU-Kommission (10. Febr. 2004)[a]	Europäisches Parlament (8. Juni 2005)	Luxemburger Vorschlag (17. Juni 2005)	Britischer Vorschlag (14. Dez. 2005)	Ergebnis Europäischer Rat (17. Dez. 2005)	IIV-Einigung mit dem EP (4. April 2006)
4. EU als globaler Partner[b]	84,650	63,985	50,010	50,010	50,010	49,463
5. Verwaltung	57,670	54,765	50,300	49,300	50,300	49,800
6. Ausgleichszahlungen (Bulgarien, Rumänien)	0,8	0,8	0,8	0,8	0,8	0,8
Verpflichtungs-ermächtigungen	1025,355	974,840	871,514	809,319	862,364	864,316
in % des BNE	1,240	1,182	1,057	1,03	1,046	1,048

[a] Bei dem Vorschlag der Kommission waren die Verwaltungskosten auf die einzelnen Rubriken aufgeteilt. Um die Vergleichbarkeit mit dem Tableau des Europäischen Rates zu wahren, werden hier die Verwaltungskosten gemäß der Aufstellung der Kommission in Fiche Nr. 17 „Indicative estimates of administrative expenditure“ vom 12. Mai 2004 in Rubrik 5 Verwaltung zusammengefasst

[b] Bei dieser Rubrik ist zu beachten, dass in den Verhandlungen des Rates die Finanzansätze zur Zusammenarbeit mit den AKP-Staaten im Rahmen des Europäischen Entwicklungsfonds in Höhe von insgesamt 22,7 Mrd. € ausgeklammert wurden

3.7 Die Verhandlungen zum Finanzrahmen 2014–2020

Der jüngste und inzwischen fünfte Verhandlungsprozess über einen mehrjährigen Finanzrahmen der EU fand im Zeitraum von Ende 2010 bis zur abschließenden Einigung zwischen dem Rat und dem Europäischen Parlament im November 2013 unter grundlegend veränderten politischen, ökonomischen und sozialen Rahmenbedingungen statt. Dabei hatten vier Faktoren die ohnehin schwierigen Paketverhandlungen weiter verkompliziert:

1. Mit der Wirtschafts- und Finanzkrise traten zusätzliche fiskalische Beschränkungen auf und zugleich stiegen die Erwartungen und Hoffnungen auf europäische Hilfen. Gerade die Forderungen nach innergemeinschaftlicher Solidarität wurde im Verlauf der Krise immer lauter von den Nettoempfängern im Kreis der Mitgliedstaaten vorgebracht und mit den europäischen Haushaltsverhandlungen verknüpft; die finanzielle Ausstattung der GAP und der europäischen Kohäsionspolitik solle weiter erhöht, zumindest aber auf dem Niveau der Förderperiode 2007–2013 unverändert beibehalten werden. Die Nettozahler hingegen verwiesen umso nachdrücklicher auf die Finanzhilfen, die sie im Zuge der Euro- und Schuldenkrise bereits geleistet hatten und mit denen sie ihre Solidarität unter Beweis gestellt hätten. Sie forderten ihrerseits deshalb eine effizientere Nutzung der europäischen Fördergelder und die Fortsetzung der strengen Politik der Haushaltskonsolidierung. Die Finanzverhandlungen wurden also zunehmend unter dem Aspekt der Rechtfertigung der Ausgabenprioritäten des EU-Budgets und der inhaltlichen Prioritätensetzungen der europäischen Förderpolitiken geführt.
2. Das bis dahin informelle Instrumentarium sowie das Verfahren der schwierigen Paketverhandlungen über den europäischen Finanzrahmen wurden mit dem neuen Vertrag von Lissabon in das europäische Vertragsrecht überführt. Zugleich wurden wichtige Veränderungen vorgenommen, die in diesem Verhandlungsprozess erstmals zur Anwendung kamen. So musste erstmals das Instrument des mehrjährigen Finanzrahmens in Form einer EU-Verordnung rechtsverbindlich verabschiedet werden. Die in der MFR-Verordnung zusammengestellten grundsätzlichen haushaltspolitischen Richtungsentscheidungen der EU waren dabei nur im Konsens der Mitgliedstaaten[172] und in Übereinstimmung aller EU-Organe zu treffen. Das Europäische Parlament musste zugleich

[172] Dieses Einstimmigkeitserfordernis gilt zumindest so lange, bis der Europäische Rat einstimmig den Beschluss fasst, über den nächsten Finanzrahmen mit qualifizierter Mehrheit zu entscheiden.

über den Verlauf der Verhandlungen angemessen informiert werden; am Ende musste es mit der Mehrheit seiner Mitglieder dem zwischen den Mitgliedstaaten ausgehandelten Verordnungsentwurf zustimmen. Das Europäische Parlament wurde also in das Rechtssetzungsverfahren förmlich eingebunden.

3. Mit den institutionellen Veränderungen des Vertrags von Lissabon betrat ein neuer Akteur die europäische Verhandlungsbühne über den mehrjährigen Finanzrahmen. Mit der Schaffung des neuen Amtes des Präsidenten des Europäischen Rats wurde eine neue Schaltstelle für die Verhandlungen im Europäischen Rat geschaffen. Nachdem der rotierende Vorsitz des federführenden Ministerrats für Allgemeine Angelegenheiten die schwierigen Gespräche soweit vorangetrieben hatte, dass eine politische Verständigung auf ein Gesamtpaket im Europäischen Rat möglich schien, übernahm der erste Amtsträger Herman Van Rompuy die Steuerung des Prozesses. Das Zusammenspiel mit den anderen Organen, insbesondere mit der rotierenden Ratspräsidentschaft, bei den langwierigen und schwierigen Verhandlungen war bislang noch nicht erprobt und die Rollenverteilung noch nicht eingeübt. Der Präsident des Europäischen Rates behielt in der Endphase der Verhandlungen alle Verhandlungsfäden in der Hand und konnte die Fäden erfolgreich zu einem Gesamtkompromiss zusammenführen.
4. Mit dem Europäischen Parlament betrat darüber hinaus ein zweiter, institutionell gestärkter und durchaus selbstbewusster Akteur die Verhandlungsarena, der eigene haushaltspolitische Interessen und Ziele verfolgte. Das Europäische Parlament agierte bis zum Abschluss der Verhandlungen sehr geschlossen und verabschiedete mehrere Entschließungen mit breiten Mehrheiten. Insbesondere hatten die Vorsitzenden der Fraktionen unmittelbar nach dem Gipfel des Europäischen Rats im Februar 2013 das Ergebnis der Staats- und Regierungschefs abgelehnt und überaus heftig kritisiert und damit zugleich die außergewöhnliche Geschlossenheit der Parlamentarier demonstriert.

3.7.1 Die erste Phase: Der Vorschlag der Europäischen Kommission

Die Finanzverhandlungen begannen offiziell mit der Vorlage des Vorschlags für den Mehrjährigen Finanzrahmen (MFR) für die Förderperiode 2014–2020 durch die Europäische Kommission am 29. Juni 2011.[173] In dem Paket, das insgesamt mehr

[173] Europäische Kommission, Ein Haushalt für „Europa 2020“, KOM (2011) 500 endg., Brüssel, 29.6.2011.

als 500 Seiten und sieben Mitteilungen, Legislativvorschläge und Arbeitspapiere umfasste, legte sie ihre grundsätzliche Positionen zu den Finanzen der Union für die Jahre 2014–2020 dar. Im Oktober 2011 folgten dann die Legislativvorschläge für die beiden größten Ausgabenblöcke des EU-Budgets – die europäische Kohäsionspolitik und die Gemeinsame Agrarpolitik. Bis Ende 2011 lagen fast 60 Vorschläge[174] zu den rechtlichen Grundlagen für die europäischen Ausgabenprogramme in nahezu allen Politikbereichen auf dem Verhandlungstisch.

Allerdings hatte der Verhandlungsprozess tatsächlich schon sehr viel früher begonnen. Bereits lange bevor die Europäische Kommission ihre Vorschläge veröffentlicht hatte, hatten die meisten Mitgliedstaaten ihre Positionen formuliert und erste „rote Linien" festgelegt. Wie bereits bei den MFR 2007–2013-Verhandlungen schrieb die Gruppe der Nettozahler, die inzwischen als die Gruppe der *like-minded*-Staaten bezeichnet wurde, einen Brief an den Präsidenten der Europäischen Kommission, José Manuel Barroso, bevor die Kommission überhaupt ihren formellen MFR-Vorschlag vorgelegt hatte. In dem Schreiben vom 18. Dezember 2010 formulierten die Regierungschefs aus Großbritannien, Deutschland, Frankreich, den Niederlanden und Finnland ihre Idealvorstellungen für den nächsten EU-Finanzrahmen. Sie forderten das Einfrieren des EU-Budgets auf dem Stand des Jahres 2013, wobei die jährliche Steigerungsrate des nächsten Finanzrahmens unter der Inflationsrate liegen müsse. Dies würde de facto eine weitere Reduktion des Haushaltsvolumens bedeuten. Bereits zuvor hatten sich einige neue Mitgliedstaaten aus Mittel- und Osteuropa und alte Mitgliedstaaten aus Südeuropa in der Gruppe der sogenannten „Freunde der Kohäsion" zusammengefunden und auf die Notwendigkeit weiterer Unterstützungsleistungen aus dem EU-Budget hingewiesen. Die Größten Ausgabenpolitiken, also die GAP und die Kohäsionspolitik, müssten zumindest auf dem gleichen Niveau wie im Jahr 2013 fortgeführt werden, insbesondere müsse der prozentuale Anteil der Strukturfonds am Gesamthaushalt gesichert werden. Daneben forderten die „Freunde der Kohäsion" zusätzliche Gelder für den Ausbau der Justiz- und Innenpolitik der EU und für weitere Politikbereiche, wie den Klimaschutz oder die Energiepolitik. Im Gesamtergebnis wären diese Forderungen nur mit einer Steigerung des Haushaltsvolumens umzusetzen.

Das Europäische Parlament hatte bereits im Herbst 2010 versucht, die Verabschiedung des Jahreshaushalts 2011 mit politischen Vorentscheidungen für die Finanzverhandlungen zu verbinden, um seine Möglichkeiten rechtlicher und politischer Mitwirkung bei allen Punkten der Finanzverhandlungen auszubauen, also

---

174 Die Vorschläge sind zusammengestellt in Anhang 1 zur Mitteilung der Kommission, Agenda zur Vereinfachung des MFR 2014–2020, KOM(2012) 42 endg., Brüssel, 8.2.2012.

auch beim Thema der EU-Eigenmittel.[175] In einer Entschließung vom 8. Juni 2011 zu den Finanzverhandlungen forderte eine breite Mehrheit der Europaparlamentarier schließlich die Steigerung des Gesamtvolumens des MFR um mindestens 5 % gegenüber den Haushaltsmitteln, die der EU im Jahr 2013 zur Verfügung stehen würden.[176] Diese Forderung stand in eklatantem Gegensatz zu der Position der Nettozahler.

Von entscheidender Bedeutung für den Vorschlag der Europäischen Kommission war allerdings der heftige interne Konflikt zwischen den Generaldirektionen der Kommission über den grundsätzlichen Ansatz und die politischen Prioritätensetzungen, die die Kommission mit ihrem Vorschlag verbinden wollte. Anlass dieser Auseinandersetzungen war der in den Schlussfolgerungen des Europäischen Rats vom Dezember 2005 zum Finanzrahmen 2007–2013 enthaltene Auftrag zu einer umfassenden Überprüfung des EU-Budgets. Die Kommission sollte zur Halbzeit der Haushaltsperiode 2008/09 einen Bericht mit ihren Reformüberlegungen vorlegen.[177] Dieser Revisionsprozess bestätigte nicht nur die traditionellen Konfliktlinien im Kreis der Mitgliedstaaten und zwischen den EU-Organen, er deckte auch die internen Auseinandersetzungen innerhalb der Europäischen Kommission auf.[178]

Die Konflikte wurden schließlich durch die Entscheidung des Kollegiums der Kommissare verstärkt, ihren Überlegungen einen sogenannten top down-Ansatz zugrunde zu legen. Mit dieser Grundsatzentscheidung legte sich die Kommission bereits zu Beginn der Verhandlungen auf ein Maximalvolumen des Finanzrahmens fest, nämlich auf die Deckelung des Gesamtvolumens des MFR bei etwa 1 % des EU-BNE. Nicht ohne Grund kritisierten einige Nettoempfänger diese Festlegung der Kommission als voreilig. Der polnische Ratsvorsitz im zweiten Halbjahr 2011 unterließ es, diesen Punkt in den ersten Verhandlungsrunden im Rat Allgemeine Angelegenheiten unter ihrem Vorsitz zu thematisieren, und nahm ihn auch nicht in ihren Zwischenbericht vom Dezember 2011[179] auf. Die auf die polnische folgende dänische Präsidentschaft dagegen stellte diesen Ansatz in der ersten Ver-

[175] Vgl. Peter Becker, Kräftemessen zwischen EP und Rat um den EU-Haushalt 2011, SWP-Aktuell 83, Berlin, Dezember 2010.

[176] Europäisches Parlament, Ein neuer mehrjähriger Finanzrahmen für ein wettbewerbsfähiges, nachhaltiges und integratives Europa, Entschließung P7_TA-PROV(2011)0266, Straßburg, 8.6.2011.

[177] Sh. dazu ausführlich Kap. 5.4.

[178] Vgl. Peter Becker, Auf dem Weg zur Reform des EU-Haushalts. Eine Zwischenbilanz des Konsultationsprozesses, SWP-Aktuell 2008/A 57, Juni 2008.

[179] Rat der Europäischen Union, Mehrjähriger Finanzrahmen (2014–2020) – Bericht über den Fortschritt der Beratungen des Rates im zweiten Halbjahr 2011, Dok. 17448/1/11, Brüssel, 1.12.2011.

handlungsrunde unter ihrem Vorsitz am 27. Januar 2012 als Leitprinzip in den Vordergrund.[180]

Der Vorschlag für einen neuen mehrjährigen Finanzrahmen der Europäischen Kommission[181] vom 29. Juni 2011 sah ein Volumen von rund 1 Billion € (1025 Mrd. € in konstanten Preisen 2011) mit einer siebenjährigen Laufzeit vor; diese gewaltige Summe an Verpflichtungsermächtigungen würde insgesamt 1,05 % des Bruttonationaleinkommens (BNE) der EU-27 entsprechen. Daneben schlug die Kommission vor, einige Fonds außerhalb des Finanzrahmens einzurichten bzw. weiterzuführen – z. B. den Europäischen Globalisierungsfonds, den Solidaritätsfonds und das Flexibilitätsinstrument. Damit ergab sich ein Gesamtvolumen von 1083 Mrd. € bzw. 1,11 % des EU-BNE. Die Zahlungsermächtigungen sollten sich nach dem Kommissionsvorschlag auf 972 Mrd. € belaufen und damit bei einem Prozent des EU-BNE liegen. Die Kommission wollte die Grundstruktur des Budgets auf der Ausgabenseite mit den Rubriken „Intelligentes und integratives Wachstum" (Wirtschaft/Wachstum/Kohäsion), „Nachhaltiges Wachstum: Natürliche Ressourcen" (Ausgaben für die Gemeinsame Agrarpolitik/Fischerei/Umwelt) deutlicher auf die strategischen Ziele der neuen Strategie „Europa 2020" für mehr Wachstum und Wettbewerbsfähigkeit[182] ausrichten.

Vor dem Hintergrund der schwierigen Rahmenbedingungen, der sich weiter verschärfenden europäischen Wirtschaftskrise und deren sozialen und politischen Folgen war es ein zentrales Anliegen der Europäischen Kommission, mit ihren Vorschlägen für den nächsten Finanzrahmen und zur Reform der Ausgabenpolitiken einen Kompromiss zwischen der Forderung nach einer effizienteren Mittelverwendung und der Suche nach dem europäischen Mehrwert auf der einen Seite und den Erwartungen nach weiter fließenden Fördergeldern aus dem EU-Haushalt und europäischer Solidarität auf der anderen Seite zu einem Ausgleich zu bringen.[183]

---

[180] Rat der Europäischen Union, Mehrjähriger Finanzrahmen (2014–2020) – Fragen zu den wichtigsten Prioritäten und dem Haushaltsrahmen einschließlich der Gesamtbeträge, Dok. 5380/12, Brüssel, 20.1.2012.

[181] Sh. hierzu ebenfalls die Darstellung und Auswertung im Gutachten des Wissenschaftlichen Beirats des Bundesministeriums der Finanzen, Ein Haushalt für Europa. Stellungnahme zum neuen mehrjährigen Finanzrahmen der EU 2014–2020, Gutachten 3/2012, Berlin, November 2012.

[182] Sh. Europäische Kommission, Europa 2020. Eine Strategie für intelligentes, nachhaltiges und integratives Wachstum, KOM (2010) 2020 endg., v. 3.3.2010. Zu einer ersten Bewertung der Europa 2020-Strategie vgl. Peter Becker, Die EU-Wachstumsstrategie „Europa 2020". Der Prozess als Ziel, SWP-Studien 2011/S 06, Berlin 2011.

[183] Vgl. Peter Becker, The European Budget and the Principles of Solidarity and Added Value, in: The International Spectator, 2012, Vol. 47, No. 3, S. 116–129.

Der effiziente Einsatz der Ressourcen schien ihr unter den Bedingungen der Haushaltskonsolidierung die einzige Möglichkeit zu sein, um die bei den Unionsbürgern und den internationalen Partnern der EU zweifellos gewachsenen Erwartungen an die Handlungsfähigkeit der EU angemessen erfüllen zu können, ohne das Volumen des EU-Haushalts weiter ausdehnen zu müssen (Tab. 3.22, 3.23).

Auf der Ausgabenseite beabsichtigte die Kommission, den Reformprozess in der Agrarpolitik fortzusetzen. Zur Konkretisierung legte die Kommission Mitte Oktober 2011 insgesamt sieben Verordnungsvorschläge vor, mit denen sie den langjährigen Reformprozess in der Gemeinsamen Agrarpolitik fortsetzen und den rechtlichen Rahmen erneuern wollte. Demnach sollte der Anteil der Ausgaben für die Agrarpolitik am Gesamthaushalt im neuen Finanzrahmen um gut drei Prozentpunkte auf 36,2 % sinken. Die zwei Säulen der Gemeinsamen Agrarpolitik (GAP) sollten zwar reformiert, aber dennoch weitgehend erhalten bleiben.

Für die erste Säule der GAP, also die Direktzahlungen und die marktbezogenen Ausgaben, sollten insgesamt rund 282 Mrd. € zur Verfügung stehen; für die ländliche Entwicklung knapp 90 Mrd. €. Die Finanzmittel der ersten Säule sollten somit nominal auf dem Stand von 2013 eingefroren werden. Zugleich versuchte die Kommission einige Ausgabenprogramme, die bisher aus der GAP finanziert wurden, anderen Haushaltsrubriken zuzuordnen, so zum Beispiel die Ausgaben für die Agrarforschung in Höhe von rd. 4,5 Mrd. € oder Ausgaben im Bereich der Lebensmittelsicherheit in Höhe von 2,2 Mrd. €. Zusätzlich schlug sie zwei neue Instrumente außerhalb der vorgegebenen Rubriken des mehrjährigen Finanzrahmens vor – eine Reserve für Krisensituationen in Höhe von 3,5 Mrd. € und die Ausdehnung des Europäischen Fonds für die Anpassung an die Globalisierung auf den Agrarsektor in Höhe von 2,5 Mrd. €. Damit wären zwar die bereit gestellten Mittel in der Rubrik 2 deutlich gegenüber dem MFR 2007–2013 reduziert worden; allerdings hätten in den anderen Rubriken zusätzliche Gelder zur Förderung der europäischen Agrarpolitik zur Verfügung gestanden (Tab. 3.24).

Die Kommission plädierte dafür, künftig 30 % der Direktzahlungen als „Ökologisierungszuschlag“ oder sogenannte „Greening-Komponente“ an eine ökologisch nachhaltige Landwirtschaft zu koppeln, wie zum Beispiel die Landschaftspflege durch ökologische Vorrangflächen, die Vermeidung von Monokulturen durch eine verbesserte Fruchtfolge mit unterschiedlichen Anbaukulturen oder die Erhaltung von Dauergrünland. Sie schlug vor, die bisherigen Direktbeihilfen für Landwirte durch eine Basisprämie pro Betrieb zu ersetzen, die ab einer Summe von 150.000 € pro Jahr stufenweise gekürzt und bei 300.000 € gedeckelt werden sollte. Von den Agrarbeihilfen sollten dann zukünftig ausschließlich aktive Landwirte profitieren. Die noch immer unterschiedlichen Höhen der Direktzahlungen an Landwirte in den alten und den neuen Mitgliedstaaten sollten weiter angeglichen werden, was

Tab. 3.22 MFR 2014–2020 – Vorschlag der Europäischen Kommission (in Mio. EUR – zu konstanten Preisen 2011). (Quelle: Europäische Kommission, Ein Haushalt für „Europa 2020", KOM (2011) 500 endg., Brüssel, 29.6.2011)

Mittel für Verpflichtungen	2014	2015	2016	2017	2018	2019	2020	Summe 2014–2020
1. Intelligentes u. integratives Wachstum	64.696	66.580	68.133	69.956	71.596	73.768	76.179	*490.908*
davon: Wirtschaftliche, soziale u. territoriale Kohäsion	50.468	51.543	52.542	53.609	54.798	55.955	57.105	376.020
2. Nachhaltiges Wachstum: Natürliche Ressourcen	573.86	56.527	55.702	54.861	53.837	52.829	51.784	*3.829.27*
davon: Marktbezogene Ausgaben u. Direktzahlungen	42.244	41.623	41.029	40.420	39.618	38.831	38.060	281.825
3. Sicherheit u. Unionsbürgerschaft	2.532	2.571	2.609	2.648	2.687	2.726	2.763	*18.535*
4. Globales Europa	9.400	9.645	9.845	9.960	10.150	10.380	10.620	*70.000*
5. Verwaltung	8.542	8.679	8.796	8.943	9.073	9.225	9.371	*62.629*
davon Verwaltungsausgaben der Organe	6.967	7.039	7.108	7.191	7.288	7.385	7.485	50.464
Mittel für Verpflichtungen	142.556	144.002	145.085	146.368	147.344	148.928	150.718	*1.025.000*
In BNE-%	1,08 %	1,07 %	1,06 %	1,06 %	1,05 %	1,04 %	1,03 %	*1,05 %*
Mittel für Zahlungen insg	133.851	141.278	135.516	138.396	142.247	142.916	137.994	*972.198*
In BNE-%	1,01 %	1,05 %	0,99 %	1,00 %	1,01 %	1,00 %	0,94 %	*1,00 %*
Verfügbarer Spielraum	0,22 %	0,18 %	0,24 %	0,23 %	0,22 %	0,23 %	0,29 %	*0,23 %*
Eigenmittelobergrenze in BNE-%	1,23 %	1,23 %	1,23 %	1,23 %	1,23 %	1,23 %	1,23 %	*1,23 %*
Mittel außerhalb des MFR	7815	8583	8306	8357	8395	8444	8416	*58.316*
Mittel für Verpflichtungen insg	150.371	152.585	153.391	154.725	155.739	157.372	159.134	*1.083.316*
In BNE-%	1,13 %	1,13 %	1,12 %	1,12 %	1,11 %	1,10 %	1,09 %	*1,11 %*

Tab. 3.23 MFR-2014–2020 – Vorschlag der EU-Kommission für Haushaltsansätze außerhalb des MFR (in Mio. EUR – zu konstanten Preisen 2011). (Quelle: Europäische Kommission, Ein Haushalt für „Europa 2020", KOM (2011) 500 endg., Brüssel, 29.6.2011)

	2014	2015	2016	2017	2018	2019	2020	Summe 2014–2020
Soforthilfereserve	350	350	350	350	350	350	350	*2450*
Europäischer Globalisierungsfonds	429	429	429	429	429	429	429	*3000*
Solidaritätsfonds	1000	1000	1000	1000	1000	1000	1000	*7000*
Flexibilitätsinstrument	500	500	500	500	500	500	500	*3500*
Reserve für Krisen im Agrarsektor	500	500	500	500	500	500	500	*3500*
ITER	886	624	299	291	261	231	114	*2707*
GMES	834	834	834	834	834	834	834	*5841*
Europ. Entwicklungsfonds AKP	3271	4300	4348	4407	4475	4554	4644	*29.998*
Europ. Entwicklungsfonds Überseegebiete	46	46	46	46	46	46	46	*321*
Globaler Fonds (Klima und Biodiversivität)	p.m.	p.m.	p.m.	p.m.	p.m.	p.m.	p.m.	p.m.
Gesamtsumme außerhalb des MFR	7815	8583	8306	8357	8395	8444	8416	*58.316*

vor allem den osteuropäischen Bauern zu Gute kommen würde. Besonders fördern wollte die Kommission Junglandwirte unter 40 Jahren. Speziell für Kleinbauern schlug sie vor, den Verwaltungsaufwand zu verringern und eine Pauschalzahlung von 500 bis 1000 € je Betrieb einzuführen. Eine Prämie solle es auch für die Übertragung von Flächen von Kleinlandwirten, die ihre landwirtschaftliche Tätigkeit einstellen, an andere Betriebe geben. Insgesamt müsse die GAP einfacher und effizienter werden, so das Ziel der Europäischen Kommission.

Mit ihren Vorschlägen knüpfte die Kommission an den bereits zuvor aufgenommenen Reformprozess an, mit dem die GAP modernisiert werden sollte.[184] Sie hielt bei ihren Reformüberlegungen an den grundsätzlichen politischen Zielen der GAP fest, wie sie im Vertrag von Lissabon fortgeschrieben worden waren. Dem-

[184] Europäische Kommission, Die GAP bis 2020: Nahrungsmittel, natürliche Ressourcen und ländliche Gebiete – die künftigen Herausforderungen, KOM(2010) 672 endg., v. 18.11.2010.

Tab. 3.24 MFR 2014–2020 – Vorschlag der EU-Kommission für die GAP. (Quelle: Europäische Kommission)

Vorgeschlagene Mittelausstattung 2014–20 insgesamt	*386,9 Mrd. €*
1. Säule – Direktzahlungen und marktbezogene Ausgaben	281,8 Mrd.
2. Säule – Entwicklung des ländlichen Raums	89,9 Mrd.
Gelder für den Agrarsektor in anderen MFR-Rubriken	
Lebensmittelsicherheit (Rubrik 3)	2,2 Mrd.
Lebensmittelhilfen (Rubrik 1)	2,5 Mrd.
Forschung und Innovation zu Ernährungssicherheit, Biowirtschaft und nachhaltiger Landwirtschaft (im gemeinsamen strategischen Rahmen für die Finanzierung der Forschung und Innovation)	4,5 Mrd.
Außerhalb des MFR	
Europäischer Fonds für die Anpassung an die Globalisierung	bis zu 2,5 Mrd.
Reserve für Krisen im Agrarsektor	3,5 Mrd.

nach versuchte sie das Einkommensniveaus der Landwirte in der EU zu sichern, die Rahmenbedingungen für eine rentable Nahrungsmittelerzeugung zu erhalten und die ausgewogene Entwicklung des ländlichen Raums durch eine nachhaltige Bewirtschaftung zu garantieren. Zugleich strebte sie jedoch auch in der Agrarpolitik eine Annäherung an die Europa 2020-Strategie an. Sie warb dabei für eine weitere Steigerung der Wettbewerbsfähigkeit und der Nachhaltigkeit der europäischen Agrarpolitik.

Mit Blick auf die künftige Kohäsionspolitik in den Jahren 2014 bis 2020 schlug die Kommission Ausgaben in Höhe von insgesamt 376 Mrd. € (in festen Preisen 2011) vor, d. h. der Anteil der Strukturfonds an den Gesamtausgaben sollte im Vergleich zum Finanzrahmen 2007 bis 2013 von 35 % auf 36,7 % ansteigen. In diesem Betrag sollten 40 Mrd. € für eine „Connecting Europe-Fazilität" enthalten sein. Dieser gesonderte und zentral verwaltete Infrastrukturfonds zum Ausbau der gesamteuropäischen Infrastruktur in den Bereichen Energie, Verkehr sowie Informations- und Kommunikationstechnologie sollte nach den Vorstellungen der Kommission ein Volumen von insgesamt 50 Mrd. € umfassen, von denen 40 Mrd. aus Mitteln der Strukturfonds und 10 Mrd. aus dem Kohäsionsfonds speziell für große Infrastrukturprojekte bereit gestellt werden sollten. Die Strukturfonds sollten auf drei Förderkategorien aufgeteilt werden, wobei auch weiterhin der Großteil der europäischen Fördergelder für die ärmsten Regionen in der EU reserviert werden sollte. Neu war der Vorschlag der Europäischen Kommission, eine Zwischenkategorie zur Förderung von sogenannten Übergangsregionen einzuführen, deren BIP

Tab. 3.25 MFR 2014–2020 – Vorschlag der EU-Kommission zur Mittelverteilung der Strukturfonds auf die Zielgebiete. (Quelle: Europäische Kommission)

Zielgebiete	Betrag in Mrd. EUR (zu Preisen von 2011)	Anteil an den gesamten Kohäsionsmitteln (%)
Weniger entwickelte Regionen (mit einem BIP < 75 %)	162,6	43,3
Übergangsregionen (zwischen 75 und 90 % des BIP)	38,9	10,3
Stärkere Regionen (mit einem BIP > 90 %)	53,1	14,1
Europäische territoriale Zusammenarbeit	11,7	3,1
Kohäsionsfonds	68,7	18,3
Regionen in äußerster Randlage und dünn besiedelte Gebiete	0,9	0,2
Connecting Europe Fazilität	40,0	10,6
Gesamt	*375,9*	*100*

zwischen 75 % und 90 % des durchschnittlichen BIP der EU, also zwischen den weniger entwickelten und den stärker entwickelten Regionen liegt.[185] Durch die thematische Konzentration auf die strategischen Ziele der Strategie „Europa 2020“, also auf die Förderung von Forschung und Innovation, Energieeffizienz, für Maßnahmen im Bereich Klimawandel, Wettbewerbsfähigkeit insbesondere von kleinen und mittleren Unternehmen (KMU) und die Armutsbekämpfung, wollte die Kommission darüber hinaus die Wachstumsorientierung verbessern und damit als Instrument zur Bekämpfung der aktuellen Verschuldungs- und Eurokrise nutzen. Damit beabsichtigte sie den gemeinschaftlichen Mehrwert der europäischen Kohäsionspolitik weiter zu verbessern und zugleich die Sichtbarkeit sowie die Bedeutung für die Bürger zu erhöhen. Nach ihren Vorstellungen sollten die Förderprogramme der Übergangsregionen und der wohlhabenderen Regionen mindestens 20 % ihrer Strukturfondsgelder für Energieeffizienz, erneuerbare Energien, Förderung der Wettbewerbsfähigkeit von KMU und Innovation einsetzen; die weniger entwickelten Regionen sollten die EU-Gelder stärker auf ihre spezifischen Förderprioritäten streuen können (Tab. 3.25).

[185] Innerhalb dieser Gruppe differenzierte die Kommission wiederum zwischen ehemaligen Konvergenzregionen, die die 75 %-Marke überschritten hatten, und ehemaligen Ziel 2-Gebieten, die auch weiterhin unter der 90 %-Marke verharrten.

Die Kommission nahm auch die deutsche Forderung nach Einführung eines gut ausgestatteten „Sicherheitsnetzes" für Konvergenzregionen auf, die in der neuen Förderperiode aus dem Höchstförderziel ausscheiden würden. Diese Regionen sollten degressiv, beginnend bei zwei Dritteln der bisherigen Mittelzuweisungen aus der höchsten Förderkategorie hinaus gleiten. Für die übrigen Regionen sollte die Mittelzuweisung je nach Wohlstandsverteilung gestaffelt werden – je näher das Pro-Kopf-Einkommen an der 90 %-Grenze liegt, desto weniger Fördergelder sollte die Region erhalten können. Für den Europäischen Sozialfonds (ESF) wollte die Kommission vorab ein Gesamtvolumen in Höhe von 84 Mrd. € verbindlich reservieren. Diese verstärkte ESF-Finanzausstattung war das Ergebnis schwieriger kommissionsinterner Verhandlungen und schließlich ein deutliches Signal, den ESF als Bestandteil der Kohäsionspolitik dauerhaft zu sichern.[186] Für den Bereich Beschäftigung und Soziales waren darüber hinaus auch Gelder aus dem Europäischen Fonds für die Anpassung an die Globalisierung (3 Mrd. €) sowie das Integrierte Programm für Beschäftigung, Sozialpolitik und Eingliederung (850 Mio. €) vorgesehen.

Das umfassende Legislativpaket vom 6. Oktober 2011 mit sechs Verordnungsentwürfen für die reformierte Kohäsionspolitik und die Fonds beinhaltete dann konkretere Vorschläge, um die Verwaltung der Fonds zu vereinfachen und um die Politik insgesamt kohärenter und effizienter zu gestalten.[187] Die Kommission schlug vier wichtige Veränderungen für die Programmerstellung und Umsetzung vor:

1. Die Schaffung eines gemeinsamen strategischen Rahmens für alle Strukturfonds, also den Europäischen Fonds für regionale Entwicklung (EFRE), den Europäischen Sozialfonds (ESF), den Kohäsionsfonds (KF), den Europäischen Landwirtschaftsfonds für die Entwicklung des ländlichen Raumes (ELER) und den Europäischen Meeres- und Fischereifonds (EMFF).
2. Den Abschluss von Partnerschaftsverträgen zwischen der Europäischen Kommission und den Mitgliedstaaten, in denen quantitative Ziele und Indikatoren zur Verwendung der Mittel festgeschrieben werden sollten.

---

[186] Bei früheren Reformüberlegungen waren aus anderen Generaldirektionen auch Bestrebungen deutlich geworden, den ESF insgesamt als Förderinstrument der europäischen Kohäsionspolitik aufzugeben.

[187] Eine Analyse der Legislativvorschläge vgl. Carlos Mendez/John Bachtler/Fiona Wishlade, Kohäsionspolitik nach 2013: Kritische Bewertung der Gesetzgebungsvorschläge, Europäisches Parlament, Studie für den Ausschuss für Regionale Entwicklung, Brüssel, Juni 2012.

3. Die Einführung einer Leistungsreserve in Höhe von 5 % der Gelder für das Investitions- und Wachstumsziel, die als Anreiz für eine effizientere Mittelverwendung in den geförderten Regionen dienen sollte. Die Kommission schlug vor, diesen Teil der Fördergelder erst am Ende der Förderperiode nach einer Evaluation an besonders erfolgreiche Programme auszuzahlen.
4. Zusätzlich sollten neue Konditionalitäten in der Kohäsionspolitik eine effektivere Verwendung der finanziellen Ressourcen sicherstellen.[188] Die Kommission schlug drei Formen der Konditionalität vor:
   a. die ex-ante-Konditionalitäten beinhalteten die Einhaltung der bisherigen Querschnittsziele (Anti-Diskriminierungs- und Genderpolitik, Nachhaltigkeit und Umweltschutz), administrative Vorbedingungen im Hinblick auf öffentliche Ausschreibungen und statistische Erfassungssysteme sowie das Vorhandensein der notwendigen gesetzlichen Vorrausetzungen für die erfolgreiche Implementierung der strukturpolitische Maßnahmen;
   b. Performance-Konditionalitäten, mit denen eine bessere Leistungs- und Ergebnisorientierung der Kohäsionspolitik angestrebt werden sollte; dafür sollte die Auszahlung der Leistungsreserve an die Erreichung von zuvor vereinbarten Zielen der Förderprogramme gekoppelt werden;
   c. makroökonomische Konditionalitäten, mit denen die Kohäsionspolitik an die makroökonomischen Vorgaben der engeren wirtschaftspolitischen Koordinierung in der EU gekoppelt und von der Einhaltung der nationalen Stabilitätsprogramme abhängig gemacht werden soll.

Für das System der Eigenmittel schlug die Kommission zwei neue Kategorien vor: eine Finanztransaktionssteuer und eine neue Mehrwertsteuer-Einnahmequelle. Bis 2020 sollten diese beiden neuen Eigenmittel nach den Schätzungen der Kommission fast die Hälfte der Einnahmen des EU-Haushalts ausmachen, während der Anteil der nationalen Beiträge, also der BNE-Eigenmittel, von 75 % auf rund 40 % zurückgehen sollte. Zudem, so die EU-Kommission, sei das System aufgrund etlicher Rabatte, wie dem britischen Beitragsrabatt aber auch die Sonderregelungen zu Gunsten Deutschlands, der Niederlande, Österreichs und Schwedens zu intransparent und komplex. Deshalb warb sie dafür, die bisherigen Korrekturmechanismen durch pauschale und befristete Rabatte zu ersetzen. Die Kommission sah jährliche Rabatte in Form einer Bruttoermäßigung bei den BNE-Beiträgen vor – für Deutschland in

---

188 Um diese neuen Konditionalitäten mit den Mitgliedstaaten abzustimmen und möglichst einvernehmlich vereinbaren zu können, hatte die Kommission eine Arbeitsgruppe unter Beteiligung der Mitgliedstaaten gegründet, in der von Februar bis April 2011 die Eckpunkte des neuen Konzepts diskutiert wurden.

Tab. 3.26 MFR 2014–2020 – Vorschlag der EU-Kommission zur Reform des Eigenmittelsystems. (Quelle: Europäische Kommission)

Schätzung Neues Eigenmittelsystem	2012		2020	
	Mrd. EUR	%	Mrd. EUR	%
Traditionelle Eigenmittel	19,3	14,7	30,7	18,9
Nationale Abführungen	111,8	85,3	65,6	40,3
MwSt	14,5	11,1	–	–
BNE	97,3	74,2	65,6	40,3
Neue Eigenmittel	–	–	66,4	40,8
MwSt	–	–	29,4	18,1
EU-Finanzmarktsteuer	–	–	37,0	22,7
Total	*131,1*	*100,0*	*162,7*	*100,0*

Höhe von 2,5 Mrd. €, für die Niederlande in Höhe von 1,050 Mrd. €, für Schweden in Höhe von 350 Mio. € und für Großbritannien in Höhe von 3,6 Mrd. € (Tab. 3.26).

Insgesamt orientierte sich die Europäische Kommission mit ihren Vorschlägen deutlich an den Überlegungen der Nettozahler, das Mittelvolumen bei einem Prozent des EU-BNE zu begrenzen und die europäischen Förderpolitiken effizienter und ergebnisorientierter zu gestalten. Kommissionspräsident Barroso sprach bei der Präsentation der Kommissionsvorschläge von einem Haushalt, der ambitioniert, innovativ und zugleich sparsam sei. Die Europäische Union müsse mit den ihr zur Verfügung stehenden Geldern auskommen und zugleich in die Zukunft investieren.[189] Es gehe der Kommission nicht in erster Linie um zusätzliche Ressourcen, sondern darum, bessere und effizientere Politiken mit dem gleichen Mittelvolumen durchführen zu können. Dieser Vorgabe folgend, argumentierte auch Haushaltskommissar Lewandowski, dass die Gesamtsumme des Kommissionsentwurfs für den neuen Finanzrahmen dem Stand des Mittelvolumens für das Jahr 2013 entspreche, das für die siebenjährige Laufzeit multipliziert und lediglich entsprechend der prognostizierten Inflationsrate angepasst worden sei.

Die Verteilung dieses vorab begrenzten Gesamtvolumens auf die Rubriken des Finanzrahmens wiederum unterstrich das Ziel der Kommission, die Ausgaben aus dem EU-Budget stärker auf wachstumsorientierte und innovative Bereiche umzuschichten. So plante die Kommission für die Programme zur Verbesserung der

[189] Remarks by President Barroso on the Commission's proposals for the 2014–2020 Multi-Annual Financial Framework, SPEECH/11/487, v. 29.6.2011.

Tab. 3.27 MFR 2014–2020 – Vergleich mit dem MFR 2007–2013. (Quelle: Europäische Kommission)

	Mrd. EUR (in 2011 Preisen)		Differenz in %
	2007–2013	2014–2020	
1. Intelligentes und integratives Wachstum	445,5	490,9	+ 10%
Wettbewerbsfähigkeit	90,7	154,9	+71 %
Wirtschaftliche, soziale u. territoriale Kohäsion	354,8	336	−5 %
2. Nachhaltiges Wachstum: natürliche Ressourcen	421,1	382,9	−9 %
davon: Marktbezogene Ausgaben und Direktzahlungen	322	281,8	− 12,5 %
3. Sicherheit und Unionsbürgerschaft	12,4	18,5	+50 %
davon: Freiheit, Sicherheit und Justiz	7,6	11,6	+53 %
davon: Unionsbürgerschaft	4,8	6,9	+ 45 %
4. Globales Europa	56,8	70,0	+23 %
5. Verwaltung (inkl. Pensionen u. Europ. Schulen)	56,9	62,6	+10 %
Verwaltungsausgaben der EU Institutionen	48,4	50,5	+4 %
6. Ausgleichszahlungen	0,9	–	–
Verpflichtungsermächtigungen insgesamt	993,6	1025,0	+3.2 %
In % des EU-27 BNE	*1.12 %*	*1.05 %*	–

Wettbewerbsfähigkeit und für Forschung und Innovation im Rahmen der Europa 2020-Strategie in der Rubrik 1 die größten Steigerungsraten gegenüber dem Finanzrahmen 2007–2013 ein. Hohe Zuwächse schlug sie auch für die relativ gering ausgestatteten Rubriken zur Innen- und Justizpolitik sowie zur Außen- und Sicherheitspolitik vor (Tab. 3.27).

Die Kommission hatte darüber hinaus viele Wünsche und Verhandlungsziele einzelner Mitgliedstaaten in ihr Paket aufgenommen, ohne jedoch einseitig und offensichtlich eine bestimmte mitgliedsstaatliche Verhandlungsposition zu bevorteilen. So berücksichtigte sie die Interessen der alten Mitgliedstaaten bei der Ausgestaltung der Direktzahlungen in der Agrarpolitik und den Förderzielen in der Kohäsionspolitik. Um eine exorbitante Verschiebung der europäischen Fördergelder aus den Strukturfonds und bei den landwirtschaftlichen Direktzahlungen in die neuen mittelosteuropäischen Mitgliedstaaten zu vermeiden, schlug die EU-Kommission verzögerte Anpassungen zugunsten der neuen und ergänzende Regelungen zugunsten der alten Mitgliedstaaten vor. Auf der anderen Seite verschaffte sich die Kommission mit der Entscheidung zur fiskalischen Selbstbeschränkung beim Gesamtvolumen einen verhandlungstaktischen Vorteil und sicherte sich einen erweiterten politischen Gestaltungsspielraum für ihre Vorschläge zur Festlegung veränderter Ausgabenschwerpunkte und neuer Instrumente unterhalb der 1 %-Grenze.[190] Bereits mit dieser Entscheidung verband sie also haushaltspolitischen Realismus mit dem eigenem Innovations- und Modernisierungsanspruch. Zwar merkten die Nettozahler an, dass der Entwurf noch immer um rund 110 Mrd. € zu hoch ausgefallen sei, und das Europäische Parlament und die Nettoempfänger kritisierten die Kommission für die Wahl des *top down*-Ansatzes und damit eine vorzeitige Festlegung auf einen zu eng begrenzten Finanzrahmen; dennoch bildeten die reformierte Struktur des Finanzrahmens und die von der Kommission eingesetzten Haushaltsmittel die Bezugsgrundlage für die Verhandlungen zwischen den Mitgliedstaaten im Rat.

Dieser deutliche haushaltspolitische Mitführungs- und Gestaltungsanspruch der Kommission zeigte sich insbesondere an einer ganzen Reihe von Vorschlägen, die auf den ersten Blick eher prozedural-technischer Natur waren, die aber mittelfristig durchaus der Kommission die Möglichkeit eröffnen konnten, ihren Einfluss auf die Implementierung der Gemeinschaftspolitiken in den Mitgliedstaaten zu stärken. So nahm sie den Wunsch nahezu aller Mitgliedstaaten auf, sich aus den Einzelheiten der Politikimplementierung der europäischen Kohäsionspolitik zurückzuziehen; zugleich verband sie diese Selbstbeschränkung mit neuen strategischen Steuerungs- und Evaluationsinstrumenten, mit denen sie die Definition und Überwachung der Ziele in den nationalen und regionalen Förderprogrammen konkreter und frühzeitiger beeinflussen könnte. Die vorgeschlagenen Partnerschaftsabkommen bei den Strukturfonds sollten die Effektivität der Programme verbessern; zugleich jedoch wäre der Einfluss der Kommission auf die Förderprioritäten, die Inhalte der nationalen und regionalen Programme und deren Implementierung und damit die strategischen Steuerungsmöglichkeiten, verstärkt worden.

Der Ansatz, den Finanzrahmen deutlich sichtbar in seiner Struktur und in der Prioritätensetzung auf die europäische Wachstums- und Beschäftigungsstrategie „Europa 2020" auszurichten und den Haushalt damit in den Dienst der

[190] Hierzu gehören beispielsweise die Festschreibung der Finanzausstattung des Europäischen Sozialfonds (ESF), der Vorschlag zur weiteren „Ökologisierung" bzw. „Greening" der Direktzahlungen in der Gemeinsamen Agrarpolitik oder die Idee neuer, innovativer privatwirtschaftlicher Instrumente zur Finanzierung großer gemeinschaftlicher Infrastrukturprojekte, der sog. Projektbonds.

neuen europäischen Zehnjahresstrategie zu stellen, verschaffte der Kommission einen zusätzlichen, informellen Spielraum. Denn diese Strategie war das Ergebnis eines intergouvernementalen Verhandlungsprozesses[191] auf höchster politischer Ebene und repräsentierte das von allen Mitgliedstaaten geteilte zentrale politisch-strategische Entwicklungsziel der EU für das nächste Jahrzehnt und den politischen Willen aller europäischen Staats- und Regierungschefs. Darüber hinaus rückte die Kommission mit diesem Vorschlag eng an die Forderungen des Europäischen Parlaments heran. Trotz der lautstarken Kritik über das zu niedrige Gesamtvolumen des Kommissionsentwurfs aus dem EP, zeigten sich deutliche Anzeichen der Kongruenz bei den Ausgabenprioritäten und auf der Einnahmenseite. So hatte die Kommission die Forderung der Europaparlamentarier zur Einführung eines neuen Förderziels in der Kohäsionspolitik, das Ziel der Übergangsregionen, aufgenommen, trotz der deutlichen Kritik aus der Gruppe der Nettozahler; ebenso hatte sie in ihrem Vorschlag bekannte Forderungen der Europaparlamentarier berücksichtigt, wie den Ausbau der Flexibilitätsinstrumente im Finanzrahmen, die Abschaffung des britischen Beitragsrabatts oder den Vorschlag zur Einführung einer EU-Steuer. Die Kommission hatte das Europäische Parlament sehr deutlich als gleichberechtigten und wichtigen neuen Akteur bei den MFR-Verhandlungen akzeptiert.

3.7.2 Die zweite Phase: Die Verhandlungen im Kreis der Mitgliedstaaten

Mit ihrem umfassenden Paket von Legislativvorschlägen, ergänzenden und erläuternden Mitteilungen und umfangreichen Arbeitsdokumenten hatte die Kommission bis Ende 2011 alle erforderlichen Dokumente vorgelegt, damit die Verhandlungen der Mitgliedstaaten im Ministerrat auf den verschiedenen Ebenen beginnen konnten. Die Mitgliedstaaten begannen diese zweite Phase des Prozesses zunächst unter polnischem Vorsitz im zweiten Halbjahr 2011 und setzten sie 2012 unter dänischem und zyprischem Vorsitz fort. Unter der polnischen Präsidentschaft wurden die bekannten Arbeitsgremien etabliert, wie die Gruppe der „Freunde der Präsidentschaft", die sich für jeden Mitgliedstaat aus je einem Vertreter der Ständigen Vertretungen in Brüssel und einem Vertreter aus den Hauptstädten zusammensetzte. Auch die bereits eingespielten Verfahren wurden in Gang gesetzt, um eine erste allgemeine Aussprache zu den Gesetzgebungsvorschlägen der Europäischen Kommission im Rat und seinen Arbeitsgruppen zu führen.[192] In der ersten

[191] Peter Becker, Integration ohne Plan, a. a. O.

[192] Vgl. Rat der Europäischen Union, Multiannual financial framework – organisation of work in the Council, Dok. 12184/11 v. 28 Juni 2011.

Sitzung der Gruppe der „Freunde der Präsidentschaft" am 4. Juli 2011 bekräftigte der Ratsvorsitz die zentrale Aufgabe dieser Arbeitsgruppe für den Verhandlungsprozess; danach sollte die Gruppe die Verhandlungen aller anderen Arbeitsgruppen koordinieren, einschließlich der Ratsarbeitsgruppe Eigenmittel für die Einnahmenseite. Auf politischer Ebene wurde die federführende Rolle der Außen- und Europaminister im Rat für Allgemeine Angelegenheiten gegenüber den anderen beteiligten und interessierten Ratsformationen festgeschrieben. Die polnische Präsidentschaft versuchte zunächst mit vornehmlich informellen Formaten, wie dem Treffen der Europaminister am 28./29. Juni 2011 in Sopot oder einer Konferenz am 20. Oktober 2011 in Brüssel, an der mehrere Regierungsvertreter, Abgeordnete des Europäischen und der nationalen Parlamente und Experten von Interessenverbänden und Forschungsinstituten teilnahmen, eine allgemeine Aussprache und eine offene Diskussion anzustoßen. Am Ende ihres Vorsitzes legte die polnische Präsidentschaft einen Zwischenbericht[193] vor, in dem die Konfliktlinien und die noch deutliche Diskrepanz der Verhandlungspositionen festgehalten wurden.

Die Verhandlungen wurden danach im Jahr 2012 weiter intensiviert und konkretisiert. Der dänische Vorsitz hatte angekündigt, mit der Vorlage einer Verhandlungsbox eine erfolgversprechende Verhandlungsgrundlage für die politische Einigung im Europäischen Rat vorzulegen. Hierfür steigerte der Ratsvorsitz die Intensität der Verhandlungen deutlich. Der federführende Rat für Allgemeine Angelegenheiten befasste sich unter dänischem Vorsitz nun jeden Monat mit dem Fortgang der MFR-Verhandlungen und zugleich wurde die informelle Abstimmung mit den Vertretern des Europäischen Parlaments verstärkt. Ziel war es, bei den Verhandlungen zu einzelnen Themenblöcken des Legislativpakets weitreichende, vorläufige Einigungen zu erreichen, insbesondere bei den Verhandlungen über die Strukturfondsverordnungen. Umstritten war bei diesen Verhandlungen insbesondere die enge Verbindung der Programmplanung für die Strukturfonds mit den länderspezifischen Empfehlungen der EU-Kommission im Bereich der wirtschaftspolitischen Koordinierung und damit die enge Verklammerung der Instrumente der Kohäsionspolitik mit dem Europäischen Semester und den Zielen der Europa 2020-Strategie.[194]

---

193 Rat der Europäischen Union, Mehrjähriger Finanzrahmen (2014–2020) – Bericht über den Fortschritt der Beratungen des Rates im zweiten Halbjahr 2011, DOK. 17448/11 v. 28. November 2011.

194 Vgl. Peter Becker, Die künftige Kohäsionspolitik 2014–2020 – Vom Zeichen der innergemeinschaftlichen Solidarität zum Instrument für mehr Wachstum und Beschäftigung, in: Europäisches Zentrum für Föderalismus-Forschung Tübingen (Hrsg.), Jahrbuch des Föderalismus 2013, Baden-Baden 2013, S. 531–545.

Am 6. Juli 2012 legte die Europäische Kommission einen revidierten Vorschlag für eine MFR-Verordnung vor, um zum einen auf die Entscheidung zur Aufnahme Kroatiens in die Europäische Union[195] zu reagieren und um zum anderen eine Neuberechnung der regionalen und nationalen Zuweisungen aus den europäischen Strukturfonds vorzulegen, die angesichts der drastisch veränderten ökonomischen Prognosen notwendig geworden sei. Dieser revidierte Vorschlag sah zusätzliche Mittel in Höhe von 13,7 Mrd. € in Verpflichtungsermächtigungen zur Finanzierung des Kroatien-Beitritts und deutliche Veränderungen der Mittelzuweisungen in der Kohäsionspolitik auf der Basis neuer Regionaldaten und der neuen BIP-Prognosen vor.

Die dänische Präsidentschaft konnte angesichts der fortbestehenden Konflikte erst zum Ende ihrer Mandatszeit eine erste vollständige Verhandlungsbox[196] vorlegen; zuvor konnte sie lediglich Textteile für einzelne Rubriken des Finanzrahmens vorschlagen, die in die Verhandlungsbox je nach Fortgang der Verhandlungen eingefügt wurden. Diese Textvorschläge wurden zwar in der Gruppe „Freunde der Präsidentschaft“ und im AStV erörtert und sollten dem Ziel des Vorsitzes dienen, den erreichten Verhandlungsstand vorläufig zu fixieren. Dennoch galt auch für dieses Vorgehen der Grundsatz, dass nichts vereinbart sei, bis nicht alles vereinbart werden konnte. Der dänische Vorsitz aktualisierte und ergänzte kontinuierlich gemeinsam mit dem Generalsekretariat des Rates diese vereinbarten Bestandteile der Verhandlungsbox.

Parallel zu den Verhandlungen im Rat für Allgemeine Angelegenheiten informierte der jeweilige Vorsitz des Rates in Trilog-Treffen die Vertreter des Europäischen Parlaments über den Fortgang der Verhandlungen und nahm umgekehrt die Wünsche und Forderungen der Parlamentarier für die Beratungen im Rat auf. Das Europäische Parlament schließlich bekräftigte mit einer Entschließung vom 11. Juni 2012[197] mit breiter Mehrheit seine bereits im Jahr zuvor formulierte Verhandlungsposition vom Juni 2011[198] und forderte vehement, seine Forderungen angemessen zu berücksichtigen.

---

[195] Europäische Kommission, Geänderter Vorschlag für eine Verordnung des Rates zur Festlegung des mehrjährigen Finanzrahmens für die Jahre 2014–2020, KOM (2012) 388 endg., v. 6.7.2012.

[196] Rat der Europäischen Union, Mehrjähriger Finanzrahmen (2014–2020) – Verhandlungsbox, Dok. 11539/12, Brüssel, 19.6. 2012.

[197] Europäisches Parlament, Mehrjähriger Finanzrahmen und Eigenmittel, Entschließung P7_TA-PROV(2012)0245, Straßburg, 13.6.2012.

[198] Europäisches Parlament, Ein neuer mehrjähriger Finanzrahmen für ein wettbewerbsfähiges, nachhaltiges und integratives Europa, Entschließung P7_TA-PROV(2011)0266, Straßburg, 8.6.2011.

Bei den Verhandlungen im Kreis der Mitgliedstaaten standen sich die bekannten Gruppen gegenüber – auf der einen Seite die Nettozahler und auf der anderen Seite die Nettoempfänger. Insbesondere die Verhandlungen über die künftige europäische Kohäsionspolitik und deren Finanzausstattung waren geprägt von diesem Gegensatz. Die Bundesregierung hatte mit Unterstützung aus der Gruppe der Nettozahler frühzeitig eine eigene Initiative lanciert, die unter der Überschrift „better spending"[199] für eine effizientere Politik warb und die Ausrichtung der Kohäsionspolitik auf die Generierung von mehr wirtschaftlichem Wachstum und mehr Beschäftigung forderte. Angesichts begrenzter finanzieller Ressourcen und deutlichem Spardruck müssten die verfügbaren Ressourcen der EU und insbesondere die Strukturfonds zielgerichteter eingesetzt werden. Diese Initiative der Nettozahler wurde von den „Freunden der Kohäsionspolitik"[200], die mit eigenen Positionspapieren ihre Verhandlungsstrategie abstimmten, als Initiative zur Mittelkürzung bei den Strukturfonds verstanden und abgelehnt. Die Kohäsionspolitik müsse ein starkes Instrument der europäischen Solidarität bleiben, mit dem die Infrastruktur in rückständigen Regionen mit europäischer Hilfe verbessert werde (Tab. 3.28).

Die fortbestehenden Interessengegensätze wurden zum Auftakt der zyprischen Präsidentschaft bei einem informellen Treffen der Europaminister am 30. April 2012 in Nikosia offenkundig. Der Vorsitz kam angesichts dieser großen Diskrepanzen zu der Einschätzung, dass auf der Basis des Vorschlags der EU-Kommission keine Einigung auf den Gesamtumfang des mehrjährigen Finanzrahmens gefunden werden könne und deshalb eine Kürzung des Gesamtvolumens unvermeidlich sei. Alle Haushaltsrubriken müssten ihren Anteil zu den notwendigen Kürzungen leisten. Diese Schlussfolgerungen des Ratsvorsitzes lösten bei den Mitgliedstaaten die vorhersehbaren Reflexe aus – die „Freunde der Kohäsion" forderten einen Aufwuchs bei den Mittelansätzen für die Strukturfonds, Frankreich und Irland sprachen sich gegen Kürzungen bei der GAP aus und einige Nettozahler unterstützten den Vorsitz im Grundsatz und forderten zugleich zusätzliche Kürzungsanstrengungen. Auch die Zyprer konnten bis Ende 2012 keine Verhandlungsbox vorlegen, in der konkrete Haushaltsansätze eingefügt waren. Damit stand zwar der Rahmen für die Schlussfolgerungen des Europäischen Rates, also die politische Verständigung, aber die entscheidenden Fragen zu Volumen und Mittelverteilung blieben weiterhin offen. Diese Aufgabe sollte dem Präsidenten des Europäischen Rats Hermann Van Rompuy vorbehalten bleiben.

---

[199] Der Aktionsplan „better spending" vom 26.4.2012 ist abrufbar unter: http://www.euractiv.de/fileadmin/images/Action_Plan_for_Better_Spending_120424.pdf.

[200] Insgesamt 15 Mitgliedstaaten bilden die „Freunde der Kohäsion" – Ungarn, Bulgarien, Tschechien, Estland, Griechenland, Lettland, Litauen, Malta, Portugal, Rumänien, Slowakei, Slowenien, Kroatien, Zypern und Spanien. Die Verhandlungslinie der Gruppe ist abrufbar unter: http://www.foreign.gov.mt/Library/PDF/Bucharest%20meeting.pdf.

Tab. 3.28 MFR 2014–2020 – Die Positionen der Mitgliedstaaten (Stand: Mitte 2012). (Quelle: Eigene Zusammenstellung)

	Allgemein			Einnahmenseite				Ausgabenseite			
	Top Down Ansatz	Volumen akzeptabel	Schattenhaushalte	Reform Eigenmittel	Einführung EU-Steuer	Abschaffung Rabatte	AKM	Kürzung GAP	Kürzung Strukturfonds	Übergangsregionen	Konditionalitäten
AUT	+	−	−	+	+	−	+/−	−	+	+	+/−
BEL	+/−	+	+	+	+	+	+/−	−	−	+	+
BGR	−	+	+	+/−	+/−	+	+/−	−	−	−	+
CZE	+	−	−	+	−	+	−	+	−	−	+/−
CYP		+	+/−	+/−	−	+/−	+	+/−	+/−	+/−	+/−
DEU	+	−	−	+	−	−	+/−	−	−	−	+
DNK	+/−	−	−	+	−	−	+	+	+	−	+/−
ESP	+/−	+	−	+	−	+	−	−	−	+	+
EST	−	+	+	+	+	+	−	+	−	+/−	+
FIN	+	−	−	+	+	+	−	−	−	−	+
FRA	+	−	−	+/−	+	+	+/−	−	+	−	+
GBR	+	−	−	+	−	−	−	+	+	−	+/−
GRC	−	+	+	+	+	+	−	−	−	+	−
HUN	−	+	+	+	+	+	−	−	−	−	+/−
IRL	+/−	+	+/−	+	−	+	−	−	+	+/−	+/−

Tab. 3.28 (Fortsetzung)

	Allgemein			Einnahmenseite				Ausgabenseite			
	Top Down Ansatz	Volumen akzeptabel	Schattenhaushalte	Reform Eigenmittel	Einführung EU-Steuer	Abschaffung Rabatte	AKM	Kürzung GAP	Kürzung Strukturfonds	Übergangsregionen	Konditionalitäten
ITA	+	–	–	+	+	+	–	–	–	–	–
LTU	–	+	+	+	–	+	–	–	–	–	+/–
LUX		+	+	+	+	–	+	–	–	+/–	+/–
LVA	–	+	+	+	–	+	–	+	–	–	+/–
MLT	–	+	+/–	+	–	–	+	+	–	+	–
NLD	+	–	–	+	–	–	+	+	+	–	+/–
POL	–	+	+	+	+	+	–	–	–	–	+/–
PRT	–	+	+	+	+	+	–	–	–	–	+/–
ROU	–	+	+	+	+	+	–	–	–	+/–	+/–
SWE	+	–	–	+	–	–	+	+	+	–	+/–
SVK	–	+/–	+/–	+	+/–	+	–	–	–	–	+
SVN	+/–	+	–	+	–	+	+	+	–	–	–

– Ablehnung, + Zustimmung, +/– keine Position

In der Endphase der Verhandlungen kam seiner Verhandlungsführung eine besondere Bedeutung zu – für die eigentlichen Verhandlungen über den mehrjährigen Finanzrahmen und damit implizit auch für die Verhandlungen zu den über 70 Legislativvorschlägen. Herman Van Rompuy nahm frühzeitig Kontakt zur dänischen und zypriotischen Präsidentschaft auf und versuchte sein Vorgehen und seinen Verhandlungsauftrag mit den Arbeiten auf der Ebene des Ministerrates abzustimmen. Der Europäische Rat hatte sich erstmals am 9. Dezember 2011 mit den Finanzverhandlungen befasst. Die Staats- und Regierungschefs nahmen den Zwischenbericht des polnischen Vorsitzes zur Kenntnis und vereinbarten als Ziel, eine Einigung bis Ende 2012 anzustreben. Dieses Zieldatum wurde auch in den Schlussfolgerungen des Europäischen Rats vom 28./29. Juni 2012 bestätigt.[201] Nach der Vorlage der ersten Verhandlungsbox durch den dänischen Vorsitz griff Herman Van Rompuy das Thema für das Treffen des Europäischen Rats am 28./29. Juni 2012 zu einer inhaltlichen Beratung der Staats- und Regierungschefs auf.

Einen ersten Versuch, die zweite Phase des Verhandlungsprozess über den mehrjährigen Finanzrahmen mit einem Kompromiss im Europäischen Rat abzuschließen unternahm Van Rompuy dann am 22. und 23. November 2012. Damit war dieser schwierige Verhandlungsprozess auf höchster politischer Ebene angekommen. Aber auch der erste Präsident des Europäischen Rats konnte die traditionelle Dramaturgie der Verhandlungen nicht ändern. Wie bislang bei allen Haushaltsverhandlungen konnte er den ersten Einigungsversuch des Europäischen Rats im November 2012 nicht zu einem erfolgreichen Abschluss bringen. Neu war jedoch, dass Hermann Van Rompuy seinen zweiten Versuch im Februar 2013 ohne öffentliche und medienwirksame Begleitung vorbereitete und sogar auf die Vorlage eines neuen Kompromisspapieres im Vorfeld des Europäischen Rats am 8. Februar verzichtete. Er suchte vielmehr in unzähligen vertraulichen bilateralen Gesprächen, die er und sein Stab auf allen Ebenen führten, mögliche Kompromisslinien zu erkunden. Zugleich suchte er eine enge Abstimmung mit der deutschen Bundeskanzlerin, die sich ihrerseits sehr eng mit ihren britischen Kollegen David Cameron abstimmte und im Vorfeld des Februar-Gipfels auch den Kontakt zum französischen Staatspräsidenten François Hollande und dem italienischen Premier Mario Monti suchte.

Die Kanzlerin versuchte bei ihrem Besuch in London, kurz vor dem entscheidenden Gipfeltreffen des Europäischen Rats am 8./9. Februar 2013, die britische Regierung für eine Kompromisslösung zu gewinnen. Dennoch blieb die restriktive britische Position der entscheidende Eckpunkt des Verhandlungsspektrums, die

[201] Europäischer Rat, Tagung des Europäischen Rates, 28./29. Juni 2012 – Schlussfolgerungen, EUCO 76/2/12 REV 2 (de, es, sl), Brüssel, 20.7.2012, Ziffer 6.

nur zum Teil von der schwedischen Regierung mitgetragen wurde. Sollte überhaupt eine Kompromisslösung beim Europäischen Rat realistisch werden, sahen sich die Nettoempfänger gezwungen, auf die britischen Forderungen zu reagieren. Vor dem Hintergrund der britischen Maximalforderungen rückte die deutsche Verhandlungsposition automatisch ins Zentrum eines möglichen Kompromisses. Die Verhandlungslösung entfernte sich demzufolge stetig von den Wünschen der Nettoempfänger, den Forderungen des Europäischen Parlaments und den Vorschlägen der Europäischen Kommission.

Der französische Staatpräsident François Hollande hatte sich selbst mit seiner Absage, an einer ersten informellen Vorbesprechung mit Angela Merkel, David Cameron und Herman Van Rompuy unmittelbar vor dem Treffen des Europäischen Rats am 8. Februar 2013 teilzunehmen, aus dem taktisch-diplomatischen Spiel auf höchster Ebene faktisch verabschiedet. Er hatte bereits zuvor am 5. Februar 2013 in einer Rede vor dem Plenum des Europäischen Parlaments die Position Frankreichs in den Verhandlungen zum MFR dargelegt.[202] Demnach müssten zwar Einsparungen vorgenommen werden, jedoch nicht in dem Umfang, wie insbesondere von britischer Seite gefordert und vor allem nicht zu Lasten von Investitionen für wirtschaftliches Wachstum. Deshalb müsse der mehrjährige Finanzrahmen an den europäischen Wachstumspakt[203] anschließen, den der Europäische Rat im Juni 2012 verabschiedet hatte, und mehr Mittel für Innovation, Infrastruktur und neue Energien vorsehen. Die Konsolidierung der öffentlichen Haushalte in den Mitgliedstaaten müsse zwar fortgesetzt werden, aber im Einzelfall an die jeweiligen nationalen Gegebenheiten angepasst werden. Der künftige Finanzrahmen müsse groß genug sein, um die Fortsetzung der Kohäsionspolitik und der Gemeinsamen Agrarpolitik zu gewährleisten. Hollande sprach sich ebenso wie das Europäische Parlament für neue EU-Eigenmittelquellen aus.

Ganz offenkundig suchte der französische Staatspräsident die Nähe zu den Europaparlamentariern. Die Abgeordneten bekräftigten ihrerseits in einer Plenardebatte am 6. Februar 2013 ihre Forderungen für den mehrjährigen Finanzrahmen 2014–2020. Die Mitgliedstaaten dürften die Krise nicht zum Vorwand nehmen, um die Mittel des EU-Haushalts zu kürzen und der EU bis zum Jahr 2020 eine Sparpolitik aufzuerlegen. Die Abgeordneten wiederholten außerdem ihre Forderung, der EU neue, „echte" Eigenmittel zur Verfügung zu stellen. Wichtig für die Abgeordneten

---

202 Vgl. Grundsatzrede von Präsident François Hollande. EU-Budget: Frankreich als Verbündeter des EU-Parlaments, Euractiv v. 5.2.2013 [http://www.euractiv.de/finanzen-und-wachstum/artikel/eu-budget-frankreich-als-verbndeter-des-eu-parlaments-007181].

203 Vgl. die Schlussfolgerungen des Europäischen Rats vom 28./29. Juni 2012, EUCO 76/2/12, Brüssel, den 20. Juli 2012.

war auch die Einführung einer Revisionsklausel, die es ermöglichen solle, den MFR in einigen Jahren an veränderte ökonomische Rahmenbedingungen anzupassen. Hinzu kam auch die Forderung nach größerer Flexibilität des Finanzrahmens; die Gelder sollten zwischen verschiedenen Haushaltsjahren oder Haushaltsrubriken verschoben werden können, um auf unvorhergesehene Ereignisse besser reagieren zu können.

Der französische Versuch im Europäischen Rat (ähnlich wie bei den Verhandlungen über den europäischen Wachstumspakt im Sommer 2012), eine enge Abstimmung mit Rom und Madrid zu suchen und damit eine informelle Gegenposition gegen Deutschland und Großbritannien aufzubauen, scheiterte jedoch an einem fehlenden realistischen Alternativangebot. Die Krisenländer Italien und Spanien waren in erster Linie an einem schnellen Kompromiss interessiert, der die bruchlose Fortführung der europäischen Förderpolitiken gewährleisten sollte. Ein Aufschieben des Verhandlungsabschlusses ohne die realistische Aussicht auf ein substantiell besseres Ergebnis war nicht in ihrem Interesse.

Hermann Van Rompuy führte bei dem entscheidenden Treffen des Europäischen Rats die nicht in Frage gestellte Regie über die Verhandlungen, die schließlich nach einem mehr als 24-stündigen Verhandlungsmarathon zu einer Verständigung auf den mehrjährigen Finanzrahmen der Jahre 2014–2020 führten. Das offizielle Treffen der Staats- und Regierungschefs begann nach mehrfachen Verzögerungen und langwierigen bi- und multilateralen Vorgesprächen am 7. Februar erst mit einem Arbeitsessen gegen 22:30 Uhr. Entgegen der Ankündigungen, bereits zu Beginn des Gipfels eine gegenüber dem Abbruch der Verhandlungen am 22. November 2012 überarbeitete Verhandlungsbox vorzulegen, verteilte der Präsident des Europäischen Rats erst in den frühen Morgenstunden des zweiten Gipfeltages seinen an den Verhandlungsstand angepassten Kompromissvorschlag. Über dieses überarbeitete Papier wurde dann erneut im Plenum des Europäischen Rats und in kleinen Gruppen verhandelt. Die Verhandlungen wurden von Hermann Van Rompuy und seinem Stab vornehmlich in kleinen und vertraulichen Runden geführt. Das Plenum des Europäischen Rats wurde dann erst wieder zur Verabschiedung des Gesamtkompromisses konsultiert (Tab. 3.29).[204]

Auf der Ausgabenseite verständigten sich die Staats- und Regierungschefs auf eine Orientierung des Finanzrahmens an den Zielen der europäischen Strategie für Wachstum und Beschäftigung „Europa 2020“. Die Ausgaben für Forschung und Entwicklung sowie Infrastrukturprojekte wurden um 14 Mrd. € gegenüber dem

---

204 Zum Verhandlungsverlauf sehr ausführlich Peter Ludlow, Money, Politics and Power. The European Council and the MFF agreement, 7–8 February 2013, in: Eurocomment, Preliminary Evaluation 2013/1 o.O. und o.J.

Tab. 3.29 MFR 2014–2020 – Das Verhandlungsergebnis des Europäischen Rats vom 8. Februar 2013. (Quelle: Europäischer Rat, Tagung vom 7./8. Februar 2013, Schlussfolgerungen (Mehrjähriger Finanzrahmen))

(In Mio. Euro – zu Preisen 2011)								
Verpflichtungen	2014	2015	2016	2017	2018	2019	2020	Insgesamt
1. Intelligentes u. integratives Wachstum	*60.283*	*61.725*	*62.771*	*64.238*	*65.528*	*67.214*	*69.004*	*450.763*
1a. Wettbewerbsfähigkeit für Wachstum u. Beschäftigung	15.605	16.321	16.726	17.693	18.490	19.700	21.079	125.614
1b. Wirtschaftlicher, sozialer u. territorialer Zusammenhalt	44.678	45.404	46.045	46.545	47.038	47.514	47.925	325.149
2. Nachhaltiges Wachstum: natürliche Ressourcen	*55.883*	*55.060*	*54.261*	*53.448*	*52.466*	*51.503*	*50.558*	*373.179*
davon: marktbezogene Ausgaben u. Direktzahlungen	41.585	40.989	40.421	39.837	39.079	38.335	37.605	277.851
3. Sicherheit u. Unionsbürgerschaft	*2.053*	*2.075*	*2.154*	*2.232*	*2.312*	*2.391*	*2.469*	*15.686*
4. Europa in der Welt	*7.854*	*8.083*	*8.281*	*8.375*	*8.553*	*8.764*	*8.794*	*58.704*
5. Verwaltung	*8.218*	*8.385*	*8.589*	*8.807*	*9.007*	*9.206*	*9.417*	*61.629*
davon Verwaltungsausgaben der Organe	6.649	6.791	6.955	7.110	7.278	7.425	7.590	49.798
6. Ausgleichszahlungen	*27*	*0*	*0*	*0*	*0*	*0*	*0*	*27*
Mittel für Verpflichtungen insg.	*134.318*	*135.328*	*136.056*	*137.100*	*137.866*	*139.078*	*140.242*	959.988
In Prozent des BNE	1.03 %	1,02 %	1,00 %	1,00 %	0,99 %	0,98 %	0,98 %	1,00 %
Mittel für Zahlungen insg.	*128.030*	*131.095*	*131.046*	*126.777*	*129.778*	*130.893*	*130.781*	*908.400*
In Prozent des BNE	0,98 %	0,98 %	0,97 %	0,92 %	0,93 %	0,93 %	0,91 %	0,95 %
Verfügbarer Spielraum	0,25 %	0,25 %	0,26 %	0,31 %	0,30 %	0,30 %	0,32 %	0,28 %
Eigenmittelobergrenze	1,23 %	1,23 %	1,23 %	1,23 %	1,23 %	1,23 %	1,23 %	1,23 %

Finanzrahmen 2007–2013 auf etwa 106 Mrd. € (ohne die neue Infrastrukturfazilität Connecting Europe) erhöht. Für die Connecting Europe Fazilität selbst wurden zusätzlich etwa 19 Mrd. € in der Rubrik 1 a bereitgestellt. Auch die Mittel für die europäischen bildungs- und forschungspolitischen Programme Horizon 2020 und ERASMUS wurden aufgestockt. Der Anteil von Ausgaben für Forschung und Entwicklung am Gesamthaushalt wuchs insofern von 9 auf 13 %. Gleichzeitig sollte der Fokus auf die Förderung von Wachstum mit dem neuen EU-Haushalt verstärkt werden. Die europäischen Strukturfonds wurden deshalb noch stärker auf die Förderung von Wachstum, Beschäftigung und Wettbewerbsfähigkeit ausgerichtet. Die Kohäsionspolitik sollte mit rund 325 Mrd. € ein Drittel des gesamten Budgets ausmachen, dennoch sah die Verständigung der Mitgliedstaaten über die Finanzausstattung der Kohäsionspolitik eine Kürzung der bereitgestellten Gelder gegenüber dem Vorschlag der Kommission vor.[205]

Auch weiterhin werden die rückständigsten Regionen den weitaus größten Anteil an den EU-Strukturfondsgeldern erhalten. Die vorrangige Aufgabe der Kohäsionspolitik wird es also bleiben, die im Vertrag von Lissabon verankerten Vertragsziele der Kohäsion und der Konvergenz anzustreben, d. h. regionale Entwicklungsunterschiede und den Rückstand der am stärksten benachteiligten Regionen weiter zu verringern und eine harmonische Entwicklung der Europäischen Union als Ganzes zu fördern. Allerdings war es den reicheren Mitgliedstaaten und Regionen gelungen, den lange Zeit umstrittenen Ansatz durchzusetzen, dass grundsätzlich alle Regionen in Europa Gelder aus den EU-Fördertöpfen erhalten können. Die Ausrichtung auf die Europa 2020-Strategie, die für die ganze EU gelte, mache es erforderlich, dass in allen 271 Regionen der EU investiert werden müsse, um die Zielsetzungen der Strategie erreichen zu können.

Als Reaktion auf die besonders schwierige wirtschaftliche Situation in den Krisenstaaten Griechenland, Portugal, Spanien, Irland, Zypern, Slowenien, Ungarn und Italien erhalten diese Staaten Sonderzuweisungen für ihre Regionen zur Förderung des Wirtschaftswachstums und zur Schaffung von Arbeitsplätzen. Das Instrument der Sonderzahlungen wurde auch genutzt, um auf besondere Forderungen einzelner Mitgliedstaaten reagieren zu können und somit die Verständigung auf einen Gesamtkompromiss für den mehrjährigen Finanzrahmen zu erleichtern. So erhält Belgien Sonderzahlungen für die Regionen Limburg sowie die Wallonie und Deutschland für den Regierungsbezirk Leipzig.

[205] Für Deutschland bedeutet dieses Verhandlungsergebnis eine deutliche Reduzierung der Strukturfonds um rd. 9,8 Mrd. €, von 26,9 Mrd. in der Förderperiode 2007 bis 2013 auf 17,1 Mrd. € (in konstanten Preisen 2011) für die Periode 2014 bis 2020.

Insgesamt wurde die europäische Förderpolitik mit Hilfe der Strukturfonds künftig enger mit der Europa 2020-Strategie verzahnt. Dazu wird insbesondere die thematische Konzentration der Förderschwerpunkte im Rahmen der Kohäsionspolitik auf die Ziele der Wachstumsstrategie dienen – also die Förderung von Forschung, Technologie, Innovation und Bildung, die Stärkung der Wettbewerbsfähigkeit kleiner und mittlerer Unternehmen (KMU), Investitionen in den Umweltschutz und zur Ressourceneffizienz sowie zur Verringerung der CO2-Emissionen in allen Branchen der Wirtschaft, die Unterstützung der Mobilität der Arbeitskräfte, zur Schaffung neuer Arbeitsplätze sowie zur sozialen Eingliederung und zur Bekämpfung der Armut.

Entscheidend für die thematische Neu-Ausrichtung auf die Ziele der Europa 2020-Strategie ist jedoch die enge Verbindung zwischen der Kohäsionspolitik und den im Zuge der Krise in der Eurozone entwickelten neuen Instrumenten der wirtschaftspolitischen Koordinierung. Zentrales Instrumentarium für diese Verknüpfung sind die neuen Konditionalitäten. Die von der Kommission vorgeschlagenen drei Arten von Konditionalitäten im Sinne von messbaren Erfolgsindikatoren und -kriterien wurden von den Mitgliedstaaten nicht grundsätzlich in Frage gestellt. Bereits bevor die EU-Gelder ausgezahlt werden, müssen die nationalen Behörden nachweisen, dass zufriedenstellende strategische, ordnungspolitische und institutionelle Rahmenbedingungen bestehen, die eine effiziente Nutzung der Strukturfondsmittel garantieren. Die von der Europa 2020-Strategie abgeleiteten Zielvorgaben und die thematische Konzentration der Förderpolitiken werden in der allgemeinen Strukturfondsverordnung präzisiert und danach in den Partnerschaftsvereinbarungen mit den Mitgliedstaaten und in den Operationellen Programmen der Regionen weiter konkretisiert und operationalisiert. Die Erfüllung dieser Vorbedingungen ist dann Voraussetzung für die Genehmigung der Förderprogramme und anschließend die Zahlung von Fördermitteln. Zusätzlich werden an besonderen Schnittstellen die Strukturfondsgelder mit den Zielen anderer Politiken verbunden, bzw. die Fonds für die Umsetzung benachbarter Politiken genutzt. Beispielsweise soll zur Vorbedingung einer effizienten KMU-Förderung mit europäischen Strukturfonds die Umsetzung des „Small Business Act" und der Richtlinie zum Zahlungsverzug gemacht werden. Weitere allgemeine ex ante-Konditionalitäten sind geeignete Verwaltungsverfahren und ausreichende administrative Kapazitäten, die Umsetzung der europäischen Umweltgesetzgebung oder ein geordnetes Katasterwesen.

In den Verhandlungen waren nur die makroökonomischen Konditionalitäten umstritten, mit denen eine enge Verbindung zu den Instrumenten der wirtschaftspolitischen Koordinierung zwischen den Mitgliedstaaten und der EU hergestellt werden sollte. Die Auszahlung der Gelder aus den EU-Strukturfonds soll künftig an die Einhaltung wirtschaftspolitischer Vorgaben und Empfehlungen der EU geknüpft werden. Die Kommission begründete ihren Vorschlag mit Verweis auf die negativen Beispiele der geplatzten spanischen und irischen Immobilienblasen damit, dass die Wirkung der EU-Gelder nicht durch unsolide makrofiskalische Maßnahmen in den Mitgliedstaaten konterkariert werden dürfte. In der neuen Förderperiode kann die Kommission nun einen Mitgliedstaat auffordern, seine Operationellen Programme und die Partnerschaftsvereinbarung anzupassen, um die wirtschafts- und beschäftigungspolitischen Empfehlungen der EU im Rahmen des Europäischen Semesters umzusetzen und um mit den EU-Gelder möglichst große Wachstumseffekte zu erzielen. Wenn ein Mitgliedstaat dieser Aufforderung nicht entspricht könnten dann die Zahlungen aus den Strukturfonds vollständig oder teilweise suspendiert werden.

Die Staats- und Regierungschefs haben darüber hinaus ein Programm zur Bekämpfung der Jugendarbeitslosigkeit aufgelegt, das 6 Mrd. € für Regionen mit besonders hoher Jugendarbeitslosigkeit vorsieht.

Der zweite große Ausgabenblock, die Gemeinsame Agrarpolitik, soll künftig mit insgesamt 373 Mrd. € ausgestattet werden, von denen rund 278 Mrd. € für marktbezogene Ausgaben und Direktzahlungen vorgesehen werden. Gegenüber der Förderperiode 2007–2013 wurde diese Rubrik also um etwa 48 Mrd. € gekürzt; die Politik der langsamen Degression wurde also fortgesetzt. Der Europäische Rat vereinbarte auch eine flexiblere, wenn auch langsamere Anpassung der Direktzahlungen an die Landwirte in den neuen Mitgliedstaaten; bis 2020 soll die Zielmarge von 196 € pro Hektar europaweit erreicht werden. Auch die Vorschläge der Kommission zur Kappung der Direktzahlungen an Großbetriebe wurden angenommen, wenn auch auf freiwilliger Basis. Die vorgeschlagene Idee des „Greenings" bzw. zur „Ökologisierung" der Direktzahlungen wurde für 30 % der Zahlungen vereinbart (Tab. 3.30).

Für die Einnahmenseite des EU-Haushalts konnten sich die Staats- und Regierungschefs nicht auf neue „echte" Eigenmittel für die EU einigen, auch wenn einige Mitgliedstaaten sich für den Vorschlag der Europäischen Kommission stark gemacht hatten. In einem Verfahrenskompromiss wird der Ministerrat aufgefordert, die Arbeiten an einer neuen Eigenmittelkategorie auf Grundlage der Mehrwertsteuer fortzusetzen, ohne dass damit eine Entscheidung oder ein konkretes Zieldatum verbunden wäre. Darüber hinaus sollen diejenigen Mitgliedstaaten, die an der verstärkten Zusammenarbeit im Bereich der Finanztransaktionssteuer teilnehmen, prüfen, ob dies die Grundlage für eine neue Eigenmittelkategorie des EU-Haushalts werden könnte.

Das bisherige System der Rabatte wurde mit einigen Anpassungen fortgeschrieben; der Britenrabatt bleibt unangetastet und auch der deutsche Rabatt auf die Finanzierung des GB-Rabatts blieb erhalten. Darüber hinaus wurde Deutschland,

Tab. 3.30 MFR 2014–2020 – Vergleich zum MFR 2007–2013 (in Preisen von 2011). (Quelle: Rat der Europäischen Union)

Mittel für Verpflichtungen	Neuer MFR 2014–2020	Letzter MFR 2007–2013	Gegenüberstellung	
	Mio. EUR	Mio. EUR	EUR (Mrd.)	%
1. Intelligentes und integratives Wachstum	450.763	446.310	+4,5	+1,0
1a. Wettbewerbsfähigkeit für Wachstum u. Beschäftigung	125.614	91.495	+34,1	+37,3
1b. Wirtschaftl., sozialer u. territorialer Zusammenhalt	325.149	354.815	– 29,7	−8,4
2. Nachhaltiges Wachstum: Natürliche Ressourcen	373.179	420.682	– 47,5	−11,3
3. Sicherheit und Unionsbürgerschaft	15.686	12.366	+3,3	+26,8
4. Europa in der Welt	58.704	56.815	+1,9	+3,3
5. Verwaltung	61.629	57.082	+4,5	+8
6. Ausgleichszahlungen	27		+0,027	
Mittel für Verpflichtungen insgesamt	*959.988*	*994.176*	*– 35,2*	*−3,5*
In % des BNE	*1,00*	*1,12*		
Mittel für Zahlungen insgesamt	*908.400*	*942.778*	*−34,4*	*−3,7*
In % des BNE	*0,95*	*1,06*		
Soforthilfereserve	1960	1.697	+0,3	15,5
Europäischer Globalisierungsfonds	1050	3.573	−2,5	−70,6
Solidaritätsfonds	3500	7.146	−3,6	−51,0
Flexibilitätsinstrument	3300	1.429	+1,9	+130,9
EEF	26.984	26.826	+0,2	+0,6
Gesamtbetrag außerhalb des MFR	36.794	40.670	−3,9	−9,5
In % des BNE	*0,04*	*0,05*		
Gesamtbetrag MFR und außerhalb des MFR	996.782	1.035.031	−38,2	−3,7
In % des BNE	*1,04*	*1,17*		

den Niederlanden und Schweden ein weiterer Rabatt durch die Reduzierung des Abrufsatzes für die MwSt-Eigenmittel gewährt. Trotz dieses Rabatts in Höhe von etwa 2 Mrd. € pro Jahr wird sich die Nettozahlerposition Deutschlands für den kommenden Finanzrahmen verschlechtern. Dennoch gelang es, die Lasten zwischen den Nettozahlern fairer zu verteilen.

Am Ende dieser schwierigen Verhandlungen stand somit ein Kompromiss, der eine Ausgabenobergrenze für die EU-28 von 1,00 % des EU-BNE oder knapp 960 Mrd. € an Verpflichtungsermächtigungen vorsieht. Für Zahlungen sollen im Zeitraum 2014 bis 2020 insgesamt 908 Mrd. € bereitgestellt werden, was 0,95 % des EU-BNE entspricht.[206] Der EU-Haushalt wurde damit zum ersten Mal um etwa 3 % im Vergleich zum Finanzrahmen 2007 bis 2013 gekürzt. Insbesondere der britische Premier David Cameron hatte seine Zustimmung zu dem Kompromiss von starken Einschnitten bei den Zahlungsermächtigungen abhängig gemacht.[207] Allerdings löste gerade diese große Diskrepanz zwischen Verpflichtungs- und Zahlungsermächtigungen heftige Kritik aus dem Europäischen Parlament aus. EP-Präsident Werner Schulz sprach in Interviews noch während die Verhandlungen im Europäischen Rat liefen von einem Einstieg der Europäischen Union in einen „Schuldenhaushalt". Die Differenz zwischen den vereinbarten Zahlungs- und Verpflichtungsermächtigungen in Höhe von 50 Mrd. € sei zu groß und treibe den EU-Haushalt ins Defizit (Abb. 3.2).

Wie auch bei früheren Verhandlungsrunden beinhaltet der Kompromiss für die Jahre 2014–2020 erneut eine lange Liste an Ausnahmeregelungen und Sonderzahlungen. Diese Liste reicht von Sonderzuweisungen an die Krisenstaaten Griechenland, Portugal, Spanien und Italien über Zahlungen an Malta und Zypern bis hin zu Zuweisungen an die Wallonie in Belgien, den Regierungsbezirk Leipzig oder für Nordirland. Auch im Bereich der Gemeinsamen Agrarpolitik wurden Sonderzahlungen zur besonderen Förderung der ländlichen Entwicklung in Österreich, Frankreich, Luxemburg oder Zypern vereinbart. Diese Sonderregelungen summieren sich zu weit über 9 Mrd. € in der Kohäsionspolitik und mehr als 6 Mrd. € in der Agrarpolitik.

---

[206] Außerhalb des Finanzrahmens – also zusätzlich zu den genannten 960 Mrd. € – werden rund 37 Mrd. € für das Flexibilitätsinstrument, den Solidaritätsfonds, den Fonds für die Anpassung an die Globalisierung, die Soforthilfereserve und den Europäischen Entwicklungsfonds. Insgesamt stehen der EU damit Verpflichtungsermächtigungen von rund 997 Mrd. € oder 1,04 % des BNE zur Verfügung. Um auf unvorhergesehene Umstände reagieren zu können, wird außerdem ein Spielraum für unvorhergesehene Ausgaben von bis zu 0,03 % des BNE der EU eingerichtet, über dessen Verwendung Rat und EP einvernehmlich beschließen.

[207] Cerstin Gammelin, Haushalt à la carte. Am Ende der Verhandlungen über das EU-Budget fühlen sich alle 27 Staats- und Regierungschefs als Gewinner, in: Süddeutsche Zeitung, v. 9.2.2013, S. 5.

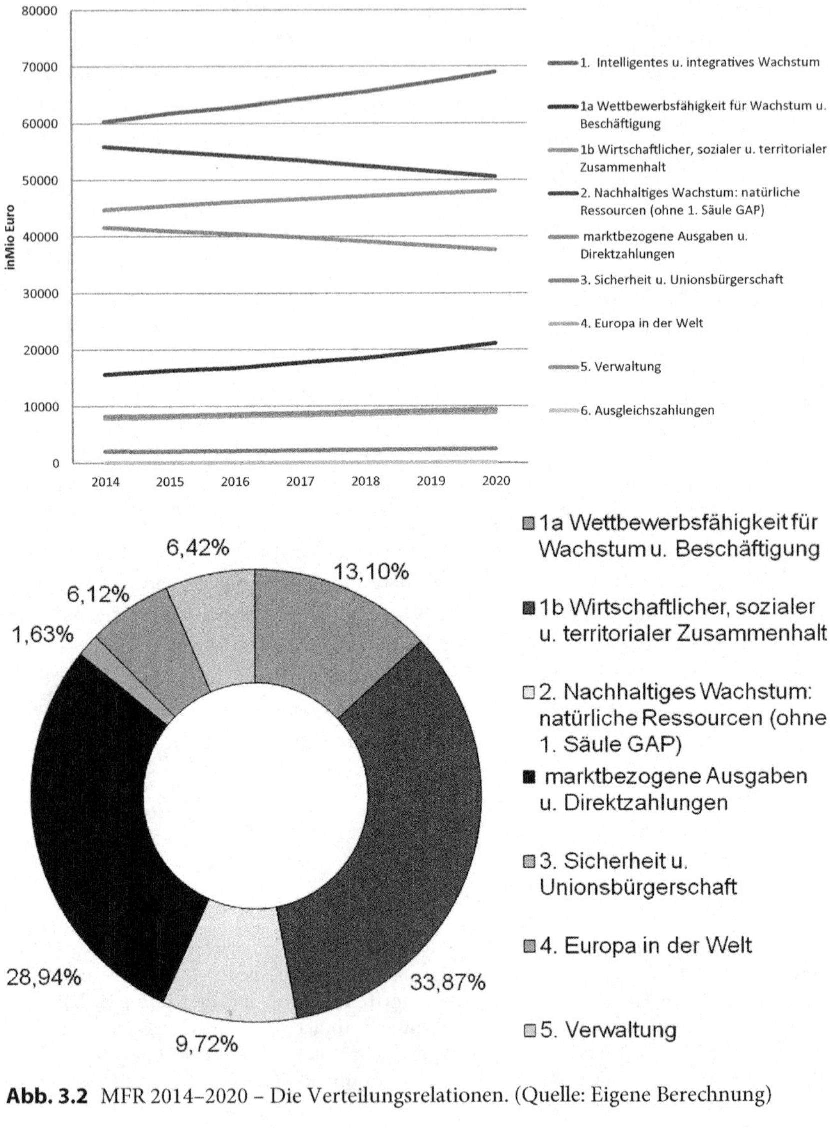

Abb. 3.2 MFR 2014–2020 – Die Verteilungsrelationen. (Quelle: Eigene Berechnung)

3.7.3 Die dritte Phase der Verhandlungen: Eine neue Rolle für das Europäische Parlament

In einer gemeinsamen Erklärung[208] einen Tag nach dem Gipfel des Europäischen Rats hatten die Vorsitzenden der großen Fraktionen im EP, Joseph Daul (EVP), Hannes Swoboda (S&D), Guy Verhofstadt (ALDE), Rebecca Harms und Daniel Cohn-Bendit (GRÜ-NE/EFA) den Kompromiss der Staats- und Regierungschefs heftig kritisiert. Der Haushalt biete keine Antwort auf die Herausforderungen der tiefen ökonomischen und sozialen Krise in der EU. Das EP könne die Einigung daher in dieser Form nicht akzeptieren und bestehe auf seinen Kernforderungen, die bislang nicht hinreichend erfüllt seien:

1. eine größere Flexibilität innerhalb des MFR zwischen den Rubriken und Haushaltsjahren;
2. die Einführung einer Revisionsklausel, die nach etwa 3 Jahren eine Überprüfung und Anpassung des Finanzrahmens ermöglichen solle und
3. eine neue „echte" Eigenmittelquelle.

Damit zeichneten sich erneut sehr schwierige Verhandlungen zwischen Rat und Europäischem Parlament ab. Die Europaparlamentarier hatten in ihren Entschließungen im Vorfeld der politischen Einigung des Europäischen Rats sehr deutlich die Bestrebungen der Nettozahler kritisiert, das Gesamtvolumen des von der Europäischen Kommission vorgeschlagenen Finanzrahmens deutlich zu kürzen.

Wie bei den Verhandlungen zum Finanzrahmen 2007–2013 hatte das Europäische Parlament schon sehr frühzeitig am 16. Juni 2010 die Einsetzung eines „Sonderausschusses zu den politischen Herausforderungen und den Haushaltsmitteln der Union für die Zeit nach 2013 (SURE)" beschlossen.[209] Der Ausschuss unter dem Vorsitz der deutschen Abgeordneten Jutta Haug sollte die politischen Prioritaten und einen Vorschlag für die Struktur des künftigen MFR 2014–2020 erörtern sowie erneut ein eigenes Finanztableau des Europäischen Parlaments ausarbeiten. Zunächst diskutierte der Ausschuss horizontale Themen wie die Europa

[208] Gemeinsame Erklärung von Joseph Daul (EVP-Fraktion), Hannes Swoboda (S&D-Fraktion), Guy Verhofstadt (ALDE-Fraktion) sowie Rebecca Harms und Daniel Cohn-Bendit (Fraktion der Grünen): Die wahren Verhandlungen beginnen jetzt mit dem Europäischen Parlament, Brüssel 8.2.2013

[209] Europäisches Parlament, Beschluss zur Einsetzung eines Sonderausschusses zu den politischen Herausforderungen und den Haushaltsmitteln für eine nachhaltige Europäische Union nach 2013, seine Befugnisse, seine Zusammensetzung und seine Amtszeit, P7_TA(2010)0225 v. 16. 6. 2010.

2020-Strategie der EU, die Elemente eines europäischen Mehrwerts und Fragen der Struktur und Flexibilität des MFR sowie dessen künftiger Dauer. Danach definierten die Ausschussmitglieder eigene Standpunkte zu den großen europäischen Ausgabenkategorien und zur Reform des EU-Eigenmittelsystems. Der umfassende Entschließungs- und Berichtsentwurf[210] des spanischen Berichterstatters Salvador Garriga Polledo und die mehr als 1000 Änderungsanträge wurde im Mai 2011 im SURE-Ausschuss abgestimmt und schließlich am 8. Juni 2011 im EP-Plenum mit breiter Mehrheit angenommen.[211] Das Parlament hatte damit unmittelbar bevor die Europäische Kommission ihren formellen Vorschlag für den neuen Finanzrahmen vorlegte seine Verhandlungsposition sehr umfassend festgelegt. Die Europaparlamentarier forderten eine Steigerung des Gesamtvolumens des MFR um mindestens 5 % und die Ausrichtung der Ausgabeprioritäten des nächsten Finanzrahmens auf die EU-Wachstumsstrategie „Europa 2020". Hinzu kam die beinahe erneut die Forderung nach mehr Flexibilität bei der Handhabung der Ausgabenrubriken, um den Finanzrahmen schneller an neue Herausforderungen oder veränderte politische Prioritäten anpassen oder auf unvorhergesehene Krisen reagieren zu können. Auch hielt das EP an seiner Forderung fest, der EU eine neue Quelle zur Finanzierung ihres Budgets in Form von direkt dem EU-Haushalt zufließenden Steuereinnahmen zu erschließen. Diese Forderungen wiederholten und bekräftigten die Parlamentarier in einer weiteren Entschließung im Juni 2012.[212]

Angesichts dieser weitreichenden Forderungen der Europaparlamentarier war die deutliche Kritik und die Ablehnung des Verhandlungsergebnisses des Europäischen Rates durch die gemeinsame Erklärung Fraktionsvorsitzenden keine Überraschung. Zur Mandatierung des Verhandlungsteams für die Trilog-Verhandlungen mit dem Rat und der Europäischen Kommission verabschiedete das Europäischen Parlament dann am 13. März 2013 eine weitere Entschließung[213], in der allerdings auf die Kritik an dem reduzierten Gesamtvolumen des Finanzrahmens verzichtet wurde. Hinzu kam die Forderung, den laufenden Jahreshaushalt 2013 mit Hilfe eines Berichtigungshaushalts an die gestiegenen Ausgaben anzupassen.

---

[210] Europäisches Parlament, Bericht über die Investition in die Zukunft: ein neuer mehrjähriger Finanzrahmen (MFR) für ein wettbewerbsfähiges, nachhaltiges und inklusives Europa, A7–0193/2011 v. 26. 5. 2011.

[211] Europäisches Parlament, Ein neuer mehrjähriger Finanzrahmen für ein wettbewerbsfähiges, nachhaltiges und integratives Europa, P7_TA-PROV(2011)0266 v. 8.6.2011.

[212] Europäisches Parlament, Mehrjähriger Finanzrahmen und Eigenmittel, Entschließung P7_TA-PROV(2012)0245 v. 13.6.2012.

[213] Entschließung des Europäischen Parlaments vom 13. März 2013 zu den Schlussfolgerungen des Europäischen Rates im Rahmen seiner Tagung vom 7./8. Februar betreffend den mehrjährigen Finanzrahmen, P7_TA-PROV(2013)0078 v. 13.3.2013.

Es war gerade diese Verknüpfung der Verhandlungen über den Finanzrahmen mit der finanziellen Aufstockung des Jahreshaushaltes 2013, die die Aufnahme der Trilog-Verhandlungen zunächst verzögerte. Die Kommission hatte frühzeitig darauf hingewiesen, dass die angesetzten Mittel für den Haushalt des Jahres 2012 nicht ausreichend sein würden und deshalb ein Nachtragshaushalt 2013 erforderlich sei, um offene Rechnungen aus dem Jahr 2012 begleichen zu können. Das EP hatte auf der Mittelaufstockung dann als Vorbedingung für die Aufnahme der Verhandlungen über den Mehrjährigen Finanzrahmen 2014 bis 2020 bestanden. Erst bei einem Trilog-Treffen auf höchster politischer Ebene der drei Präsidenten von Rat, Kommission und Europäischem Parlament am 6. Mai 2013 konnte ein Verfahrenskompromiss gefunden werden, der parallele Verhandlungen zum MFR und zum Berichtigungshaushalt 2013 vorsah und damit die Voraussetzung schuf, um die eigentlichen Trilog-Verhandlungen über den Finanzrahmen eröffnen zu können.

Der Rat der Finanzminister hatte dann Mitte Mai eine politische Verständigung über einen Berichtigungshaushalt erzielt, die allerdings nicht alle Erwartungen des Europäischen Parlaments erfüllte. Entgegen den Kalkulationen der EU-Kommission, dass eine Aufstockung um 11,2 Mrd. € erforderlich sei, hatte der Rat ein deutlich geringeres Volumen für den Nachtragshaushalt verabschiedet, nämlich 7,3 Mrd. €. Die Finanzminister erklärten sich lediglich in einer Erklärung dazu bereit, in der zweiten Jahreshälfte auf einen zusätzlichen Mittelbedarf zu reagieren, sollten sich die Berechnungen der Kommission über den Finanzbedarf als richtig herausstellen.[214]

Die politische Verständigung im Europäischen Rat am 8. Februar 2013 auf einen neuen mehrjährigen Finanzrahmen lieferte den Rechtssetzungsarbeiten zu den neuen Verordnungen für die europäischen Ausgabenpolitiken den entscheidenden Anstoß. Die Verhandlungen über die Verordnungstexte zu den einzelnen Politikbereichen wurden von den beiden Rechtsetzungsorganen Rat und Europäisches Parlament in der Folge zügig fortgesetzt und konnten nahezu alle im Sommer 2013 abgeschlossen werden.

Allerdings gestalteten sich die entscheidenden Trilog-Verhandlungen über den Finanzrahmen als sehr schwierig. Sie standen mehrfach vor dem Abbruch[215] und konnten erst auf höchster politischer Ebene von den Präsidenten der drei EU-Organe am 28. Juni 2013 abgeschlossen werden. Zuvor war bereits der deutsche Berichterstatter der EVP-Fraktion des Europäischen Parlaments und langjähri-

[214] Rat der Europäischen Union, Entwurf des Berichtigungshaushaltsplans Nr. 2 zum Gesamthaushaltsplan 2013 – Vorschlag des Vorsitzes, Dok. Nr. 9359/13, Brüssel, den 13. Mai 2013.

[215] EU-Finanzrahmen droht zu scheitern, FAZ v. 13.6.2013, S. 11.

ge Haushaltsfachmann Reimer Böge aus Protest gegen die Verhandlungsführung der irischen Ratspräsidentschaft, die für den Rat die Verhandlungen führte, zurückgetreten.

In diesen langen und konfliktreichen Verhandlungen mit mehr als zehn Trilog-Treffen zwischen Mai und Juni 2013 wurden die Gesamtsumme des Finanzrahmens und die Aufteilung der Gelder auf die Haushaltsrubriken, wie sie vom Europäischen Rat am 8. Februar 2013 vereinbart worden war, nicht mehr in Frage gestellt. Die irische Ratspräsidentschaft und die Vertreter der EU-Kommission und des Europäischen Parlaments konnten eine Verständigung zu den vier Kernpunkten des Europäischen Parlaments erzielen:

1. Der Rat erklärte sich bereit, in der neuen MFR-Verordnung einen gesonderten Artikel aufzunehmen, mit dem die Kommission beauftragt wird, bis spätestens Ende 2016 eine Überprüfung der Funktionsweise des Finanzrahmens vorzunehmen und Vorschläge vorzulegen, um den Haushalt an die wirtschaftliche Entwicklung anzupassen. Damit wollte das Europäische Parlament den im Mai 2014 neugewählten EP-Abgeordneten und der danach neu-benannten Europäischen Kommission die Möglichkeit eröffnen, die Prioritäten des Finanzrahmens neu zu bewerten. Die Mitgliedstaaten hatten jedoch die Forderung des Parlaments abgelehnt, über eine mögliche Anpassung des Finanzrahmens mit qualifizierter Mehrheit zu entscheiden. Vielmehr beharrte der Rat auf dem Erfordernis der Einstimmigkeit.
2. Bei der Forderung des Europäischen Parlaments, die Einführung einer neuen Eigenmittelquelle zu vereinbaren, zeigten sich die Mitgliedstaaten nicht bereit, den fein austarierten Verfahrenskompromiss des Europäischen Rats zur Einführung einer neuen Eigenmittelquelle neu zu verhandeln. Der Rat war gegenüber den Forderungen der Europaparlamentarier lediglich dazu bereit, eine rechtlich nicht verbindliche gemeinsame Erklärung zu verabschieden, in der ein konkreter Fahrplan für die Überlegungen zu einer neuen Eigenmittelquelle festgelegt wurde. Demnach wird eine hochrangige Gruppe von Mitgliedern der drei Organe eingesetzt, die die Beratungen über eine neue Eigenmittelquelle und die Finanztransaktionssteuer fortführen soll.[216] Die Gruppe soll eine erste allgemeine Überprüfung des Eigenmittelsystems vornehmen und Ende 2014 hierzu einen Bericht vorlegen. Die nationalen Parlamente sollen dann im Laufe des Jahres 2016 über die Arbeiten der Gruppe informiert werden.

[216] Die hochrangige Gruppe wurde unter dem Vorsitz des ehemaligen italienischen Ministerpräsidenten und EU-Kommissars Mario Monti am 25. Februar 2014 offiziell eingesetzt und hat ihre Arbeit aufgenommen.

3. Der Europäische Rat hatte in seiner politischen Einigung vom 8. Februar 2013 bereits im Vorgriff auf die Verhandlungen mit dem Europäischen Parlament eine weitreichende Einigung auf „eine spezifische und größtmögliche Flexibilität"[217] des mehrjährigen Finanzrahmens verabschiedet. Der mit dem Europäischen Parlament abschließend vereinbarte Kompromiss konkretisierte diese allgemeine Formulierung. Demnach sollen ungenutzte Gelder eines Haushaltsjahres im folgenden Jahr genutzt werden können und nicht an die Mitgliedstaaten zurückerstattet werden. Allerdings konnten die Mitgliedstaaten durchsetzen, dass feste jährliche Obergrenzen für diese übertragenen Gelder vereinbart wurden, die insgesamt maximal 26 Mrd. € betragen dürfen.[218] Das Europäische Parlament konnte seinerseits durchsetzen, dass auch bei den Verpflichtungsermächtigungen eine größere Flexibilität vereinbart wurde. Demnach sollen im Jahr 2017 einmalig ungenutzte Margen der drei vorangegangenen Jahre zu Gunsten der letzten vier Jahre des MFR für Maßnahmen zur Förderung von Wachstum und Arbeitsplätzen genutzt werden können.
4. Die Forderung des Europäischen Parlaments, die Einheit des EU-Haushalts zu bekräftigen, muss vor dem Hintergrund der Diskussionen über einen gesonderten Eurozonen-Haushalt gesehen werden.[219] Das Europäische Parlament wollte allen Bestrebungen und Überlegungen zuvor kommen, einen solchen gesonderten Haushalt für die Eurozone oder die Mitgliedstaaten des Fiskalpaktes zu etablieren. Ein solcher Spezialhaushalt könnte die Haushaltsrechte des Parlaments grundsätzlich verändern und seine Mitwirkungsrechte begrenzen. Mit dem Hinweis in der neuen MFR-Verordnung, dass sämtliche Ausgaben und Einnahmen der Europäischen Union und von Staatengruppen einer verstärkten Zusammenarbeit nach Artikel 332 AEUV in den EU-Haushaltsplan einbezogen werden müssen, sicherte sich das Europäische Parlament seine Budgetrechte.

Nachdem bis zum November 2013 auch die Verhandlungen über die Rechtsgrundlagen für die verschiedenen Ausgabepolitiken der EU, wie insbesondere die Strukturfonds-Verordnungen oder die neuen Verordnungen in der GAP, zwischen

[217] Europäischer Rat, Schlussfolgerungen der Tagung vom 7./8. Februar 2013 (Mehrjähriger Finanzrahmen), Zi. 109.

[218] Sh. Artikel 5 der Verordnung zur Festlegung des MFR 2014–2020. Demnach sollen die Obergrenzen für die jährlichen Anpassungen der Zahlungsermächtigungen für das Jahr 2018 7 Mrd. € betragen, im Jahr 2019 wird die Obergrenze bei 9 Mrd. € liegen und im Jahr 2020 wird die Grenze auf 10 Mrd. € festgeschrieben.

[219] Sh. hierzu Eulalia Rubio, Eurozone Budget: 3 Functions, 3 Instruments, in:Notre Europe –Tribune, 15. November 2012; Guntram B. Wolff, A Budget for Europe's Monetary Union, Bruegel Policy Contribution, 2012/22, Dezember 2012.

Tab. 3.31 Gegenüberstellung der Vorschläge zum MFR 2014–2020 (in Mrd. EUR zu konstanten Preisen 2011). (Quelle: Eigene Zusammenstellung)

	Ergebnis v. 8. 2. 2013	Vorschlag HvR. 22.11.2012	EU-Kommission	MFR 2007–2013
1. Intelligentes u. Innovatives Wachstum	451	460	495	446
1a. Wettbewerbsfähigkeit	126	140	164	91
1b. Kohäsion	325	320	339	335
2. Erhaltung u. Bewirtschaftung der natürlichen Ressourcen	373	372	390	421
3. Sicherheit u. Unionsbürgerschaft	16	17	19	12
4. Globales Europa	59	61	70	57
5. Verwaltung	62	63	63	57
Verpflichtungsermächtigungen	*997*	*1.011*	*1.092*	*1.034*
Insg. MFR u. andere Fonds				
In % des BNE	1,04	1,05	1,14	1,14

dem Ministerrat und dem EP abgeschlossen werden konnten, stimmte das Europäische Parlament am 19 November 2013 mit 537 Stimmen, bei 126 Gegenstimmen und 19 Enthaltungen auch der MFR-Verordnung zu (Tab. 3.31).[220]

3.7.4 Fazit

Die EU hat zwar ihre Handlungs- und die Organe ihre Kompromissfähigkeit in Zeiten der Krise bewiesen. Allerdings war die EU nicht in der Lage, ihren Haushalt an die besonderen Herausforderungen der Krise anzupassen. Nur minimal und in kleinen Schritten wurden die Prioritäten auf der Ausgabenseite reformiert. Auf

[220] Europäisches Parlament, Legislative Entschließung des Europäischen Parlaments zum Entwurf einer Verordnung des Rates zur Festlegung des mehrjährigen Finanzrahmens für die Jahre 2014–2020, P7_TA-PROV(2013)0455 v. 19.11.2013. Die dazugehörige interinstitutionelle Vereinbarung wurde mit 557 Stimmen angenommen, bei 118 Gegenstimmen und 11 Enthaltungen.

der Einnahmenseite wurde allenfalls der Einstieg in einen Reformprozess vereinbart. Sowohl der Verhandlungsprozess als auch das Ergebnis der Verhandlungen über den mehrjährigen Finanzrahmen 2014–2020 waren von einer überdeutlichen Kontinuität und Pfadabhängigkeit gekennzeichnet.

Selbst der Druck der größten ökonomischen und sozialen Krise seit Beginn des europäischen Integrationsprozesses konnte die Mitgliedstaten nicht bewegen, sich auf neue Ziele und Aufgaben für das EU-Budget zu verständigen. Die Krise wurde nicht genutzt, um über veränderte budgetäre Herausforderungen, neue Formen eines europäischen fiskalischen Föderalismus zu diskutieren oder um über die Sinnhaftigkeit und die Angemessenheit europäischer Ausgaben zu entscheiden. Sie wurde lediglich zum Instrument, um die nationalen Verhandlungspositionen entweder im Sinne reduzierter Zahlungen an das EU-Budget zu rechtfertigen, oder als Begründung, um für zusätzliche Fördergelder aus Brüssel zu werben.

Auch die Ansätze und Schlüsselbegriffe für alle Reformansätze und bisherigen Veränderungsbemühungen, die Suche nach einem europäischen Mehrwert und die Formen der europäischen Solidarität mithilfe des Budgets, spielten kaum eine Rolle im Verhandlungsprozess. Wenn aber diese tiefe und für alle Unionsbürger spürbare Krise nicht die Bereitschaft zu einer grundsätzlichen Reform oder einer neuen Begründung für die bestehende Systematik des mehrjährigen Finanzrahmens erhöhen konnte, so scheint bis auf Weiteres die Politik der kleinen Schritte und der begrenzten Anpassungen die einzig realistische und umsetzbare Politik zu sein.

4 Interessen und Ziele Deutschlands bei den Finanzverhandlungen – Reduzierter Nettosaldo und mehr Beitragsgerechtigkeit

Seit in den siebziger und achtziger Jahren des letzten Jahrhunderts wurde immer wieder und zumeist sehr heftig über die schlechte deutsche Nettozahlerposition gestritten.[1] Die Verringerung dieser Lasten als größter Nettozahler in der EU und eine gerechtere Verteilung der Beitragslasten bestimmen bereits seit vielen Jahrzehnten die Leitlinien der deutschen Verhandlungsführung bei den europäischen Haushaltsverhandlungen. Allerdings stand dieses deutsche Interesse an einer Reduzierung der deutschen Nettozahlungen an den EU-Haushalt in Konkurrenz zu anderen europapolitischen Zielen und den grundsätzlichen integrationspolitischen Interessen. Deutschland hat als Staat in der Mitte Europas ein besonderes Interesse an einer funktions- und handlungsfähigen Europäischen Union und an der Fortführung des europäischen Integrationsprozesses.

Die Rolle Deutschlands bei den Verhandlungen der Europäischen Union über einen mehrjährigen Finanzrahmen scheint häufig zwischen den beiden Polen des Zahlmeisters und des Zuchtmeisters hin und her zu schwanken. Deutschland als beständig größter Beitragszahler in den EU-Haushalt war stets darauf konzentriert, das Budget der EU möglichst klein zu halten und die eigenen Zahlungen zu minimieren. Jede Bundesregierung drängte in den Verhandlungen deshalb auf eine Begrenzung der Ausgaben und eine deutliche europäische Haushaltsdisziplin. „Die notwendige Konsolidierungspolitik in den Mitgliedstaaten kann und darf nicht durch eine gleichzeitige expansive Finanzpolitik der Gemeinschaft unterlaufen werden“, so bereits Anfang der achtziger Jahre der damalige Staatssekretär im Bundesfinanzministerium, Hans Tietmeyer.[2] Die Bundesregierung erwartete stets

[1] Vgl. Bernhard May, Kosten und Nutzen der deutschen EG-Mitgliedschaft, Bonn 1995 (2. Aufl.).

[2] Hans Tietmeyer, Konzentration auf das Wesentliche tut not, in: Wirtschaftsdienst, 1983, H. 8, S. 375–378, S. 375.

DOI 10.1007/978-3-531-94283-4_4, © Springer Fachmedien Wiesbaden 2014

zunächst die Verpflichtung der Gemeinschaft auf einen Sparkurs, bevor sie bereit war, höhere finanzielle Belastungen zu übernehmen.[3]

Diese deutsche Zuchtmeister-Rolle war allerdings nicht immer erfolgreich. Vielmehr wurde Deutschland von internationalen (und insbesondere von angelsächsischen) Beobachtern häufig als „Verlierer" der europäischen Finanzverhandlungen bezeichnet.[4] Auch in der deutschen öffentlichen Meinung wurde immer wieder das Bild der Bundesrepublik und des vereinten Deutschland als „Melkkuh"[5] der EU gepflegt.

Die in den siebziger Jahren aufgekommene Debatte in der Bundesrepublik über die Rolle als „Zahlmeister Europas"[6] wurde häufig mit dem Hinweis auf die politischen und ökonomischen Vorteile beantwortet, die die Bundesrepublik aus ihrer Mitgliedschaft in der Europäischen Gemeinschaft ziehen könne.[7] Mit Blick auf diese Diskussion über Kosten und Nutzen der deutschen EG-Mitgliedschaft und auf den deutschen Nettosaldo kam Bernhard May bereits 1985 zu dem Fazit, dass die Bundesrepublik trotz ihrer steigenden Nettozahlungen in den siebziger und achtziger Jahren insgesamt ein Integrationsgewinner sei, „... und zwar ein Integrationsgewinner, der politische Zugeständnisse bei finanziellen und zum Teil auch ökonomischen Fragen gemacht hat, um damit die Durchsetzung seiner politischen Ziele zu ermöglichen und zu fördern."[8]

Die Bundesrepublik übernahm demzufolge nicht aus idealistischen oder altruistischen Motiven die Rollen als Zucht- oder Zahlmeister. Vielmehr verband jede Bundesregierung bislang mit dem europäischen Integrationsprozess und der zentralen Rolle Deutschlands in der Europäischen Union ihre eigenen wohlverstandenen Interessen.[9] Insbesondere die Regierung Kohl/Genscher ordnete in

---

[3] Vgl. auch Werner Feld, West Germany and the European Community. Changing Interests and Competing Policy Objectives, New York 1981, S. 74.

[4] Vgl. Brigid Laffan, The Agenda 2000 Negotiations, a. a. O., S. 17; Brigid Laffan/Michael Shackleton, The Budget, a. a. O., S. 87.

[5] So zuletzt auch in der FAZ, Deutschland als Melkkuh der EU?, v. 11.2.2013, S. 18.

[6] Vgl. Claus-Peter Clostermeyer, Deutschland – „Zahlmeister" Europas?, in: Rolf Caesar (Hrsg.), Zur Reform der Finanzverfassung und Strukturpolitik der EU, Baden-Baden 1997, S. 141–152.

[7] Johannes Lindner, Conflict and Change, a. a. O., S. 133/34 und Lars P. Feld, Nettozahler Deutschland? Eine ehrliche Kosten-Nutzen-Rechnung, in: Wolfgang Wessels/Udo Diedrichs (Hrsg.), Die neue Europäische Union: Im vitalen Interesse Deutschlands? Studie zu Kosten und Nutzen der Europäischen Union für die Bundesrepublik Deutschland, Berlin 2006, S. 93–113.

[8] Bernhard May, a. a. O., S. 175

[9] Vgl. Lars P. Feld, Nettozahler Deutschland? a. a. O.

den achtziger Jahren das haushaltspolitische Konsolidierungsinteresse regelmäßig ihren grundsätzlichen europapolitischen Zielen unter. „Sie meldete zwar einerseits die gleichen wirtschafts- und haushaltspolitischen Interessen wie ihre Vorgängerin an, aber sie suchte andererseits nach außen, deren Bedeutung für die deutsche Politik zu relativieren, indem sie zugleich das politische Einigungsziel Europas als hochrangig einstufte."[10] Dieser Prämisse folgend verband die damalige Bundesregierung ebenso wie die Delors-Kommission im Vorfeld der Verhandlungen zum ersten Finanzpaket ihre Spar- und Konsolidierungserwartungen mit den zentralen integrationspolitischen Reformvorhaben, also der Umsetzung der Einheitlichen Europäischen Akte und der Vollendung des Binnenmarktes.[11]

Dennoch blieb es eine Grundkonstante der deutschen Europapolitik, auf eine strengere europäische Haushaltsdisziplin zu drängen. Der frühere Staatsminister im Auswärtigen Amt, Alois Mertes, sprach davon, dass die Gemeinschaft angesichts begrenzter Eigenmittel Prioritäten bei ihren Ausgaben setzen müsse und plädierte deshalb auch zum Beispiel für eine Reduzierung der europäischen Agrarausgaben.[12] Die Abwägung zwischen dem haushaltspolitischen Sparinteresse und dem Drängen auf einen Konsolidierungskurs der Gemeinschaft einerseits und der Beachtung der eigenen europapolitischen Ziele und dem Interesse an der Fortsetzung des europäischen Integrationsprozesses andererseits war dabei naturgemäß auch an die wirtschaftspolitische Leistungsfähigkeit der größten Volkswirtschaft in der Europäischen Union gebunden. Im Zuge der Wirtschaftskrise und den währungspolitischen Turbulenzen der siebziger Jahre drängte die Bundesregierung ihre Partner zu verstärkten wirtschaftspolitischen Reformbemühungen und haushaltspolitischen Konsolidierungsanstrengungen. Allerdings blieben die Möglichkeiten der Einflussnahme der Bundesregierung begrenzt. „Die Bundesrepublik wollte in dieser Phase als größter Geldgeber nicht ‚Zahlmeister' sein und sah sich außerstande ‚Schrittmacher' Europas zu sein."[13]

Mit dem Ende des Kalten Krieges und der Zäsur der internationalen Politik 1989/90 eröffnete der Zusammenbruch der DDR den Weg zur deutschen Einheit; zugleich bedeutet diese einmalige Chance aber auch neue, nicht vorhergesehene und nicht einkalkulierte Belastungen für den Bundeshaushalt. Die Bereitschaft,

---

[10] Eckart Gaddum, a. a. O., S. 66.

[11] Vgl. Jürgen Ruhfuß, Europapolitik im Vorfeld der deutschen Präsidentschaft, in: integration, 1987, 10. Jg., H. 4, S. 143–150; Eckart Gaddum, a. a. O., S. 171 ff.

[12] Vgl. Alois Mertes, Die Europapolitik der Bundesregierung – Kontinuität und Aufbruch, in: integration, 1983, 6. Jg., H. 1, S. 3–9, S. 6.

[13] Klaus-Otto Nass, Der Zahlmeister als Schrittmacher, in: EA, 1976, 31. Jg., Nr. 10, S. 325–336, S. 330/31.

zusätzliche Abführungen an den Gemeinschaftshaushalt zu leisten, sank. Mit der Verschlechterung der ökonomischen Rahmenbedingungen und der finanziellen Möglichkeiten als Konsequenz der deutschen Einheit wurde seit Mitte der neunziger Jahre die Diskussion über den deutschen Nettosaldo deshalb besonders virulent und dringlich geführt. Nahezu von allen Parteien und auf allen Ebenen des politischen Systems wurde gefordert, die Beitragslasten gegenüber der Europäischen Union spürbar zu verringern. Die Bundesregierung sah sich stärkeren innenpolitischen Zwängen und Begehrlichkeiten ausgesetzt, die auch ihre europapolitischen Handlungsspielräume begrenzten. Dennoch blieben die drei Eckpunkte der Verhandlungsführung jeder Bundesregierung im Grundsatz unverändert:

1. die deutliche Betonung europäischer Haushaltsdisziplin und effizienter Haushaltsführung;
2. die Bereitschaft zu sichtbarer europäischer Solidarität in Form hoher deutscher Zahlungen an den EU-Haushalt und
3. die Nutzung der europäischen Finanzverhandlungen und des Budgets für die Erleichterung europäischer Konsens- und Kompromissfindung bei der Verabschiedung und Umsetzung größerer europäischer Integrationsprojekte.

Die Gewichtung und Akzentuierung dieser drei Leitmotive der deutschen Verhandlungsführung bei den europäischen Haushaltsverhandlungen blieb allerdings flexibel und wurde stets an aktuelle politischen Rahmendaten und Handlungsspielräume angepasst. Damit drohten in der deutschen Europapolitik die pragmatischen Kosten-Nutzen-Erwägungen erstmals die langfristigen integrationspolitischen Leitmotive zu überlagern. Allenfalls die Ansatzpunkte am europäischen Finanz- und Haushaltssystem sowie die Dringlichkeit und die Wortwahl, um zu Reformen zu kommen oder Veränderungen durchzusetzen, waren unterschiedlich und strittig.

Die politische Bedeutung der Europäischen Union für das vereinte Deutschland wurde sozusagen in der innerdeutschen Debatte in der Höhe der deutschen Nettozahlungen ablesbar. In den Verhandlungsrunden zu den nachfolgenden Finanzpaketen rückte diese Nettosaldobetrachtung kontinuierlich und immer stärker in den Vordergrund – und dies obwohl die integrationspolitische Bedeutung der Finanzverhandlungen zunehmend wichtiger wurde: Mit den beiden größten Ausgabenblöcken, der europäischen Kohäsionspolitik und der Gemeinsamen Agrarpolitik, waren zentrale Grundsatzfragen der deutschen Europapolitik und der Rolle Deutschlands in der EU verbunden. Die Kohäsionspolitik und die Strukturfonds gelten als signifikante Messlatte der innergemeinschaftlichen Solidarität und der Bereitschaft zur Hilfe der reicheren Mitgliedstaaten an die ärmeren Staaten und Regionen in der EU. Eine deutsche Forderung nach deutlichen Einschnitten bei den europäischen Strukturfonds konnte deshalb leicht als Zeichen der nachlassenden Solidarität, eines abnehmenden Verantwortungsbewusstseins und eines verringerten Interesses des größten Mitgliedstaates in der EU an den wirtschaftlichen Konvergenzprozessen der ärmeren Mitgliedstaaten interpretiert werden. Die Gemeinsame Agrarpolitik (GAP) wiederum galt seit den Gründungstagen der Europäischen Wirtschaftsgemeinschaft als Symbol eines informellen deutsch-französischen Interessenausgleichs zwischen dem deutschen Ziel zur Schaffung eines offenen europäischen Binnenmarkts als Fundament der deutschen Exportindustrie und dem französischen Interesse am Schutz und der finanziellen Förderung seines Agrarsektors. Jeder Vorschlag zur Reform der GAP konnte vor diesem integrationshistorischen Hintergrund als Infragestellung dieser informellen deutsch-französischen Verständigung missverstanden werden.

Beide Debatten – über ein mögliches Nachlassen des deutschen Interesses an der europäischen Integration oder das Abrücken von einem Eckpfeiler des deutsch-französischen Ausgleichs aus den Geburtsstunden der Europäischen Gemeinschaft –konnten zu keinem Zeitpunkt im Interesse des vereinten Deutschlands liegen. Gerade nach der deutschen Einheit war es das vordringliche Ziel der deutschen Europapolitik, keine Zweifel an der integrationspolitischen Kontinuität und dem Bekenntnis zur Fortsetzung des Integrationsprozesses aufkommen zu lassen.[14]

4.1 Interessen und Ziele der zentralen Akteure

Neben diesen primär europapolitischen Erwägungen waren die Finanzverhandlungen stets auch mit gegensätzlichen innerdeutschen Einzelinteressen verbunden, die zu einem Ausgleich gebracht werden müssen. Da die Europapolitik längst zu einem Teil der Innenpolitik geworden ist und gerade die Problematik des EU-Budgets und des deutschen Finanzierungsanteils direkte Auswirkungen auf die nationale Haushaltspolitik und die innenpolitischen Gestaltungsspielräume haben, ist die Positionierung der Bundesregierung im Zuge der europäischen Finanzverhandlungen stets von großer Wichtigkeit für alle innenpolitischen Akteure. Sowohl der Deutsche Bundestag, der Bundesrat und die Länder als auch die Mehrzahl der Verbände

[14] Josef Joffe sprach gar von dem vereinten Deutschland als der „Inkarnation der Kontinuität", Vgl. Josef Joffe, Ein Wunderwerk der Kontinuität. Parameter rot-grüner Außenpolitik, in: Blätter für deutsche und internationale Politik, 1999, 39. Jg., H. 11, S. 1324–1335, hier S. 1330.

und Interessengruppen positionieren sich und versuchen die Verhandlungsführung der Bundesregierung auf europäischer Ebene zu beeinflussen.

Innerhalb der Bundesregierung wiederum wird die Festlegung der nationalen Verhandlungsposition hauptsächlich von vier Ministerien und dem Bundeskanzleramt bestimmt:

1. Das Auswärtige Amt auf Grund seiner grundsätzlichen europapolitischen Zuständigkeit;
2. das Bundeswirtschaftsministerium, das innerhalb der Bundesregierung für die europäischen Strukturfonds federführend ist;
3. das Bundesfinanzministerium, das inhaltlich für das EU-Budget zuständig ist, und schließlich
4. das Bundeslandwirtschaftsministerium, das für den größten Ausgabenblock, die Gemeinsame Agrarpolitik, verantwortlich zeichnet.

Angesichts der politikfeldübergreifenden und weitreichenden Bedeutung der Finanzverhandlungen werden die grundlegenden Weichenstellungen auf innenpolitischer Ebene im Kabinett vorgenommen. Für die kontinuierliche Positionsbestimmung in den mehrjährigen Verhandlungen übernimmt das Auswärtige Amt die Federführung innerhalb der Bundesregierung. Die Rolle des Außenministeriums besteht zunächst darin, die widersprüchlichen Ziele und Interessen innerhalb der Bundesregierung auszugleichen, die Positionen zu koordinieren und die Ressorts auf eine gemeinsame politische Vorgehensweise zu verpflichten. Sobald auf europäischer Ebene jedoch die höchste politische Entscheidungsebene mit dem europäischen Finanzpaket befasst wird, der Europäische Rat, oder der Verhandlungsprozess zu spürbaren innenpolitischen Auseinandersetzungen oder zu Verwerfungen führt, übernimmt zumeist das Bundeskanzleramt die Leitungs- und Koordinierungsfunktion.

Weil die Notwendigkeit zur Reform der Gemeinsamen Agrarpolitik ein zentraler Auslöser zur Etablierung des Instrumentariums des mehrjährigen Finanzrahmen war, war die Positionierung der Bundesregierung zu den ersten Finanzpaketen stark von den deutschen agrarpolitischen Interessen und Zielen geprägt. Insbesondere das „geringe Reforminteresse der Landwirtschaft“[15] verhinderte die Unterstützung weitergehender gemeinschaftlicher Reformanstrengungen, blockierte jedoch nicht die Kompromissfindung auf das Gesamtpaket. Vielmehr war die Bundesregierung bereit, eine Verschlechterung des eigenen Nettosaldos zu akzeptieren, um die Verständigung auf das Delors I-Paket zu ermöglichen. Die Zurückstellung der

[15] Eckart Gaddum, a. a. O., S. 183.

deutschen fiskalischen Interessen war auch bei den Verhandlungen zum Delors II-Paket möglich, weil die Bundesregierung keine Politisierung ihrer europapolitischen Entscheidung befürchten musste. Die europapolitischen Leitbilder[16] und die langfristigen Interessen der deutschen Europapolitik dominierten in dieser Phase noch über die Formulierung kurzfristiger Präferenzen und überschrieben letztlich das utilitaristische Denken in den Kategorien der Nettosaldo-Logik und die fiskalischen Zwänge des Bundeshaushalts.

Diese europapolitische Interessenabwägung änderte sich allerdings seit den neunziger Jahren als Konsequenz der deutlich reduzierten ökonomischen Leistungsfähigkeit. Mit den begrenzten fiskalischen Ressourcen wurde der deutsche Beitrag an den EU-Haushalt zwangsläufig auch zu einem Streitpunkt der heftiger gewordenen innerdeutschen Verteilungskonflikte. Im Zuge des Prozesses der notwendigen neuen Austarierung der deutschen europapolitischen Präferenzen und den innenpolitischen Interessen öffneten sich unterschiedlich weite Zugänge zur Einflussnahme für andere Akteure der deutschen Europapolitik.

Der Deutsche Bundestag ist das letztentscheidende Organ des deutschen politischen Systems, das über „die Summe der Belastungen der Bürger" und „über die wesentlichen Ausgaben des Staates"[17] befindet. Jede Entscheidung über den EU-Haushalt beeinflusst zwangsläufig diese zentralen haushaltspolitischen Zuständigkeiten des Bundestages und bedarf somit der Kontrolle und der Mitwirkung der Abgeordneten. Für den Bundestag sind die EU-Finanzverhandlungen mithin aus zwei Gründen von grundsätzlicher europapolitischer Bedeutung und ein wichtiges politisches Thema:

1. Die Finanzpakete sind stets ein zentraler Baustein für die Weiterentwicklung der Europäischen Union und deshalb von grundsätzlicher Bedeutung für die deutsche Europapolitik. Ohne eine gesicherte Finanzierung der zentralen europäischen Ausgabenpolitiken sind weder die weitere Vertiefung des Integrationsprozesses noch die Aufnahme neuer Mitglieder in die EU denkbar oder gar umzusetzen. Die Mitwirkung an der deutschen Europapolitik durch den Bundestag erfordert also gerade auch eine Begleitung der europäischen Finanzverhandlungen.

---

[16] Zum Konzept der Leitbilder sh. Heinrich Schneider, Leitbilder der Europapolitik. Der Weg zur Integration, Bonn 1977; Heinrich Schneider, Europäische Integration: die Leitbilder und die Politik, in: Michael Kreile (Hrsg.), Die Integration Europas, PVS-Sonderheft, Opladen 1992, S. 3–35; Thomas Dietz, Postmoderne und europäische Integration, in: ZIB, 1996, 3. Jg., H. 2, S. 255–281.

[17] So das Bundesverfassungsgericht in seinem Urteil zum Lissaboner Vertrag. Vgl. Urteil des BVerfG 2/08 u. a. vom 30.6.2009, Rdnr. 256.

2. Der deutsche Anteil an der Finanzierung des EU-Budgets wird ausschließlich aus dem Bundeshaushalt aufgebracht. Dieser Ausgabenposten ist ein durchaus bemerkenswerter Ausgabenblock des Bundeshaushalts und kann insofern auch zu Beschränkungen innenpolitischer Gestaltungsspielräume führen. Auch aus diesem fiskalpolitischen Grund finden die europäischen Haushalts- und Finanzverhandlungen das Interesse der Bundestagsabgeordneten.

Der Bundestag ist insofern in zweifacher Hinsicht betroffen – als Mitwirkungsorgan an der deutschen Europapolitik und als Haushaltsorgan.

Auch die deutschen Länder werden von den EU-Finanzverhandlungen deshalb in zweifacher Hinsicht betroffen:

a. Auf der Ausgabenseite haben die im EU-Haushalt sich manifestierende Prioritätensetzungen der EU auf die Gemeinsame Agrarpolitik und die EU-Strukturfonds Folgen für die Haushalte der Länder. Die Strukturfondszahlungen der EU werden von den Ländern verwaltet[18] und im Rahmen von sogenannten Operationellen Programmen für ihre regionalen Förderziele ausgegeben. Jede Änderung der Förderkriterien und der finanziellen Ausstattung der Fonds hat demnach unmittelbare Folgen für die Förderpolitiken in den Ländern und die Landeshaushalte. Im Rahmen der Gemeinsamen Agrarpolitik stützen die Einkommenshilfen an die Landwirte einen zumindest für einige deutsche Flächenländer wichtigen Sektor. Jede Reform der Gemeinsamen Agrarpolitik und der Kriterien für die Zahlungen der Direktbeihilfen hat demzufolge Konsequenzen für den regionalen Wohlstand.
b. Auf der Einnahmenseite argumentierten die Landesfinanzminister des Öfteren, dass die übermäßigen Abführungen des Bundes an den EU-Haushalt massive Auswirkungen auf die finanziellen Spielräume des Bundes haben und in der Folge auch die Verteilung des Umsatzsteueraufkommens zwischen Bund und Ländern beeinflusse.[19] Die Länder sahen sich also mittelbar durch die Abführungen aus dem gesamtstaatlichen Steueraufkommen nach Brüssel betroffen.

[18] Der Bund verfügt lediglich über zwei eigene Programme in der Arbeitsmarkt- und der Verkehrspolitik, die mit Mitteln der europäischen Strukturfonds finanziert werden. Der weitaus größte Teil der Gelder aus dem EU-Haushalt wird direkt von den Ländern verwaltet.

[19] Vgl. Finanzministerkonferenz der Länder am 28. September 1995 in Berlin. Vgl. auch Claus-Peter Clostermeyer, Deutschland – Zahlmeister Europas?, a. a. O., S. 147.

Während die Zahlungen an den EU-Haushalt eine Belastung für den Bundeshaushalt darstellen, haben die deutschen Länder als Begünstigte der EU-Strukturfonds – und insbesondere die ostdeutschen Länder – ein unmittelbares Interesse an der Fortsetzung der ungeschmälerten Strukturförderung aus dem EU-Budget, an deren Finanzierung sie sich nicht direkt beteiligen müssen. Die Verteilung der Lasten als Nettozahler ist also zwischen Bund und Ländern ungleich. Seit der deutschen Einheit und der damit verbundenen Tatsache, dass in Deutschland erstmals Regionen der höchsten europäischen Förderkategorie zu finden waren und die Bundesrepublik zu einem großen Empfänger europäischer Strukturfondsgelder geworden war, war die Einbindung der Länder in die Reform der europäischen Regional- und Strukturpolitik zu einem wichtigen Anliegen der Bundesregierung geworden.[20]

Auch auf der Einnahmenseite des EU-Haushalts ist die Positionierung der Länder für die Bundesregierung von hoher Bedeutung, denn über die notwendige Zustimmung des Bundesrats zum Eigenmittelbeschluss der EU und den Verordnungen im Bereich der Ausgabenpolitiken verfügen die Länder über eine relativ starke innenpolitische Vetoposition.

Jedoch sind die deutschen Länder keineswegs ein homogener Block mit gleichen Interessen und Zielen. Im Gegenteil – die einzelnen Länder verfolgen auch ihre jeweiligen Sonderinteressen. So traten die ostdeutschen Länder insbesondere während der Agenda 2000-Verhandlungen vehement für die Interessen ihrer Agrarbetriebe ein und lehnten jede Form der Verbindung von landwirtschaftlichen Subventionszahlungen mit betriebsgrößenabhängigen und degressiven Kriterien ab. Im Bereich der Strukturfonds sahen sich die ostdeutschen Länder als Höchstförderregionen in Konkurrenz zu den westdeutschen Ländern, die eine zu starke Konzentration der Fonds auf diese Höchstförderung verhindern wollten.[21] Gerade die westdeutschen Länder mit eigenen Strukturproblemen, wie zum Beispiel Nordrhein-Westfalen oder Rheinland-Pfalz, befürchteten ihrerseits zu starke Einbußen.[22] Ebenso verfolgen die Stadtstaaten wie Berlin und Bremen eigene Interessen bei der Sicherung der Strukturfondsförderung für städtische Gebiete.

---

[20] Vgl. Jeffrey Anderson, German Unification and the Union of Europe, Cambridge 1999, S. 152 ff.

[21] Vgl. Thomas Wobben, Europäische Strukturfonds bleiben unverzichtbar für Ostdeutschland, in: Ines Hartwig/Wolfgang Petzold (Hrsg.), Solidarität und Beitragsgerechtigkeit. Die Reform der EU-Strukturfonds und die Finanzielle Vorausschau, Baden-Baden 2005, S. 169–178.

[22] Vgl. Herbert Jacoby, NRW und die europäische Strukturpolitik, in: Ulrich von Alemann/Claudia Münch (Hrsg.), Landespolitik im europäischen Haus. NRW und das dynamische Mehrebenensystem, Wiesbaden 2005, S. 189–208.

Auch zwischen einzelnen Interessengruppen und Verbänden bestehen durchaus unterschiedliche Interessen und Zielvorstellungen mit Blick auf die EU-Finanzverhandlungen, die für die deutsche Positionsbestimmung zu den EU-Finanzverhandlungen durchaus von Bedeutung sein können. Von besonderer Wichtigkeit für die Bundesregierung ist dabei die Haltung des Deutschen Bauernverbandes (DBV) zur zentralen Frage der Finanzausstattung der GAP und deren Reformbedürftigkeit. Während der Deutsche Bauernverband deutliche Reduzierungen am Volumen des EU-Agrarbudgets regelmäßig ablehnt, betonen die Spitzenverbände der deutschen Wirtschaft die effiziente Nutzung der EU-Mittel, insbesondere bei den europäischen Strukturfonds und eine stärkere Prioritätensetzung auf die Förderung von Maßnahmen zur Steigerung der Wettbewerbsfähigkeit, die Verbesserung des unternehmerischen Umfelds und durch zusätzliche Ausgaben für Bildung, Forschung und Entwicklung sowie Innovation. Die Gewerkschaften rücken stets die beschäftigungspolitische Wirkung der EU-Förderung, auch im landwirtschaftlichen Sektor, in den Vordergrund ihrer Stellungnahmen.

Für die Positionierung der Bundesregierung ergibt sich im jeweiligen Einzelfall so ein breites Tableau und eine komplexe Gemengelage widersprüchlicher Ziele und Interessen zu einem ohnehin überaus schwierigen europäischen Verhandlungsprozess.

Zusammengefasst waren und sind es drei fundamentale, sich gegenseitig beeinflussende Rahmenbedingungen, die die deutsche Politik im Rahmen der europäischen Finanz- und Haushaltsverhandlungen bestimmen:

1. Die wirtschaftspolitischen Rahmenbedingungen und die Verfügbarkeit nationaler Ressourcen und finanzieller Spielräume. Sie bestimmen über die Gewichtung, die Akzentuierung und die Stringenz des immer wieder vorgebrachten deutschen Anliegens, die Haushaltsdisziplin und -konsolidierung auch in der Europäischen Union stärker zu berücksichtigen. Je knapper die deutschen Kassen, desto heftiger das Drängen auf europäische Sparanstrengungen.
2. Die grundlegenden europapolitischen Ziele und die zentralen Integrationsprojekte der deutschen Europapolitik bilden das Gegengewicht zu dem Interesse als größter Nettozahler, das EU-Budget zu begrenzen und den eigenen Nettosaldo zu minimieren. Je gewichtiger die auf der europäischen Agenda anstehenden Projekte zur Vertiefung oder Erweiterung der Europäischen Union waren und sind, die die Europäische Kommission mit der Verabschiedung eines mehrjährigen Finanzrahmens verknüpft, und je größer die potenziellen politischen und ökonomischen Vorteile sind, die von der Bundesregierung mit dem jeweiligen Projekt verbunden werden, desto eher muss das nationale fiskalische Spar- und Konsolidierungsinteresse in den Hintergrund treten.

3. Die innenpolitische Bereitschaft der Parteien und wichtiger Interessengruppen, ihre Interessen und Prioritäten den integrationspolitischen Zielen der Bundesregierung unterzuordnen, schwanken und sind zumeist abhängig von den allgemeinen europapolitischen Meinungs- und Stimmungslagen. Nicht nur die wirtschafts- und fiskalpolitischen Grundlagen des Bundeshaushalts, auch die innenpolitische Kritik, Skepsis oder Zustimmung zu den europapolitischen Zielen der Bundesregierung beeinflussen die deutsche Verhandlungsführung. Je skeptischer die innenpolitischen Gruppen gegenüber der EU und den europapolitischen Zielen der Bundesregierung eingestellt sind, desto eher wird in der europapolitischen Debatte in Deutschland auf die „Zahlmeisterrolle" oder den hohen deutschen Nettosaldo verwiesen.

4.2 „Zahlmeister", „Melkkuh" oder „Dukatenesel" – Die Entwicklung des deutschen Nettosaldos

Das vorrangige Ziel der deutschen Verhandlungsführung war stets, die negative deutsche Nettozahlerposition deutlich zu verbessern. Dabei geht es bei diesem besonderen „German problem"[23] um zwei zentrale Problembereiche:

a. die im Vergleich zu anderen Mitgliedstaaten deutlich negative Nettoposition Deutschlands, d. h. um Beitragsgerechtigkeit;[24]
b. die überproportional steigenden Abführungen aus dem Bundeshaushalt an den Unionshaushalt.

Zwar wurde und wird von deutscher Seite niemals die Tatsache in Frage gestellt, dass Deutschland ein großer Nettozahler in der EU bleiben sollte.[25] Dennoch wurde von Politikern aller Parteien die eklatante Diskrepanz zwischen dem deutschen Finanzierungsanteil im Vergleich zu anderen EU-Partnern kritisiert. Der damalige Bundesfinanzminister Theo Waigel sprach von einer „Gerechtigkeitslücke";

[23] Brigid Laffan, The Finances of the European Union, a. a. O., S. 54.

[24] Vgl. Jürgen Stark, Die künftige Finanzierung des EU-Haushalts und der Beitrag der Bundesrepublik Deutschland, in: integration, 1996, 19. Jg., H. 3, S. 159–163, S. 159.

[25] Vgl. Rudolf Seiters, Ein Korrekturmechanismus für die Nettozahler, in: Elmar Brok u. a. (Hrsg.), Das Finanzsystem der EU: Neue Ansätze und Perspektiven, Interne Studien der Konrad-Adenauer-Stiftung, Nr. 142/1997, St. Augustin, Februar 1997, S. 35–39, S. 37.

Edmund Stoiber wurde Mitte der neunziger Jahre sogar mit den Worten zitiert, „Deutschland ist der Dukatenesel Europas“ und werde von Europa ausgebeutet.[26]

Für die Frage der Beitragsgerechtigkeit sind insbesondere die Bruttoabführungen aus dem Bundeshaushalt von Bedeutung. Von 1971 bis 1985 war der Anstieg der deutschen Beiträge an den Gemeinschaftshaushalt immens, von rund 2,65 Mrd. DM auf 16,75 Mrd. DM, bzw. um 631 %.[27] Die Bundesbank konstatierte für die Laufzeit des Delors I-Pakets eine deutliche Erhöhung der deutschen Bruttoabführungen an den EU-Haushalt, von 20 Mrd. DM im Jahr 1987 auf fast 36 Mrd. DM im Jahr 1992. Daraus resultiere ein Anstieg der Staatsquote am deutschen Sozialprodukt von knapp einem Viertel Prozentpunkt.[28] Dieser Anstieg der Abführungen aus dem Bundeshaushalt an das EU-Budget setzte sich bis in die Mitte der neunziger Jahre fort; 1995 betrugen die deutschen Bruttozahlungen 41 Mrd. DM.[29]

Trotz dieser gewaltigen Steigerungsraten der Bruttoabführungen in absoluten Zahlen entsprach der relative Finanzierungsanteil Deutschlands durchaus dem deutschen Anteil am Bruttosozialprodukt der Gemeinschaft.[30] Der hohe Finanzierungsanteil und der Aspekt der Beitragsgerechtigkeit wurde deshalb auch solange von den deutschen Politikern nicht grundsätzlich hinterfragt, solange die Finanzierungslasten ungefähr gleich auf die großen Mitgliedstaaten verteilt wurden und solange die Bruttozahlungen der deutschen Wirtschaftsleistung entsprachen. Die Bundesrepublik ist derzeit mit einem Finanzierungsanteil von rund 20 % des Gesamtbudgets stets der größte Beitragszahler in den EU-Haushalt. Allerdings sank der deutsche Beitrag zum EU-Haushalt seit Mitte der neunziger Jahre kontinuierlich; 1994 betrug der deutsche Finanzierungsanteil noch 33,7 %.

Mit dem Zusammenbruch der Sowjetunion und dem Fall der Berliner Mauer wurde der Bundeshaushalt durch nicht vorhergesehene und sehr hohe zusätzliche Zahlungen belastet. Die notwendige Umstrukturierung der ostdeutschen Industrie

---

[26] Monika Dunkel/Peter Reichelt, „Völlig daneben. Ohne Reform ihrer Finanzen kann die EU ihre Zukunftsproblem nicht mehr meistern“, in: Wirtschaftswoche, 1996, Nr. 13 v. 21.3.1996, S. 18–19.

[27] Bernhard May, a. a. O., S. 36/37.

[28] Vgl. Deutsche Bundesbank, Die Finanzbeziehungen der Bundesrepublik Deutschland zu den Europäischen Gemeinschaften seit dem Jahr 1988, in: Deutsche Bundesbank, Monatsbericht, November 1993, S. 61–78, S. 62.

[29] Vgl. Jürgen Stark, Finanzierung der Europäischen Union: Rückblick, Zwischenbilanz und Ausblick, in: Elmar Brok u. a. (Hrsg.), Das Finanzsystem der EU: Neue Ansätze und Perspektiven, Interne Studien der Konrad-Adenauer-Stiftung, Nr. 142/1997, St. Augustin, Februar 1997, S. 23–34, S. 29.

[30] Walter Deffaa, Deutschland – „Zahlmeister“ Europas?, in: Rolf Caesar (Hrsg.), Zur Reform der Finanzverfassung und Strukturpolitik der EU, Baden-Baden 1997, S. 153–160, S. 155

führte zu großflächigen Stilllegungen und erforderte zugleich riesige Investitionen. Die Industrieproduktion brach in den neuen Ländern innerhalb kürzester Zeit um rund 70 % gegenüber den Ergebnissen vor der deutschen Einheit ein und das Bruttoinlandsprodukt sank bis 1991 um ein Drittel; der Anteil der neuen Länder am gesamtdeutschen BIP betrug im Jahr 2004 lediglich 14,7 %.[31] In den neunziger Jahren gingen mehr als 1,5 Mio. Arbeitsplätze in den neuen Bundesländern verloren. Die sozial- und beschäftigungspolitischen Folgen dieses umfassenden ökonomischen und gesellschaftlichen Umbaus führten zu immensen Belastungen für die öffentlichen Haushalte und die sozialen Sicherungssysteme. Insgesamt betrugen die West-Ost-Transferleistungen nach den Angaben der Bundesregierung jährlich rund 85 Mrd. €, was einem Anteil von 4 % des jährlichen BIP entspricht.[32] Im europäischen Vergleich sank das reale BIP pro Kopf in Kaufkraftstandards bezogen auf die EU-25 (EU-25=100) von 118,2 % im Jahr 1996 auf nur noch 107,5 % im Jahr 2006; Großbritannien hingegen verbuchte im gleichen Zeitraum ein Wachstum von 109,2 % auf 116,0 %. Nicht nur die ökonomische Leistungsfähigkeit gemessen in absoluten Werten sank also, sondern auch die relative Position des vereinten Deutschland im Vergleich mit den anderen europäischen Partnern verschlechterte sich kontinuierlich. Parallel dazu stiegen aber die Zahlungen aus dem Bundeshaushalt an die EU als Ergebnis insbesondere der beiden ersten Finanzpakte Delors I und Delors II deutlich an. Der damalige Staatssekretär im Bundesfinanzministerium Jürgen Stark merkte deshalb Mitte der neunziger Jahre an: „Die im Vergleich zu Bundeshaushaltsausgaben in den letzten Jahren ständig gestiegenen Bruttoabführungen an den Gemeinschaftshaushalt bewirken einen zunehmenden Entzug nationaler finanzieller Dispositionsmasse, ohne daß zum Ausgleich auf nationaler Ebene durch Aufgaben- und Ausgabenübertragungen an die Gemeinschaften entsprechende Ausgaben entfallen sind."[33]

Dieses besondere deutsche Problem wurde von der Gemeinschaft deutlich anders behandelt als das britische Problem in den achtziger Jahren. Die Bundesregierung suchte eine Verständigung im Rahmen der Finanzverhandlungen und damit in weitgehender Übereinstimmung mit ihren europäischen Partnern. „At no

[31] Vgl. Jahresbericht der Bundesregierung zum Stand der Deutschen Einheit 2005, Berlin, September 2005.

[32] In einem Bericht zum zehnten Jahrestag der deutschen Einheit errechnete das Rheinisch-Westfälische Institut für Wirtschaftsforschung (RWI) einen Gesamtbetrag von rd. 1,5 Bill. DM bis Ende 1998 bzw. 192 Mrd. DM pro Jahr oder 6,2 % des westdeutschen (bzw. 5,6 % des gesamtdeutschen) BIP. Vgl. Ullrich Heilemann/Hermann Rappen, Zehn Jahre Deutsche Einheit – Bestandsaufnahmen und Perspektiven, RWI-Papier Nr. 67, Essen 2000.

[33] Jürgen Stark, Die künftige Finanzierung des EU-Haushalts, a. a. O., S. 159/160.

point in the 1990's did the German government seriously consider the option of demanding a complete change of the financial perspective."[34]

Dies gilt auch für den zweiten Punkt, die hohen negativen Nettosalden Deutschlands. Auch an diesem Punkt kritisierte die Bundesregierung nicht die Tatsache größter Nettozahler in der Gemeinschaft zu sein, sondern die übermäßige Belastung im Vergleich zu anderen Mitgliedstaaten. Der damalige stellvertretende Vorsitzende der CDU/CSU-Fraktion im Deutschen Bundestag, Rudolf Seiters, führte aus: „Wäre Solidarität nur eine finanzielle Kategorie, trüge Deutschland mehr als zwei Drittel der gesamten Solidarlasten der EU. Eine solche Quote erscheint nicht nur ungerecht, sie ist angesichts der eigenen finanziellen Schwierigkeiten der Bundesrepublik Deutschland gegenüber dem Bürger auch kaum noch vermittelbar."[35] Die deutschen Nettozahlungen seien knapp dreimal so hoch wie die britischen Zahlungen, achtmal so hoch wie die Nettozahlungen Frankreichs und 21mal so hoch wie die italienische Nettobelastung.

Die Deutsche Bundesbank kam in ihren Berechnungen zu dem Ergebnis, dass der deutsche Finanzierungsbeitrag sich seit 1993 angesichts der niedrigen deutschen Wachstumsraten stabilisiert hatte. Die erhöhten Rückflüsse aus den europäischen Strukturfonds nach Ostdeutschland nach der deutschen Einheit hatten dann den negativen deutschen Nettosaldo seit 1995 reduziert.[36]

Diese Diskrepanz zwischen den Nettosalden ist vornehmlich eine Konsequenz der unterschiedlichen Rückflüsse aus dem EU-Budget; entsprachen die Bruttoabführungen ungefähr dem Anteil der deutschen Wirtschaftsleistung am europäischen Bruttosozialprodukt, so war der deutsche Anteil an den Ausgaben aus dem Gemeinschaftshaushalt unterproportional.[37] Allerdings sanken die deutschen Nettozahlungen seit Mitte der neunziger Jahre langsam und stiegen erst ab Mitte des neuen Jahrzehnts wieder kontinuierlich an.

Im Jahr 2012 waren Deutschland mit rund 22,8 Mrd. € (ohne die Abführungen der traditionellen Eigenmittel) und Frankreich mit rund 19,8 Mrd. € die größten Beitragszahler in der EU; zugleich waren sie aber auch große Empfänger von Zahlungen aus dem EU-Budget, mit 12,2 Mrd. € nach Deutschland und 12,9 Mrd. € nach Frankreich. Mit rund 8,4 Mrd. € floss im Jahr 2012 der größte Anteil aller Zahlungen aus dem Bereich der ersten Säule der GAP, also marktbezogene Ausgaben und Direktzahlungen, nach Frankreich, gefolgt von Spanien mit rund 5,6 Mrd. €

[34] Johannes Lindner, Conflict and Change, a. a. O., S. 145.

[35] Rudolf Seiters, a. a. O., S. 36.

[36] Deutsche Bundesbank, Neuere Tendenzen in den Finanzbeziehungen Deutschlands zur Europäischen Union, in: Deutsche Bundesbank, Monatsbericht, Juli 1999, S. 59–74.

[37] Rolf Caesar, Die deutsche Nettozahlerposition, a. a. O., S. 162.

und Deutschland mit 5,4 Mrd. €. Bei den Zahlungen aus den europäischen Strukturfonds lag Deutschland mit rund 3,6 Mrd. € im Jahr 2012 an vierter Stelle der Begünstigten hinter Polen mit 7,3 Mrd. €, Spanien mit 5,5 Mrd. € und Portugal mit 4,3 Mrd. €. Insgesamt lag Deutschland bei den Rückflüssen aus dem EU-Budget im Jahr 2012 an vierter Stelle hinter Polen, Spanien und Frankreich. Dennoch reichten diese Zahlungen aus Brüssel nicht aus, um die große Diskrepanz der deutschen Nettozahlungen im Vergleich zu den anderen großen Mitgliedstaaten in der EU spürbar zu reduzieren. Im Jahr 2012 lag der negative operative Haushaltssaldo bei 11,9 Mrd. €; Frankreich verzeichnete einen Negativsaldo von 8,3 Mrd. €, Großbritannien in Höhe von 7,4 Mrd. € und Italien wies einen negativen Nettosaldo von 5 Mrd. € aus (Abb. 4.1).[38]

Im Unterschied zum Konzept der operativen Haushaltssalden der Europäischen Kommission berechnete die Bundesbank die Höhe des deutschen Nettosaldos auf der Grundlage der Zahlungsbilanzstatistik. Bei diesem Konzept wurden sämtliche Finanzströme zwischen dem EU-Haushalt und der Bundesrepublik erfasst.[39] Mit dieser Berechnungsmethode kam die Bundesbank tendenziell zu höheren deutschen Nettosalden. Zwar sei die Aussagekraft des Konzepts der fiskalischen Nettobe- oder -entlastung begrenzt. „Dennoch ist der Netto-Beitrag ein aussagekräftiges Kriterium, das gerade auch in der politischen Diskussion eine bedeutende Rolle spielt", so die Bundesbank.[40]

Insbesondere diese politische Dimension der Debatte über die Nettosalden hatte der Wissenschaftliche Beirat des Bundewirtschaftsministeriums mit seiner Forderung nach einer Neuordnung des europäischen Finanzierungssystems im Januar 1998 zusätzlich angefeuert. In seiner Stellungnahme führte der Beirat die Nettopositionen der Mitgliedstaaten des Jahres 1997 auch per Kopf der Bürger auf. Diese Betrachtung bestätigte „die generelle Einschätzung, daß Deutschland im Vergleich zu anderen Ländern netto hoch belastet ist…", so der Beirat.[41] Auf der Grundlage dieser Feststellung schlug der Beirat eine stärkere Finanzierung des Gemeinschaftshaushalts nach dem jeweiligen BSP-Anteil der Mitgliedstaaten und zu einem kleineren Teil entsprechend der

[38] Vgl. Europäische Kommission, Finanzbericht 2012, a. a. O.

[39] Deutsche Bundesbank, Neuere Tendenzen in den Finanzbeziehungen Deutschlands zur Europäischen Union, a. a. O., S. 65.

[40] Deutsche Bundesbank, Die Finanzbeziehungen Deutschlands zum EU-Haushalts, in: Deutsche Bundesbank, Monatsbericht, Oktober 2005, S. 17–32, S. 21.

[41] Bundesministerium für Wirtschaft und Technologie, Gutachten des Wissenschaftlichen Beirats, Neuordnung des Finanzierungssystems der Europäischen Gemeinschaft, BMWA-Studienreihe 455, Gutachten vom 18./19. Dezember 1998, Bonn, 7. Januar 1999, S. 13.

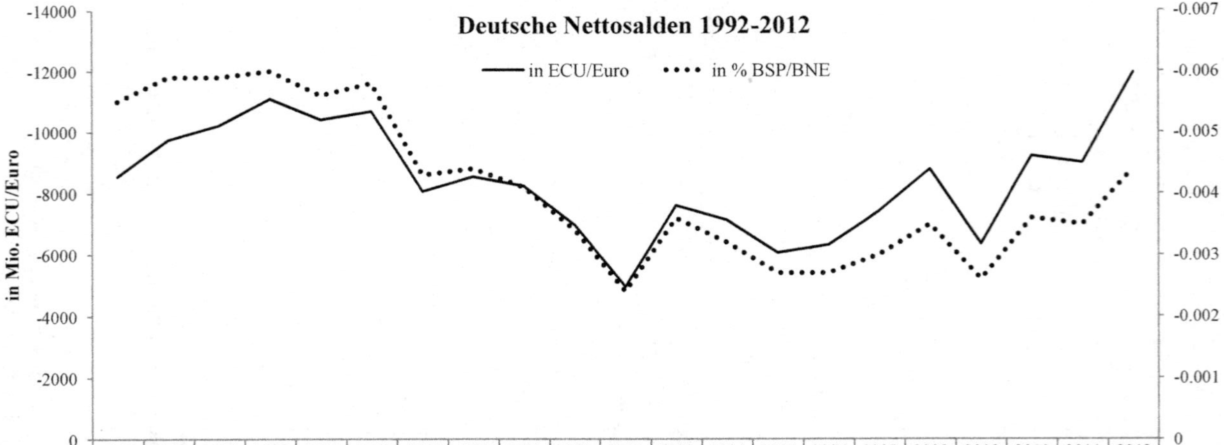

	1992	1993	1994	1995	1996	1997	1998	1999	2000	2001	2002	2003	2004	2005	2006	2007	2008	2009	2010	2011	2012
in ECU/Euro	-8546	-9747	-1022	-1109	-1040	-1067	-8065	-8539	-8232	-6972	-4954	-7605	-7140	-6064	-6325	-7415	-8774	-6358	-9224	-9003	-1195
in % BSP/BNE	-0.01	-0.01	-0.01	-0.01	-0.01	-0.01	-0	-0	-0	-0	-0	-0	-0	-0	-0	-0	-0	-0	-0	-0	-0

Abb. 4.1 Die Entwicklung des deutschen Nettosaldos 1992–2012. (Quelle: Europäische Kommission, Bericht über die Aufteilung der EU-Ausgaben 2004 nach Mitgliedstaaten, September 2005 und Finanzberichte seit dem Jahr 2007)

Stimmengewichtung im Ministerrat vor. Um die im Vergleich zu anderen Mitgliedstaaten unverhältnismäßige Nettoposition Deutschlands zu verbessern, sei zunächst bei der „entschlossenen Begrenzung der Ausgaben" anzusetzen. Hierbei könne auch eine höhere mitgliedstaatliche Kofinanzierung oder eine „partielle Renationalisierung" der GAP hilfreich sein.[42] Mit dem Vorschlag, die Stimmengewichtung in der Beitragsgestaltung zu berücksichtigen, hatte der Beirat auch eine direkte Verbindung zwischen den Finanz-und Budgetverhandlungen und zwei integrationspolitischen Grundsatzfragen hergestellt – zum Einen wurde das fein austarierte Verhältnis zwischen großen und kleinen Mitgliedstaaten hinterfragt und zum anderen wurde auch eine Kontinuitätslinie der deutschen Europapolitik angesprochen, nämlich die Positionierung des vereinten Deutschlands in der Europäischen Union und dessen Verhältnis zu den europäischen Partnern. Mit dieser Verknüpfung hatte der Beirat nicht nur eine Frage der institutionellen Balance in der Europäischen Union aufgeworfen, er hatte die Haushalts- und Finanzverhandlungen auch mit der innereuropäischen Machtfrage verbunden. Insofern lieferte dieser Vorschlag des Beirats keine realistische Handlungsempfehlung für die Bundesregierung; er unterstrich allerdings gegenüber den europäischen Partnern und den EU-Organen die besondere Dringlichkeit des „German problem" und bestätigte den innenpolitischen Druck, unter dem die Bundesregierung im Vorfeld der Agenda 2000- Verhandlungen stand.

Die Nettosalden, gleich welche Berechnungsmethode angelegt wird, geben jedoch keinesfalls die wirklichen Vor- oder Nachteile der Mitgliedschaft in der Europäischen Union wider. Auch den Nettozahlern ist bewusst, dass ihrem negativen Nettosaldo nicht-quantifizierbare Integrationsgewinne entgegenstehen. Um diese „wahre" Nettopositionen Deutschlands zu ermitteln, hat Lars P. Feld den deutschen Nettozahlungen an den EU-Haushalt Schätzungen zu den ökonomischen Vorteilen aus der Integration in den europäischen Binnenmarkt und in die Eurozone angestellt. Demnach überwiegen die positiven Wohlfahrts-, Wachstums-und Handelseffekte der Marktintegration die fiskalischen Kosten als größter Nettozahler an den EU-Haushalt deutlich. Für die Jahre 1999 bis 2003 errechnete Feld dauerhafte Wachstumseffekte des Binnenmarktes von durchschnittlich 0,6 bis 0,8 Prozentpunkten, welche die Belastungen durch den EU-Haushalt in der Größenordnung von 0,4 bis 0,5 Prozentpunkte überkompensiert habe. Deutschland erziele also einen „Nettovorteil" durch die europäische Integration, die allerdings keineswegs zwangsläufig „die perpetuierte Akzeptanz der ineffizienten Umverteilungspolitik

[42] Bundesministerium für Wirtschaft und Technologie, Gutachten des Wissenschaftlichen Beirats, Neuordnung des Finanzierungssystems der Europäischen Gemeinschaft, a. a. O., S. 34/35.

auf EU-Ebene“[43] bedeuten könne. Allerdings sei es nicht möglich „den deutschen Nettozahlungen an die EU, als den finanziellen Kosten, die Handels- und Wachstumseffekte aus der Europäischen Integration gegenzurechnen“.[44]

4.3 Die europäischen Finanzverhandlungen in der innenpolitischen Debatte

Die europäischen Finanzpakete und die Verhandlungsziele wurden seit 1988 zunehmend zu einem Feld der innenpolitischen Auseinandersetzung. Fanden die ersten Verhandlungsrunden noch weitgehend ohne eine große öffentliche Debatte und mediale Berichterstattung statt, so änderte sich dies im weiteren Verlauf.

4.3.1 Die „Großzügigkeit" der frühen Jahre – Die Delors-Pakete

Die deutschen Ziele bei den Verhandlungen über das erste europäische Finanzpaket, das Delors I-Paket, waren zwar bereits von dem fundamentalen Interesse an einer Korrektur der nationalen Nettozahlerposition bestimmt. Aber dennoch konnten diese Finanzverhandlungen noch unter deutlich einfacheren finanz- und haushaltspolitischen Rahmenbedingungen geführt werden. Ende der achtziger Jahre verfügte die Bundesrepublik unter der Regierung Kohl/Genscher noch über einen größeren haushaltspolitischen Handlungsspielraum, der eine relativ flexible Verhandlungsführung zum EU-Budget erlaubte. Hinzu kamen die ausgeprägte Integrationsbereitschaft und der Wille der Bundesregierung zur weiteren Vertiefung des europäischen Integrationsprozesses – dennoch beachtete auch die Regierung unter Helmut Kohl selbstverständlich die nationalen haushaltspolitischen Interessen der Bundesrepublik. Bundeskanzler Helmut Kohl begründete die steigenden Kosten für den Bundeshaushalt durch die Einführung der neuen, vierten, an den nationalen Wohlstand gekoppelten BSP-Eigenmittelquelle zur Finanzierung der Aufstockung der Strukturfonds mit dem Hinweis, dass „Europa – dabei geht es auch um die Zukunft der Bundesrepublik Deutschland – nicht zum Nulltarif zu

[43] Lars P. Feld, Nettozahler Deutschland? Eine ehrliche Kosten-Nutzen-Rechnung, a. a. O., S. 111.

[44] Lars P. Feld, Das Finanzierungssystem der EU und die Nettozahlerdebatte, in: Wirtschaftsdienst, 2007, Nr. 2, S. 114–120, S. 120.

haben“[45] sei. So kämen auf den Bundeshaushalt zusätzliche Belastungen von 4 Mrd. DM im ersten Jahr 1988 des Delors I-Pakets zu, die sich auf ca. 10 Mrd. DM bis zum letzen Jahr des Finanzrahmens 1992 erhöhen würden, so der Kanzler. Die besondere Stärke des Delors I-Pakets sei die Verbindung mit der bis 1992 angestrebten Verwirklichung des europäischen Binnenmarktes. Der Finanzrahmen und die Erhöhung der Strukturfonds würden einen kräftigen Impuls zu einem stärkeren wirtschaftlichen Wachstum in der Gemeinschaft leisten und gerade der europäische Binnenmarkt werde für die exportorientierte deutsche Wirtschaft von großem Vorteil sein.

Die Bundesregierung war zu einer „substantielle[n] Erhöhung“[46] des Finanzvolumens der Strukturfonds im Grundsatz bereit; sie wollte sich aber nicht auf die von der EU-Kommission vorgeschlagene und von Empfängerstaaten in der Gemeinschaft geforderte Verdopplung festlegen. Insbesondere bei der Möglichkeit neuer Eigenmittelquellen zur Finanzierung des Budgets drängte die Bundesregierung auf eine verstärkte Ausgabendisziplin. Zwar unterstütze auch die größte Oppositionspartei im Bundestag, die SPD, die Entscheidung zu höheren deutschen Leistungen an den EU-Haushalt, aber die Ausgabenprioritäten, die zurückhaltende Reformbereitschaft in der Agrarpolitik und die überfällige Festlegung der Bundesregierung für die Verdoppelung des Finanzvolumens der Strukturfonds wurden von den deutschen Sozialdemokraten heftig kritisiert.[47] Bereits bei dem gescheiterten Gipfel des Europäischen Rates in Kopenhagen im Dezember 1987 hatte Bundeskanzler Kohl angeboten, unter der deutschen Präsidentschaft im ersten Halbjahr 1988 in einem zweiten Versuch bei einem Sondergipfel im Februar einen Kompromiss zu dem Finanzpaket anzustreben. Zum Zeitpunkt seines Angebotes für einen Sondergipfel dürfte dem Kanzler bewusst gewesen sein, dass die deutsche Präsidentschaft dann unter einem sehr starken Erfolgszwang stehen würde und dafür auch bereit sein müsste, höhere Lasten zu tragen. „Es war dem Bundeskanzler sicherlich bewußt, daß nun einmal auch ein Tausch von Prestige gegen Lastenübernahme erforderlich ist, um als Ratspräsident erfolgreich zu sein“, so Dieter Biehl in seiner Analyse des Brüsseler Reformergebnisses.[48] Die Bundesregierung war dann auch zu erheblichen Mehrkosten für einen Haushaltskompromiss bereit – Oppositionsführer

[45] Vgl. Deutscher Bundestag, Plenarprotokoll 11/61 vom 25. Februar 1988, S. 4153(A).

[46] Jürgen Ruhfuß, a. a. O., S. 145.

[47] So der Vorsitzende der SPD-Bundestagsfraktion Hans-Jochen Vogel in seiner Erwiderung auf die Regierungserklärung von Bundeskanzler Helmut Kohl nach dem gescheiterten Gipfel von Kopenhagen am 10. Dezember 1987. Vgl. Deutscher Bundestag, Plenarprotokoll 11/49 vom 10. Dezember 1987, S. 3409 ff.

[48] Dieter Biehl, Ein substantielles, aber begrenztes Reformpaket, a. a. O., S. 67.

Hans-Jochen Vogel kalkulierte zusätzliche Belastungen von insgesamt 30 Mrd. DM durch das Delors I-Paket. Die Leistungen der Bundesrepublik an den EU-Haushalt waren damit höher als die britischen und französischen Zahlungen zusammen.[49]

Dennoch blieb die innenpolitische Debatte über das erste Finanzpaket der Gemeinschaft wenig kontrovers. Im Grundsatz unterstützten alle Fraktionen des Bundestages den neuen Ansatz, mit einem mehrjährigen Finanzrahmen für die Europäische Gemeinschaft eine verlässlichere finanz- und haushaltspolitische Basis zu schaffen. Auch waren alle Fraktionen grundsätzlich zur Übernahme höherer Lasten bereit, wenn diese erhöhten deutschen Abführungen an den Gemeinschaftshaushalt dem gemeinschaftsinternen Ausgleich zwischen armen und reichen Regionen diente und damit eine Voraussetzung für die angestrebte Verwirklichung des europäischen Binnenmarktes erfüllten. Diese „finanzielle Großzügigkeit"[50] der Bundesrepublik war mithin die weithin akzeptierte Kehrseite des deutschen Interesses am europäischen Binnenmarkt.[51]

Auch die Zäsur des Jahres 1989/90 und die deutsche Einheit stellte zunächst die Stellung der Bundesrepublik als „*économie dominante*" in der Europäischen Union nicht in Frage.[52] Die Integration der ostdeutschen Wirtschaft in eine gesamtdeutsche und in den europäischen Binnenmarkt erwies sich dann jedoch langwieriger als prognostiziert und weitaus schwieriger als erwartet. Durch die internen Transferleistungen an die neuen Länder wurde nicht nur der Zuwachs der ökonomischen Leistungsfähigkeit gebremst; zusätzlich wurden die traditionellen Instrumente und die Möglichkeiten der deutschen außen- und europapolitischen Handlungsfähigkeit mit Hilfe ökonomischer Stärke und finanziellen Mitteln stark begrenzt.[53]

Vor diesem Hintergrund verengten sich die europapolitischen Spielräume der Bundesregierung zusehends. Die Bundesregierung reagierte auf den Vorschlag der Europäischen Kommission zu einem erneuerten mehrjährigen Finanzrahmen, dem

---

[49] Vgl. Brigid Laffan, The Finances of the European Union, a. a. O., S. 55.

[50] So die Vorsitzende der Arbeitsgruppe „Außenpolitik" der CDU/CSU-Bundestagsfraktion, die CSU-Abgeordnete Michaela Geiger in ihrer Rede vor dem Deutschen Bundestag am 25. Februar 1988. Vgl. Deutscher Bundestag, Plenarprotokoll 11/61 vom 25. Februar 1988, S. 4171(C).

[51] Vgl. Eckart Gaddum, a. a. O., S. 166/67.

[52] Vgl. Norbert Kloten, Die Bundesrepublik als Weltwirtschaftsmacht, in: Karl Kaiser/Hanns W. Maull (Hrsg.), Deutschlands neue Außenpolitik. Grundlagen, Bd. 1, München 1994, S. 63–80, S. 63.

[53] Vgl. James Sperling, German Foreign Policy after Unifcation: The End of the Cheque Book Diplomacy?, in: West European Politics, 1994, Vol. 17, No. 1, S. 73–97.

Delors II-Paket, beinahe zwangsläufig und folgerichtig „eindeutig ablehnend“[54]. Sie drängte mit dem Hinweis auf die Kosten der deutschen Einheit deutlich stärker auf einen Sparkurs bei den europäischen Finanzverhandlungen.[55] Die Erhöhung des Budgetvolumens um rund 10 % und eine übermäßige Anhebung der Eigenmittelobergrenze auf 1,37 % des EU-Bruttosozialprodukts, wie sie von der Kommission vorgeschlagen worden war, sowie eine weitere deutliche Steigerung des deutschen Haushaltsbeitrags war für sie „nicht akzeptabel“.[56] Die Bundesregierung argumentierte bereits damals, dass für den Gemeinschaftshaushalt nun eine strikte „Konsolidierungsphase“ notwendig sei.[57] Dennoch vermied es die Bundesregierung in den Verhandlungen über das Delors II-Paket, eine unilaterale Position einzunehmen und massiv auf einen Ausgleich der deutschen Nettozahlungen zu bestehen. Vielmehr forderte die Bundesregierung in Abstimmung mit den anderen Nettozahlern und insbesondere mit Großbritannien eine Begrenzung des Volumens und eine unveränderte Fortschreibung der Eigenmittelobergrenze. Die Delors II-Verhandlungen standen noch zu deutlich unter der Zusage von Bundeskanzler Helmut Kohl an die europäischen Partner, dass die deutsche Einheit nicht zu zusätzlichen Belastungen der anderen Mitgliedstaaten führen werde.[58] Darüber hinaus sollte die noch ausstehende Ratifizierung des Maastricht-Vertrags nicht weiter mit den Auseinandersetzungen über den Finanzrahmen erschwert werden. „In general, German politicians regarded the completion of the Maastricht Treaty and an agreement on the financial perspective as an important element in ensuring their European partners that the unified Germany would not constitute a threat to European integration.“[59]

Brigid Laffan und Michael Shackleton kamen dennoch zu dem Ergebnis, dass sowohl das Delors I-Paket als auch der nachfolgende Finanzrahmen nur zustande kamen, weil die Bundesrepublik ihre nationalen Interessen zurückstellte. „The 1988 and the 1992 agreements on the Community's financial perspective were secured in

[54] Anita Wolf, Bundesrepublik Deutschland, in: Werner Weidenfeld/Wolfgang Wessels (Hrsg.), Jahrbuch der Europäischen Integration 1991/92, Bonn 1992, S. 310–320, S. 315.

[55] Vgl. Otto Schmuck, Der Gipfel von Edinburgh, a. a. O.

[56] Anita Wolf, a. a. O., S. 315.

[57] So der damalige Gruppenleiter im Bundeskanzleramt, Horst Westerhoff. Zitiert in Angela Mans, EG-Finanzsystem auf dem Prüfstand, in: integration, 1992, 15. Jg., Nr. 4, S. 251–256, S. 254.

[58] Vgl. Wolfgang Wagner, German EU constitutional foreign policy, in: Volker Rittberger (Hrsg.), German foreign policy since unification. Theories and case studies, Manchester 2001, S. 185–229, S. 209.

[59] Johannes Lindner, Conflict and Change, a. a. O., S. 137.

large measure by the willingness of Chancellor Kohl and the German government to bear the burden of the increases as the budget's largest contributor."[60]

Angesichts der hohen deutschen Staatsverschuldung und der immensen Kosten zur Finanzierung der deutschen Einheit war jedoch spätestens seit Mitte der neunziger Jahren der deutsche Nettosaldo zu einer übermäßigen Belastung geworden.[61] Zwischen Bundesregierung und Opposition im Bundestag bestand deshalb seither weitgehende Einigkeit, dass die Finanzierung der Europäischen Union neu geordnet und Deutschland stärker entlastet werden müsse.

Bereits die Koalitionsvereinbarung von CDU/CSU und FDP vom 11. November 1994 enthielt die Forderung nach einer „fairen Lastenteilung" bei der Finanzierung des EU-Budgets und damit nach einer Reduzierung des deutschen Nettosaldos und einer Verbesserung der Rückflussquote.[62] Bundeskanzler Kohl führte in einer Regierungserklärung im Mai 1994 aus, dass Deutschland, was die „Zahlungen an die Union angeht, an der Obergrenze unserer Möglichkeiten angelangt"[63] sei. Er forderte, dass die Berechnung der nationalen Beiträge zum EU-Budget sich künftig an dem Pro-Kopf-Einkommen der Mitgliedstaaten orientieren solle. Bundesfinanzminister Theo Waigel mahnte zur Verbesserung des negativen Nettosaldos die Erhöhung der Rückflüsse nach Deutschland an.[64] Dabei stand der CSU-Vorsitzende unter einem hohen innerparteilichen Druck des 1993 ins Amt gekommenen neuen bayerischen Ministerpräsidenten Edmund Stoiber, der wiederholt und lautstark die Reduzierung der deutschen Zahlungen an den EU-Haushalt gefordert hatte.[65] Auch der Kanzlerkandidat der Sozialdemokraten, der rheinland-pfälzische Ministerpräsident Rudolf Scharping, kritisierte im Mai 1994 den Bundeskanzler in seiner Erwiderung auf dessen Regierungserklärung dafür, dass die Bundesregierung auf dem Europäischen Rat von Edinburgh 1992 dieser übermäßigen Belastung Deutschlands zugestimmt und sie sogar bis 1999 festgeschrieben habe. „Gerade wenn Sie, Herr Bundeskanzler, dagegen sind, daß wir in der Öffentlichkeit wie der Zahlmeister Europas dastehen, gerade wenn Sie erkennen – worüber Sie nicht gesprochen haben -, daß dies für die Stimmung gegenüber Europa und seine Akzep-

[60] Brigid Laffan/Michael Shackleton, The Budget, a. a. O., S. 85.

[61] Vgl. Christoph Jessen, Agenda 2000, a. a. O., S. 170.

[62] Vgl. Koalitionsvereinbarung zwischen CDU/CSU und FDP v. 11. November 1994, Kap. VIII, A Leitlinien der Europapolitik, Ziffer 7 Finanzfragen, S. 47.

[63] Vgl. Deutscher Bundestag, PlPr. 12/231 v. 27. Mai 1994, S. 20122(D).

[64] Vgl. Deutscher Bundestag, PlPr. 12/231 v. 27. Mai 1994, S. 20144(D).

[65] Vgl. „Die finanzielle Belastung Deutschlands durch die EU senken. Ministerpräsident Stoiber fordert einen Beitragsrabatt/Beitritt Österreichs begrüßt", in: FAZ v. 4.7.1994.

tanz in der Bevölkerung ein Problem darstellen kann, hätten Sie die Verpflichtung, für faire Finanzierungsbedingungen in der Europäischen Union zu sorgen."[66]

Zwar kritisierten inzwischen alle Parteien einen zu hohen deutschen Nettosaldo bei der Finanzierung des EU-Budgets und forderten eine gerechtere Lastenverteilung zwischen den Mitgliedstaaten. Dennoch wurde die Rolle Deutschlands als großer Nettozahler in der EU von keiner Seite grundsätzlich in Frage gestellt. In der ersten Lesung des Gesetzes zur Ratifizierung des europäischen Eigenmittelbeschlusses vom 31. Oktober 1994[67] im Februar 1995 konnte der damalige Parlamentarische Staatssekretär im Bundesfinanzministerium, der CSU-Abgeordnete Kurt Faltlhauser, noch feststellen, dass der Eigenmittelbeschluss ein guter Kompromiss sei und die deutschen Interessen wahre. Zwar sei die deutsche Nettoposition problematisch und die Lastenverteilung müsse verbessert werden. Aber er lehnte eine einseitige Nettozahlerdiskussion mit deutlichen Worten ab: „Die hohe Nettobelastung ist, wie wir beobachten können, in unserem Land zum Teil als Instrument missbraucht worden, um den europäischen Einigungsprozess insgesamt zu torpedieren. Wir müssen Versuche dieser Art vehement zurückweisen."[68] Der europapolitische Sprecher der CDU/CSU-Fraktion Gero Pfennig lobte bei der abschließenden Debatte im Bundestag zur zweiten und dritten Lesung des Ratifizierungsgesetzes den Eigenmittelbeschluss als einen herausragenden Erfolg der deutschen Politik und einen für Deutschland akzeptablen Kompromiss „zwischen den Kosten der fortschreitenden Integration in der Europäischen Union samt Übernahme neuer Aufgaben in Mittelosteuropa sowie im Mittelmeerraum einerseits und der andererseits schwierigen Finanzsituation in den Mitgliedstaaten".[69] Diese Distanzierung von einer europaskeptischen Nettosaldodiskussion wurde von der SPD explizit geteilt. Der europapolitische Grundkonsens in dieser Frage zeigte sich auch in der Tatsache, dass der Entschließungsantrag[70] zum Ratifizierungsgesetz von den Regierungsfraktionen gemeinsam mit der SPD eingebracht worden war. Der Entschließungsantrag

66 Vgl. Deutscher Bundestag, PlPr. 12/231 v. 27. Mai 1994, S. 20127.

67 Deutscher Bundestag, Gesetzentwurf der Bundesregierung, Entwurf eines Gesetzes zu dem Beschluß des Rates v. 31. Oktober 1994 über das System der Eigenmittel der Europäischen Gemeinschaften, Drs. 13/382 v. 2. Februar 1995.

68 Deutscher Bundestag, PlPr. 13/21 v. 16. Februar 1995, S. 1414.

69 Deutscher Bundestag, PlPr. 13/32 v. 31. März 1995, S. 2464.

70 Deutscher Bundestag, Entschließungsantrag der Fraktionen der CDU/CSU, der SPD und der F.D.P. zu dem Gesetzentwurf der Bundesregierung–Drucksachen 13/382, 13/828 (neu)-Entwurf eines Gesetzes zu dem Beschluß des Rates v. 31. Oktober 1994 über das System der Eigenmittel der Europäischen Gemeinschaften, Drs. 13/1022 v. 30. März 1995.

von CDU/CSU, SPD und FDP[71] betonte zwar die grundsätzliche Bedeutung des europäischen Integrationsprozesses. Gleichwohl müssten „auch die Finanzbeziehungen zwischen der Europäischen Union und der Bundesrepublik Deutschland auf Dauer von einem fairen Lastenausgleich geprägt sein".[72]

Allerdings veränderte sich in der Folgezeit langsam und schleichend dieser parteiübergreifende pro-europäische Grundkonsens zu einer gemeinsamen Betonung der besonderen Dringlichkeit, die deutschen Beitragslasten spürbar zu reduzieren. Die im Bundestag vertretenen Parteien unterschieden sich schließlich in ihren Forderungen nach einer spürbaren Verbesserung der deutschen Nettozahlerposition und einer fairen Lastenverteilung[73] nur noch in der Schärfe ihrer Argumente und der Reichweite der Vorschläge zur Reform der EU-Ausgabenpolitiken.

4.3.2 Verstärkte Haushaltsdisziplin und die innenpolitische Polarisierung – die Agenda 2000-Verhandlungen

Bereits im Vorfeld der Agenda 2000-Verhandlungen rückten also die übermäßig hohen deutschen Nettozahlungen bei gleichzeitig steigenden Belastungen des Bundeshaushalts durch die Kosten der deutschen Einheit und einem Rückgang der deutschen Wirtschaftsleistung[74] noch deutlicher in den Fokus der deutschen Verhandlungsführung. Die Forderungen, das europäische Budget zu reformieren und den deutschen Beitrag deutlich zu reduzieren, waren inzwischen zu einer parteiübergreifenden Konstante der deutschen Europapolitik geworden.[75] Stärker

[71] Lediglich die PDS hatte einen eigenen Entschließungsantrag eingebracht; sie lehnte den Eigenmittelbeschluss zur Finanzierung der EU eindeutig ab. Die Fraktion von Bündnis 90/Die Grünen enthielt sich in der Abstimmung der Stimme und kritisierte den Populismus und die antieuropäischen und nationalen Töne der deutschen „Zahlmeister"-Debatte.

[72] Deutscher Bundestag, Entschließungsantrag der Fraktionen der CDU/CSU, der SPD und der F.D.P., a. a. O., Drs. 13/1022 v. 30. März 1995.

[73] Vgl. Peter Hort, „Die Mrd. für Europa", in: FAZ v. 1.8.1997; Knut Pries, „Zahlmeister Deutschland", in: Frankfurter Rundschau v. 1.8.1997; Michael Stabenow, „Wunsch nach Entlastung. Streit um die Beitragszahlungen zur Europäischen Union", in: FAZ v. 23.7.1997, S. 10.

[74] Vgl. Johannes Lindner, Conflict and Change, a. a. O., S. 130 ff.

[75] Vgl. zum Beispiel „Jedem etwas. Die Deutschen wollen weniger für Europa zahlen. Doch die Ausgaben der EU steigen weiter", in: Der Spiegel, 1995, Nr. 25 v. 19.6.1995, S. 97–100; „Bonn sind die Ausgaben für Brüssel zu hoch", in: FAZ v. 25.7.1995, S. 11; „Bittere Wahrheiten. Bonn zahlt netto achtmal mehr in die EU-Kasse als Paris. Nur ein Bauernopfer könnte helfen", in: Focus, 1995, Nr. 45 v. 6.11.1995, S. 344–345.

noch als bei den Verhandlungen über die Delors-Pakete wurde bei den Agenda 2000-Verhandlungen dieses deutsche Problem zum bestimmenden Leitprinzip der deutschen Verhandlungsführung.[76]

Der Staatssekretär im Bundesfinanzministerium Jürgen Stark hatte bereits 1996 auf eine intensive und frühzeitige Vorbereitung der anstehenden Finanzverhandlungen gedrängt und festgestellt: „Stärker als je zuvor spielen Finanzaspekte bei der Bewertung der europäischen Integration auch in der öffentlichen Diskussion eine wichtige Rolle."[77] Auch das Auswärtige Amt betonte mehrfach, dass eine Erleichterung der deutschen Nettozahlerbilanz die zentrale Forderung der Bundesregierung für die anstehenden Finanzverhandlungen sei.[78] Das Bundesfinanzministerium verstärkte im Sommer 1997 seine Bemühungen für ein gerechteres Finanzierungssystem und bekräftigte seine Forderung nach einer „fairen Lastenteilung" in einer mit dem Auswärtigen Amt abgestimmten Kampagne.[79]

Weil die Europäische Kommission das Konzept der Nettosalden lange Zeit abgelehnt hatte[80] und auch die Mehrheit der Mitgliedstaaten diesem Konzept kritisch bis ablehnend gegenüberstanden, war es das Ziel der deutschen Politik, auf europäischer Ebene Aufmerksamkeit und Verständnis für die deutsche Situation zu wecken. Zentrales innenpolitisches Ziel der deutschen Politik war es, den finanzpolitischen Handlungsspielraum angesichts der angespannten nationalen Haushaltssituation zu erweitern – auch im Vergleich zu anderen großen EU-Mitgliedstaaten wie Großbritannien und Frankreich. Die Bundesregierung drängte die Europäische Kommission zur vorzeitigen Vorlage des Eigenmittelberichts im Oktober 1998, um die eigene Forderung in den Verhandlungen besser untermauern zu können. Zugleich bestand sie darauf, dass die Europäische Kommission in ihrem Bericht auch die Nettosalden aller Mitgliedstaaten aufführen müsse. Das politische Kalkül bestand darin, die deutschen Einwände gegen das bestehende Finanzierungssystem der EU und die übermäßige Belastung Deutschlands als größten Nettozahler durch einen unabhängigen, von der Kommission erstellten Bericht bestätigen zu lassen. Damit sollte die Forderung der Bundesregierung nach ei-

---

[76] Sh. auch Friedrich Heinemann, EU-Finanzreform 1999, a. a. O.

[77] Jürgen Stark, Die künftige Finanzierung des EU-Haushalts, a. a. O., S. 159.

[78] Vgl. „Mit Nichtachtung gestraft. Für seine Forderung, Deutschlands Last als größter Nettozahler zu erleichtern, findet Theo Waigel in Europa keine Verbündeten", in: Focus, 1996, Nr. 33 v. 12.8.1996, S. 36–37; „Kinkel: Deutschland zahlt zu viel an die EU", in: FAZ v. 21.7.1997.

[79] Vgl. die Berichterstattung in Handelsblatt v. 24.7.1997 und FAZ v. 14.10.1997.

[80] Vgl. „EU: Brüssel diskutiert nicht über Nettobeiträge", in: FAZ v. 12.8.1997, S. 19.

ner gerechteren Lastenverteilung in den Verhandlungen der EU ein zusätzliches politisches Gewicht erhalten.[81]

Allerdings gestaltete sich die interministerielle Abstimmung angesichts der unterschiedlichen Ziele und Interessen der Ressorts zunächst sehr schwierig. Das Auswärtige Amt sah die Verbindung zwischen der EU-Osterweiterung und der Sicherung der Finanzierung bei den Agenda 2000-Verhandlungen. Eine Erweiterung zum Nulltarif sei nicht realistisch, so die strategische Bewertung der Ausgangslage durch das Außenministerium. Aus dem Blickwinkel des Bundesfinanzministeriums hingegen sollte der mehrjährige Finanzrahmen sowohl die gewünschte Osterweiterung der EU als auch die Wirkungen der abschließenden Stufe der europäischen Wirtschafts- und Währungsunion berücksichtigen. Das politische Ziel für die Finanzverhandlungen sollte also unbedingt darin bestehen, keine zusätzlichen Kosten durch die Osterweiterung zuzulassen und wenn möglich die deutsche Belastung als größter Nettozahler in der Europäischen Union zu verringern. Dies sollte durch Reformen sowohl auf der Ausgaben- als auch auf der Einnahmenseite möglich werden. Allerdings waren die Vorbehalte gegen weitreichende Veränderungen in den beiden zentralen Ausgabenpolitiken nicht nur auf europäischer Ebene schier unüberwindbar – auch innerhalb der Bundesregierung lehnten die Fachressorts kostenreduzierende Reformen ab. Das Bundeslandwirtschaftsministerium sah keine Notwendigkeit, dass im Vorgriff auf die Osterweiterung und die nächste Welthandelsrunde die EU einseitig und vorzeitig die Gemeinsame Agrarpolitik reformieren sollte. Das Bundeswirtschaftsministerium wiederum sperrte sich mit Blick auf die Rückflüsse aus den EU-Strukturfonds nach Deutschland gegen eine massive Konzentration der EU-Gelder auf die ärmsten Regionen in der EU.

Die deutschen Länder erstellten eine eigene detaillierte Positionsbestimmung nach einer Abfrage aller Fachministerkonferenzen, die einvernehmlich von den Ministerpräsidenten bei ihrer Jahreskonferenz vom 22. bis 24. Oktober 1997 verabschiedet wurde und wortgleich vom Bundesrat[82] im November 1997 bestätigt wurde. Die Länder waren zwar zu Reformen der GAP und zu einer Neuordnung der Strukturfonds grundsätzlich bereit; sie wollten aber keineswegs auf europäische Fördergelder verzichten.

Nach der Vorlage der Agenda 2000 durch die Europäische Kommission war die deutsche Antwort auf die Reformüberlegungen insofern vielstimmig. Lediglich

---

[81] Vgl. „Waigel wirbt für gerechtere Lastenverteilung in der EU. Verständnis für deutsche Forderung nach Entlastung/Gespräche im Oktober", in: FAZ v. 15.9.1997.

[82] Vgl. Bundesrat, Entschließung des Bundesrates zur Mitteilung der Europäischen Kommission „Agenda 2000 – eine stärkere und erweiterte Union", Drs. 904/97 v. 28. November 1997.

das Ziel der Reduktion der deutschen Nettozahlungen wurde von allen Bundesministerien propagiert. Weitere Festlegungen waren noch von spezifischen Ressortinteressen bestimmt und nicht von einer gemeinsamen Interessendefinition. Trotz der unübersehbaren inhaltlichen Widersprüche zwischen den Forderungen zur Reform des EU-Finanzrahmens mit dem Ziel, die deutschen Nettozahlungen zu reduzieren, der schnellen Entscheidung für die kostenträchtige Erweiterung der EU nach Osten und der Ablehnung von Einschnitten bei den zentralen Feldern der EU-Ausgaben, hielten sowohl die CDU-geführte Bundesregierung unter Kanzler Helmut Kohl als auch die nachfolgende rot-grüne Regierung an dieser Politik fest. Beide Regierungen versuchten, sowohl auf der Einnahmenseite des EU-Budgets als auch bei den Ausgabenpolitiken zu Anpassungen zu gelangen.[83] Mit dem „Konzept der realen Konstanz"[84] sollte das Gesamtvolumen der zur Verfügung stehenden Gelder begrenzt und die EU auf eine Politik der Haushaltsdisziplin verpflichtet werden. Durch die Sicherung der Strukturfonds für die ostdeutschen Länder sollten die Rückflüsse aus dem EU-Haushalt nach Deutschland erhöht und somit der deutsche Nettosaldo verbessert werden. Dennoch unterschieden sich beide Regierungen deutlich in der Akzentuierung und den präferierten Wegen, um das Ziel der Verringerung der deutschen Nettozahlungen zu erreichen. Die Regierung Kohl/Genscher konzentrierte sich auf die Einnahmenseite des EU-Budgets. Die Regierungsparteien CDU/CSU und FDP mahnten vorrangig eine Reform beim Eigenmittelsystem der Europäischen Union an und versuchten so, eine Festlegung auf eine grundlegende Reform der europäischen Agrarpolitik zu vermeiden. Das Bundesfinanzministerium entwickelte das sogenannte Kappungsmodell, das an die Systematik des britischen Beitragsrabattes angelehnt war, und einen allgemeinen Korrekturmechanismus vorsah. Dieser Vorschlag sah vor, dass die Bruttoabführungen jedes Mitgliedstaates in Beziehung zu seinem Bruttoinlandsprodukt gesetzt werden sollten.[85] Als Zielvorstellung hatte das Finanzministerium eine „Zumutbarkeitsgrenze" für den Nettosaldo von 0,2 bis 0,3 % des jeweiligen nationalen BIP

[83] Vgl. Barbara Lippert/Kirsty Hughes/Heather Grabbe/Peter Becker, British and German Interests in EU Enlargement, London 2001, S. 80 ff.

[84] Das deutsche Konzept der realen Konstanz sah die Fixierung des Volumens des EU-Haushalts auf 85 Mrd. € pro Jahr–dem Niveau des Jahres 1999–vor, von denen maximal 40,5 Mrd. € für Agrarausgaben vorgesehen werden sollten. Darüber hinaus sollte das Gesamtvolumen der für die Struktur- und Kohäsionsfonds zwischen 2000 und 2006 zur Verfügung stehenden Gelder auf ca. 200 Mrd. € gedeckelt werden.

[85] Vgl. „‚Eine krasse Mißachtung deutscher Interessen'. Waigel und Länderminister wollen EU-Beitrag senken", in: Handelsblatt v. 24.7.1997. Vgl. auch Josef Janning, Bundesrepublik Deutschland, in: Werner Weidenfeld/Wolfgang Wessels (Hrsg.), Jahrbuch der Europäischen Integration 1997/98, Bonn 1998, S. 311–318, S. 315.

vorgeschlagen. Die nationalen Abführungen an den EU-Haushalt sollten nur bis zu diesem Prozentsatz des BIP eines Mitgliedstaates erfolgen; alle Zahlungen, die diese Kappungsgrenze überschreiten würden, sollten ähnlich wie beim britischen Beitragsrabatt zu zwei Dritteln zurückerstattet werden. Erste Kalkulationen des BMF ergaben, dass der deutsche Finanzierungsanteil für das Jahr 1997 mit diesem Kappungsmechanismus um ca. 7 Mrd. DM gesunken wäre. Die deutschen Nettozahlungen hätten dennoch ein Volumen von 15 Mrd. DM erreicht und Deutschland wäre insgesamt größter Nettozahler geblieben.[86] Damit stellte die Bundesregierung die gleiche Forderung an die EU und ihre europäischen Partner, die einst die britische Regierung unter Margaret Thatcher gestellt hatte und die zu der Entscheidung des Europäischen Rats von Fontainebleau 1984 geführt hatte.

Trotz deutlicher Kontinuität zur Vorgängerregierung setzte die neue rot-grüne Bundesregierung seit Herbst 1988 andere Akzente. Während die Regierung Kohl auf die Einnahmenseite blickte, suchte die Regierung Schröder durch eine Reform der europäischen Ausgabenpolitiken zu einer Verbesserung der deutschen Nettozahlerposition zu kommen. Diese unterschiedliche Schwerpunktsetzung hatte sehr unterschiedliche europapolitische und innenpolitische Konsequenzen. Der Ansatz der christlich-liberalen Bundesregierung vermied den offenen Ausbruch von Konflikten mit den EU-Partnern, die von der einseitigen Orientierung der EU-Politiken auf die Agrarpolitik und die Strukturfonds profitierten; stattdessen rückte der Sonderstatus Großbritanniens in den Fokus, ohne dass der britische Beitragsrabatt selbst Gegenstand des deutschen Vorstoßes gewesen wäre. Innenpolitisch hatte die Regierung Kohl/Kinkel mit ihrer Fokussierung auf eine Reform des EU-Eigenmittelsystems den Konflikt mit wichtigen Interessenvertretern vermieden, wie dem Bauernverband oder den ostdeutschen Ländern. Im Gegensatz dazu forderte die rot-grüne Bundesregierung eine grundsätzliche Umschichtung der EU-Gelder auf der Ausgabenseite. Bereits der Koalitionsvertrag beinhaltete die Festlegung, dass sich die neue Bundesregierung für eine „grundlegende Reform" der Gemeinsamen Agrarpolitik einsetzen werde.[87] Zwar hielt sie an dem Vorschlag eines Korrekturmechanismus zur Kappung der übermäßigen Nettosalden und an der Forderung fest, dass eine befriedigende Lösung des Nettozahlerproblems ein integraler Bestandteil des Gesamtpakets sein müsse. Aber die rot-grüne Bundesregierung unterstrich, dass gerade Reformen auf der Ausgabenseite einen

---

[86] Vgl. Bundesministerium der Finanzen, Symmetrische Finanzpolitik 2010, Bonn, August 1998.

[87] Aufbruch und Erneuerung – Deutschlands Weg ins 21. Jahrhundert. Koalitionsvereinbarung zwischen der Sozialdemokratischen Partei Deutschlands und Bündnis 90/Die Grünen, Bonn, 20.10.1998, S. 44/45.

wichtigen Beitrag zu mehr Beitragsgerechtigkeit leisten könnten. Dazu gehöre die Kofinanzierung der Direktbeihilfen im Agrarbereich ebenso wie die Konzentration der europäischen Strukturfonds auf die förderungsbedürftigsten Regionen in der EU und die Beschränkung des Kohäsionsfonds auf Mitgliedstaaten, die nicht der Euro-Zone angehörten. Aber gerade diese Festlegungen und Reformvorstellungen wurden von den Nettoempfängerländern vehement abgelehnt. Die leichte Neupositionierung der rot-grünen Bundesregierung verschärfte also zunächst die Konflikte zwischen den Mitgliedstaaten.

Im Dezember 1998 hatte der Wissenschaftliche Beirat des Bundeswirtschaftsministeriums in seiner weit beachteten Stellungnahme festgestellt, dass die „EU-Finanzen außer Kontrolle" zu geraten drohten.[88] Der Beirat forderte deshalb die neue Bundesregierung auf, in den Verhandlungen zur Agenda 2000 auf eine grundlegende Reform der Finanzierung der EU und der Ausgabenprogramme zu drängen. Dazu legten die Wissenschaftler einige sehr weitreichende Vorschläge[89] vor, wie zum Beispiel die Abschaffung des Kohäsionsfonds, einen Kofinanzierungssatz von 50 % auf alle Fördermaßnahmen in der Agrar- und der Strukturpolitik oder die Berücksichtigung der Stimmengewichtung im Rat für die Berechnung der nationalen Finanzierungsanteile. Ziel einer Reform des EU-Finanzsystems müsse es sein, die aus der Balance geratene Struktur der Belastungen der Mitgliedstaaten zu korrigieren und die „Ausgabenexplosion der Gemeinschaft" einzudämmen. „Wenn beide Ziele verfolgt werden, kann Deutschland auf eine erhebliche und dauerhafte Entlastung rechnen", so der Beirat.[90]

Auch bei der neuen rot-grünen Bundesregierung standen die finanzpolitischen Aspekte der Agenda 2000-Verhandlungen im Mittelpunkt. Diese Einengung des Blickwinkels hatte Bundeskanzler Gerhard Schröder selbst mit seiner provokanten Ausdrucksweise in einer Rede am 8. Dezember 1998 in Saarbrücken verursacht. Dort sagte er: „Und für diese Position [die Begrenzung des EU-Haushalts und die Korrektur der deutschen Nettozahlerposition, d. Verf.] gibt es, und ich sage das in aller Freundschaft, eine ganz einfache Erklärung und die heißt, mehr als die Hälfte der Beiträge, die in Europa verbraten werden, zahlen die Deutschen. Eine solche

[88] Vgl. „Die EU-Finanzen geraten außer Kontrolle", in: FAZ v. 8.1.1999.

[89] Vgl. auch Daniela Weingärtner, „Deutschland will EU-Finanzen umverteilen", in: TAZ v. 8.1.1999.

[90] Bundesministerium für Wirtschaft und Technologie, Gutachten des Wissenschaftlichen Beirats, Neuordnung des Finanzierungssystems, a. a. O., S. 1.

Politik lässt sich aus anderen Hauptstädten leicht fordern."[91] Dieses europaweit wahrgenommene und kommentierte Zitat legte einen Maßstab an das angestrebte Verhandlungsergebnis an, das dem eigentlich umfassenden Reformauftrag und den Erfahrungen komplexer Verhandlungen auf europäischer Ebene nicht gerecht werden konnte. Die harsche Wortwahl des neuen Bundeskanzlers hatte einerseits den positiven Aspekt, dass so den EU-Partnern sehr eindringlich die Ernsthaftigkeit der neuen Bundesregierung vor Augen geführt wurde, auch sie werde an den deutschen Positionen bei den Agenda 2000-Verhandlungen festhalten. Der für Europa zuständige neue Staatsminister im Auswärtigen Amt, Günter Verheugen, wurde mit den Worten zitiert: „Deutliche Worte sind nötig, damit die Partner wissen, dass es uns ernst ist."[92] Andererseits engte diese vornehmlich auf die deutsche Innenpolitik zielende Festlegung und die rüde Wortwahl den ohnehin begrenzten Verhandlungsspielraum der deutschen Präsidentschaft „unnötigerweise"[93] weiter ein.

Allerdings stand die rot-grüne Bundesregierung mit der Übernahme des Ratsvorsitzes 1999 sehr schnell vor der grundsätzlichen politischen Abwägung zwischen zwei gegensätzlichen Zielen der deutschen Europapolitik – dem nationalen Interesse an einer grundsätzlichen Reform der Haushaltsungleichgewichte und einer Verbesserung der deutschen Nettozahlerposition auf der einen Seite und dem Ziel, zu einem fristgemäßen Ergebnis bei der erforderlichen inhaltlichen Reform in den zentralen EU-Politikfeldern zu kommen, auf der anderen Seite. Die Bundesregierung entschied sich für eine konsensorientierte Verhandlungsführung und dafür, das nationale Verhandlungspotenzial zurückzustellen. Sie unterstrich mit einem „proactive approach"[94] ihr Interesse, wie vorgesehen und im Europäischen Rat vereinbart bis März 1999 zu einem erfolgreichen Abschluss zu kommen. Eine Strategie, Entscheidungen oder Kompromisslösungen zu blockieren und stattdessen auf einer befriedigenden Lösung des deutschen Nettozahlerproblems zu bestehen, ohne gleichzeitig auch den anderen Mitgliedstaaten akzeptable Kompromisse bei der Reform der Politiken anzubieten, war nicht möglich. Dies unterschied die deut-

---

[91] Rede des Bundeskanzlers vor der Bundesdelegiertenkonferenz der SPD zur Europawahl „Innovation und Gerechtigkeit. Neuer Schwung auch für Europa" am 8.12.1998 in Saarbrücken.

[92] Vgl. Stefan Schmitz/Ines Zöttl, „Europa mit links. Kanzler Gerhard Schröder betreibt kühle Real- und Interessenpolitik. Das staatsmännische Pathos des Vorgängers Kohl ist ihm fremd", in: Focus, 1998, Nr. 51 v. 14.12.1998, S. 20.

[93] Joschka Fischer, Die rot-grünen Jahre, a. a. O., S. 164.

[94] Vgl. Brigid Laffan, The Agenda 2000 Negotiations, a. a. O., S. 7.

sche Politik von der britischen Politik unter Margaret Thatcher in den achtziger Jahren.

So folgte schließlich auch die rot-grüne Bundesregierung – verstärkt durch die Aufgaben und Verpflichtungen aus ihrer Rolle als EU-Präsidentschaft – den Leitlinien und Kontinuitäten der deutschen Europapolitik. Mit dem frühzeitigen Verzicht auf zwei wichtige Forderungen der deutschen Verhandlungsführung, nämlich der Ko-Finanzierung im Bereich der Gemeinsamen Agrarpolitik und der Verknüpfung von Mitgliedschaft in der Europäischen Währungsunion und Förderung aus dem europäischen Kohäsionsfonds, reagierte die Bundesregierung auf die heftige Kritik aus Frankreich und Spanien. Die Regierung Schröder/Fischer rückte den europäischen Erfolg in den Vordergrund und die nationalen Ziele mussten dahinter zurücktreten. In den deutschen Medien wurde der Schwenk der Bundesregierung in Bezug auf die deutschen Verhandlungsziele als europapolitischer Lernprozess und persönliche Wandlung von Bundeskanzler Gerhard Schröder „vom Dressmann zum Staatsmann" interpretiert. Der Kanzler habe bei den Finanzverhandlungen „seine bislang tiefste Einsicht in die Gesetze westeuropäischer Realpolitik gewonnen"; seine bis dato europaskeptische Rhetorik sei „entschrödert". Er habe sich an Europa angenähert und wirke nun als „Helmut Schröder".[95]

In der deutschen Innenpolitik wurde dieser europapolitische Realismus der Regierung Schröder/Fischer von der CDU/CSU-Opposition für eine Strategie der Polarisierung instrumentalisiert. Im Bundestag nutzten die Oppositionsparteien insgesamt drei Plenardebatten im März 1999 zu harschen Angriffen gegen die Bundesregierung. Dabei trat die inhaltliche Debatte immer mehr in den Hintergrund und die grundsätzlichen Vorhaltungen der Oppositionsparteien überwogen: Die Politik der Bundesregierung sei unprofessionell, stümperhaft und dilettantisch, Joschka Fischer als Europaminister sei untätig und Bundeskanzler Schröder unglaubwürdig.[96] Startpunkt dieser oppositionellen Politisierung der Finanzverhandlungen war ein gemeinsames Positionspapier der beiden Parteivorsitzenden von CDU und CSU, Wolfgang Schäuble und Edmund Stoiber, in dem sie unmittelbar vor dem entscheidenden Berliner Sondergipfel im Februar 1999 die Reduzierung der deutschen Nettozahlungen um 14 Mrd. DM forderten, die Einführung einer nationalen Kofinanzierungsrate von 50 % bei den landwirtschaftlichen

[95] Alle Zitate aus Christian Wernicke, „Vom Dressmann zum Staatsmann. Auf dem Berliner EU-Gipfel wurde der Europaskeptiker Gerhard Schröder zur europäischen Führungsfigur", in: Die Zeit, 1999, Nr. 14, v. 31.3.1999, S. 11.

[96] Vgl. die Reden des FDP-Abgeordneten Helmut Haussmann und des CDU-Abgeordneten Michael Stübgen am 3. März 1999; Deutscher Bundestag, PlPr. 14/24 v. 3. März 1999, S. 1884 – 87.

Direktzahlungen sowie die weitere Konzentration der europäischen Strukturfondsförderung.[97] Bundeskanzler Schröder seinerseits warf der Opposition daraufhin vor, sie habe eine „demagogische Debatte" begonnen und zeichne sich durch einen „Mangel an Substanz" aus. Die Verringerung der Nettozahlerbelastung bleibe das Ziel, für das man aber mehr Zeit benötige und das man sicherlich nicht in einem Schritt „und über Nacht" erreichen könne. Deshalb sei es ein realistisches Ergebnis, wenn „die Kurve der deutschen Nettozahlungen nicht weiter nach oben geht, sondern im Finanzierungszeitraum sinkt".[98] Die Forderungen des Schäuble/Stoiber-Papiers seien illusionär und irreal; diese Forderungen seien ein Beleg für die Verabschiedung der CDU/CSU von der Europapolitik Helmut Kohls.

Im Ergebnis konnte die im Vorfeld und zu Beginn der Agenda 2000-Verhandlungen laut erhobene deutsche Forderung nach einer signifikanten und unmittelbar spürbaren Senkung des deutschen Nettobeitrags nicht erreicht werden.[99] Bundeskanzler Schröder sprach in seiner Regierungserklärung vor dem Deutschen Bundestag am 26. März 1999 unmittelbar nach dem Ende des Berliner Gipfels von einem Kompromiss, „der vernünftig ist und mit dem wir alle leben können".[100] Der Europastaatsminister im Auswärtigen Amt Günter Verheugen unterstrich das Ergebnis des Gipfels als „Einstieg in die Veränderung dieses Systems".[101] Deutschland habe, so Bundeskanzler Schröder vor dem Europäischen Parlament, in Berlin nie einen Zweifel daran gelassen, „seine nationalen Interessen einer vernünftigen Gesamtlösung unterzuordnen".[102] Die Bundesregierung bewertete das Gesamtergebnis dann insgesamt positiv; die wichtigsten nationalen Ziele seien bei den Verhandlungen zur Agenda 2000 erreicht worden – Reformen und

[97] CDU und CSU, „Agenda 2000 – Woran wir die Bundesregierung messen". Positionspapier von CDU und CSU vorgestellt von den beiden Parteivorsitzenden Wolfgang Schäuble und Edmund Stoiber, am 19.2.1999 in Bonn. Mit der bezifferten Reduzierungsforderung bezogen sich CDU und CSU auf die Papiere der Finanzministerkonferenz der Länder und die Beschlüsse der Ministerpräsidentenkonferenz der Länder und des Bundesrats, die der neue Kanzler Gerhard Schröder noch in seiner früheren Funktion als niedersächsischer Ministerpräsident mitgetragen hatte.

[98] Deutscher Bundestag, PlPr. 14/21, a. a. O., S. 1528(A).

[99] Vgl. „Reform der EU-Finanzierung bringt nur bescheidene Nettoentlastung", in: FAZ v. 10.4.1999.

[100] Deutscher Bundestag, PlPr. 14/31 v. 26. März 1999, S. 2571(B).

[101] Deutscher Bundestag, PlPr. 14/31, a. a. O., S. 2606(A).

[102] Vgl. Bilanzrede des deutschen Bundeskanzlers und EU-Ratsvorsitzenden, Gerhard Schröder, zum Europäischen Rat in Berlin vor dem Europäischen Parlament am 14. April 1999 in Straßburg, abgedruckt in: Internationale Politik, 1999, 54. Jahr, Nr. 6, S. 111–114, S. 112.

Stabilisierung der Ausgaben, Solidarität, Erweiterungsfähigkeit und eine gerechtere Lastenverteilung[103]:

1. Die Erweiterungsfähigkeit werde durch die Bereitstellung von rund 22 Mrd. € zur Heranführungshilfe und 45 Mrd. € für erweiterungsbedingte Ausgaben gewährleistet.
2. Die Ausgaben der EU würden stabilisiert. Die Fixierung der 1,27 %-Obergrenze unter Einschluss der erweiterungsbedingten Ausgaben und die signifikante Unterschreitung dieser Marge entsprachen der deutschen Forderung nach einer „realen Konstanz".
3. Im Verlauf der Verhandlungen wurde das Bestehen von Haushaltsungleichgewichten von der Kommission und schließlich von allen Delegationen anerkannt. Zugleich verpflichtete sich die EU mit dem Prinzip der realen Konstanz auf eine strikte Haushaltsdisziplin. Es wurde ein neuer Eigenmittelbeschluss erzielt, der langfristig eine Entlastung der deutschen Nettozahlerposition auf der EU-Einnahmenseite vorsehe. Nach den Berechnungen des Bundesfinanzministeriums sollte der deutsche Nettosaldo in den Jahren 2002 und 2003 um jährlich 500 Mio. € positiver ausfallen und ab dem Jahr 2004 um ca. 700 Mio. € sinken. Der prozentuale Anteil der deutschen Abführungen an die EU werde gemessen am BSP von 0,55 % im Jahr 1999 auf 0,43 % im Jahr 2006 fallen. Damit reduziere sich auch der deutsche Anteil an den gesamten Nettotransfers in der EU von mehr als 60 % auf rund 50 % am Ende der Finanziellen Vorausschau.
4. Von herausragender Bedeutung war aber, dass es der Bundesregierung gelungen war, die Verhandlungen termingerecht abzuschließen.

In der Berichterstattung der deutschen und der internationalen Presse wurden Deutschland und die rot-grüne Bundesregierung dessen ungeachtet als die eigentlichen Verlierer des Gipfels gesehen.[104] Im Rückblick resümierte dann auch Joschka Fischer ernüchtert: „Wir hatten also in dieser langen Berliner Nacht bei Weitem nicht erreicht, was wir uns ursprünglich vorgestellt hatten, aber diese Vorstellungen waren, im Rückblick gesehen, auch nicht unbedingt immer von Realismus geprägt gewesen."[105]

---

[103] Vgl. hierzu die Papiere der Bundesregierung vom 7. April 1999 und 4. Mai 1999 „Agenda 2000: Ergebnisse der Sondertagung des Europäische Rats v. 24./25.03.1999 in Berlin", in denen die Bewertung durch die Bundesministerien Auswärtiges Amt, Bundesfinanzministerium und Bundeslandwirtschaftsministerium zusammengestellt wurden.

[104] Vgl. Brigid Laffan, The Agenda 2000 Negotiations, a. a. O., S. 17.

[105] Joschka Fischer, Die rot-grünen Jahre, a. a. O., S. 297.

4.3.3 Strikte Haushaltsdisziplin für Deutschland und die EU – der MFR 2007– 2013

Im Gegensatz zu den stark polarisierten innenpolitischen Auseinandersetzungen über die Agenda 2000 war die deutsche Debatte über den mehrjährigen Finanzrahmen für die Jahre 2007 bis 2013 geprägt von dem breiten parteipolitischen Konsens der Großen Koalition von CDU/CSU und SPD. Die Regierung Merkel/Steinmeier hatte bereits in ihrem umfangreichen Koalitionsvertrag die Eckpunkte der neuen Bundesregierung für die Finanzverhandlungen abgesteckt. Die Regierung strebte „eine relative Entlastung" der deutschen Nettozahlerposition an und legte sich auf eine Obergrenze der deutschen Zahlungen an den EU-Haushalt in Höhe von 1 % des deutschen Bruttonationaleinkommens fest. Mit dem Instrument eines allgemeinen Korrekturmechanismus sollten die übermäßigen Nettobelastungen im Vergleich zu anderen großen Mitgliedstaaten zurückgeführt werden. Auch der zur Vorbereitung der Osterweiterung ausgehandelte europäische Agrarkompromiss vom Oktober 2002 fand Eingang in den Koalitionsvertrag; die langsame Reform der Agrarpolitik sollte auf dieser Grundlage fortgeführt werden.[106]

Damit stand die neue Bundesregierung unter Kanzlerin Angela Merkel in deutlicher Kontinuität zur Vorgängerregierung, die sich bereits frühzeitig auf die Begrenzung des Haushaltsvolumens auf ein Prozent des EU-BNE festgelegt hatte und hierfür die Abstimmung mit den anderen Nettozahlern gesucht hatte.[107] Die rot-grüne Bundesregierung gehörte zu den maßgeblichen Initiatoren des gemeinsamen Schreibens der sechs Nettozahler an Kommissionspräsident Romano Prodi vom 15. Dezember 2003. Sie lehnte den Vorschlag der Kommission ab und bewertete ihn als „räumlich, thematisch und finanziell weit überzogen. [...] Die Kommissionsvorschläge laufen darauf hinaus, die Förderung in der EU-15 weitgehend fortzuschreiben und die Fördermaßnahmen in den neuen Mitgliedstaaten

---

[106] Koalitionsvertrag von CDU, CSU und SPD, Gemeinsam für Deutschland. Mit Mut und Menschlichkeit v. 12. November 2005, S. 150.

[107] Allerdings war die Position der rot-grünen Vorgängerregierung nicht wirklich geschlossen. Während die SPD-Fraktion die Forderung der Bundesregierung unterstützte, hatten die Grünen zwar die politische Zielsetzung zur Konzentration der EU-Fördergelder im Grundsatz unterstützt; dennoch zeigten sich Unterschiede und abweichende Positionen. So waren auch Stimmen aus der Fraktion von Bündnis 90/Die Grünen zu vernehmen, die einer zu strikten Begrenzung des EU-Haushalts kritisch gegenüber standen und für den Ansatz der EU-Kommission plädierten.

zusätzlich zu finanzieren."[108] Dem Vorschlag fehle die politische Stringenz; ausgehend von dem Drängen auf eine weitere Konsolidierung der nationalen Haushalte müsse auch die Europäische Union bei der Fortschreibung der EU-Finanzplanung eine strikte Haushaltsdisziplin beachten.

Das Bundesfinanzministerium hatte bereits 2004 interne Berechnungen auf der Grundlage der Kommissionsmitteilung angestellt, nach denen der EU-Haushalt bis zum Jahr 2013 um insgesamt 28,4 Mrd. € anwachsen würde. Dies entspräche einer Steigerungsrate um 24,7 % (bei Zahlungsermächtigungen; bei Verpflichtungsermächtigungen läge die Steigerungsrate sogar bei 31,3 %). Bei einem solchen Aufwuchs werde der deutsche Finanzierungsanteil aus dem Bundeshaushalt bei den Verpflichtungsermächtigungen von 30,5 Mrd. € im Jahr 2007 auf 40,3 Mrd. € im Jahr 2013 ansteigen. Lege man hingegen das 1 %-Szenario der Bundesregierung zu Grunde, errechnete das BMF deutlich geringere deutsche Bruttoabführungen in Höhe von 24,8 Mrd. € im Jahr 2007 und 31,6 Mrd. € am Ende der Förderperiode im Jahr 2013. Insgesamt kalkulierte das Ministerium eine Differenz zwischen dem Ansatz der EU-Kommission und der 1 %-Forderung der Nettozahler in Höhe von rd. 102 Mrd. € (bei Zahlungsermächtigungen).

Die Bundesregierung verfolgte bei den beginnenden MFR-Verhandlungen mit dem *top down*-Vorgehen eine vom *bottom up*-Ansatz der Kommission grundsätzlich andere Philosophie. Sie plädierte dafür, zunächst das Gesamtvolumen bei der Marge von 1 % des EU-BNE zu deckeln und die verfügbaren Mittel nach gewichteten Prioritäten aufzuteilen. Insgesamt war die Position der Bundesregierung nicht mehr, wie noch während der Agenda 2000-Verhandlungen, auf die Frage des Nettosaldos orientiert, sondern vornehmlich auf die deutschen Brutto-Abführungen aus dem Bundeshaushalt an den EU-Haushalt fokussiert. Das bedeutete, dass auf der Ausgabenseite weder die Frage einer Optimierung der deutschen Rückflüsse noch auf der Einnahmenseite eine grundsätzliche Reform des Eigenmittelsystems thematisiert wurden.

Für den Bereich der Strukturpolitik hatte die Bundesregierung frühzeitig im Jahr 2002 ein „Konzentrationsmodell"[109] vorgestellt, nach dem mindestens 90 % der europäischen Struktur- und Kohäsionsfondsgelder in die Ziel-1-Förderung der EU-25 fließen sollten und die Finanzmittel für alle anderen Regionen auf 5–10 % der EU-Strukturfondsmittel begrenzt würden. Die Beibehaltung der bisherigen Begrenzung der finanziellen Ausstattung der EU-Kohäsionspolitik in Höhe von 0,45 % des EU-

---

[108] Antwort der Bundesregierung auf die Große Anfrage der CDU/CSU-Bundestagsfraktion zur Zukunft der europäischen und nationalen Strukturpolitik, Deutscher Bundestag, Drucksache 15/5234 vom 11.4.2005.

[109] Vgl. Eckpunkte der Bundesregierung für die EU-Strukturpolitik nach 2006, 26.11.2002.

BIP für die Förderperiode 2007–2013 sei nicht akzeptabel, denn damit würde sich das Gesamtvolumen der europäischen Strukturfonds in absoluten Zahlen von ca. 270 Mrd. € auf ca. 350 Mrd. € erhöhen. Nach den Vorstellungen der Bundesregierung hingegen sollten für die zehn Beitrittskandidaten aus Mittel- und Osteuropa insgesamt maximal 150 Mrd. € in der Förderperiode 2007–2013 reserviert werden. Diese Mittel sollten weitestgehend durch eine Verringerung und Konzentration der Förderung der EU-15 aufgebracht werden. Das Gesamtvolumen der Struktur- und Kohäsionsfonds der EU-25 sollte nach den Vorstellungen der Bundesregierung mit 270 Mrd. € auf dem gleichen Niveau bleiben wie in der laufenden Periode der EU-15 von 2000 bis 2006. Dieser Vorschlag hätte also drastische Mittelkürzungen für die Strukturpolitik in der EU-15 bedeutet. Eine innerdeutsche Kompensation aus dem Bundeshaushalt an die betroffenen Länderbudgets für die mit diesem Modell einkalkulierten wegbrechenden EU-Mittel lehnte die Bundesregierung ab.

Allerdings waren die Länder in der Frage der Fortentwicklung der europäischen Kohäsionspolitik in drei Gruppen gespalten: Die ostdeutschen Länder sprachen sich für eine unverminderte Fortsetzung ihres Ziel-1-Förderniveaus aus; die wohlhabenderen westdeutschen Länder unterstützten hingegen das Konzentrationsmodell der Bundesregierung und die dritte Gruppe, die westdeutschen Länder mit Strukturproblemen, forderten, dass auch weiterhin Strukturfondsmittel für Ziel-2 und Ziel-3 Regionen in den alten Mitgliedstaaten vorgesehen werden sollten.

Die ostdeutschen Länder befürchteten besonders drastische Einschnitte in ihre Fördergebietskulisse durch den sogenannten statistischen Effekt. Demnach werde als Folge der Osterweiterung der EU um die wirtschaftsschwächeren Mitgliedstaaten aus Mittel- und Osteuropa das durchschnittliche BIP je Einwohner der erweiterten EU deutlich sinken, was zu einer rein statistischen Verbesserung des relativen Entwicklungsstandes der ostdeutschen Förderregionen führe. Die Auswirkungen des statistischen Effekts würden insbesondere die ostdeutschen Ziel-1-Gebiete treffen.[110] Nach Ende der Förderperiode 2000–2006 werde der Entwicklungsrückstand Ostdeutschlands jedoch nicht abgebaut sein, also das Pro-Kopf-Einkommen weiterhin sehr niedrig sein, die Arbeitslosigkeit überdurchschnittlich hoch und die Bevölkerungsabwanderung ebenfalls anhalten. Daher sollten diese Regionen für die Laufzeit der nächsten Förderperiode mit den Ziel-1-Regionen gleichgestellt bleiben. Gelinge dies nicht, befürchteten die ostdeutschen

[110] Nach den Berechnungen der Europäischen Kommission würden 17 Regionen mit rund 19 Mio. Einwohnern durch den „statistischen Effekt“ aus der „klassischen“ Ziel-1-Förderung herausfallen. In Deutschland wären davon wahrscheinlich die Förderregionen Dresden, Leipzig, Brandenburg Süd-West und Halle oder rund 11 Mio. Einwohner aus den ostdeutschen Ländern betroffen.

Länder in eine gefährliche „Sandwich-Situation" zu rutschen, zwischen den hochsubventionierten und beihilferechtlich bessergestellten neuen EU-Mitgliedern im Osten und den wohlhabenderen und wettbewerbsfähigeren Regionen in den alten Mitgliedstaaten im Westen. Die ostdeutschen Länder suchten auf der Grundlage ihrer abgestimmten Positionierung den direkten Kontakt zur Europäischen Kommission und etablierten zugleich mit Hilfe ihrer Länderbüros in Brüssel ein Netzwerk zu anderen vom statistischen Effekt bedrohten Regionen in Spanien, Großbritannien, Griechenland und Italien.[111] Sie konnten so die Berücksichtigung ihrer Anliegen durch die EU-Kommission erreichen und setzten zugleich die Bundesregierung unter Druck. Die wohlhabenderen westdeutschen Länder Bayern, Baden-Württemberg, Hessen und Hamburg wiederum sprachen sich grundsätzlich gegen die Berücksichtigung eines statistischen Effekts bei der künftigen Förderpolitik aus. Sie plädierten für ein sogenanntes Nettofonds- oder Solidaritätsfonds-Modell, das eine Konzentration der europäischen Strukturfonds auf die bedürftigsten Mitgliedstaaten vorsah. Dabei sollte die Förderung von Regionen zu Gunsten der Unterstützung der nationalen Strukturpolitiken aus dem EU-Haushalt aufgegeben werden.[112] Dieses Nettofonds-Modell wurde ebenso wie das Konzentrationsmodell der Bundesregierung von den anderen Ländern abgelehnt, hätten beide Modelle doch zu erheblichen Einschnitten in den Haushalten der Länder geführt.[113]

Die Bundesregierung stieß demzufolge in den Verhandlungen in den Gremien der EU bei den Kohäsionsländern und bei den innerstaatlichen Abstimmungsgesprächen bei den deutschen Ländern auf deutliche Ablehnung. Das Konzentrationsmodell der Bundesregierung war im Zuge der Verhandlungen über die Osterweiterung der EU entwickelt worden und sollte zwei Ziele verfolgen: 1. die absehbaren Kosten der Aufnahme der neuen Mitglieder aus Mittel- und Osteuropa zu begrenzen und 2. die europäischen Kohäsionsfonds in den alten Mitgliedstaaten der EU-15 deutlich zurückzufahren. Insgesamt zielte diese Politik also auf die Begrenzung der Mehrzahlungen aus dem Bundeshaushalt, der ohnehin stark angespannt

[111] Vgl. Thomas Wobben, Europäische Strukturfonds bleiben unverzichtbar für Ostdeutschland, a. a. O., S. 175 ff.

[112] Die Länder Nordrhein-Westfalen, Saarland und Bremen hatten sich in diesem Sinne ebenfalls in einer gemeinsamen Stellungnahme positioniert. Einige westdeutsche Länder verfolgten dabei eigene Interessen an der Fortführung ihrer Ziel 2-, bzw. Ziel 3-Förderung.

[113] Erst im März 2004 konnten sich die Ministerpräsidenten der deutschen Länder dann nach langen und überaus konfliktreichen Verhandlungen auf einen Formelkompromiss verständigen, obgleich die wohlhabenderen westdeutschen Länder weiterhin an ihrer grundsätzlichen Unterstützung des Konzentrationsmodells der Bundesregierung in Protokollnotizen festhielten.

war. Vor dem Hintergrund einer sich vertiefenden wirtschaftlichen Stagnation, bei anhaltender Strukturkrise in den ostdeutsche Bundesländern und zugleich rasant wachsenden Ausgaben des Bundeshaushalts verfehlte die rot-grüne Bundesregierung zum dritten Mal in Folge die Einhaltung der Konvergenzkriterien des Vertrags von Maastricht. Die Kommission forderte deshalb zusätzliche Einsparungen in Höhe von vier bis sechs Mrd.Euro und drohte die Einleitung eines Defizitverfahrens an. Die Bundesregierung argumentierte dagegen, dass diese Einsparungen die Aussichten auf eine konjunkturelle Verbesserung zusätzlich gefährden würden und kritisierte ihrerseits die nicht annehmbaren Budgetansätze der EU-Kommission für den mehrjährigen Finanzrahmen.[114]

Die neue Bundesregierung Merkel/Steinmeier konnte nur noch die Endphase der Verhandlungen über den mehrjährigen Finanzrahmen beeinflussen; die grundlegenden Verhandlungspositionen blieben weitgehend konstant. Die deutschen Verhandlungsziele waren weiterhin die Begrenzung des Gesamtvolumens des EU-Budgets auf ein Prozent des EU-BNE und damit eine striktere europäische Haushaltsdisziplin auf der Ausgabenseite, die Beachtung des deutsch-französischen Agrarkompromisses vom Oktober 2002 und zugleich die Konzentration der europäischen Strukturfonds auf die neuen Mitgliedstaaten aus Mittel- und Osteuropa ohne dadurch eine angemessene Fortführung der europäischen Kohäsionspolitik in den ostdeutschen Förderregionen in Frage zu stellen. Damit waren die Reformoptionen für die deutsche Verhandlungsführung durch das Festhalten am Agrarkompromiss auf der Ausgabenseite deutlich eingeschränkt. Auf der Einnahmenseite des EU-Haushalts forderte die Bundesregierung die Überprüfung des britischen Beitragsrabatts, um zu einer gerechteren Verteilung der Finanzierungskosten zu kommen. Alternativ sei auch ein allgemeiner Korrekturmechanismus denkbar, der jedoch zu einer Verbesserung der deutschen Nettozahlerposition führen müsse. Eine neue Eigenmittelquelle in Form einer EU-Steuer lehnte die Bundesregierung ab.

Das primäre Ziel der neuen Bundesregierung war jedoch der Abschluss der MFR-Verhandlungen spätestens im Dezember 2005. Die Europäische Union war nach dem Scheitern der Referenden über den europäischen Verfassungsvertrag am 29. Mai 2005 in Frankreich und am 1. Juni 2005 in den Niederlanden in eine tiefe politische und institutionelle Krise geraten. Dieses Scheitern des Verfassungsvertrages verstärkte den Einigungsdruck bei den Haushaltsverhandlungen, von denen auch

[114] Vgl. Josef Janning, Bundesrepublik Deutschland, in: Werner Weidenfeld/Wolfgang Wessels (Hrsg.), Jahrbuch der Europäischen Integration 2003/2004, Bonn 2004, S. 311–318, S. 317.

ein Signal der europäischen Geschlossenheit und der Solidarität ausgehen sollte.[115] Mit der Übernahme der Verhandlungsführung im zweiten Halbjahr 2005 durch die britische Regierung wurde die Position der Nettozahler–und auch die deutsche Verhandlungsführung–deutlich gestärkt. Die deutsche Verhandlungsführung war angesichts der harten britischen Kürzungsforderungen und der gleichzeitigen Weigerung, den eigenen britischen Beitragsrabatt zu reduzieren in eine zentrale Vermittlerposition gerückt. Der Kompromiss auf einen Finanzrahmen nach einem 17-stündigen Verhandlungsmarathon bei Treffen des Europäischen Rats in Brüssel ging auf einen deutschen Einigungsvorschlag zurück.[116]

Dennoch verschlechterte sich die deutsche Nettoposition, wenn auch deutlich geringer als nach dem Vorschlag der Europäischen Kommission und als bei anderen großen Nettozahlern, wie zum Beispiel Frankreich. „Wir werden weniger abführen müssen, als wir gedacht haben, aber wir werden mehr abführen müssen als in der Vergangenheit."[117] Das Bundesfinanzministerium kalkulierte mit einem leichten Anstieg der absoluten Bruttoleistungen an den EU-Haushalt zwischen 2007 von 25,2 Mrd. € auf 28,2 Mrd. € im Jahr 2013; dies würde allerdings einer leichten relativen Verringerung des deutschen Finanzierungsanteils am Gesamtvolumen des EU-Haushalts bedeuten, der im Jahr 2013 erstmals seit mehr als zehn Jahren wieder unter 20 % liegen würde.[118] Der deutsche Nettosaldo würde demzufolge nach den Berechnungen der Bundesregierung um rund 2 Mrd. € gegenüber 2006 auf durchschnittlich rund 10,4 Mrd. pro Jahr ansteigen und Deutschland mit einem Anteil von 0,43 % des Bruttonationaleinkommens weiterhin der größte Nettozahler in der Union bleiben, vor Italien, Frankreich und Schweden mit jeweils 0,37 % des nationalen BNE. Damit konnte die Bundesregierung zunächst ein Ziel erreichen, die ihrer Ansicht nach zu große Spreizung im Kreis der Nettozahler zu verringern.

Die ostdeutschen Bundesländer sollten nach dem Brüsseler Verhandlungsergebnis aus den EU-Strukturfonds in der neuen Förderperiode 2007–2013 ca. 14,3 Mrd. € (in festen Preisen 2004) erhalten; dies bedeutete nach einer Fördersumme in der Periode 2000–2006 im Umfang von insgesamt rund 18 Mrd. € eine Kürzung um rund 26 %. Innerhalb der Strukturpolitik konnte Deutschland Sonderzahlungen in Höhe von insgesamt 300 Mio. aushandeln. Davon entfielen 225 Mio. € auf die

115 Zu den Zielen der Bundesregierung vgl. auch den Beitrag „Stand der Beratungen zur Finanziellen Vorausschau der Europäischen Union", in: Monatsbericht des BMF, April 2005, S. 75–78.

116 Vgl. Handelsblatt v. 19.12.2005 „EU gegen Blair 1:0".

117 So wurde ein Regierungssprecher zitiert; vgl. Süddeutsche Zeitung v. 23.12.2005, „Deutschland und der EU-Haushalt".

118 Vgl. Deutscher Bundestag, Antwort der Bundesregierung auf die kleine Anfrage der FDP-Bundestagsfraktion, Finanzpolitische Auswirkungen der Einigung über die Finanzielle Vorausschau 2007 bis 2013 der Europäischen Union, Drs. 16/566 v. 8.2.2006.

ostdeutschen Länder und weitere 75 Mio. € auf die grenznahen Regionen Bayerns. Allerdings wurden insbesondere die ehemaligen Ziel-2 und Ziel-3 Empfänger, allen voran Nordrhein-Westfalen, zu den eigentlichen Gewinnern des Kompromisses bei der Finanzmittelausstattung der Strukturfonds. Unter dem neuen Ziel „Regionale Wettbewerbsfähigkeit und Beschäftigung" konnten sie weitestgehend ihre Besitzstände wahren; insgesamt rund 8,3 Mrd. € wurden für dieses Ziel in Deutschland reserviert. Verschiedene Sonderregelungen wurden auch auf der Einnahmenseite des Finanzrahmens eingeführt. So konnte die Bundesregierung gemeinsam mit den anderen Nettozahlern Österreich, Schweden und Niederlande einen von 0.30 % auf 0,15 % reduzierten Abrufsatz bei den Mehrwertsteuer-Eigenmitteln durchsetzen.

Der deutsche Verhandlungsansatz, zunächst die Bruttoabführungen aus dem Bundesetat in den Blick zu nehmen, war nicht wirklich erfolgreich. Diese einseitige Verhandlungsführung der Regierung auf der Grundlage einer offenkundigen wirtschafts- und finanzpolitischen Schwäche hatte Konsequenzen für die innenpolitische Absicherung der eigenen Position gegenüber den deutschen Ländern und für die Kompromiss- und Anschlussfähigkeit der deutschen Verhandlungsposition bei den Verhandlungen in Brüssel. Angreifbar war die deutsche Verhandlungsposition, weil sie keine offiziellen Überlegungen vorlegen konnte, wo konkret die Einsparungen vorgenommen werden sollten.

Mit ihrer frühzeitigen und eindeutigen Ablehnung der besonderen Problematik des statistischen Effektes und damit des besonderen Problems der ostdeutschen Länder war es zu keiner innerdeutschen Einigung auf eine gemeinsame Verhandlungsführung mit den Ländern gekommen. Die ostdeutschen Länder verfolgten deshalb gegenüber der Kommission und den Europaabgeordneten ihre eigenen, zum Teil kurzfristigen Interessen an einer weiterhin hohen Strukturfondsförderung. Sie waren im Verbund mit anderen ebenfalls vom statistischen Effekt potentiell betroffenen Regionen in anderen Mitgliedstaaten mit ihren Sonderverhandlungen relativ erfolgreich. Die Bundesregierung war also den Nachteil eingegangen, dass es zur Frage der Zukunft der EU-Strukturpolitik keine einheitliche deutsche Position gab und zugleich konnten die ostdeutschen Länder die Verhandlungsführung der Bundesregierung in Brüssel schwächen.

Die Angreifbarkeit der deutschen Verhandlungsposition auf Grund einer fehlenden Stimmigkeit und der mangelnden strategischen Ausrichtung ihrer Argumentation war zu Beginn des Verhandlungsprozesses deutlich erkennbar. Der Verhandlungsspielraum der deutschen Politik vergrößerte sich allerdings zunehmend unter der britischen Präsidentschaft. Im diplomatischen Kräftespiel zwischen den britischen Verhandlungszielen, den eigenen Beitragsrabatt zu schützen und zugleich das Gesamtvolumen des EU-Haushalts deutlich zu reduzieren auf der einen Seite, dem Interesse Frankreichs, die europäische Agrarpolitik von diesen europäischen Sparbemühungen auszuklammern, und den Zielen der neuen Mitgliedstaaten aus Mittel- und Osteuropa unter der Führung Polens, die Förderprioritäten der europäischen Strukturfonds zu ihren Gunsten zu reformieren, auf der anderen Seite, war die deutsche Verhandlungsführung ins Zentrum einer möglichen Kompromissfindung gerückt.

In der deutschen und internationalen Presse wurde unmittelbar nach dem Gipfel in Brüssel die entscheidende kompromissorientierte Verhandlungsführung der neuen Bundesregierung und insbesondere der neuen Bundeskanzlerin Angela Merkel hervorgehoben.[119] Das Duo Merkel-Steinmeier sei in die Rolle des „ehrlichen Maklers" geschlüpft und habe so die eigentliche Aufgabe des britischen Vorsitzes übernommen. Auch wenn die Rolle Deutschlands und der Kanzlerin in späteren Kommentaren wieder relativiert wurde[120], konnte die deutsche Gipfeldiplomatie den eigenen Handlungsspielraum in der EU erkennbar erweitern. Neben die sichtbare und am Verhandlungsergebnis ablesbare enge Zusammenarbeit mit Frankreich trat die Annäherung sowohl an Großbritannien als auch an die kleineren EU-Mitgliedstaaten.

Entscheidend für diese erfolgreiche Verhandlungsführung in der Endphase war auch die Zusammensetzung der neuen Bundesregierung. Angesichts der Großen Koalition und ihrer breiten Mehrheit in Bundestag und Bundesrat musste die Regierung Merkel/Steinmeier keine überzogene innenpolitische Polarisierung befürchten und verfügte über eine größere Flexibilität in ihrer Verhandlungsführung. Sie konnte Kompromisslösungen anbieten, wie den Verzicht auf zugesagte Sonderzahlungen zugunsten Polens, ohne dafür von den innenpolitischen Akteuren öffentlich kritisiert oder zur Rechenschaft gezogen zu werden.

4.3.4 Die Verschuldungskrise und die MFR 2014–2020-Verhandlungen

Die Verschuldungskrise in der Eurozone und ihre ökonomischen, sozialen, europapolitischen und fiskalischen Folgen überlagerte weitgehend die innerdeutsche

---

[119] Vgl. „Aussenansicht: Viel Lob für Angela Merkel" in: Handelsblatt, 19.12.2005 oder „Der Merkel-Gipfel" in: SZ, 17. 12. 2005 und „Sie kam, sah – und gefiel", in: Frankfurter Allgemeine Sonntagszeitung, 18.12.2005.

[120] Vgl. „Merkels Triumph wird wohl teuer fürs Land", in: Handelsblatt, 23. 12. 2005 und die deutlichste Relativierung der Rolle Angela Merkels durch den damaligen Fraktionsvorsitzenden der SPE-Fraktion im Europäischen Parlament, Martin Schulz, „Das war ein Abstaubertor", in: Der Spiegel, 3/2006.

Debatte über den mehrjährigen Finanzrahmen 2014–2020. Die Krise und deren tieferliegenden Ursachen, die nach deutschem Verständnis insbesondere in der verminderten Wettbewerbsfähigkeit der Krisenländer zu suchen war, und insbesondere die deutsche Beteiligung an der Finanzierung der europäischen Rettungsschirme EFSF und ESM, dienten als argumentativer Hintergrund für die traditionellen Forderungen Deutschlands nach mehr europäischer Haushaltsdisziplin und einer Begrenzung des EU-Budgets. Die politische und mediale Aufmerksamkeit für die europäischen Haushaltsverhandlungen standen deutlich im Schatten der Krise. Auch die Höhe der möglichen finanziellen Mehrbelastungen für den Bundeshaushalt und die diskutierten Summen für den dauerhaften Rettungsschirm ESM und den mehrjährigen Finanzrahmen unterschieden sich drastisch. Begrenzte das Bundesverfassungsgericht die deutsche Beteiligung am ESM-Rettungsschirm auf 192 Mrd. € [121], so wurden bei den MFR-Verhandlungen über eine deutlich geringere Erhöhung der deutschen Nettozahlungen spekuliert. Doch angesichts der tiefen ökonomischen und sozialen Krise in der Eurozone und insbesondere in den südeuropäischen Mitgliedstaaten war aus deutschem Blickwinkel eine Reform der Ausgabenpolitiken unabdingbar. Die Krise bestätigte die in der deutschen Politik vorherrschende Meinung, dass die europäischen Fördergelder offenkundig in den Krisenstaaten nicht zur Generierung von Wachstum, zur Stärkung der Wettbewerbsfähigkeit und zur Schaffung von Arbeitsplätzen verwandt worden waren.

Die Bundesregierung hatte deshalb in einem Positionspapier[122] vom 25. November 2010 die von der EU-Kommission propagierte Ausrichtung des EU-Budgets auf die Ziele der Europa 2020-Strategie unterstützt; sie bekannte sich zu den Prinzipien des europäischen Mehrwerts und der Solidarität. Allerdings betonte sie einschränkend, dass die EU nur dort mit eigenen Geldern tätig werden dürfe, wo sich diese Gelder auf Ebene der Union effizienter einsetzen und verwalten ließen. Außerdem solle jede Förderung aus dem EU-Haushalt befristet und degressiv ausgestaltet werden, um keine Fehlanreize zu schaffen. Die Bundesregierung lehnte erneut die Einführung einer eigenen EU-Steuer ab ebenso wie eine Ausweitung der Flexibili-

---

[121] Sh. Die Urteile des Bundesverfassungsgerichts BVerfG, Urteil zur Euro-Rettung, 2 BvR 987/10 vom 7.9.2011BVerfG, Urteil zu ESM und Fiskalvertrag, 2 BvR 1390/12 vom 12.9.2012.

[122] Vgl. Stellungnahme der Bundesregierung zur Mitteilung der Europäischen Kommission „Überprüfung des EU-Haushalts", 25.11.2010; ebenso eine Bewertung der Haushaltsüberprüfung durch das Bundeswirtschaftsministerium „We want our money back" in: Schlaglichter der Wirtschaftspolitik, Januar 2011, S. 24–29.

tätsreserven und stand zudem einer Verlängerung der Laufzeit des Finanzrahmens kritisch gegenüber.[123]

Nach internen Berechnungen des Auswärtigen Amtes würde das unveränderte Fortgelten des Finanzrahmens bedeuten, dass der deutsche Nettobeitrag zum EU-Budget um bis zu 50 % auf 12 Mrd. € pro Jahr ansteigen würde.[124] Deutschland hatte also kein Interesse an einer Fortschreibung des Status Quo. Dabei war die derzeitige deutsche Verhandlungsposition eher von defensiven Festlegungen gekennzeichnet.

Bereits im Rahmen des den eigentlichen MFR-Verhandlungen vorgeschalteten Revisionsprozess hatten sich beinahe alle politischen Akteure in Deutschland an der öffentlichen Konsultation der Europäischen Kommission 2007/08 beteiligt und sich positioniert.[125] Mit dem tatsächlichen Beginn der Haushaltsverhandlungen im Juni 2011 knüpften die Akteure an diese Positionen an. Die Bundesregierung reagierte auf den Vorschlag der Europäischen Kommission für den nächsten mehrjährigen Finanzrahmen vom 29. Juni 2011 sehr schnell mit einer abgestimmten Bewertung. Demnach betrachtete sie den Kommissionsvorschlag als eine gute Verhandlungsgrundlage[126]; er zeige das Bemühen der Kommission, den EU-Haushalt stärker auf Wachstum und den europäischen Mehrwert auszurichten. Allerdings sei der Mittelansatz der Kommission mit rund 110 Mrd. € deutlich zu hoch veranschlagt. Ziel der Bundesregierung bleibe es weiterhin, das Volumen des Finanzrahmens auf 1 % des EU-BNE zu begrenzen.

Der zuständige Staatsminister im Auswärtigen Amt, Werner Hoyer, bewertete den Vorschlag der Kommission vor dem Europa-Ausschuss des Deutschen Bundestages zwiespältig; das Paket enthalte „Licht und Schatten". Es handele sich zwar um einen „realistischen Vorschlag", der eine „gute Verhandlungsbasis" darstelle; dennoch kritisierte er den Ansatz der Europäischen Kommission deutlich: „Sie definieren die europäische Identität damit, Geld auf den Kopf

---

123 Diese Positionen der Bundesregierung wurden weitgehend von den deutschen Ländern unterstützt. Vgl. Bundesrat, Beschluss zur Mitteilung der Europäischen Kommission „Überprüfung des EU-Haushalts", Drucksache 667/10 vom 17.12.2010.

124 Vgl. Silke Wettach, „Explosion der deutschen EU-Zahlungen befürchtet", in: Wirtschaftswoche, 30.3.2010. Diese dramatische Verschlechterung der deutschen Nettozahlerposition wäre auf abnehmende Rückflüsse von Strukturfondsmitteln nach Ostdeutschland, sinkende Direktzahlungen an deutsche Landwirte, zugleich steigende Zahlungen an die neuen Mitgliedstaaten in Mittel- und Osteuropa als Folge der gestiegenen Absorptionsfähigkeit, die aus deren Wirtschaftswachstum und dem Wegfall eines Sonderrabatts bei den Eigenmittelabführungen resultiert, zurückzuführen.

125 Vgl. hierzu Kap. 5.4.2.

126 „EU-Kommission fordert etwas mehr Geld", in: FAZ v. 30 Juni 2011.

zu hauen."[127] Dies mache weitere Anstrengungen für mehr Haushaltsdisziplin und strikte Ausgabenbegrenzungen erforderlich; Umschichtungen zwischen den Haushaltsrubriken seien unvermeidlich. Zugleich lehnte die Bundesregierung die Überlegungen der Kommission ab, umfangreichere Sonderinstrumente als bei den bisherigen Finanzpaketen außerhalb des eigentlichen Finanzrahmens aufzulegen, wie den Globalisierungsfonds und den Solidaritätsfonds oder Fonds zur Finanzierung gemeinsamer industrieller Großprojekte. Die Bundesregierung lehnte auch den Vorschlag der EU-Kommission zur Einführung einer neuen Zielkategorie der „Übergangsregionen" in die Europäische Kohäsionspolitik ab, deren BIP zwischen 75 % und 90 % des durchschnittlichen EU-BIP liege. Zugleich begrüßte sie alle Vorschläge, die weitere Zahlungen aus den Strukturfonds nach Deutschland garantieren würden, wie das vorgeschlagene Sicherheitsnetz für Regionen, die ihren Status als Konvergenzregionen zu verlieren drohten, oder die flächendeckende Förderung in der EU, die auch den westdeutschen Ländern eine Möglichkeit eröffneten, in den Genuss europäischer Strukturfonds zu kommen.

In der Frage einer neu zu erschließenden Eigenmittelquelle zur Finanzierung des EU-Haushalts hatte sich die CDU/CSU-FDP-Regierungskoalition in Berlin unter Bundeskanzlerin Angela Merkel bereits frühzeitig festgelegt und die Möglichkeit einer Einführung einer EU-Steuer kategorisch abgelehnt.[128] Die Formulierung des Koalitionsvertrags und die Positionierungen der beiden Regierungsfraktionen im Bundestag ließen keinerlei Verhandlungsspielraum. Das innerhalb der Bundesregierung federführende Auswärtige Amt versuchte frühzeitig, alle Ministerien auf eine einheitliche Sprachregelung festzulegen und darüber hinaus die Auswirkungen der Festlegung auf die Begrenzung des MFR auf ein Prozent des EU-BNE zu konkretisieren. Für die notwendigen Umschichtungen zwischen den Haushaltsrubriken und zwischen den Politikfeldern sollten Haushaltsansätze errechnet werden, für die das Auswärtige Amt dann in den Verhandlungen werben wollte. Allerdings zeigten sich bereits bei diesen internen Ressortabstimmungen, dass die Fachministerien durchaus ihre eigenen Interessen verfolgten. So suchte das Bundeslandwirtschaftsministerium in der Folge den engen Kontakt mit Frankreich, um tiefe Einschnitte in den europäischen Agrarhaushalt zu verhindern; das Bundesforschungsministerium warb mit dem Hinweis auf das angestrebte Ziel der Wachstumsförderung des EU-Budgets für noch höhere Mittelansätze, als sie von der EU-Kommission vorgeschlagen worden waren, und das Bundesinnenministerium argumentierte ähnlich

[127] Deutscher Bundestag, „Hoyer nennt Verhandlungen über EU-Haushalt ‚Finanzpoker' ", http://www.bundestag.de/dokumente/textarchiv/2011/34971500_kw27_pa_europa/index.html.

[128] Vgl. Wachstum. Bildung. Zusammenhalt. Der Koalitionsvertrag zwischen CDU, CSU und FDP v. 26. Oktober 2009, S. 116.

wie die Europäische Kommission und das Europäische Parlament, dass neue und zusätzliche Aufgaben im Bereich der justiziellen und polizeilichen Zusammenarbeit, die mit dem Vertrag von Lissabon auf die europäische Ebene übertragen worden seien, auch eine verbesserte Mittelausstattung erforderlich mache. Die Verteilungskonflikte, die die Verhandlungen zwischen den Mitgliedstaaten in den diversen Ratsarbeitsgruppen und -formationen kennzeichneten, wurden auch bei den internen Ressortabstimmungen in Berlin ausgetragen. Das Auswärtige Amt konnte dennoch auf der Grundlage des Koalitionsvertrags und mit der Unterstützung des Bundesfinanzministeriums und des Kanzleramtes die Eckpunkte der deutschen Verhandlungsposition durchsetzen und in Brüssel vertreten.

Zur Ergänzung der vornehmlich defensiven Verhandlungsposition der Nettozahler entwickelte das Auswärtige Amt einen zusätzlichen, eher pro-aktiven Vorschlag, den sogenannten „*better spending*"-Ansatz, um die deutschen Anliegen deutlicher zu betonen. Einerseits müsse die Effizienz der europäischen Ausgabenpolitiken verbessert werden, um andererseits die Wachstumseffekte des EU-Haushalts besser zu nutzen. Die Gruppe der Nettozahler Deutschland, Österreich, Finnland, Frankreich, Italien, der Niederlande und Schweden[129] legten zum Treffen des Rates für Allgemeine Angelegenheiten am 24. April 2012 ein eigenes Non-Paper[130] vor, in dem sieben Punkte zur Verbesserung der Qualität der europäischen Ausgaben vorgeschlagen wurden. Diese deutsche Initiative reichte dabei in ihrer politischen Zielrichtung über die eigentlichen MFR-Verhandlungen hinaus und stand in einem deutlichen Zusammenhang mit den Bemühungen der deutschen Europapolitik, den europaweiten Vorbehalten und der deutlichen Kritik an einer zu einseitigen Orientierung der deutschen Krisenreaktion auf verstärkte Sparbemühungen zu begegnen. Die Bundesregierung versuchte deshalb die „*better spending*"-Initiative mit ihren Bemühungen zu verbinden, die Wachstumsorientierung des EU-Budgets zu verbessern. Es müsse nicht mehr Geld über den EU-Haushalt zur Verfügung gestellt werden, sondern vielmehr müssten die begrenzten Ressourcen für mehr Wettbewerbsfähigkeit und mehr Wachstum besser genutzt werden. Die Strukturfonds sollten zielgerichteter eingesetzt werden, Mitnahmeeffekte und Fehlanreize abgebaut werden. Die sieben Punkte des Non-Papers beinhalteten deshalb folgerichtig Maßnahmen, wie die enge Verknüpfung der Strukturfonds mit den Zielen der Europa 2020-Strategie, die Beachtung ma-

[129] Großbritannien beteiligte sich nicht an diesem von Deutschland initiierten Vorstoß, weil die Forderungen des Non-Papers nicht weitreichend und einschneidend genug waren. Dafür positionierte sich erstmals Italien offen an der Seite der Gruppe der Nettozahler.

[130] Das Non-Paper der Friends of Better Spending ist abrufbar unter http://www.europolitics.info/pdf/gratuit_en/313262-en.pdf.

kroökonomischer Konditionalität und die engere Einbindung der Europäischen Investitionsbank in die europäische Förderpolitik.

Mit den Festlegungen des Koalitionsvertrages auf die Ein-Prozent-Grenze des Finanzvolumens und der Ablehnung einer EU-Steuer waren auch für die Regierungsfraktionen im Deutschen Bundestag die Eckpunkte für ihre Positionierung festgeschrieben. Die Fraktionen von CDU/CSU und der FDP folgten der Bundesregierung auch in der ersten Bewertung des Kommissionsvorschlages für den nächsten MFR im Sommer 2011 und unterstützen ebenfalls die *„better spending*"-Initiative der Regierung.

Für die parlamentarische Begleitung der MFR-Verhandlungen übernahm der EU-Ausschuss die Federführung. Der Europa-Ausschuss begleitete intensiv den weiteren Verlauf der Verhandlungen – neben der regelmäßigen Berichterstattung durch die Bundesregierung wurde mehrfach der EU-Haushaltskommissar Janusz Lewandowski zu Ausschusssitzungen eingeladen und eine Anhörung[131] durchgeführt. Dem Ausschuss lagen im November und Dezember 2011 drei Anträge zur Bewertung des Kommissionsvorschlags und zur Positionierung des Bundestages vor – ein Antrag der Regierungsfraktionen[132], ein Antrag der SPD[133] und ein Antrag der Fraktion Bündnis 90/Die Grünen[134]. Die Fraktionen von CDU/CSU und FDP unterstützen in ihrem Entschließungsantrag die Politik der Bundesregierung. Der sozialdemokratische Antrag forderte eine stärkere Modernisierung des EU-Budgets und dessen Ausrichtung auf die Ziele der Europa 2020-Strategie, also wachstumsorientierte Politiken und Investitionen in Bildung, Forschung und Entwicklung. Die Fraktion der Grünen forderte einen „Green New Deal", also die Ausrichtung der europäischen Ausgabenpolitiken an ökologischen und ressourcensparenden Zielen. Die Sozialdemokraten und ebenso die Grünen warben dafür, diese neuen Prioritäten durch Umschichtungen und mit dem vorhandenen Haushaltsvolumen von 1,11 % des EU-BNE zu erreichen. Während sich die SPD in ihrem Antrag zwar

---

[131] Zu dieser Anhörung am 11. Mai 2011 waren als Sachverständige Prof. Dr. Henrik Enderlein, Hertie School of Governance, Berlin, und Dr. Friedrich Heinemann, Zentrum für Europäische Wirtschaftsforschung (ZEW) eingeladen.

[132] Deutscher Bundestag, Antrag der Fraktionen der CDU/CSU und FDP, Der Mehrjährige Finanzrahmen der EU 2014–2020 – ein strategischer Rahmen für nachhaltige und verantwortungsvolle Haushaltspolitik mit europäischem Mehrwert, Drs. 17/7767 vom 22.11.2011.

[133] Deutscher Bundestag, Antrag der Fraktion der SDP, Für einen progressiven europäischen Haushalt–Der Mehrjährige Finanzrahmen der EU 2014–2020, Drs. 17/7808 vom 22.11.2011.

[134] Deutscher Bundestag, Antrag der Fraktion der Bündnis 90/Die Grünen, Ein starker Haushalt für ein ökologisches und solidarisches Europa – Der Mehrjährige Finanzrahmen 2014–2020, Drs. 17/7952 v. 30.11.2011.

für die Einführung einer europäischen Finanztransaktionssteuer aussprach, ansonsten gegenüber einer EU-Steuer aber ausgesprochen skeptisch blieb, forderten die Grünen die Einführung von EU-weiten Steuern. Nicht überraschend wurden die Anträge der Oppositionsfraktionen im Plenum des Bundestages abgelehnt und der Entschließungsantrag der Koalitionsfraktionen angenommen.

Trotz dieser intensiven Begleitung der Verhandlungen durch den Bundestag blieben die Rollen zwischen Regierungs- und Oppositionsfraktionen klar verteilt. Überraschend war viel mehr, dass innerhalb der Oppositionsfraktionen durchaus unterschiedliche Positionen zu Reformen auf der Einnahmenseite des EU-Haushalts deutlich wurden. Während die Grünen sich offen für eine EU-Steuer aussprachen, waren die Sozialdemokraten an diesem Punkt sehr zurückhaltend und ambivalent, während die Linkspartei eine EU-Steuer wiederum explizit ablehnte.

Der Bundesrat hatte sich ebenfalls im Oktober 2011 zum Vorschlagspaket der Kommission positioniert und folgte dabei weitgehend den Positionen der Bundesregierung. In seiner umfangreichen Stellungnahme begrüßte der Bundesrat den Kommissionsvorschlag als „tragfähige Grundlage für weitere Verhandlungen"[135]. Ohne sich auf eine konkrete Aussage über das Gesamtvolumen des Finanzrahmens festzulegen, anerkannten die Länder, dass grundsätzlich die EU auch künftig finanziell handlungsfähig und mit angemessenen Eigenmitteln ausgestattet werden müsse. Auf der Einnahmenseite begrüßte der Bundesrat den Vorschlag zur Einführung einer europaweit koordinierten Finanztransaktionssteuer und die Abschaffung der bisherigen Mehrwertsteuer-Eigenmittelquelle. Die Länder lehnten allerdings die gleichzeitige Schaffung einer neuen Mehrwertsteuer-Einnahmequelle ab. Die bestehenden Rabattsysteme sollten durch einen allgemeinen Korrekturmechanismus ersetzt werden. Auch im Länderkreis wurde die Frage einer neuen Eigenmittelquelle in Form einer EU-Steuer zum eigentlichen politischen Konfliktpunkt. Dennoch lagen im Länderkreis ebenso wie im Deutschen Bundestag die grundsätzlichen Positionen über den Gesamtumfang des Finanzrahmens, die Neuausrichtung und Modernisierung der Ausgabeprioritäten nicht wirklich weit auseinander. Die Eckpunkte und der Grundkonsens, wie ihn die Bundesregierung mit ihrer „*better-spending*"-Initiative bekräftigen konnte, wurden vom Bundesrat und allen Parteien im Bundestag mit Ausnahme der Linkspartei weitgehend geteilt.

Wie bereits bei den Verhandlungen über den Finanzrahmen 2007–2013 rückte im Verlauf der Verhandlungen zum Finanzrahmen 2014–2020 die deutsche Position immer stärker ins Zentrum der Kompromissfindung. Nach dem gescheiterten ersten Einigungsversuch im November 2012 unterstützte die Bundesregierung die informelle Konsenssuche des Präsidenten des Europäischen Rats Hermann

135 Bundesrat, Beschluss vom 14. Oktober 2011, Drs. 399/11, S. 2.

Van Rompuy. Bundeskanzlerin Merkel suchte in vielen bilateralen Gesprächen mit anderen Staats- und Regierungschefs die Möglichkeiten für eine Einigung auszulotsen und versuchte, die in der Endphase der Verhandlungen aufbrechenden Positionsunterschiede zwischen London und Paris zu überwinden. Bei dem entscheidenden Sondertreffen der Staats- und Regierungschefs im Februar 2013 konnte die Bundesregierung ihre zentralen Verhandlungsziele als großer Nettozahler dann weitgehend durchsetzen. In ihrer Regierungserklärung vom 21. Februar 2013 zu den Ergebnissen des Europäischen Rats benannte Bundeskanzlerin Merkel vier zentrale Verhandlungsergebnisse:

1. Das Gesamtvolumen des Finanzrahmens wurde auf rund 960 Mrd. € oder auf ein Prozent des EU-BNE begrenzt. Damit wurde erstmals eine inflationsbereinigte Reduzierung des Finanzrahmens um ca. drei Prozent im Vergleich zum vorhergehenden Finanzrahmen 2007–2013 durchgesetzt. Diese langsame Rückführung des Haushaltsvolumens war bereits im Brief der Nettozahler vom Dezember 2010 gefordert worden.
2. Zugleich wurden zusätzliche Gelder im Finanzrahmen für die Förderung von Forschung und Entwicklung, Innovation und Bildung bereitgestellt. Der neue Finanzrahmen sei sehr viel stärker auf Wachstum, Wettbewerbsfähigkeit und Beschäftigung ausgerichtet als zuvor, so die Kanzlerin vor dem Bundestag. Hierfür wird der Anteil der Agrarausgaben am Gesamthaushalt weiter zurückgeführt und zugleich werden die Förderinhalte durch die stärkere Berücksichtigung von Nachhaltigkeit und Umweltschutz modernisiert. Auch die Mittel für die europäischen Strukturfonds wurden um rund 30 Mrd. € langsam reduziert. Dennoch konnte die Bundesregierung ein Sicherheitsnetz von 64 % durchsetzen, um die Verluste für die aus der Höchstförderung herausfallenden ostdeutschen Länder zu begrenzen. Keine deutsche Förderregion verliert deshalb mehr als ein Drittel seiner bisherigen Förderung aus dem EU-Haushalt.
3. Diese Modernisierung der europäischen Ausgabenpolitiken wurde ergänzt durch die vom Auswärtigen Amt angestoßene „*better spending*"-Initiative. Die Bundesregierung und die Gruppe der Nettozahler konnten die Verbindung von europäischen Strukturfonds mit gestärkten oder neuen Konditionalitäten, insbesondere mit den makroökonomischen Reformauflagen des Stabilitäts- und Wachstumspaktes, durchsetzen. Sie stießen allerdings bei diesem Verhandlungsziel auf starke Vorbehalte beim Europäischen Parlament, das in den Trilog-Verhandlungen seine Beteiligungsrechte bei der Anwendung dieser neuen Verkoppelung einforderte.
4. Auch das zentrale Ziel einer verbesserten Beitragsgerechtigkeit im Kreis der Nettozahler sei, so die Kanzlerin, erreicht worden. Zwar werde die Nettobelastung

Deutschlands steigen, aber gleichzeitig werde eine bessere „Fairness zwischen den verschiedenen Nettozahlerstaaten hergestellt".[136] Nach ersten informellen Berechnungen werden die Bruttozahlungen an den EU-Haushalt um ca. 2,4 Mrd. € jährlich auf über 28 Mrd. € ansteigen. Bei gleichzeitig sinkenden Rückflüssen wird sich der deutsche Nettosaldo deshalb zwangsläufig weiter erhöhen auf prognostizierte mehr als 10 Mrd. € pro Jahr im Durchschnitt der nächsten Förderperiode.

Auf der Einnahmenseite konnte die Bundesregierung die bestehenden Sonderregelungen trotz einiger Anpassungen in Form des reduzierten Abrufsatzes der Mehrwertsteuer-Eigenmittel auf 0,15 % fortschreiben. Auch der deutsche Rabatt bei der Finanzierung des britischen Beitragsrabattes wurde durch dessen unveränderte Anwendung gesichert. Das Ziel der Bundesregierung, den Vorschlag der Europäischen Kommission zur Einführung einer EU-Steuer klar abzulehnen und damit von der Europäischen Tagesordnung zu nehmen, gelang angesichts des starken Druck aus dem Europäischen Parlament und von der Europäischen Kommission nur zum Teil. Der Verfahrensbeschluss des Europäischen Rats und die Verständigung mit dem Europäischen Parlament auf eine weitere Prüfung der Einführung einer neuen Mehrwertsteuer-Eigenmittelkategorie und einer Finanztransaktionssteuer eröffnete den Unterstützern einer EU-Steuer zunächst eine neue Verhandlungsplattform und beließ das Thema damit zunächst auf der europäischen Agenda. An diesem Punkt war die Bundesregierung deutlich in die Defensive geraten.

Dennoch war die deutsche Verhandlungsführung bei ihren traditionellen Zielen als großer Nettozahler weitgehend erfolgreich. Das Gesamtvolumen des nächsten Finanzrahmens wurde trotz des heftigen Drängens der neuen Mitgliedstaaten aus Mittel- und Osteuropa und den südeuropäischen Krisenstaaten nicht erhöht, sondern sogar leicht zurückgefahren. Hier bewährte sich die erneut enge Abstimmung im Kreis der Nettozahler. Der Anstieg der Bruttozahlungen aus dem Bundeshaushalt konnte so begrenzt werden, zu verhindern war er ebenso wenig, wie das Anwachsen der deutschen Nettozahlungen. Allerdings war die Bundesregierung bei ihrem zweiten Grundsatzziel, die Verbesserung der Beitragsgerechtigkeit und eine gerechtere Lastenteilung, teilweise erfolgreich, denn die Unterschiede zwischen den Mitgliedstaaten in der relativen Belastung, also den Nettozahlungen in Relation zum nationalen BNE, d. h. der nationalen Wirtschaftsleistung, konnte etwas verringert werden.

[136] Vgl. Regierungserklärung von Bundeskanzlerin Merkel zu den Ergebnissen des EU-Rates am 7./8. Februar 2013, Deutscher Bundestag, PlPr. 17/222 v. 21. Februar 2013, S. 27488 ff.

4.4 Fazit

Die Rolle Deutschlands bei den europäischen Haushalts- und Finanzverhandlungen seit Mitte der achtziger Jahre ist über die Jahrzehnte hinweg von einer deutlichen Kontinuität der Ziele, Präferenzen und Interessen sowie einem relativ breiten Grundkonsens der politischen Akteure gekennzeichnet.

Im Zuge der Verhandlungen bemühte sich jede Bundesregierung um einen Ausgleich zwischen zwei politischen Zielen: Auf der einen Seite standen stets die langfristigen europa- und integrationspolitischen Leitbilder und das fundamentale Interesse des größten Mitgliedstaates im Zentrum der Europäischen Union an einer weiteren Vertiefung des Integrationsprozesses sowie der Schaffung und Stabilisierung des gemeinsamen Marktes mit einer gemeinsamen Währung. Auf der anderen Seite musste jede Bundesregierung bei ihrer Verhandlungsführung auch die eher kurz- bis mittelfristigen Ziele berücksichtigen, die vornehmlich in einer verstärkten europäischen Haushaltsdisziplin und einer gerechteren Verteilung der Finanzierungslasten bestanden. Selbstverständlich wurden die Interessenabwägung und die Gewichtung des einen oder des anderen europapolitischen Ziels von den fiskalischen Möglichkeiten und den Finanzierungsspielräumen des Bundeshaushalts mitbestimmt und zum Teil auch vorbestimmt. Je enger die Grenzen der zur Verfügung stehenden Ressourcen gezogen werden mussten, umso begrenzter waren die Spielräume der Bundesregierung für eine europäische Kompromissfindung mit Hilfe einer Erhöhung der deutschen Finanzierungslasten. Darüber hinaus verstärkten und schwächten die der Bundesregierung zur Verfügung stehenden finanziellen Ressourcen auch die Versuche zur Einflussnahme durch innenpolitische Interessengruppen. Gegenüber den innenpolitischen Akteuren ging es dabei nicht nur um die Verhandlungsführung in Brüssel und die Zusagen Deutschlands zur Ausstattung des EU-Haushalts, sondern auch um die Möglichkeiten einer innerdeutschen Kompensation von Brüsseler Beschlüssen durch nationale Subventionen oder Förderprogramme aus dem Bundeshaushalt – und auch diese Option der innenpolitischen Politikgestaltung war abhängig von den haushaltspolitischen Spielräumen.

Trotz einiger heftiger innenpolitischer Debatten war die deutsche Verhandlungsführung dennoch zumeist geprägt von einem breiten politischen Grundkonsens. Allerdings veränderte sich dieser Grundkonsens in der deutschen Europapolitik langsam im Verlauf der 25-jährigen Geschichte der europäischen Finanzpakete. Folgten die ersten beiden Verhandlungsrunden zu den Delors I- und II-Paketen noch deutlich dem ausgesprochen pro-europäischen Ansatz der deutschen Europapolitik zur Vertiefung des Integrationsprozesses und teilten die deutschen

Entscheidungsträger die inhaltliche Verknüpfung der Europäischen Kommission von Finanzverhandlungen mit der Schaffung des europäischen Binnenmarkts und der Vereinbarung zur Einführung der gemeinsamen Währung, so veränderte sich seit Mitte der neunziger Jahre dieser deutsche Grundkonsens zusehends. Das deutsche Interesse an einer strikteren europäischen Haushaltsdisziplin, einer Begrenzung des Haushaltsvolumens des EU-Budgets und einer verbesserten Verteilung der Finanzierungslasten bestand zwar bereits bei den Verhandlungen über die Delors-Pakete. Nachdem die wirtschaftlichen und sozialen Folgen der deutschen Einheit allerdings die finanziellen Möglichkeiten Deutschlands deutlich einengten, wurde der Blick auf die europäische Haushaltsdisziplin und die Lastenteilung in der EU allerdings dominierend für die deutsche Verhandlungsführung. Auch diese Veränderung der Schwerpunktsetzung wurde im Grundsatz von den zentralen innenpolitischen Akteuren geteilt und mitgetragen. Zwar war die innenpolitische Debatte über die Agenda 2000 von einem heftigen innenpolitischen Schlagabtausch zwischen Regierung und CDU/CSU-Opposition gekennzeichnet. Diese deutliche Politisierung der innerdeutschen Auseinandersetzung kann aber durchaus auch mit der innenpolitischen Zäsur der ersten erfolgreichen Abwahl eines Kanzlers in einer Bundestagswahl und die Übernahme der Regierungsverantwortung durch die neue rot-grüne Koalition bei einer gleichzeitigen deutlichen innenpolitischen Schwäche der neuen Regierung in ihrem ersten Jahr begründet werden. Die Verhandlungen über den MFR 2007–2013 unter der Leitung der Großen Koalition unter Kanzlerin Angela Merkel waren ebenso wenig von ähnlich heftigen innenpolitischen Konflikten gekennzeichnet, wie die jüngsten Verhandlungen über den MFR 2014–2020.

Die langsame Abkehr der deutschen Verhandlungsführung von den europapolitischen Leitbildern der achtziger Jahre gipfelte allerdings bislang noch nicht in einer ausgesprochenen Politik des fiskalischen Utilitarismus nach britischem Vorbild. Vielmehr suchten die Bundesregierungen seit Mitte der neunziger Jahre die enge Abstimmung im Kreis der Nettozahler; diese Gruppe der sogenannten „*like-minded*"-Mitgliedstaaten treffen sich seither regelmäßig auch zu Zeiten, in denen keine MFR-Verhandlungen anstehen oder geführt werden. Deutschland sucht auch in dieser Frage Partner im Kreis der Mitgliedstaaten und möchte sich mit diesen kontinuierlich abstimmen. Sonderwege oder eine unilaterale Verhandlungsführung gehört nicht zum Instrumentarium der deutschen Europapolitik. Das deutsche Drängen auf eine Begrenzung des EU-Budgets, eine Reduzierung des deutschen Nettosaldos und eine gerechtere Lastenteilung findet seine Grenze regelmäßig dort, wo das Scheitern eines europäischen Kompromisses droht. Im Gegensatz zur britischen Blockadepolitik in den achtziger Jahren unter Margaret Thatcher muss die deutsche Europapolitik auf dem Ausgleich aller Interessen achten.

5 Notwendigkeit und Fähigkeit zur Reform des europäischen Finanz- und Haushaltssystems

Die wohl bekannteste (und am häufigsten zitierte) Kritik der letzten Jahre an der bestehenden Haushalts- und Finanzverfassung der EU war die Aussage einer Beratergruppe der EU-Kommission, die sich aus renommierten unabhängigen Wissenschaftlern um den belgischen Wirtschaftswissenschaftler André Sapir zusammensetzte, in deren Bericht „Eine Agenda für ein wachsendes Europa" die Feststellung zu finden ist, dass der EU-Haushalt ein „historisches Relikt" sei. „Expenditures, revenues and procedures are all inconsistent with the present and future state of EU integration."[1] Wenn also der Haushalt der Europäischen Union so grundsätzlich kritisiert wird und die vielfältigen Verästelungen, Sonderwege und Ausnahmeregelungen des europäischen Haushalts heute nur noch aus der jeweiligen Entstehungsgeschichte nachgezeichnet und erklärt werden können, allerdings häufig nicht wirklich überzeugend begründet werden können, dann scheint bereits auf den ersten Blick diese europäische Finanzverfassung reformbedürftig zu sein.

Im Verlauf der nunmehr fast 25-jährigen Entwicklungsgeschichte des mehrjährigen Finanzrahmens haben sich unübersehbare Spannungen aufgebaut, die eine Reform und Anpassung der bestehenden Systematik erforderlich machen. Die besondere Stärke des Instrumentariums, nämlich seine Stabilität, hat sich mehr und mehr auch als latente Schwäche erwiesen, nämlich seine begrenzte Flexibilität und Anpassungsfähigkeit. Deshalb bleibt das Haushalts- und Finanzsystem der EU umstritten und die Kritik will nicht verstummen; immer wieder werden fundamentale Reformen angemahnt und eingefordert.

Dennoch bleibt festzuhalten: Das vorrangige Interesse aller Akteure in der EU ist es zunächst, das Minimalziel zu erreichen und die Verhandlungen mit einem Kompromiss zum Abschluss zu bringen. Die EU soll über einen Finanzrahmen verfügen, der Planbarkeit und Vorhersehbarkeit garantiert und für die zentralen

[1] André Sapir-Report, An Agenda for a Growing Europe, a. a. O., S. 162.

P. Becker, *Das Finanz- und Haushaltssystem der Europäischen Union*,
DOI 10.1007/978-3-531-94283-4_5, © Springer Fachmedien Wiesbaden 2014

Aufgaben ausreichende Finanzmittel zur Verfügung stellt. So kann die EU zumindest ihre Handlungsfähigkeit beweisen und zugleich eine Grundvoraussetzung für die Fortführung der europäischen Politiken garantieren, nämlich deren finanzielle Basis. War es also das Ziel des damaligen Präsidenten der Europäischen Kommission Jacques Delors, mit dem neuen Instrument eines mehrjährigen Finanzrahmens die Haushaltskonflikte der achtziger Jahre zu beenden und die sich vertiefende Europäischen Union mit einem stabilen budgetären Fundament auszustatten, das haushaltspolitische Stabilität und Kontinuität garantieren sollte, so konnte dieses Ziel durchaus erreicht werden.

Darüber hinaus liefert das EU-Budget häufig die Bühne für integrationspolitische Grundsatzdebatten über die Finalität und die Prioritäten des europäischen Integrationsprozesses.[2] Die Frage der gleichberechtigten Mitwirkung des Europäischen Parlaments bei den Entscheidungen über die Finanzierungsmodalitäten des EU-Haushalts ist eben nicht nur eine Frage zur Funktionalität des EU-Haushalts, sondern vornehmlich eine Frage der Konkurrenz, des Zusammenspiels oder der Verantwortlichkeit von Europäischem und nationalen Parlamenten in Fragen des Budgetrechts. Auch die Einführung einer europäischen Steuer ist nicht nur eine finanzpolitische Entscheidung über eine gerechte Besteuerung der EU-Bürgerinnen und -Bürger, sondern beinhaltet eben auch eine integrationspolitische Antwort auf die Frage nach der Finalität des europäischen Integrationsprozesses.

Diese Diskussion über die Reformnotwendigkeit, Anpassungsfähigkeit und Funktion des EU-Budgets wird bereits seit Beginn des europäischen Integrationsprozesses geführt.[3] Die Kritiker verweisen dabei stets auf strukturelle Defizite, die nicht im Zuge punktueller Anpassungen zu beheben seien. Sie fordern deshalb unter anderem eine grundlegende Reform und umfassende Neuausrichtung der Ausgabenschwerpunkte und ein gerechteres und zugleich transparenteres EU-Finanzierungssystem. Das Finanz- und Haushaltssystem der EU drohe ansonsten langsam zu erodieren.

---

[2] Vgl. Henrik Enderlein/Johannes Lindner/Oscar Calvo-Gonzalez/Raymond Ritter, The EU Budget, How much scope for institutional reform, European Central Bank, Occasional Paper Nr. 27, April 2005.

[3] Für die deutsche Debatte beispielhaft Gero Pfennig, Für eine neue Finanzverfassung für die EG, a. a. O.; für die Debatte auf europäischer Ebene Report of the Study Group on the Role of Public Finance in European Integration (McDougall -Report), Brüssel, April 1977.

Die Kritik[4] ist vielfältig und die breite Palette der Einzelkritiken können zu mehreren Punkten zusammengefasst werden:

1. Das Volumen des mehrjährigen Finanzrahmens liegt derzeit bei rund einem Prozent des EU-BNE und die Jahreshaushalte, die die Vorgaben des MFR einhalten müssen, liegen üblicherweise noch darunter. Damit verfügt die EU nicht über ein Haushaltsvolumen, das mit dem Umfang staatlicher Ausgaben in den Mitgliedstaaten vergleichbar wäre.
2. Hinzu kommt, dass die Festschreibung der Haushaltsrubriken und deren finanzielle Ausstattung für sieben Jahre den Haushalt der EU relativ unflexibel machen. Die EU könne aufgrund des begrenzten Gesamtvolumens des MFR und der Fixierung der Finanzausstattung einzelner Politikbereiche nicht schnell auf neue Herausforderungen mit Umschichtungen reagieren. Eine grundlegende Neuausrichtung der europäischen Ausgabenprioritäten, Korrekturen bei der Finanzierung des EU-Haushalts und damit der Lastenverteilung oder Anpassungen an neue Umfeld- und Rahmenbedingungen sind in diesem System nur alle sieben Jahre möglich. Der einmal gefundene Konsens im Kreis der Mitgliedstaten und mit dem Europäischen Parlament muss dann durch einen neuen Konsens abgelöst werden.
3. Auf der Ausgabenseite des EU-Haushalts wird immer wieder die einseitige Konzentration der begrenzten EU-Ressourcen auf zwei Politikfelder kritisiert, die vornehmlich redistributiven Zielen dienen. Die Ausgaben für die Gemeinsame Agrarpolitik und die europäische Kohäsionspolitik (also die Strukturfonds) liegen insgesamt noch bei etwa 70 % aller Ausgaben aus dem Finanzrahmen. Konsequenz dieser einseitigen Allokation der Finanzmittel ist die Tatsache, dass für moderne, innovative Ausgaben zu wenige Gelder zur Verfügung stehen. Der europäische Haushalt scheint insofern nicht auf die Herausforderungen der

[4] Sh. Giacomo Benedetto/Simona Milio (Hrsg.), The European Union Budget Reform. Institutions, Policy and Economic Crisis, Houndsmill 2012; Alan Mayhew, The EU budget: not „fit for purpose" but change is afoot, gradually, in: Roger Liddle (Hrsg.), After the crisis: A new socio-economic settlement for the EU, Policy Network, London 2009, S. 63–76; Rolf Caesar, Die Finanzwirtschaft in der EU – „Historisches Relikt" oder solide Zukunftsbasis?, in: ZfP, 2006, 53. Jg., Nr. 3, S. 333–352; Daniel Tarschys (Hrsg.), The EU Budget. What should go in? What should go out?, Stockholm, SIEPS Report No. 3, Mai 2011; Friedrich Heinemann/Philipp Mohl/Steffen Osterloh, Reforming the EU Budget: Reconciling Needs with Political-Economic Constraints, in: Journal of European Integration, 2010, Vol. 32, No. 1, S. 59–76.

Globalisierung vorbereitet und nicht auf die Erwartungen der Bürgerinnen und Bürger in der EU[5] ausgerichtet zu sein.

4. Darüber hinaus kommen auch relativ wohlhabende Mitgliedstaaten in den Genuss von Fördermitteln und Subventionen aus den beiden größten Ausgabenbereichen des EU-Budgets. Die Verteilungswirkung der Ausgabenpolitik erfolgt demzufolge nicht nach Wohlstands- bzw. Bedürftigkeitskriterien, sondern folgt der Logik europäischer Paketverhandlungen. Die Zustimmung zu einem Gesamtkompromiss wird bei diesen *package deals* regelmäßig durch die Zusage von Kompensationsleistungen erkauft.
5. Auch auf der Einnahmenseite des EU-Haushalts dominieren undurchschaubare Komplexität und Inflexibilität. Die EU verfügt nur begrenzt über wirklich eigene Mittel; den überwiegenden Teil der Ressourcen des EU-Haushalts mit fast 90 % zahlen die Mitgliedstaten aus ihren nationalen Budgets nach Brüssel. Die Europäische Union verfügt nicht über ein eigenes Steuererhebungsrecht und es ist ihr zugleich verboten, sich zu verschulden. Auch auf der Einnahmenseite kann sie also nicht schnell und flexibel auf veränderte Umfeldbedingungen und neue Herausforderungen reagieren. Ihrer Budgetpolitik sind enge, mitgliedstaatliche Grenzen gezogen; sie bleibt abhängig von den Zuwendungen ihrer Mitglieder.
6. Die Finanzierung des EU-Budgets ist inzwischen gekennzeichnet von Sonderregelungen und Rabatten, die keiner Sachlogik folgen, sondern Ergebnis der Paketverhandlungen sind. Die bekannteste Rabattregelung, der britische Beitragsrabatt, ist nur eine besonders profilierte Sonderregelung, aber nicht die einzige.
7. Die EU verfügt nicht über ein umfassend parlamentarisch legitimiertes Budget, wie wir es aus den Nationalstaaten kennen. Das Europäische Parlament ist mit den Veränderungen des Vertrags von Lissabon auf der Ausgabenseite zu einem mit dem Rat der EU gleichberechtigten Akteur aufgewertet worden; auf der Einnahmenseite dominieren allerdings noch immer die Mitgliedstaaten. Die Haushalts- und Finanzverfassung der EU bildet insofern eine Zwitterform, bei der eine umfassende demokratische Legitimierung über das Europäische Parlament nur auf der Ausgabenseite erfolgt.

Diese hier aufgeführten Kritikpunkte werden nicht in Gänze und von allen Beobachtern aus Politik, Wirtschaft und Wissenschaft geteilt. Trotz aller Unterschiede besteht allerdings ein breiter Konsens über die grundsätzliche Erforderlichkeit einer

[5] Vgl. auch die Ergebnisse der Befragungen in Eurobarometer 75, Frühjahr 2011, Die EU-Bürger und der Haushalt der EU.

Reform und einer Verbesserung der Funktionalität des bestehenden europäischen Haushalts- und Finanzsystems in der Europäischen Union.[6]

Eine Reform der europäischen Finanzverfassung sollte zusammengefasst also an drei Punkten ansetzen: Zum Einen werden regelmäßig die einseitigen Ausgabeprioritäten beanstandet; zum Zweiten wird immer wieder die unangemessene Form der Finanzierung des EU-Budgets kritisiert und schließlich, zum Dritten, wird das Verfahren diskutiert, wie der mehrjährige Finanzrahmen verhandelt wird und wie die beteiligten Organe in diesem Verhandlungsprozess zusammenspielen sollten.

5.1 Reformvorschläge auf der Ausgabenseite

Zur Reformierung der redistributiven Struktur der EU-Ausgaben, ihren Zielen und Prioritäten, wurden wiederholt verschiedene, zum Teil grundlegende Reformentwürfe vorgelegt. Allen Vorschlägen gemeinsam ist das vorrangige Ziel, die begrenzten Finanzmittel der EU für europäische „public goods" zu verwenden, also für europäische Gemeinschaftsgüter, die einen europäischen Mehrwert versprechen. Umstritten ist keineswegs die Notwendigkeit, die Ausgaben aus dem EU-Budget auf europäische Kollektivgüter zu konzentrieren. Umstritten ist aber dennoch, welche konkreten Güter den gemeinsamen europäischen Kollektivgütern zugeordnet werden können. Damit sind selbstverständlich weiterreichende Fragen verbunden, zum Beispiel welche Politiken gemeinschaftlich finanziert werden sollen, wem die europäischen öffentlichen Güter zu Gute kommen sollen und wer über deren Angebot und den Preis entscheiden soll?

Im Jahr 2003 schlug die bereits erwähnte Sapir-Studiengruppe[7] eine radikale Umschichtung des EU-Haushalts und eine Konzentration der Ausgaben auf Maßnahmen zur Förderung des wirtschaftlichen Wachstums vor, insbesondere durch eine deutliche Zunahme der Ausgaben für Forschung und Entwicklung, Bildung und Ausbildung sowie zur Verbesserung der europaweiten Infrastruktur. Daniel Gros und Stefano Micossi vom Centre for European Policy Studies (CEPS)[8] hatten bereits vorgeschlagen, alle Ausgaben für die Agrarpolitik aus dem EU-Haushalt zu streichen und diese Haushaltsmittel für die Bereiche Forschung und Entwicklung, für eine gemeinsame Sicherheits- und Verteidigungspolitik sowie für die Gewährleistung der inneren Sicherheit in der EU zu reservieren. Eine gemeinsame Studie

[6] Sh. auch Friedrich Heinemann, EU-Finanzreform 1999, a. a. O., S. 29 ff.

[7] André Sapir u. a., An Agenda for a Growing Europe, a. a. O.

[8] Daniel Gros/Stefano Micossi, A Better Budget for the European Union, a. a. O.

des ECORYS Nederland BV, des Netherlands Bureau for Economic Policy Analysis und des Instituts für Wirtschaftsforschung (IFO)[9] plädierte ebenfalls dafür, die Ausgaben in der Kohäsionspolitik sowie für Landwirtschaft und ländliche Entwicklung deutlich zu kürzen. Speziell in der europäischen Kohäsionspolitik sollten die europäischen Haushaltsmittel auf die Unterstützung der ärmsten Regionen und die Förderung grenzüberschreitender Kooperation konzentriert werden, für eine Förderung der weniger rückständigen Regionen mit EU-Haushaltsmitteln bestehe dagegen kein Anlass. Förderungsbedürftig seien die Politikbereiche, die der Bereitstellung europäischer öffentlicher Güter dienten und zudem noch in einem direkten Zusammenhang mit der Lissabon-Strategie der Union stünden. Der Anteil im EU-Budget für die Politikbereiche Forschung, Umwelt, Gemeinsame Meerespolitik, Infrastruktur, Verteidigung und Außenpolitik solle deshalb aufgestockt werden. Insgesamt sprach sich die Studie für graduelle, aber dauerhafte Änderungen aus, die sich in drei Politikpaketen auf der Ausgabenseite des EU-Haushalts manifestieren sollten – der Ausrichtung auf die Herausforderungen des Klimawandels und der Suche nach neuen Energiequellen; der Förderung von Wissen und Innovation sowie der weiteren Stärkung der Gemeinsamen Sicherheits- und Außenpolitik. Eine ähnliche Schwerpunktsetzung empfahlen auch Friedrich Heinemann und Maxime Lefebvre.[10] Allerdings sollte nach ihrem Vorschlag die Basis für eine europäische Agrarpolitik beibehalten werden. Die durch eine Kofinanzierung der GAP-Ausgaben frei werdenden Haushaltsmittel sollten dann eine großzügige Strukturpolitik in allen Regionen der EU und die Schaffung eines europäischen Verteidigungsfonds in Höhe von 15 Mrd. Euro ermöglichen. Auch Daniel Gros[11] befürwortete als generelles Leitprinzip für das reformierte EU-Budget stärkere Investitionen in öffentliche Güter. Darüber hinaus schlug er die Einführung von „Auslaufklauseln“ vor. Danach würden Förderprogramme automatisch auslaufen, wenn ihre Nützlichkeit nicht mehr zu belegen oder keine neue Absprache für ihre Fortführung möglich sei. Gros glaubt, dass eine grundsätzliche Einigung auf solche „Sunset“-Klauseln leichter zu erreichen sei, als eine Vereinbarung über die konkrete Absenkung der Ausgaben in bestimmten Politikbereichen. Auslaufklauseln sollten

[9] ECORYS Nederland BV, Netherlands Bureau for Economic Policy Analysis (Den Haag)/Institut für Wirtschaftsforschung (IFO, München), Eine Studie zu den Ausgaben der EU, im Auftrag der Europäischen Kommission, Generaldirektion Haushalt, Rotterdam, 24.6.2008.

[10] Vgl. Friedrich Heinemann/Maxime Lefebvre, Deutsch-französische Überlegungen zur Zukunft des EU-Haushalts, a. a. O.

[11] Daniel Gros, How to Achieve a Better Budget for the European Union?, in: Centre for European Policy Studies (CEPS), CEPS Working Document No. 289/April 2008.

deshalb insbesondere in den beiden größten Ausgabenblöcken, d. h. im Bereich der Gemeinsamen Agrarpolitik und der Strukturpolitik ihre Anwendung finden. Auch Gros kam zu dem Ergebnis, dass die EU mehr Ressourcen zur Steigerung der Produktivität, der Wettbewerbsfähigkeit und für Beschäftigung ausgeben sollte. Dabei sollte sie sich auf die Förderung des Humankapitals, von Innovation, Forschung und Bildung konzentrieren.

Grundsätzlich entspricht die Struktur des EU-Budgets also nach den Vorschlägen der Kritiker nicht mehr den aktuellen Anforderungen an ein gemeinschaftliches Handeln und einer entsprechenden gemeinsamen Finanzierung. Die bisherige gemeinschaftliche Ausgabenpolitik sollte deshalb abgelöst werden von einer Orientierung auf Maßnahmen, die einen europäischen Mehrwert versprechen oder ein europäisches „public good" darstellen. Dies bedeutet eine Konzentration des EU-Haushalts auf gemeinschaftliche Ausgabenpolitiken, deren Notwendigkeit, Ziele und Aufgaben von allen Mitgliedstaaten und den Unionsbürgern gemeinsam anerkannt und geteilt werden. Allerdings gibt es sehr unterschiedliche Vorstellungen darüber, mit welcher Gemeinschaftspolitik dem europäischen Mehrwert am besten gedient sein könnte.[12] Nicht nur die Definition des Begriffs des „europäischen Mehrwerts" bleibt folgerichtig unklar, auch die Umsetzung in politisches Handeln und haushaltswirksame Entscheidungen ist umstritten. Dennoch ist es gerade dieses Konzept, das immer stärker die europäischen Finanzverhandlungen dominiert und im Mittelpunkt der Reformüberlegungen steht. Der Begriff symbolisiert einen positiven und zugleich konstruktiven Reformansatz, dem im Grundsatz alle politischen Akteure zustimmen können.

Die Europäische Kommission versuchte, diese allgemeine Zustimmung zu dem Konzept zu nutzen und legte das Ziel des europäischen Mehrwerts ihrem Vorschlag für den Finanzrahmen 2014–2020 zugrunde.[13] Sie definierte dafür sehr allgemein den europäischen Mehrwert als „the value resulting from an EU intervention which is additional to the value that would have been otherwise created by Member State action alone".[14] Die eigentlichen Verteilungskonflikte innerhalb

---

[12] Vgl. Daniel Tarschys, The Enigma of European Added Value: Setting Priorities for the European Union, Swedish Institute, SIEPS-Report No. 4/2005, Stockholm 2005; Eulalia Rubio, The „added value" in the EU budgetary debates: one concept, four meanings, Notre Europe Policy Brief No. 28, June 2011; Bertelsmann Stiftung, The European Added Value of EU Spending: Can the EU help its Member States to save money?, Gütersloh 2013.

[13] Bestandteil des Vorschlagspaktes der Europäischen Kommission vom Juni 2011 war auch ein Arbeitspapier zum Konzept des europäischen Mehrwerts. Sh. Commission Staff Working Paper, The added value of the EU-budget, SEC (2011) 867 fin., v. 29.6.2011.

[14] Commission Staff Working Paper, a. a. O., S. 2.

der Europäischen Union und zwischen den Mitgliedstaaten konnten mit diesem unkonkreten Konzept allerdings nicht vermieden werden.

Einige Empfängerländer argumentierten stets, dass die Orientierung am europäischen Mehrwert keinesfalls die bestehenden Gemeinschaftspolitiken in Frage stellen dürfe. Gerade diese integrierten Politiken (die Gemeinsame Agrarpolitik und die Kohäsionspolitik) seien beispielhaft für den erreichten europäischen Mehrwert – dessen Höhe zeige sich am Ausmaß der Finanzierung der Gemeinschaftspolitiken aus dem EU-Haushalt. Einige Mitgliedstaaten stellten darüber hinaus der Suche nach dem europäischen Mehrwert der europäischen Politiken und deren finanzieller Ausstattung das Prinzip der innergemeinschaftlichen Solidarität entgegen. Gerade die neuen Mitglieder aus Mittel- und Osteuropa sowie die Kohäsionsländer unter den alten Mitgliedstaaten begründen ihre Forderung nach Sicherung und Ausbau der europäischen Kohäsionspolitik mit dem gemeinschaftlichen Solidaritätsprinzip. Auch eine Erhöhung der gegenwärtigen Eigenmittelobergrenze von 1,24 % des Bruttonationaleinkommens (BNE) der Europäischen Union könne erforderlich werden, um das zur Verfügung stehende maximale Finanzvolumen auszuweiten und somit dem Solidaritätsgrundsatz besser zu entsprechen.

5.2 Die EU-Steuer als Reformprojekt auf der Einnahmenseite

Die zentralen Maßstäbe für eine Reform des europäischen Eigenmittelsystems sind zunächst eine gesicherte Finanzierung des europäischen Haushalts, also die Stabilität der Einnahmen, und die Transparenz und Nachvollziehbarkeit des Systems. Hinzu kommen die Maßstäbe der Finanzierungsgerechtigkeit und das Ziel der finanziellen Autonomie der EU.[15] Je nach Kriterium, das als Qualitätsmaßstab an das Eigenmittelsystem angelegt wird, verändert sich die Auswahl der Finanzierungsquelle. Die Debatte über eigene, dem EU-Haushalt direkt zufließende Steuereinnahmen werden seit dem Aufbau des Eigenmittelsystems, also seit den siebziger Jahren, immer wieder geführt.[16] Sie beschäftigte intensiv den europäi-

---

[15] Sh. Iain Begg/Henrik Enderlein/Jacques Le Cacheaux/Mojimir Mrak, Financing the European Union Budget, Study for the European Commission, Directorate General for Budget. Final report, Brüssel, 29.4.2008.

[16] Sh. beispielsweise Beate Milbrandt, Die Finanzierung der Europäischen Union. Perspektiven für eine Osterweiterung, Baden-Baden 2001; Norbert Konegen, Vom Beitragsmodell zum Finanzausgleichssystem – Eine Finanzverfassung für die Europäische Union?, in: Johannes

schen Verfassungskonvent 2002/2003[17] und wurde zuletzt von der Europäischen Kommission in ihrem Vorschlag für den Finanzrahmen 2014–2020 erneut in die Diskussion eingebracht.

Eine EU-Steuer jedenfalls sollte in ihrer Ertragskraft ausreichen, um die Finanzierung der EU zu einem überwiegenden Teil zu sichern, und sie sollte dabei in ihrem Aufkommen stabil und prognostizierbar sein. Idealerweise sollte eine EU-Steuer darüber hinaus grenzüberschreitende externe Effekte der nationalen Steuerpolitiken verhindern bzw. mildern, zum Beispiel bei unterschiedlichen Treibstoff oder Kapitalbesteuerungen, um einerseits Wettbewerbsverzerrungen auszuschließen und andererseits Effizienzgewinne zu ermöglichen. Zuletzt sollte die EU-Steuer eine unmittelbare Verbindung zwischen den Unionsbürgern und dem EUHaushalt herstellen, um einem zentralen politischen Ziel der Europäischen Union gerecht zu werden: nämlich die Transparenz des EU-Finanzierungssystems zu erhöhen und in der Folge mittelfristig auch die Legitimation der EU zu stärken.

Die Befürworter[18] eines weitgehend auf eigenen Steuereinnahmen der EU basierten Eigenmittelsystems führen sowohl politische als auch ökonomische Argumente an. Neben der integrationspolitisch wünschbaren Erhöhung der Finanzautonomie des EU-Haushalts von den Beiträgen der Mitgliedstaaten, wird insbesondere die Verbesserung der Transparenz und der Nachvollziehbarkeit der gemeinsamen Finanzierung für die europäischen Steuerzahler betont. Durch diese direktere Verbindung zwischen EU-Haushalt und EU-Bürgern steige potentiell die Rechenschaftspflicht der EU-Haushaltsbehörde (Rat und Parlament) gegenüber den Unionsbürgerinnen und -bürgern. Zugleich erhöhe sich die Notwendigkeit zur

---

Varwick/Wilhelm Knelangen (Hrsg.), Neues Europa – alte EU? Fragen an den europäischen Integrationsprozess, Opladen 2004, S. 243–259.

[17] Sh. Peter Becker, Auf dem Weg zu einer neuen Finanzverfassung – Vom Verfassungskonvent zum Vertrag von Lissabon, in: Olaf Leiße (Hrsg.), Die Europäische Union nach dem Vertrag von Lissabon, Wiesbaden 2010, S. 234–251; Guido Raddatz/Gerhard Schick, Braucht Europa eine Steuer? Zur Reform der EU-Finanzverfassung, Stiftung Marktwirtschaft Berlin, Argumente zu Marktwirtschaft und Politik Nr. 77, August 2003.

[18] Vgl. Dieter Biehl, Die EG-Finanzverfassung, in: Rudolf Wildenmann (Hrsg.), Die Staatswerdung Europas. Optionen für eine Europäische Union, Baden-Baden 1991, S. 355–392; Dieter Biehl/Horst Winter, Die EG-Finanzierung aus föderalistischer Perspektive, in: Bertelsmann-Stiftung (Hrsg.), Europa finanzieren – ein föderalistisches Modell, Strategien und Optionen für die Zukunft Europas, Gütersloh 1990, S. 23–130; Jacques Le Cacheux, Funding the EU Budget with a Genuine Own Ressource: The Case for an European Tax, Notre Europe Studies 57, May 2007; Michaele Schreyer, The Own Ressources System Needs Rethinking, in: Intereconomics, September/October 2001, Vol. 36, Nr. 5, S. 223–225; Sylvie Goulard/Mario C. Nava, A more democratic System for Financing the EU-Budget, mimio, Brüssel 2002.

demokratischen Legitimation des EU-Budgets und dies könne langfristig auch zu einer erhöhten Legitimität der Union insgesamt führen. Auch die ökonomische Effizienz des EU-Budgets sollte so mittelbar verbessert werden. Durch die stärkere Einbindung und Verantwortlichkeit des Europäischen Parlaments werde der bisherige Fokus der Parlamentarier stärker von der Ausgabenpolitik auf die Einnahmenseite des EU-Budgets umgelenkt. Dies könne sich in der Folge auch positiv auf die Einhaltung der europäischen Haushaltsdisziplin auswirken, denn die erhöhte Kostentransparenz und die umfassende haushaltspolitische Verantwortlichkeit können tendenziell kostendämpfend wirken. Insgesamt sollte es zu einer deutlicheren Orientierung des Haushalts auf allgemeine europäische Interessen und den gemeinsamen Nutzen der Gemeinschaftspolitiken kommen.

Auf der anderen Seite verweisen die Gegner[19] einer EU-Steuer stets auf die grundsätzliche integrationspolitische Weichenstellung einer solchen Maßnahme. Eine EU-Steuer wäre ein weiterer grundlegender Schritt auf dem Weg zu einer europäischen Staatlichkeit, da die Erteilung einer steuerlichen Ertragskompetenz wesentliches Kennzeichen einer bundesstaatlichen Finanzverfassung sei.[20] Eine autonome Einnahmequelle löse zudem zwangsläufig einen neuen Zentralisierungsschub aus, denn eine entscheidende Voraussetzung zur Einführung einer EU-Steuer sei die europaweite Harmonisierung der nationalen Steuerpolitiken. Aber gerade diese potentielle Zentralisierung wird von den Vertretern der kompetitiven Föderalismustheorie abgelehnt, weil nur der Wettbewerb zwischen den verschiedenen Körperschaften Anreize biete, um die steuerliche Belastung der Einwohner zu begrenzen. Eine Harmonisierung oder gar Zentralisierung der steuerlichen Erhebungskompetenz schalte jedoch gerade diesen Wettbewerb zwischen den Steuersystemen aus. Dieser so verhinderte Steuerwettbewerb zwischen den Mitgliedstaaten führe unabwendbar zu einer Aufweichung der europäischen Haushaltsdisziplin und einer ineffizienten Ausgabenpolitik.[21] Die EU-Steuer diene deshalb vornehmlich dazu, der Europäischen Union zusätzliche Einnahmespielräume zu verschaffen, ohne die nationalen Haushalte zusätzlich zu belasten. Auf

[19] Vgl. Friedrich Heinemann, EU-Finanzreform 1999, a. a. O., S. 35 ff.; Rolf Caesar, Die Finanzwirtschaft der EU – „Historisches Relikt" oder solide Zukunftsbasis?, a. a. O.; Rolf Caesar, An EU Tax? – Not a Good Idea, in: Intereconomics, September/October 2001, Vol. 36, Nr. 5, S. 231–233.

[20] Sh. Lars P. Feld, Zum zukünftigen Finanzrahmen der EU, in: Kai A. Konrad/Tim Lohse (Hrsg.), Einnahmen- und Steuerpolitik in Europa: Herausforderungen und Chancen, Frankfurt/Main 2009, S. 133–149.

[21] Die Bundesbank bezeichnete im Juli 1999 Überlegungen zu einer steuerlichen EU-Finanzierungsquelle als „fiskalische[n] Fehlentwicklungen"; vgl. Deutsche Bundesbank, Neuere Tendenzen, a. a. O., S. 73.

den europäischen Steuerzahler käme demnach trotz gegenteiliger Beteuerungen der Befürworter neben den nationalen, regionalen und kommunalen Steuern eine zusätzliche Steuer zu. Dies sei in der Folge dann auch integrationspolitisch bedenklich. Denn, dass die Kosten der europäischen Integration für jeden Bürger transparent und nachvollziehbar werden, müsse nicht zwangsläufig dazu führen, dass sich die europäischen Steuerzahler stärker mit der Union identifizieren; im Gegenteil könnte sich die Europaskepsis dadurch weiter verstärken.

Eine steuerbasierte Einnahmequelle würde bedeuten, dass die EU über eine Eigenmittelquelle verfügen könnte, die sie von den Mitgliedstaaten unabhängiger macht. Um dieses Ziel zu erreichen, wäre allerdings die Entscheidung über ein angemessenes Format einer solchen steuerlichen Eigenmittelquelle erforderlich, schließlich beruht auch das derzeitige System der Finanzierung des EU-Budgets auf Steuereinnahmen. Seit Anfang der neunziger Jahre werden vor allem vier grundsätzliche Optionen[22] diskutiert:

1. Die Einführung einer gänzlich neuen EU-Verbrauchssteuer, wobei verschiedene Güter wie Tabak, Alkohol oder Kraftstoffe (Benzin, Diesel, Kerosin) in Frage kämen.
2. Auch eine eigene CO_2-Abgabe oder eine Energiesteuer der EU wurde vorgeschlagen, um eine umweltpolitische Steuerungswirkung zugunsten des öffentlichen Gutes ‚Natur und Umwelt' zu fördern.
3. Die Koppelung einer EU-Steuer an die Besteuerung von Unternehmen, zum Beispiel an das Körperschafts- und/oder das Einkommenssteueraufkommen.
4. Die Einführung einer echten Mehrwertsteuer-Einnahmequelle, die eine für jeden Unionsbürger sichtbare direkte Verbindung zur Finanzierung des EU-Haushalts herstellen würde.

Jede der diskutierten Optionen hat sowohl Vor- als auch Nachteile.[23] Die zur Diskussion stehenden Steuerarten, wie eine CO_2-Steuer, die Mehrwertsteuer oder

[22] Klaus Gretschmann, Eigenmittelreform und Nettopositionen des EU-Haushalts, Europäisches Parlament, Generaldirektion Wirtschaft, Arbeitsdokument, Serie Haushalt – 100, Oktober 1998; Iain Begg/Nigel Grimwalde/Peter Price, Die Eigenmittel der Europäischen Union: Analyse und Entwicklungsmöglichkeiten, Europäisches Parlament, Generaldirektion Wirtschaft, Arbeitsdokument, September 1997.

[23] Iain Begg/Henrik Enderlein/Jacques Le Cacheux/Mojmir Mrak, Financing of the European Union Budget, a. a. O.

Verbrauchssteuern, hätten zum Teil regressiven Charakter.[24] Aufgrund dessen würden die ärmeren Mitgliedstaaten aus Süd- und Osteuropa, wegen ihrer höheren Konsumquote, aber auch Länder mit einem hohen Anteil am Tourismus stärker belastet.

Gerade angesichts der unterschiedlichen Vor- und Nachteile und der spezifischen Verteilungswirkungen einer Option sollte die Debatte über die Einführung einer autonomen Eigenmittelquelle des EU-Budgets aber die folgenden Eckpunkte berücksichtigen:

Erstens wäre eine Mehrbelastung für die Steuerzahler in der EU schon aus den genannten integrationspolitischen Gründen zu vermeiden. Eine zusätzliche EU-Steuer zu den vorhandenen nationalen Steuern wäre weder ökonomisch noch sozial sinnvoll, wahrscheinlich wäre sie auch politisch kaum durchsetzbar. Aus diesem Grund argumentieren die Befürworter, dass jede Form einer EU-Steuer mit einer Entlastung der nationalstaatlichen Steuerquote verbunden sein müsse.

Zweitens sollte die bestehende Eigenmittel-Obergrenze von 1,27 % des EU-BNE beibehalten werden, um keine Zweifel am Ziel der Haushaltsdisziplin aufkommen zu lassen. Das wichtigste Instrument für eine sparsame Ausgabenpolitik der EU ist aber die Transparenz des EU-Haushalts.

Drittens sollte eine EU-Steuer auf einer harmonisierten, einheitlichen Bemessungsgrundlage erhoben werden, um die Gleichheit der Besteuerung zu gewährleisten und Wettbewerbsverzerrungen im europäischen Binnenmarkt auszuschließen, wie sie beispielsweise bei unterschiedlichen Treibstoff- oder Kapitalbesteuerungen bestehen. Eine EU-Steuer sollte deshalb so ausgestaltet sein, dass sich alle Nutznießer der europäischen Integration, also die Unionsbürger und die Unternehmen, an der Finanzierung der EU angemessen beteiligen.

Viertens müssen die parlamentarische Mitwirkung an der EU-Finanzierung wie auch deren Kontrolle verbessert werden. Von grundsätzlicher Bedeutung ist dabei die Frage, welcher politischen Ebene das Recht zukommen soll, über die Bemessungsgrundlage, die Steuertarife und damit über das prognostizierte Steueraufkommen und mögliche Verteilungswirkungen zu entscheiden. Angesichts der weitreichenden Konsequenzen sowohl für den europäischen wie auch für die nationalen Haushalte kann diese Entscheidung nur gemeinsam getroffen werden.

Fünftens muss die EU-Steuer hinreichend ertragreich sein, bei gleichzeitig begrenzter administrativer Belastung durch die Steuereintreibung. Das heißt, eine EU-Steuer müsste in ihrer Ertragskraft ausreichen, um die Finanzierung der EU zu

---

[24] So auch die Kritik von Friedrich Heinemann/Philipp Mohl/Steffen Osterloh, Reform Options for the EU Own Resources System, Heidelberg 2008 (ZEW Economic Studies, Bd. 40, Mannheim December 2007).

einem überwiegenden Teil zu sichern, und sie sollte in ihrem Aufkommen stabil und prognostizierbar sein.

Mit der Einführung einer steuerlichen Eigenmittelquelle sind unweigerlich auch weiterführende Fragen nach der Steuergesetzgebungs- und der Verwaltungszuständigkeit verbunden. Im Zentrum steht dabei die Frage, ob die EU autonom über die Erhebung von Steuern, die Höhe des Steuersatzes sowie über die Formen und die Durchführung der Steuereintreibung entscheiden kann. Zusätzliche ungelöste Probleme sind die fehlende harmonisierte Bemessungsgrundlage, die national unterschiedliche Behandlung von Steuerhinterziehungen und verwaltungstechnische Effizienz der Steuereintreibung. Die nationalen Steuerbehörden wären voraussichtlich nicht an dem Steuerertrag beteiligt und könnten also ein geringeres Interesse an der Eintreibung einer europäischen Steuer haben als bei einer nationalen Steuer. Um aber andererseits Steuergerechtigkeit zu gewährleisten, müssten gleiche Steuereintreibungsregeln und deren Einhaltung gewährleistet sein. Ansonsten würden die konsequent und zuverlässig Steuern eintreibenden Mitgliedstaaten ihre Bürgerinnen und Bürger stärker belasten als andere Staaten, und zugleich würden sie übermäßig zur Finanzierung des EU-Haushalts herangezogen. Eine Alternative wäre allenfalls die Festlegung von nationalen Steuereintreibungsquoten. Damit würde aber das eigentliche Ziel der Reform aufgegeben, nämlich die konfliktreichen europäischen Finanzverhandlungen zu beenden und das EU-Finanzierungssystem transparent und nachvollziehbar zu gestalten. In jedem Fall verbleiben die Kosten und Risiken der EU-Steuererhebung weitgehend bei den Verwaltungen der Mitgliedstaaten.

Schon aus diesem Grund sei, so die kritischen Einwände gegen eine EU-Steuer, keine Lösung für die Problematik der Nettosaldo-Betrachtung möglich; sie könne sich sogar als kontraproduktiv erweisen. Die schwache Verbindung zwischen den nationalen Haushalten und dem EU-Haushalt und der geringe Anreiz für die Mitgliedstaaten, den EU-Haushalt zu überprüfen, könnte zu einem Nachlassen der Haushaltsdisziplin in der EU führen. Um ein höheres Maß an Verteilungsgerechtigkeit zu erreichen, könnte ein neuer Kompensationsmechanismus erforderlich werden.[25]

Verbunden wurden die Überlegungen zur Reform des bestehenden Finanzierungssystems stets mit dem Ziel, die Vielzahl der Beitragsrabatte abzuschaffen, die derzeit einzelnen Mitgliedstaaten gewährt werden. Anknüpfend an frühere Überlegungen hatte die Europäische Kommission bereits bei den Verhandlungen 2004/05 vorgeschlagen, das singuläre Rabattsystem zugunsten Großbritanniens durch einen

[25] Friedrich Heinemann/Philipp Mohl/Steffen Osterloh, Reform Options for the EU Own Resources System, a. a. O.

Allgemeinen Korrekturmechanismus (AKM) zu ersetzen.[26] Ein solcher AKM soll als eine Art „Sicherheitsnetz" dafür sorgen, die Beiträge der großen Nettozahler an einem bestimmten Schwellenwert (in Prozent des BNE) zu kappen, ohne dabei die Bereitstellung ausreichender Haushaltsmittel für die erweiterte Union in Frage zu stellen. Die technische Ausgestaltung dieses Allgemeinen Korrekturmechanismus sollte sich am System des bisherigen Sonderrabatts für Großbritannien orientieren. Die wichtigsten Auswirkungen eines solchen Allgemeinen Korrekturmechanismus liegen in einer deutlich breiteren Verteilung der Beitragslasten: Die negativen Salden für die größten Nettozahler würden sich spürbar verringern, die Sonderposition Großbritanniens würde sich relativieren und die Finanzierungslasten wären gleichmäßiger verteilt.

5.3 Anpassungen des Verfahrens und der Strukturen

Neben den Reformüberlegungen für die Ausgaben- und die Einnahmenseite des EU-Haushalts werden auch immer wieder Vorschläge zum Entscheidungsverfahren und insbesondere zur politischen Legitimität des Entscheidungsprozesses entwickelt. So wurde häufig die Idee eines horizontalen Finanzausgleichs zwischen den Mitgliedstaaten thematisiert, also ungebundener Transferzahlungen von reicheren an ärmere Mitgliedstaaten.[27] Um einen solchen Finanzausgleich weiter zu konkretisieren schlugen einige Wissenschaftler auch neue, gesonderte Instrumente und Strukturen vor. Der deutsche Wirtschaftswissenschaftler Friedrich Heinemann entwickelte die Idee eines zusätzlichen Kompensationsfonds, über den ein Finanzausgleichssystem entwickelt werden könnte.[28] Einen anderen Reformentwurf entwickelten die Ökonomen Charles B. Blankart und Gerrit B. Koester,

---

[26] Vgl. Europäische Kommission, Die Finanzierung der Europäischen Union. Bericht der Kommission über das Funktionieren des Eigenmittelsystems, KOM(2004) 505 endg., v. 14.7.2004.

[27] Eckhard Kohl/Jan Bergmann: Europäischer Finanzausgleich? Gewinner und Verlierer der EU-Politiken, Köln 1998; Heinz Grossekettler, Finanzausgleich über den EU-Haushalt – Rechtfertigung und Größenordnungen, in: Rolf Caesar (Hrsg.), Zur Reform der Finanzverfassung und Strukturpolitik der EU, Baden-Baden 1997, S. 111–140; Beate Milbrandt, Die Finanzierung der Europäischen Union, a. a. O., S. 80 ff.; Günter Wilms, Die Reform des EU-Haushalts, a. a. O., S. 730 ff.

[28] Friedrich Heinemann, Der Kompensationsfonds: Eine neue Finanzverfassung für die EU der 21+, in: Wirtschaftsdienst 1999, Vol. 79, Nr. 5, S. 293–299.

die ein zweites zusätzliches „Budget für öffentliche Güter" neben dem bestehenden Haushalt vorschlugen, aus dem die Bereitstellung öffentlicher Güter in Form einzelner konkreter Projekte finanziert werden solle.[29] Diesen Vorschlag zur Aufteilung des EU-Haushaltsvolumens haben Susanne Neheider und Indhira Santos aufgenommen und weiterentwickelt. Nach ihren Überlegungen sollten die Mitgliedstaaten zunächst über die Kategorisierung der Ausgaben in einen Haushalt für gemeinsame öffentliche Güter und eine zweite Kategorie der restlichen Ausgaben entscheiden. Erst danach, in einem zweiten Schritt, sollten die Mitgliedstaaten dann die Obergrenzen für die Ausgaben festlegen und zugleich über einen allgemeinen Korrekturmechanismus entscheiden, mit dem das maximale Volumen der Nettosalden fixiert werden sollte.[30]

Auch die Sapir-Gruppe hatte für die Finanzierung öffentlicher Güter aus dem EU-Haushalt geworben. Um die Reformblockade im Kreis der Mitgliedstaaten aufzubrechen hatten die Experten darüber hinaus vorgeschlagen, das Einstimmigkeitsprinzip bei der Festlegung des mehrjährigen Finanzrahmens durch Abstimmungen mit qualifizierter Mehrheit zu ersetzen und damit die Vetomöglichkeiten einzelner Mitgliedstaaten abzuschaffen.[31] Allerdings würde der Haushalt der Europäischen Union mit dieser Steigerung der Effizienz bei der Entscheidungsfindung zugleich an Legitimität, insbesondere bei der Finanzierung verlieren.[32] In der Folge könnte dieser Verlust an Zustimmung und an Unterstützung durch die Mitgliedstaaten womöglich die Konflikte zwischen Nettozahlern und -empfängern weiter verstärken und damit die Verständigung auf einen Finanzrahmen erschweren.[33]

Auch Cay Folkers argumentierte, dass die zentrale Aufgabe des EU-Haushalts nicht so sehr die effiziente Allokation von Ressourcen auf der EU-Ebene sei, sondern die Kompensation zur Durchsetzung von politischen Zielen des Integra-

[29] Charles B. Blankart/Gerrit B. Koester, Stillstand trotz Reform – die politische Ökonomie des EU-Haushalts von Rom bis Lissabon, in: Kai A. Konrad/Tim Lohse (Hrsg.), Einnahmen- und Steuerpolitik in Europa: Herausforderungen und Chancen, Frankfurt/Main 2009, S. 13–46; Charles B. Blankart/Gerrit B. Koester, The Lisbon Treaty, the Financial Crisis and Exit from the Budget Gridlock, in: Giacomo Benedetto/Simona Milio (Hrsg.), The European Union Budget Reform. Institutions, Policy and Economic Crisis, Houndsmill 2012, S. 79–99.

[30] Susanne Neheider/Indhira Santos, Reframing the EU-Budget Decision-Making Process, a. a. O.

[31] André Sapir u. a., An Agenda for a Growing Europe, a. a. O.

[32] So die Argumentation von Henrik Enderlein/Johannes Lindner/Oscar Calvo-Gonzalez/Raymond Ritter, The EU Budget, How much scope for institutional reform, a. a. O.

[33] Vgl. Friedrich Heinemann/Philipp Mohl/Steffen Osterloh, Reforming the EU Budget: Reconciling Needs with Political-Economic Constraints, a. a. O., S. 70.

tionsprozesses.[34] Diese Kompensationsfunktion bedeute, dass die Nettopositionen der Mitgliedstaaten je nach Ausmaß der Vor- und Nachteile der Integration bewertet werden sollten, also nach den materiellen Verteilungseffekten des EU-Haushalts. Daraus lasse sich ein integrationsbezogenes Äquivalenzprinzip von Wohlfahrtsgewinnen bzw. -verlusten der Integration ableiten. Zur Bemessung der integrationsbedingten Wohlfahrtseffekte und zur Festigung der demokratischen Legitimität des EU-Budgets unterstützte Folkers die Stärkung der nationalen Parlamente.

Um den Vorwurf der fehlenden demokratischen Legitimation des EU-Budgets und dessen unzureichende parlamentarische Kontrolle zu entkräften, hatten insbesondere die Europäische Kommission und das Europäische Parlament mehrfach einen Vorschlag diskutiert, die Laufzeit des Finanzrahmens an die Wahlperioden von EU-Kommission und EP anzupassen und schrittweisen von dem Siebenjahreszeitraum des MFR zu einem kürzeren Rhythmus überzugehen.[35] Hinter diesen Vorschlägen standen zumeist die Überlegung und das politische Ziel, mit der Angleichung der Laufzeiten des mehrjährigen Finanzrahmens an das Mandat der Kommission und die Legislaturperiode des EP zu einer eindeutigeren Politisierung der mittelfristigen Finanzplanung zu kommen. Sowohl die Kommission als Initiator als auch das EP als Teil der Haushaltsbehörde sollten die politische Verantwortung für die Schwerpunktsetzung des Finanzrahmens übernehmen. Damit sollte implizit dann die politische Steuerungswirkung des Finanzrahmens und dessen Funktion als Instrument der europäischen Strategieplanung stärker betont werden. Diese Überlegungen bargen jedoch das Problem, dass der Finanzrahmen jeweils am Ende der Mandatsperiode einer Kommission und der Legislaturperiode des EP erneuert werden müsste. Die scheidende Kommission würde also ebenso wie die scheidenden Abgeordneten des Parlaments der nachfolgenden Kommission respektive dem nachfolgenden EP über die Fixierung der Haushaltseckpunkte die politischen Schwerpunkte der Europapolitik der nächsten Jahre diktieren.

---

34 Cay Folkers, Welches Finanzausgleichsystem braucht Europa?, in: Helmut Karl/Wilhelm Henrichsmeyer (Hrsg.), Regionalentwicklung im Prozess der Europäischen Integration, Bonn 1995, S. 87–108, S. 92.

35 Henrik Enderlein/Johannes Lindner/Oscar Calvo-Gonzalez/Raymond Ritter, The EU Budget, How much scope for institutional reform, a. a. O.

5.4 Die jüngsten Reformversuche

Es besteht seit einigen Jahren eine grundsätzliche Einigkeit über die Notwendigkeit, die europäische Haushalts- und Finanzordnung zu reformieren. Im Grundsatz teilen nahezu alle Entscheidungsträger in den EU-Organen und den EU-Mitgliedstaaten diese Meinung. Zumindest haben sowohl die Europäische Kommission, das Europäische Parlament und der Europäische Rat der Staats- und Regierungschefs dies erkannt und gefordert.

Die EU-Kommission hat seit einigen Jahren immer wieder auf langfristige, strukturelle und externe Veränderungsprozesse hingewiesen, auf die die Europäische Union vorbereitet und wofür auch eine angemessene Ressourcenausstattung im EU-Haushalt vorgesehen sein müsse. Das Europäische Parlament hat ebenfalls stets Strukturreformen auf der Einnahmen- und der Ausgabenseite des EU-Budgets angemahnt und dabei den Austausch mit den nationalen Parlamenten gesucht.

5.4.1 Die Debatte im europäischen Verfassungskonvent

Die letzte umfassende Revision des europäischen Vertragsrechts – angefangen beim europäischen Verfassungskonvent[36] und dessen Entwurf für einen europäischen Verfassungsvertrag bis zur endgültigen Verständigung auf den Vertrag von Lissabon, der am 1. Dezember 2009 in Kraft trat, bot die bislang letzte Gelegenheit, um institutionelle und Verfahrensfragen zu verhandeln. Auch wenn die Frage nach einer Reform der europäischen Finanzverfassung keineswegs zu den vorrangigen Aufgaben des EU-Verfassungskonvent gehört hatte[37], so wurde doch im Konvent schnell deutlich, dass diese Thematik nicht aus den Verhandlungen ausgeklammert werden konnte.

Die Finanz- und Haushaltsfragen wurden intensiv im Plenum und in der Schlussphase des Konvents in zwei technischen Arbeitskreisen diskutiert, die sich mit der Reform des EU-Eigenmittelsystems und des Haushaltsverfahrens befassten. In beiden Arbeitskreisen wurde ebenso über die Beibehaltung der Einstimmigkeit bei der Verabschiedung des mehrjährigen Finanzrahmens diskutiert, wie über

---

[36] Vgl. zur Arbeit des Verfassungskonvents umfassend und grundlegend Peter Becker/Olaf Leiße, Die Zukunft Europas. Der Konvent zur Zukunft der Europäischen Union, Wiesbaden 2005.

[37] In der Erklärung von Laeken zur Zukunft der Europäischen Union vom 14./15.12.2001, dem Mandat des EU-Verfassungskonvents, fand sich kein Auftrag zur Prüfung und kein Hinweis auf eine Notwendigkeit zur Reform der europäischen Finanzverfassung.

Wege zur Stärkung der Rolle des Europäischen Parlaments. Der Vorschlag des Konvents orientierte sich schließlich weitgehend am Status Quo des europäischen Vertragsrechts. Dennoch wurden einige Modifikationen vorgeschlagen, die sowohl das jährliche Haushaltsverfahren als auch den mehrjährigen Finanzrahmen betrafen. Dieses Instrument sollte erstmals in das europäische Primärrecht aufgenommen werden und eine Mindestlaufzeit von fünf Jahren haben. Allerdings sollte nur die erste Fünfjahres-Periode nach dem Inkrafttreten des Verfassungsvertrags noch einstimmig verabschiedet werden. Das Verfahren zur Erstellung und Verabschiedung der Jahreshaushalte sollte deutlich vereinfacht und an das übliche Gesetzgebungsverfahren angenähert werden. Der Konventsentwurf sah insgesamt eine starke Rolle des Parlaments in diesem Vermittlungsverfahren vor.

Die nachfolgende Regierungskonferenz veränderte den Entwurf des Konvents zur europäischen Finanzverfassung nur in wenigen Punkten, die allerdings aus Sicht einiger Mitgliedstaaten zur Sicherung ihrer Vetomöglichkeiten entscheidend waren.[38] So sollte das Prinzip der Einstimmigkeit zur Verabschiedung des Finanzrahmens unbefristet weiter gelten und allenfalls durch ein einstimmiges Votum der europäischen Staats- und Regierungschefs aufgegeben werden können (sog. Passerelle-Klausel). Das in der politischen Anwendung bewährte Instrumentarium des Mehrjährigen Finanzrahmens und des Verfahrens zu dessen Verabschiedung sollten also im Verfassungsvertrag sichtbar werden, allerdings ohne die Vetomöglichkeiten und die Verhandlungsmacht der Mitgliedstaaten in Frage zu stellen. Umstritten waren demnach die Vorschläge des Konvents, die eine Veränderung des institutionellen Gleichgewichts zwischen Rat und Parlament sowie eine Reform der Kompetenzverteilung zwischen nationalstaatlicher und gemeinschaftlicher Ebene zur Folge gehabt hätten.

Aus dem Blickwinkel der Mitgliedstaaten konnte die Aufnahme des mehrjährigen Finanzrahmens in das europäische Vertragsrecht nur unter der Bedingung erfolgen, dass der politische Status Quo zwischen Rat und Parlament gewahrt und neben den Vetomöglichkeiten der Mitgliedstaaten im Rat auch die Einflussnahme der nationalen Ebene gewahrt blieb. Gerade die Vertreter einiger nationaler Parlamente im Konvent bestanden deshalb auf der Fortdauer der einstimmigen Abstimmungsregeln. Wenn also die Rechte des EP auf der Ausgabenseite gestärkt werden sollten, musste die Dominanz der Mitgliedstaaten auf der Einnahmenseite, also bei der Bereitstellung der Eigenmittel für den Finanzrahmen gesichert werden. Die Mitgliedstaaten achteten deshalb auf eine angemessene Erwähnung

[38] Vgl. Vermerk des Vorsitzes der Regierungskonferenz 2003, Nichtinstitutionelle Fragen, einschließlich von Änderungsvorschlägen zum Bereich Wirtschaft und Finanzen, CIG 37/03 vom 24. Oktober 2003, Ziffer 19 ff.

des Ziels der strikten Haushaltsdisziplin in den Formulierungen des Verfassungsvertrags. Wenn dann die Parlamentarier forderten, ihre Mitspracherechte auch auf die Verhandlungen über den Finanzrahmen auszuweiten, kam dies aus der Sicht vieler Mitgliedstaaten einer Lockerung der Fesseln gleich. Deshalb reagierten diese Mitgliedstaaten konsequent und forderten als nächsten Schritt, dass die einstimmige Beschlussfassung bei Abstimmungen über die Definition und die Modalitäten der Eigenmittelquellen des EU-Haushalts gewahrt bleiben müsse. Mit einer solchermaßen gesicherten Dominanz der mitgliedstaatlichen Ebene über das EU-Eigenmittelsystem blieben die Mitgliedstaaten die Herren über den Mittelzufluss in das EU-Budget. Die Mitgliedstaaten behielten sich also das Letztentscheidungsrecht über das Finanzvolumen vor, das der EU zur Verfügung gestellt werden soll; die Entscheidung über die politischen Prioritäten, nach denen dieses Geld ausgegeben werden sollte, treffen die Mitgliedstaaten dann gemeinsam mit dem Parlament.

Grundsätzlich hatte der Verfassungskonvent auch eine Angleichung der Laufzeiten des Finanzrahmens an das Mandat der Kommission und die Legislaturperiode des Europäischen Parlaments vorgeschlagen. Die Anpassung der Laufzeit an die Mandats- und Legislaturperiode wurde u. a. damit begründet, dass sowohl die Kommission als Initiator als auch das EP als Teil der Haushaltsbehörde die politische Verantwortung für die Schwerpunktsetzung des Finanzrahmens übernehmen sollten und somit die Legitimation des neuen Instruments gestärkt werden sollte.

Die Kommission schlug deshalb für den Finanzrahmen von 2007 bis 2013 übergangsweise einen Siebenjahreszeitraum vor, bevor dann ein Fünfjahresrhythmus eingeführt werden sollte. Dieser Vorschlag hätte zur Folge gehabt, dass der Finanzrahmen jeweils am Ende der Mandatsperiode einer Kommission und der Legislaturperiode des EP erneuert werden müsste. Die scheidende Kommission würde also ebenso wie die scheidenden Abgeordneten des EP der nachfolgenden Kommission respektive dem nachfolgenden EP über die Fixierung der Haushaltseckpunkte die politischen Schwerpunkte der kommenden Legislatur diktieren. Aus diesem Grund war diese Interimsperiode bei den Europaparlamentariern höchst umstritten.[39]

[39] Nach kontroverser Diskussion stimmten die Parlamentarier in der Plenardebatte am 7. Juni 2005 dem Vorschlag der Kommission für eine Übergangsperiode bis 2013 zu. Ziffer 34 der Entschließung lautete: „... unterstützt den Vorschlag der Kommission für einen Finanzrahmen mit einer siebenjährigen Laufzeit; ist der Auffassung, daß ein kürzerer Zeitrahmen technisch und politisch gesehen nicht praktikabel ist und daß eine Finanzielle Vorausschau mit einer längeren Laufzeit zur Stabilität des Systems beitragen und die Planung der Kohäsionspolitik und anderer Finanzinstrumente des gemeinsamen Haushalts erleichtern wird..." Zugleich drängte das Parlament auf eine Angleichung der Laufzeiten des MFR und der

Trotz dieser breiten Debatte über zwei zentrale Verfahrensänderungen, nämlich die Abkehr vom Prinzip der einstimmigen Beschlussfassung im Kreis der Mitgliedstaaten und die Anpassung der Laufzeit des Finanzrahmens an die Mandatsperioden von Europäischer Kommission und Europäischem Parlament, blieben diese Überlegungen letztlich erfolglos. Auch der Vertrag von Lissabon sieht keine wirkliche Reform des Verfahrens zur Verabschiedung des mehrjährigen Finanzrahmens vor. Weder auf der Ausgabenseite noch auf der Einnahmenseite des europäischen Haushalts wurden Veränderungen mit dem Vertrag von Lissabon vorgenommen.

Mit der Aufnahme der seit den Delors-Paketen eingeübten Praxis des mehrjährigen Finanzrahmens in das europäische Vertragswerk wurde zunächst nur die politische Praxis kodifiziert. Damit wurde zwar mit der Verordnung über den mehrjährigen Finanzrahmen ein neues Rechtsinstrument eingeführt. An den Machtverhältnissen zwischen dem Rat und dem EP wurden letztlich jedoch keine grundlegenden Änderungen vorgenommen.

5.4.2 Die Halbzeitüberprüfung des MFR 2007– 2013

Die jüngste Reformdebatte hatten die Staats- und Regierungschefs im Dezember 2005 selbst angestoßen. Der Europäische Rat hatte bei der Verabschiedung des mehrjährigen Finanzrahmens 2007–2013 die Europäische Kommission ausdrücklich aufgefordert, „eine vollständige, weitreichende Überprüfung vorzunehmen, die sämtliche Aspekte der EU-Ausgaben, einschließlich der GAP und der Eigenmittel, einschließlich der Ausgleichszahlung an das Vereinigte Königreich, abdeckt, und darüber 2008/2009 Bericht zu erstatten“.[40] Diese Formulierung aller EU-Staats-und Regierungschefs bestätigte deren Unzufriedenheit mit dem Ergebnis ihrer Verhandlungen und dem Entscheidungsverfahren. Der österreichische Bundeskanzler Wolfgang Schüssel bemerkte sogar: „Bei den Finanzen ist das System ausgereizt. So können wir nicht weitermachen. Das nächste Mal werden wir uns an die Gurgel springen.“[41]

Mehrjahresprogramme in wichtigen Politikbereichen (z. B. in der Struktur- und Kohäsionspolitik sowie in der Forschungspolitik). Sh. Entschließung des Europäischen Parlaments zu den politischen Herausforderungen und Haushaltsmitteln der erweiterten Union 2007–2013, P6_TA-PROV(2005)0224.

[40] Schlussfolgerungen des Europäischen Rats in Brüssel vom 15./16. Dezember 2005, Zi. 80.

[41] So zitiert in der Süddeutschen Zeitung vom 31.12.2005; ähnlich Wolfgang Schüssel, Europas Finanzen - Das alte System ist ausgereizt, spotlight Europe, Nr. 2007/08, November 2007.

Eine Einigung auf den Finanzrahmen 2007–2013 war nur möglich geworden, weil zugleich eine umfassende Revision des Systems vereinbart worden war. Die Staats- und Regierungschefs hatten die spezielle Überprüfungsklausel vereinbart, um sowohl den Forderungen der Europaparlamentarier als auch einiger Mitgliedstaaten nach einer grundlegenden Reform der EU-Ausgabenpolitik entgegenzukommen (neben Großbritannien hatte auch Schweden auf einer solchen Grundsatzreform bestanden). Auch die Kommission teilte diese Unzufriedenheit gegenüber dem Haushalts- und Finanzsystem mit den europäischen Staats- und Regierungschefs.[42] Sie wollte diesen Überprüfungsprozess als „einmalige Gelegenheit für eine gründliche Bewertung des EU-Haushalts und seiner Finanzierung frei von den Zwängen, denen die Aushandlung eines neuen Finanzrahmens unterliegt" nutzen.[43] Es sollte nicht in erster Linie um die Höhe und die Aufteilung der EU-Gelder gehen, sondern um die gemeinsame Herausforderungen, die Suche nach einem möglichen europäischen Mehrwert und die Verbindung von haushaltspolitischer Stabilität und Vorhersehbarkeit mit Flexibilität und Anpassungsmöglichkeiten. Ohne den Begriff der EU-Steuer ausdrücklich zu verwenden, forderte Kommissionspräsident Barroso darüber hinaus eine autonome Eigenmittelquelle der EU, um künftig von den schwierigen Haushaltsverhandlungen unabhängiger zu werden.

Die Kommission startete ihre umfassende Prüfung der Strukturen und der Fundamente des bestehenden EU-Haushaltssystems mit einer breit angelegten öffentlichen Konsultation.[44] Dazu legte sie im September 2007 ein Konsultationspapier mit dem Titel „Den Haushalt reformieren, Europa verändern" vor, um so auch der Reformdebatte eine Struktur zu geben und eigene Schwerpunkte zu setzen. Ihre Mitteilung bildete die Ausgangsbasis für eine europaweite öffentliche Debatte mit vielen Konferenzen sowie einer Vielzahl von Beiträgen in Fachzeitschriften und Forschungsberichten. Ziel dieser öffentlichen Konsultation war es, über die Stärken und Schwächen des EU-Haushalts zu diskutieren und der Europäischen Kommission neue und vielleicht ungewöhnliche Reformideen zu eröffnen – und zwar losgelöst von den eigentlichen Verhandlungen über den nächsten Finanzrahmen 2014–2020. In dieser den konkreten Verhandlungen vorgeschalteten Debatte

[42] „Barroso fordert nach Streit um EU-Haushalt ‚völlig neues Verfahren'", in: Handelsblatt, 20.12.2005.

[43] Europäische Kommission, Den Haushalt reformieren, Europa verändern. Konsultationspapier im Hinblick auf die Überprüfung des EU-Haushalts (2008/2009), SEK(2007) 1188 endg. vom 12.9.2007.

[44] Vgl. Peter Becker, Auf dem Weg zur Reform des EU-Haushalts, a. a. O.; Rolf Caesar, Der „Budget Review" 2008/2009: Durchgreifende Reformen im EU-Haushalt?, in: Wirtschaftsdienst, 2008, Nr. 5, S. 317–321.

sollte es laut Kommissionspräsident José Manuel Barroso „keine Tabus" geben – es gehe nicht vorrangig um Geld, sondern um eine Vision für das Europa der Zukunft.

In ihrem Konsultationspapier rückte die Kommission drei Fragen in den Vordergrund:

a) das Verhältnis von Stabilität und Flexibilität in dem siebenjährigen Finanzrahmen, also die Frage nach der Planungssicherheit und Anpassungsfähigkeit der Haushaltsansätze;
b) die Bedeutung eines möglichen europäischen Mehrwerts, der zum Maßstab für eine reformierte Ausgabenpolitik werden könnte;
c) die Reform des europäischen Eigenmittelsystems und des Systems der Rabatte und Korrekturen.

Weil das EU-Budget – wie jeder nationale Haushalt auch – ein wesentliches Instrument zur Politiksteuerung und zur Umsetzung der selbstgesteckten Ziele darstellt, formulierte die Kommission in ihrem Konsultationspapier eine lange Liste politischer Herausforderungen, aus denen die künftigen Schwerpunkte der europäischen Politik abzuleiten seien. Dazu gehörte neben der fundamentalen Notwendigkeit, angesichts der Globalisierung die Wettbewerbsfähigkeit der europäischen Wirtschaft zu wahren, auch der zunehmende Migrationsdruck auf den Kontinent. Die Kommission nannte außerdem die Auswirkungen des demographischen Wandels auf die europäischen Gesellschaften, die Folgen des Klimawandels, die Gefahren von organisierter Kriminalität und internationalem Terrorismus sowie die Konsequenzen der wirtschaftlichen und sozialen Disparitäten innerhalb der EU. Darüber hinaus verwies sie auf die weltweit gestiegenen Erwartungen an die Europäische Union als Akteur in der internationalen Politik. Damit hatte die Kommission – ohne eine Gewichtung vorzunehmen – das gesamte Spektrum möglicher Herausforderungen für die EU und ihre Mitgliedstaaten abgesteckt. Sie leitete daraus die Forderung ab, die EU mit ausreichenden finanziellen Ressourcen auszustatten, damit sich die Erwartungen der Bürger an eine effiziente europäische Politik erfüllen ließen. Hinsichtlich der Einnahmenseite betonte das Konsultationspapier, dass die Budget-Überprüfung dem System der EU-Eigenmittel besondere Aufmerksamkeit widmen müsse. Dennoch blieb die Kommission mit entsprechenden Vorschlägen zurückhaltend; insbesondere vermied sie den Begriff der EU-Steuer.

An dem Konsultationsverfahren zum EU-Budget und dem mehrjährigen Finanzrahmen beteiligten sich über 300 Organisationen, Institutionen und Einzelpersonen; insbesondere gaben alle Regierungen der Mitgliedstaaten, einige nationale Parlamente und Regionalregierungen eigene Stellungnahmen ab. Die bis dahin größte öffentliche Konsultation der Europäischen Union und die Debatte im weiteren Verlauf des Revisionsprozesses ergaben eine umfangreiche Sammlung vielfältiger Reformvorschläge.

Gerade die Positionspapiere der Regierungen der Mitgliedstaaten zeigten aber, dass sie die Haushaltsüberprüfung in erster Linie als Auftakt der Verhandlungsrunde zum nächsten mehrjährigen Finanzrahmen 2014–2020 verstanden. Die nationalen Administrationen unterschieden offenkundig nicht zwischen konkreten Finanzverhandlungen und der Debatte über einen grundsätzlichen Reformbedarf, die relativ offen angelegt sein sollte. Deshalb waren die Positionspapiere aller Regierungen auch von verhandlungstaktischen Erwägungen mit Blick auf die späteren eigentlichen Finanzverhandlungen geprägt. Insofern blieb offen, bei welchen im Zuge des Konsultationsprozesses geäußerten Positionen es sich um unverrückbare, „echte" nationale Interessen handelte und welche aus taktischen Erwägungen vorgebracht worden waren, um später als Verhandlungsmasse zu dienen. Diese Unterscheidung zwischen taktischen Rückfallpositionen und fundierten Festlegungen war für die Kommission eine schier unlösbare Aufgabe.[45]

Die erste Etappe des Überprüfungsprozesses wurde am 15. Juni 2008 mit dem Ende der breiten öffentlichen Konsultation[46] abgeschlossen. Die zeitliche Vorgabe des Europäischen Rats vom Dezember 2005 sah vor, umgehend im Zeitraum 2008/09 auf dieser Grundlage einen Bericht zur umfassenden Überprüfung des EU-Finanz- und Haushaltssystems vorzulegen. Die Diskussion über neue Haushaltsstrukturen sollte zeitlich unabhängig von der strittigen Diskussion um Mittelaufteilungen geführt werden. Allerdings legte die für die Periode 2010 bis 2014 mandatierte neue Kommission unter ihrem alten Präsidenten José Manuel Barroso ihre Mitteilung zur Überprüfung des EU-Haushalts mit einer zweijährigen Verspätung erst im Oktober 2010 vor[47] – und damit kurz vor dem ohnehin anstehenden Verhandlungsbeginn zum nächsten mehrjährigen Finanzrahmen 2014–2020.

---

[45] Vgl. Tamás Szemlér/Jonas Eriksson, The EU Budget Review: Mapping the Positions of Member States, Swedish Institute for European Policy Studies, SIEPS-Report 2008/02, Stockholm April 2008.

[46] Zunächst war als Abschluss der Konsultationsphase der 15. April vorgesehen; weil die Kommission jedoch unmittelbar vor Ablauf der Frist mit Stellungnahmen überhäuft wurde, verlängerte sie den Zeitraum um zwei Monate – und damit auch über den Termin für das irische Referendum zum Lissabonner EU-Reformvertrag am 12. Juni 2008 hinaus.

[47] Nicht zuletzt wegen der Probleme bei der Ratifizierung und dem verspäteten Inkrafttretens des Vertrags von Lissabon konnte die Europäische Kommission erst im Februar 2010 ihre Arbeit aufnehmen und legte ihre Überprüfung des EU-Budgets deshalb mit erheblichem Zeitverzug vor.

Nicht nur hatte das schwierigere europapolitische Umfeld zunächst zu einer Verzögerung des Prozesses geführt, auch die 2009/10 sich verdunkelnden ökonomischen Rahmenbedingungen und die Brisanz der europäischen Finanz- und Schuldenkrise hatte die Bedeutung des europäischen Finanzrahmens grundlegend verändert. Die tiefreichende Wirtschaftskrise und deren Konsequenzen für die öffentlichen Haushalte in der EU und ihren Mitgliedstaaten verschoben den Fokus der Reformdebatte. In den Vordergrund rückten Fragen nach der Legitimität, der Anpassungsfähigkeit und des Mehrwerts des EU-Budgets: Wie könnte der Finanzrahmen an die sich abzeichnenden strukturellen Herausforderungen angepasst werden? Welche öffentlichen Aufgaben sollten in Zukunft aus dem EU-Haushalt finanziert werden und welche Ausgabenschwerpunkte sollten gesetzt werden, um die EU am schnellsten aus der Krise zu führen?

Die Mitteilung zur Reform des EU-Haushalts stand dabei in einem engen, unauflösbaren Zusammenhang mit den Auswertungen der parallel durchgeführten Konsultationsprozesse zu den beiden wichtigsten Ausgabenpolitiken, der europäischen Kohäsionspolitik und der Gemeinsamen Agrarpolitik. Die Auswertung der Reformdiskussionen für diese beiden Politikbereiche, der 5. Kohäsionsbericht und der Bericht über die Zukunft der Gemeinsamen Agrarpolitik, wurden beide im November 2010 von der Kommission vorgelegt, also kurz nach der Vorstellung der Mitteilung zur Reform des EU-Haushalts.

Auf der Ausgabenseite verknüpfte die Europäische Kommission ihre Vorstellungen zur zukünftigen Struktur des mehrjährigen Finanzrahmens mit den Zielen der „Europa 2020"-Strategie – also die Förderung von nachhaltigem, intelligentem und integrativem Wachstum. Der Haushalt solle modernisiert werden und auf die gezielte Förderung von Forschung, Entwicklung und Innovation konzentriert werden. Die Ausgabenprioritäten sollten sich am Effizienzerfordernis und am europäischen Mehrwert orientieren; der Erfolg der EU-Ausgaben müsse an der tatsächlichen Wirkung der Investitionen sichtbar und messbar werden. „Mit der Modernisierung des Haushalts der Europäischen Union geht es in erster Linie um die richtige Zielausrichtung, darum, jeden Euro so nutzbringend wie möglich einzusetzen, und darum, dem Haushalt einen festen Platz in den Bemühungen der Europäischen Union, ihrer Organe und der Mitgliedstaaten um die Verwirklichung ihrer Wachstums- und Beschäftigungsziele zuzuweisen."[48] Darüber hinaus betonte die Kommission auch das Solidaritätsprinzip des EU-Budgets und die Fortsetzung der Förderung der am wenigsten entwickelten Regionen durch die europäischen Strukturfonds. Auf der Einnahmenseite regte die Kommission die Einführung einer neuen Eigenmit-

[48] Europäische Kommission, Überprüfung des EU-Haushalts, KOM(2010) 700 endg. vom 19.10.2010, S. 32.

telquelle an, für die fünf Finanzierungsquellen in Frage kämen: eine europäische Besteuerung des Finanzsektors, die Übertragung der Einnahmen aus dem Emissionshandel an die EU, eine europäische Luftfahrtgebühr, eine wirkliche europäische Mehrwertsteuer, eine Energiesteuer oder eine europäische Körperschaftssteuer. Grundsätzlich müsse das EU-Eigenmittelsystems reformiert werden und eine autonome, transparente und gerechtere Haushaltsfinanzierung gewährleisten. Darüber hinaus schlug sie die stärkere Nutzung innovativer Finanzierungsinstrumente, z. B. in Form projektbezogener Anleihen oder von Bürgschaften vor. Um die Vorhersehbarkeit des Finanzrahmens zu erhöhen, stellte die Kommission schließlich in ihrer Mitteilung die Verlängerung der Laufzeit des Finanzrahmens auf zehn Jahre vor, wobei zur Halbzeit eine Überprüfung stattfinden sollte (nach der Formel „5 + 5"-Jahre).

Die Mitteilung der Kommission zum Abschluss des 2005 angestoßenen Prozesses zur Reform des EU-Finanz- und Haushaltssystems bildete zugleich den Auftakt zum eigentlichen Verhandlungsprozess über nächsten mehrjährigen Finanzrahmen der Europäischen Union ab 2014. Die Kommission deutete ihre ersten Überlegungen für das nächste Finanzpaket an und prüfte darüber hinaus die Möglichkeit, im Kreis der Mitgliedstaaten Unterstützung für ambitionierte und weitreichende Reformprojekte zu finden.

5.5 Fazit: Reformbereitschaft und -notwendigkeit bedeuten noch keine Reformfähigkeit

Das Ziel der Europäischen Kommission, im Zuge des Revisions- und Konsultationsprozesses 2008–2010 innovative, vielleicht auch ungewöhnliche Ideen zusammenzutragen, die losgelöst von den Finanzverhandlungen neue Reformpfade aufzeigen könnten, wurde allerdings nicht erreicht. Vielmehr bestätigte bereits die Konsultationsphase, dass die EU-Organe, die Mitgliedstaaten und auch die vielen Interessengruppen und NGOs die Haushaltsüberprüfung nicht losgelöst von den späteren Finanzverhandlungen sahen. Insbesondere die nationalen Regierungen erkannten in der Haushaltsüberprüfung den vorgezogenen Beginn der nächsten Verhandlungsrunde über den Finanzrahmen 2014–2020. Zwangsläufig dominierten verhandlungstaktische Erwägungen die nationalen Positionspapiere. Der gemeinsame europäische Reformwille konnte sich nicht gegen die nationalen Interessen und die sektoralen und zivilgesellschaftlichen Präferenzen behaupten.

Auch der mit einer einjährigen Verspätung vorgelegte Bericht der Kommission zur Reform des europäischen Haushalts- und Finanzsystems konnte den engen Bezug und die zeitliche Nähe zu den eigentlichen Finanzverhandlungen nicht verwischen. Zwar sprach sich die Kommission für einige innovative Vorschläge aus und versuchte grundsätzliche Lehren für die europäische Haushalts- und Finanzverfassung zu ziehen; aber sie vermied dennoch eine eindeutige Positionierung und Prioritätensetzung. So forderte sie einerseits, den Grundsatz des europäischen Mehrwerts zum Maßstab aller EU-Ausgaben zu machen, und verlangte andererseits, das Prinzip der europäischen Solidarität als Eckpfeiler aller Gemeinschaftspolitiken zu festigen – wohlwissend, dass beide Prinzipien im Verlauf der Überprüfungsdiskussion zu konträren Schlagwörtern der beiden mitgliedstaatlichen Lager geworden waren: die Nettozahler instrumentalisierten den Begriff des europäischen Mehrwerts, um für eine Begrenzung des Haushaltsvolumens zu werben, und umgekehrt forderten die Nettoempfänger unter der Überschrift der europäischen Solidarität die Erhöhung der europäischen Fördergelder.[49]

Am deutlichsten akzentuiert die besondere Vor- und Entstehungsgeschichte des Überprüfungsberichts die reformpolitische Rücksichtnahme und die verhandlungstaktische Vorsicht der Kommission. So war bereits im Oktober 2009 ein informeller, unabgestimmter Entwurf für einen Überprüfungsbericht[50], der offensichtlich in der Generaldirektion Haushalt formuliert worden war, an die interessierte europäische Öffentlichkeit durchgesickert. Gegen diesen Entwurf protestierten nicht nur andere Dienststellen innerhalb der Kommission, wie insbesondere die GD Beschäftigung und die GD Agrar; gegen diesen Entwurf polemisierten auch einzelne Mitgliedstaaten, Regionen und Interessenverbände.[51] Denn dieses „*leaked paper*" beinhaltete klare und in sich schlüssige Reformvorschläge – es wollte den EU-Haushalt unmissverständlich auf die Stärkung des europäischen Mehrwerts fokussieren und relativierte auch nicht, dass eine solche Festlegung „hard political choices" implizieren würde. Die vorgeschlagene Ausrichtung auf drei Prioritätsachsen „Nachhaltiges Wachstum und Beschäftigung", „Klima und Energie" und „Global Europe" beinhaltete eine klare Positionierung in seit vielen Jahren heftig umstrittenen Fragen, wie zugunsten der Ko-Finanzierung der Direktzahlungen in der Gemeinsamen Agrarpolitik, den Verzicht auf die Förderung von Regionen in reicheren Mitgliedstaaten mit europäischen Struk-

---

[49] Vgl. Peter Becker, The European Budget and the Principles of Solidarity, a. a. O.

[50] Sh. A Reform Agenda for a global Europe [Reforming the Budget, changing Europe, The 2008/2009 EU Budget Review [Draft 06–10–2009] abrufbar unter: <http://www.people.ie/eu/eutax.pdf>.

[51] Vgl. auch Ole Funke/Jan Seifert, Haushaltspolitik, in: Werner Weidenfeld/Wolfgang Wessels (Hrsg.), Jahrbuch der Europäischen Integration 2010, Baden-Baden 2011, S. 157–166.

turfonds oder die strikte Ergebnis- und Exzellenzorientierung der europäischen Forschungsförderung.

Die heftigen Auseinandersetzungen zwischen den Generaldirektionen innerhalb der Europäischen Kommission und die Kritik aus vielen Mitgliedstaaten und von vielen Interessengruppen hatten zur Folge, dass Kommissionspräsident Barroso sich von diesem Entwurf distanzierte und ein Jahr später ein gänzlich neuer, ausgewogenerer, weniger stringenter, sondern sehr viel ambivalenter und damit weniger angreifbarer Bericht von der Kommission vorgelegt wurde.

Die Anpassungsnotwendigkeiten und die seit vielen Jahren diskutierten Reformmöglichkeiten und Ansatzpunkte zur Verbesserung des EU-Haushalts waren offenkundig von der Generaldirektion Haushalt innerhalb der Kommission aufgenommen worden und in ein schlüssiges Reformpapier eingearbeitet worden. Dennoch verhinderten die potentiell Betroffenen erfolgreich diesen weitreichenden Reformvorschlag, der doch ursprünglich am Ende des Überprüfungsprozesses hätte stehen sollen. Die Beharrungskräfte innerhalb und außerhalb der EU-Kommission dominierten über die durchaus vorhandene Einsicht in die Anpassungsnotwendigkeit.

Inzwischen scheint es wichtiger zu sein, den komplizierten und konfliktreichen Verhandlungsprozess überhaupt mit einem Kompromiss beenden zu können, als eine den Anforderungen und Erwartungen an die EU angemessene Einigung aushandeln zu können. Der erfolgreiche Abschluss des Verfahrens hat sich zum eigentlichen Ziel des Verhandlungsprozesses und zum gemeinsamen Minimalinteresse entwickelt und dominiert über die Reformfragen und die Inhalte der Einigung.

Das europäische Haushalts- und Finanzsystem ist also übermäßig veränderungsresistent und folgt den vorgegebenen institutionellen Verfahren und Strukturen. Auch die offizielle Reformdebatte 2008 bis 2010 konnte diese Orientierung am Status quo und das Festhalten am eingefahrenen Politikpfad nicht überwinden.

Dennoch sind die Forderungen zur Reform des EU-Haushalts, dessen Struktur, Instrumente und des Verfahrens zu dessen Verabschiedung, seit vielen Jahren nicht verstummt. Die Kritiker haben deutlich die vielfältigen Schwächen des europäischen Haushalts- und Finanzsystems aufgezeigt. Ebenso haben auch die politisch Handelnden in der Europäischen Union diesen grundsätzlichen Reformbedarf erkannt und ihren Willen zur Veränderung deutlich bekundet.

6 Schlussfolgerungen und Perspektiven – Der Status quo und seine Überwindung

Das europäische Finanz- und Haushaltssystem ist in seiner heutigen Form in einem nunmehr 25 Jahre andauernden Prozess langsam gewachsen. Am Beginn stand die Entscheidung, mit dem ersten Finanzpaket, dem Delors I-Paket für die Jahre 1988 bis 1992, ein neues System bzw. neue Strukturen zur Verabschiedung des EU-Budgets einzuführen. Diese Grundsatzentscheidung wurde notwendig durch den allgemein empfundenen Reformstau in der Phase der Eurosklerose der siebziger und achtziger Jahre in der Europäischen Gemeinschaft und sie wurde von der Europäischen Kommission mit dem großen Integrationsprojekt der achtziger Jahre, der Schaffung des Binnenmarkts und der Verabschiedung der Einheitlichen Europäischen Akte, verknüpft.[1] Mit der Bestätigung des neuen Verfahrens durch das Delors II-Paket für die Jahre 1993 bis 1999 verbunden mit kleineren Anpassungen des Finanzrahmens (wie die Verlängerung der Laufzeit von fünf auf sieben Jahre), wurde das neue Verfahren institutionalisiert. Die einmal etablierten Strukturen, Verfahren und Regeln wurden auch in den späteren Verhandlungsrunden zur Agenda 2000 für die Jahre 2000 bis 2006 und zu den beiden nachfolgenden Finanzrahmen für die Jahre 2007 bis 2013 und von 2014 bis 2020 keineswegs rein statisch prolongiert, sondern auf der Grundlage positiver bzw. negativer Erfahrungen oder institutioneller und administrativer Lernprozesse kontinuierlich, wenn auch begrenzt, modifiziert.

So stoßen die Verhandlungen regelmäßig zunächst auf Blockaden mit krisenartigen Ausprägungen. Erst in langwierigen und schwierigen Verhandlungen kann dann durch eine Vielzahl von Koppelgeschäften, häufig in der letzten Verhandlungsnacht, ein Kompromiss gefunden werden, der für alle Beteiligten tragfähig ist.

---

[1] Vgl. Johannes Lindner/Berthold Rittberger, The Creation, Interpretation and Contestation of Institutions, a. a. O.

P. Becker, *Das Finanz- und Haushaltssystem der Europäischen Union*,
DOI 10.1007/978-3-531-94283-4_6, © Springer Fachmedien Wiesbaden 2014

Da dieser Verständigung aber stets eine Krise vorangeht, wird die Einigung öffentlich zumeist als kleinster gemeinsamer Nenner wahrgenommen. Auch wenn dies sicher nicht auf jede Detailfrage zutrifft, wird der Konsens dennoch nicht als zukunftsorientierte Lösung perzipiert, sondern allenfalls als Einigung, die notwendig ist, um größeren Schaden zu vermeiden.

Jede Verhandlungsrunde über ein neues Finanzpaket stabilisiert zudem die bestehenden Strukturen und das Verfahren. Damit erhöhen sich die potentiellen politischen und ökonomischen Kosten, die mit einer grundlegenden Veränderung verbunden wären, auch wenn das Ergebnis der Verhandlungen zunehmend weniger überzeugen kann und sogar für die beteiligten Akteure unbefriedigend wurde. Diese Kosten würden nicht nur bei der Europäischen Union und ihren Organen zu Buche schlagen, sondern insbesondere bei den Mitgliedstaaten, die entweder als Nettozahler an vorhersehbaren Belastungen in Form von Zahlungen an den EU-Haushalt oder als Nettoempfänger an stabilen Zuflüssen aus den europäischen Förderpolitiken interessiert sind. Spätestens mit der Aufnahme des MFR in das europäische Primärrecht mit dem Vertrag von Lissabon wurde das Instrumentarium, das Verfahren sowie die Akteure und ihre Rollen zum Bestandteil des europäischen politischen Systems; spätestens nun scheint die Irreversibilität des derzeitigen europäischen Haushalts- und Finanzsystems erreicht.

6.1 Die Besonderheiten des europäischen Haushalts- und Finanzsystems

Ergebnis des Entwicklungsprozesses ist also ein eingespieltes Verhandlungsverfahren mit einem hohen Grad der Vorhersehbarkeit von Konfliktpunkten und nicht mehr hinterfragten Rollenzuteilungen. Dies garantiert (noch) den einvernehmlichen Abschluss der Haushaltsverhandlungen und liefert mit dem von keinem Akteur und keinem EU-Organ in Frage gestellten Konsens eine wertvolle haushaltspolitische Stabilität und Planungssicherheit für sieben Jahre. Die europäischen Haushaltsverhandlungen sind dabei stets verknüpft mit institutionellen Machtfragen und der Kompetenz- und Aufgabenverteilung zwischen der Europäischen Union und ihren Mitgliedstaaten.

Die Europäische Kommission ist regelmäßig dort erfolgreich, wo ihre Überlegungen nicht mit Mehrkosten zulasten der Mitgliedstaaten oder unmittelbar sichtbaren Umverteilungseffekten verbunden sind. Sie nutzt häufig und geschickt die gegenseitige Blockade der Mitgliedstaaten im Rat und deren einseitige Konzentration auf ihren jeweiligen Nettosaldo, um ihre politischen Zuständigkeiten und ihre Befugnisse zur Koordinierung, Steuerung oder Regulierung in spezifischen Politikbereichen auszuweiten. Die Fokussierung der Mitgliedstaaten auf Nutzen oder Kosten der europäischen Politiken und deren Finanzausstattung vermindert häufig die Politikgestaltungskapazitäten des Rats und vergrößert implizit die Gestaltungsspielräume der Kommission. Der Rat ist vor allem dann durchsetzungsstark, wenn er geschlossen agiert. Über diese Geschlossenheit verfügt er allerdings erst dann, wenn die Mitgliedstaaten im Europäischen Rat der Staats- und Regierungschefs einen tragenden Verhandlungskompromiss erreicht haben. Erst auf der Basis einer solchen Verständigung kann anschließend der Vorsitz des Ministerrats über die zur Umsetzung erforderlichen Rechtsgrundlagen mit der Delegation des Europäischen Parlaments verhandeln. Das Europäische Parlament wiederum verfügt zwar mit dem neuen Vertrag von Lissabon über deutlich gestärkte Mitwirkungsrechte bei den europäischen Haushaltsverhandlungen. Dennoch bleiben seine Möglichkeiten gegenüber einem geschlossen auftretenden Rat eher reaktiv und nur eingeschränkt politikgestaltend. Das wirkungsvollste Verhandlungsinstrument des Parlaments ist letztlich die Ablehnung des Haushaltskompromisses oder zumindest die Drohung mit einer Ablehnung. Die politischen Konsequenzen einer solchen Blockadepolitik wären allerdings kaum kalkulierbar. Zwar stünde die EU auch in einem solchen Fall nicht ohne Haushalt da; aber eine Fundamentalopposition des EP hätte sicherlich Folgen sowohl für die Verhandlungen mit dem Rat über neue Rechtsgrundlagen der Ausgabenpolitiken als auch für das Ansehen des Europäischen Parlaments in der europäischen Öffentlichkeit. In der öffentlichen Wahrnehmung müssten wahrscheinlich nicht die Regierungen der Mitgliedstaaten, sondern die Europaparlamentarier die politische Verantwortung für eine verspätete Auszahlung aus den europäischen Strukturfonds oder aus den europäischen Programmen zur Forschungsförderung oder zum Studentenaustausch übernehmen. Der politische Druck und die Last der politischen Verantwortung würde also vornehmlich bei den Europaparlamentariern spürbar. Die Drohung mit der Ablehnung des Gesamtkompromisses ist demzufolge nur begrenzt in den Verhandlungen einsetzbar und glaubwürdig.

Insofern verfügen die Europäische Kommission und die Mitgliedstaaten über die größeren Möglichkeiten zur politischen Gestaltung und für die notwendige Reform des europäischen Haushalts- und Finanzsystems. Allerdings hat bislang lediglich die EU-Kommission ihre begrenzten Reform- und Gestaltungsmöglichkeiten genutzt. Die Mitgliedstaaten im Rat haben sich hingegen zumeist im Gestrüpp des Status quo und die Fokussierung auf ihre Besitzstandswahrung verfangen.

Durch das Zusammenschnüren vieler Einzelfragen zu einem großen Verhandlungspaket konnte bisher die Kompromissfindung zwischen den gegensätzlichen nationalen und den widersprüchlichen sektoralen Interessen erleichtert und zum Teil erst möglich gemacht werden. Entscheidend für den Verhandlungsabschluss war häufig die Tatsache, dass es der Europäischen Kommission gelang, das Finanzpaket mit einem umfassenderen Projekt zur Integrationsvertiefung oder zur Erweiterung zu verbinden. Dies bedeutete jedoch nicht, dass beide Elemente des politischen Gesamtpakets – der mehrjährige Finanzrahmen und das Integrationsprojekt – immer zusammen oder auch nur zeitgleich verhandelt wurden. Vielmehr wurden häufig die Finanzierungs- von den integrationspolitischen Strukturfragen abgetrennt und in unterschiedlichen Gremien und Arenen verhandelt. Meistens wurden beide Elemente des Pakets auch nicht zeitgleich, sondern nacheinander bearbeitet. Und dennoch war allen Beteiligten klar, dass die Teile grundsätzlich zusammen gehörten und das Eine nicht ohne das Andere zu erreichen war.

Diese erfolgreiche „*linkage*"-Politik zeigte erste Krisensymptome, als es der EU-Kommission 2004 nicht gelang, den Finanzrahmen 2007–2013 mit der Lissabon-Strategie für mehr Wachstum und Beschäftigung zu verknüpfen. Ohne diese Verbindung mit einem gemeinsamen Integrationsprojekt scheint aber der ohnehin vorherrschende nationale Blick auf den eigenen Nettosaldo noch stärker die Festlegung der mitgliedstaatlichen Verhandlungspositionen zu dominieren. Die Bereitschaft der Mitgliedstaaten zum gemeinsamen Nutzen und im europäischen Interesse oder zur Implementierung eines europäischen Integrationsprojektes nationale Interessen zurück zu stellen und Kompromisse einzugehen, scheint im Verlauf der bisherigen Finanzverhandlungen abgenommen zu haben.

Die komplexe Verhandlungssituation erfordert eine ohnehin schwierige Koordinierung der verschiedenen Verhandlungsarenen und -gruppen, um zunächst im Kreis der Mitgliedstaaten eine kohärente Verhandlungsposition zu definieren. Sie umfasst Koppelgeschäfte, „*side payments*" und Paketlösungen zwischen einzelnen Politiken und Verhandlungsarenen, die auf der anderen Seite allerdings auch eine Vielzahl von Blockademöglichkeiten eröffnen. Zusätzlich erschwert wird die Kompromisssuche auch dadurch, dass die Zahl der Teilnehmer an den Verhandlungen, zwischen denen eine konsensuale Lösung ausgehandelt werden muss, mit jeder Erweiterungsrunde zugenommen hat. Mit der zunehmenden Komplexität und dem größeren Teilnehmerkreis wuchs zugleich auch die Verhandlungsdauer. Die Mitgliedstaaten und die Organe der Europäischen Union benötigen immer mehr Zeit, um alle Interessen und Verhandlungsziele auszubalancieren und zu einem angemessenen und für alle Beteiligten akzeptablen Kompromiss zusammenbinden zu können.

Eine Verständigung im Kreis der Mitgliedstaaten muss auch nach dem reformierten Verfahren des Vertrags von Lissabon im Konsens aller Mitgliedstaaten und mit Zustimmung des Europäischen Parlaments erfolgen; angesichts der politischen, ökonomischen und finanziellen Bedeutung des MFR erfolgt diese Verständigung zwischen den Mitgliedstaaten auf höchster politischer Ebene im Europäischen Rat.

Dieses Verfahren bedeutet, dass bei derzeit 28 Mitgliedstaaten die Zahl der Vetospieler extrem hoch ist. Die Aussicht auf eine umfassende Reform sinkt aber mit der Anzahl der potentiellen Vetospieler – gerade auch bei haushaltspolitischen Entscheidungen.[2]

Üblicherweise produzieren politische Verhandlungs- und Entscheidungsprozesse Gewinner und Verlierer, das heißt Gruppen, die mit dem Resultat der Verhandlungen zufrieden sind, und Gruppen, die unzufrieden sind. Ein solches Ergebnis birgt damit automatisch die Wurzel und den Anreiz zur Veränderung des Ergebnisses in sich, denn die unzufriedenen Verlierer werden versuchen, bei einer Neuauflage der Verhandlungen das Ergebnis abzuändern. Bei den europäischen Finanzverhandlungen gibt es allerdings keine sichtbaren Verlierer, da der Verhandlungsprozess im Kreis der Mitgliedstaaten nur im Konsens abgeschlossen werden kann. Hinzu kommt der unausgesprochene Grundsatz, dass bei diesen Verhandlungen auf höchster politischer Ebene kein Staats- oder Regierungschef als offenkundiger Verlierer der Verhandlungen vor die heimische Presse treten soll. Alle Akteure können sich als Gewinner präsentieren; es gibt keinen Verlierer. Damit sinkt aber auch die Anreizwirkung für Veränderungen. Darüber hinaus erfolgt die Neuauflage der Verhandlungen erst wieder in sieben Jahren. Die Umsetzung eines potentiellen Veränderungsimpulses durch einen Verlierer der letzten Verhandlungsrunde wäre formal erst nach diesem langen Zeitraum möglich.

Die europäischen Finanzverhandlungen stellen den Rahmen, in dem die großen Verteilungskonflikte in der Europäischen Union ausgetragen werden. Grundsätzlich stehen sich bei den Verhandlungen stets auf der einen Seite die Mitgliedstaaten, die auf eine verbindliche Festschreibung von Haushaltsdisziplin und eine größere Beitragsgerechtigkeit drängen, und die Mitgliedstaaten, die europäische Hilfen, finanzielle Solidarität sowie ökonomische und soziale Kohäsion fordern, auf der anderen Seite gegenüber. Alle EU-Organe, Mitgliedstaaten und die Vielzahl der europäischen Interessen- und Lobbygruppen, die von Ausgabenkürzungen oder -steigerungen in einem Politikbereich betroffen sein könnten, haben naturgemäß ebenfalls ein großes Interesse daran, ihre eigenen Prioritäten in diese Verhandlungen einzubringen und durchzusetzen.

Im Zentrum dieser Verteilungskonflikte steht die Orientierung auf den jeweiligen nationalen Nettosaldo; diese Fokussierung auf eine fiskalische Kosten-

[2] George Tsebelis, Decision making in Political Systems: Veto Players in Presidentialism, Parliamentarism, Multicameralism and Multipartyism, in: British Journal of Political Science, 1995, Vol. 25, No. 24, S. 289–325; George Tsebelis/Eric C.C. Chang, Veto players and the structure of budgets in advanced industrialized countries, in: European Journal of Political Research, 2004, Vol. 43, No. 3, S. 449–476.

Nutzen-Abwägung hat sich zum besonderen Charakteristikum der europäischen Finanzverhandlungen entwickelt. Der Saldo ist gerade wegen seiner scheinbaren Objektivität und seiner nur begrenzten Aussagekraft über die Integrationsvorteile ein relativ leicht zu errechnender und für die politische und mediale Debatte leicht zu instrumentalisierender Maßstab. Dabei führt jegliche Anpassung auf der Einnahmen- wie auch auf der Ausgabenseite des EU-Budgets potentiell zu einer Veränderung des bestehenden nationalen Nettosaldos.

Das Festhalten an den bekannten und eingespielten Verfahrensschritten, die Vermeidung grundlegender Veränderungen und umfassender Reformen liegt auch in einem doppelten Missverhältnis begründet:

1. Die potentiellen Vorteile einer strukturellen Veränderung des europäischen Haushalts- und Finanzsystems scheinen sich allenfalls langfristig einzustellen, während die vorhersehbaren Nachteile in Form von neuen Verteilungskonflikten in der EU oder einer verspäteten Einigung auf einen neuen Haushaltskompromiss sich unmittelbar im Zuge der Verhandlungen einstellen.
2. Die Interessen an und die machtpolitischen Implementierungsmöglichkeiten einer umfassenden Reform sind ungleich verteilt. Während bei einer Erhöhung der haushaltspolitischen Autonomie der EU, der Verbesserung der Flexibilität des EU-Budgets, dem Anstieg des Finanzvolumens oder einer Reform der Ausgabenpolitiken in erster Linie die EU und ihre Organe (insbesondere die Europäische Kommission) gestärkt würden und die Mitgliedstaaten auf weitere nationalstaatliche Souveränitätsrechte und innerstaatliche haushaltspolitische Gestaltungsspielräume verzichten müssten, sind es die Mitgliedstaaten, die über eine solche Stärkung der europäischen Institutionen und den Verzicht auf eigene Zuständigkeiten entscheiden.

Das Interesse an einer Abgabe von Kompetenzen und Spielräumen zugunsten der Europäischen Union und ihrer Organe, bei schweren Verteilungskonflikten während der Verhandlungen und vorhersehbaren, direkt anfallenden politischen Reformkosten für allenfalls langfristig im Gegenzug zu generierenden Integrationsgewinnen, deren Verteilung zudem nicht zu beziffern ist, ist naturgemäß im Kreis der Mitgliedstaaten nicht sehr ausgeprägt. Der besondere Charakter der Europäischen Union als Mehrebenensystem mit ihrem komplexen und intransparenten Haushalts- und Finanzsystem verstärkt diesen Anreiz, den EU-Haushalt zu erhöhen oder zumindest nicht zu verändern.

6.2 Die langfristigen Defizite des europäischen Haushalts- und Finanzsystems

Diese eingespielten Verhandlungsprozesse erschweren somit weitreichende Veränderungen und verstärken Pfadabhängigkeiten, Status-quo-Orientierung und die Dominanz der Beharrungskräfte. Bislang ist aber genau diese Balance, die Stabilität und Vorhersehbarkeit garantiert. Dies war bisher für alle beteiligten Verhandlungsakteure der entscheidende Mehrwert des Bestehenden. Es sind die bekannten Verhandlungsstrukturen, die sie über die häufig im Detail unbefriedigenden Verhandlungsergebnisse hinwegsehen lässt.

Eine Konsequenz dieser Politik ist allerdings die Fokussierung aller Akteure auf die Nettosaldo-Logik. Eine Haushaltsposition im mehrjährigen Finanzrahmen wird nicht mehr danach bewertet, ob eine gemeinsame europäische Politik einen europäischen Mehrwert erzielen kann. Stattdessen steht im Vordergrund, ob der jeweilige Mitgliedstaat in diesem oder einem anderen Politikbereich mit hohen Rückflussquoten rechnen kann.

Das Denken in Nettosaldo-Kategorien hat mittel- bis langfristig jedoch negative Konsequenzen. Bei der Festlegung, wofür die EU ihr Geld ausgeben soll, dominiert eine von kurzfristigen fiskalischen Kosten-Nutzen-Kalkulationen bestimmte Bilanz. Die Frage nach der Sinnhaftigkeit und längerfristigen Vorteilen von Aufgaben und Ausgaben wird darüber vernachlässigt. Das Kriterium des gemeinsamen europäischen Mehrwerts bleibt ohne großen Einfluss auf die jeweilige nationale Verhandlungsführung. Verstärkt wird diese Wirkung der Nettosaldo-Logik durch die Funktion des mehrjährigen Finanzrahmens, die widersprüchlichen Interessen der Mitgliedstaaten bei umstrittenen integrationspolitischen Entscheidungen zu einem Ausgleich zu bringen bzw. um die Zugeständnisse eines Mitgliedstaates auf einem anderen Verhandlungsfeld mit Leistungen aus dem EU-Budget zugunsten dieses Mitgliedstaates aufwiegen zu können. Insofern hatten und haben die Paketverhandlungen selbstverständlich stets auch eine wichtige kompensatorische Funktion.

Zu dieser Kompensationsfunktion kommt hinzu, dass die EU bereits heute von extremen ökonomischen und sozialen Unterschieden zwischen ihren Mitgliedern gekennzeichnet ist. Dies führt dazu, dass die Erwartungen und Ansprüche an die Union eher wachsen werden, das Redistributionsvolumen weiter steigen wird und neue Ausgleichsmechanismen entwickelt werden. Zugleich sieht sich die EU zunehmend als Akteur der internationalen Politik angesprochen. Auch diese Erwartungen von Nachbarstaaten und internationalen Partnern an die Handlungsfähigkeit der europäischen Politik führen zwangsläufig zu einem erhöhten Finanzbedarf der EU. Das Verteilungsvolumen über den EU-Haushalt wird also potentiell weiter zunehmen, ohne dass die Qualität und der gemeinsame Mehrwert der Ausgabenprioritäten wirklich verbessert werden.

Die Nettosaldologik und die von nationalen Fiskalinteressen dominierten Bewertungsmaßstäbe verhindern so Lösungen, die sich an einem gemeinsamen europäischen Interesse orientieren. Zusammenfassend sind folgende Defizite am bestehenden System des europäischen Finanzrahmens festzuhalten:

1. *Die hybride Konstruktion des Finanzierungssystems von gemeinschaftlichen Eigenmitteln und mitgliedstaatlichen Abführungen verstärkt das Nettosaldodenken.*

Die Bezeichnung der EU-Einnahmequellen als „Eigenmittel" ist irreführend: Die Union ist bei der Festlegung ihres Finanzierungsmodus nicht autonom; rund 90 % der Finanzmittel werden aus den nationalen Haushalten an den EU-Haushalt abgeführt. Die Europäische Union kann nicht über wirklich eigene Mittel verfügen; sie ist von der Bereitschaft ihrer Mitglieder abhängig, das Budget mit ausreichenden nationalen Ressourcen zu füllen. Die EU ist insofern auch nicht frei, über ihre Ausgabenschwerpunkte und damit ihre politischen Prioritäten wirklich autonom entscheiden zu können.

2. *Dieses Finanzierungssystem induziert unterschiedliche Anreize für die beiden Teile der EU-Haushaltsbehörde – das Europäische Parlament und den Ministerrat.*

Durch die BNE-Eigenmittelquelle ist das erforderliche Finanzvolumen stets verfügbar, das zur Erfüllung der auf die EU übertragenen Aufgaben und zur Umsetzung der selbstgesteckten Ziele benötigt wird. Die eigentliche Begrenzung des Volumens wird durch die Eigenmittelobergrenze im Eigenmittelbeschluss und in den Ausgabenrubriken des Finanzrahmens gezogen. Während die Mitgliedstaaten im Rat ein Interesse an der Beschränkung der Ausgaben und an der Einhaltung der Haushaltsdisziplin haben, eröffnen sich dem Europäischen Parlament und der Kommission über die Ausgabenseite neue politische Gestaltungsspielräume, ohne dass sie für die Erhebung der Finanzmittel auf der Einnahmenseite verantwortlich wären.

3. *Die graduelle Weiterentwicklung des Systems hat zu einer stetig zunehmenden Intransparenz und Komplexität geführt.*

Jede der drei Finanzierungsquellen auf der Einnahmenseite und die Prioritätensetzungen auf der Ausgabenseite sind mit einer ganzen Reihe von Ausnahmen und Sonderregelungen verbunden, die zwar die schwierige Kompromissfindung bei den Verhandlungen über den Finanzrahmen erleichtern, aber keineswegs dem Gebot der Transparenz, der Überschaubarkeit und der Verständlichkeit entsprechen. Die zahlreichen Sonderregeln haben vielmehr die vorrangige Funktion, einen

Ausgleich zwischen den nationalen Interessen der Mitgliedstaaten zu ermöglichen. Die Einführung neuer „Stellschrauben" bzw. die Nachjustierung vorhandener Mechanismen bringt zwangsläufig zusätzliche Sonderregelungen mit sich und bedingt damit eine wachsende Komplexität des gesamten Systems. Die Verfestigung von einmal eingeführten Sonderregelungen und die deutliche Ausweitung dieser irregulären Leistungszusagen birgt langfristig eine doppelte Gefahr:

- Die Komplexität und Intransparenz des EU-Finanzrahmens wird weiter zunehmen; die europäische Förderpolitik läuft Gefahr, noch deutlicher als bisher nach fiskalischen Kriterien ausgehandelt zu werden. Der gemeinschaftliche Nutzen für die EU insgesamt tritt zunehmend in den Hintergrund.
- Der Missbrauch der EU-Förderprogramme zur Feinjustierung nationaler Nettosaldobilanzen bedeutet nicht nur eine Aufweichung der objektiven Förderkriterien, sondern auch eine Relativierung gemeinsamer europäischer Standards. Die Bezugsberechtigung wird zur politischen Verhandlungsmasse und droht, beliebig zu werden.

Folge dieser systemisch angelegten Tendenz zu Intransparenz und Komplexität ist die vorrangige Orientierung aller Akteure auf die Auflösung komplizierter Verhandlungssituationen und nicht auf die Rationalität des EU-Haushalts oder gar den Aufbau eines föderativen Budgets.

4. *Der EU-Haushalt verliert mittelfristig seine Flexibilität und Anpassungsfähigkeit und die Europäische Union läuft Gefahr, langfristig die Zustimmung ihrer Bevölkerung zu verlieren, ohne darauf angemessen reagieren zu können.*

Die für den politischen Konsens notwendige Komplexität und Intransparenz bedeutet für den Unionsbürger, dass sowohl die Finanzierungskosten der EU als auch die Legitimation der europäischen Ausgabenpolitik und die Verantwortlichkeiten für diese Politik unverständlich bleiben. Hingegen bleiben die Folgen der systemisch angelegten Ineffizienz, die regelmäßig in Presseberichten über unnötige Förderprogramme aus dem EU-Haushalt oder sinnlose Einzelprojekte dokumentiert werden, im Bewusstsein der nationalen Steuerzahler präsent. Durch die Zementierung der derzeitigen Strukturen und Sonderregelungen wird die Anpassungsfähigkeit der europäischen Politiken an veränderte Rahmenbedingungen erschwert. Die Neuausrichtung der EU-Ausgaben und die Verständigung auf neue Ausgabenziele wird fast unmöglich, denn jeder Mitgliedstaat bewertet neue Vorschläge, also Veränderungen des Status quo, selbstverständlich zunächst an den Auswirkungen auf den nationalen Nettosaldo. Die politischen Gestaltungsspielräume von und für europäische Politik werden so potentiell kleiner werden. Eine mögliche negative integrationspolitische Langzeitfolge dieser Politik könnten darüber hinaus weiter sinkende Zustimmungsraten zur EU sein.

6.3 Reformpolitik der kleinen Schritte oder auf dem Weg zur Fiskalunion?

Mit ihrer Verfestigung im europäischen politischen System liefert die europäische Haushalts- und Finanzpolitik inzwischen keinen Anlass mehr für die institutionellen Machtkämpfe zwischen den EU-Organen der siebziger Jahre. Vielmehr dominieren inzwischen eine deutliche Orientierung auf den Status quo und eine Abneigung gegenüber tiefgreifenden Reformprozessen. Die Verhandlungsteilnehmer ziehen die vorhersehbare und planbare Verständigung auf den kleinsten gemeinsamen Nenner den vorhersehbaren Konflikten im Zuge eines (über)ambitionierten Reformversuchs für einen modernisierten EU-Haushalt vor, der womöglich auch das Risiko eines Scheiterns der Verhandlungen in sich bergen würde. Die suboptimale Stabilität und Vorhersehbarkeit eines Kompromisses wiegt schwerer als die Unsicherheit und Unkalkulierbarkeit europäischer Grundsatzverhandlungen.

Dennoch haben auch diese Politik und das relativ stabile System der mehrjährigen Finanzrahmen Reformen ermöglicht – wenn auch über eine längere Zeitspanne und mit Hilfe vieler kleiner Schritte im Verlauf des Prozesses. So konnte die Gemeinsame Agrarpolitik grundlegend umgestaltet werden und auch die Kohäsionspolitik wurde auf die neuen Ziele der Europa 2020-Strategie für mehr Wachstum, Beschäftigung und Wettbewerbsfähigkeit neu ausgerichtet. Der erste Schritt war die langsame Verringerung der Ressourcenausstattung der GAP und der Kohäsionspolitik und damit verbunden sozusagen eine langsame „Subventionsentwöhnung". Hinzu kam als zweiter Schritt die Neuausrichtung der Politiken auf neue Förderziele, also eine längerfristige Verschiebung der inhaltlichen Schwerpunkte der Agrar- und der Kohäsionspolitik auf Förderziele, die einen europäischen Mehrwert versprechen.

Die europäischen Fördergelder werden künftig vor allem genutzt werden, um Wirtschaftswachstum zu generieren und die Wettbewerbsfähigkeit zu verbessern, ohne die Flexibilität der nationalen und regionalen Förderschwerpunkte übermäßig einzuschränken. Die Verknüpfung der Förderpolitiken mit den europäischen klima- und energiepolitischen Zielen, z. B. durch die Fixierung der „*greening*"-Komponente bei den Direktzahlungen in der GAP oder die verbindliche Vorgabe von Förderzielen bei den Strukturfonds, ist eine zusätzliche institutionelle Absicherung des langsamen funktionalen Wandels. Die Haushaltsrubriken bleiben formell unangetastet und ihre Symbolik bleibt erhalten, der Inhalt der Politiken jedoch verändert sich langsam und wird schrittweise umorientiert. Erst am Ende des längeren Reformprozesses und des langsamen finanziellen „Entwöhnungsprozesses" kann schließlich die Neu-Definition der Politiken stehen, die dann aber kaum mehr als eine grundsätzliche Richtungsentscheidung verstanden wird. Das Risiko der Blockade wird also langfristig immer weiter minimiert.

Diese Reformen waren nur innerhalb des vorgegebenen finanziellen und rechtlichen Rahmens möglich. Ein grundlegender Umbau der vorhandenen Systematik des mehrjährigen Finanzrahmens erscheint hingegen kaum möglich. Denn ein solcher Neuanfang würde auch den langsam, in einem nunmehr 25-jährigen Prozess aufgebauten Interessenausgleich zwischen Nettoempfängern und -zahlern im Kreis der Mitgliedstaaten und auch das fein austarierte und stets aufs Neue behutsam auszubalancierende Machtgleichgewicht zwischen den EU-Organen, also insbesondere zwischen dem Rat und dem Europäischen Parlament, in Frage stellen.

Auch die bislang größte Herausforderung für den Zusammenhalt der Europäischen Union und die Stabilität dieses jungen politischen Systems, die im Jahr 2008 ausgelöste und noch immer schwelende Wirtschafts-, Finanz- und Beschäftigungskrise hat keine grundlegende Reform des europäischen Haushalts- und Finanzierungssystems angestoßen. Die Krise stellte nicht nur die Existenz der gemeinsamen Währung und die Zusammensetzung der Eurozone auf den Prüfstand, sie führte zu immensen ökonomischen und sozialen Verwerfungen mit einer deutlich angestiegenen Arbeitslosigkeit und insbesondere einer drastischen Jugendarbeitslosigkeit. Sie hinterfragte implizit auch die Legitimität des gesamten europäischen Integrationsprozesses und damit die grundsätzliche Zustimmung der europäischen Gesellschaften zu diesem Prozess. Dennoch konnte selbst diese tiefe Krise mit ihren weitreichenden politischen, ökonomischen und sozialen Folgen keine fundamentale Umorientierung der europäischen Ausgabepolitiken auslösen. Sie wurde nicht genutzt, um über veränderte budgetäre Herausforderungen sowie die Sinnhaftigkeit und die Angemessenheit europäischer Ausgaben zu entscheiden oder um über neue Formen eines europäischen fiskalischen Föderalismus zu diskutieren. Die Ansätze und Schlüsselbegriffe des letzten Versuchs einer offenen und breiten Debatte über den europäischen Haushalt, also die Suche nach einem europäischen Mehrwert und neue Formen der europäischen Solidarität mithilfe des Budgets, spielten kaum eine Rolle im Verhandlungsprozess. Sie wurden lediglich genutzt, um die nationalen Verhandlungspositionen entweder im Sinne reduzierter Zahlungen an das EU-Budget zu rechtfertigen, oder als Begründung, um für zusätzliche Fördergelder aus Brüssel zu werben. Die EU war nicht in der Lage, ihren Haushalt an die besonderen Herausforderungen der Krise anzupassen. Das EU-Budget und die bestehenden europäischen Förderpolitiken erlauben es kaum, angemessen, zügig und problemorientiert auf die Krise in einzelnen Mitgliedstaaten zu reagieren. Das Volumen des EU-Haushalts ist offenkundig zu gering, um als konjunkturpolitisches Kriseninstrument zu taugen. Hinzu kommt, dass die Ausgabenprioritäten des mehrjährigen Finanzrahmens nicht auf konjunkturelle Krisen oder plötzliche wirtschaftliche Schocks ausgerichtet sind. Die Stärke, die Funktion und der Sinn der europäischen Politiken liegen vielmehr in ihrem begrenzten und vorhersehbaren Umfang sowie ihrer auf langfristige Prozesse angelegten Struktur.

Die EU hat zwar ihre Handlungs- und die Organe ihre Kompromissfähigkeit in Zeiten der Krise bewiesen. Nur minimal und in kleinen Schritten wurden jedoch die Prioritäten auf der Ausgabenseite modifiziert und auf neue Ziele ausgerichtet. Auf der Einnahmeseite wurde allenfalls der Einstieg in einen Reformprozess vereinbart. Sowohl der Verhandlungsprozess als auch das Ergebnis der Verhandlungen über den mehrjährigen Finanzrahmen 2014–2020 waren von einer überdeutlichen Kontinuität und Pfadabhängigkeit gekennzeichnet. Wenn aber diese tiefe und für alle Unionsbürger spürbare Krise nicht die Bereitschaft zu einer grundsätzlichen Reform oder einer neuen Begründung für die bestehende Systematik des mehrjährigen Finanzrahmens erhöhen konnte, so scheint bis auf Weiteres die Politik der kleinen Schritte und der begrenzten Anpassungen die einzig realistische und umsetzbare Politik zu sein.

Andererseits haben die Europäische Union und insbesondere die Eurozone und die Europäische Zentralbank (EZB) relativ schnell mit großen Rettungspaketen und Hilfsmaßnahmen auf die Krise reagiert und den Zusammenhalt der Eurozone und den Erhalt der gemeinsamen Währung in den Mittelpunkt ihrer Anstrengungen gestellt. Mit den finanziellen Transfers in Form von Krediten zugunsten von Mitgliedstaaten der Eurozone, die in eine fiskalische Schieflage geraten waren, den neuen Überwachungsmechanismen über die nationale Haushalte und schließlich mit der Einrichtung des ständigen Europäischen Stabilitätsmechanismus (ESM) befindet sich Europäische Union, zumindest aber die Eurozone, auf dem Weg zu einer europäischen Fiskalunion.

Inzwischen wird zur Festigung der gemeinsamen Währung und zur Flankierung der für erforderlich erachteten wirtschaftspolitischen Strukturreformen über eine europäische Fiskalkapazität oder einen Solidaritätsmechanismus diskutiert. Während die Europäische Kommission dieses neue fiskalische Instrument als Teil des EU-Haushalts verstanden wissen will, sprachen sich einige Regierungen und Beobachter für einen speziellen Eurozonen-Haushalt aus. Allerdings wäre auch ein solcher Eurozonen-Haushalt nur ein erster kleiner Schritt auf dem Weg zu einer „föderalen Finanzverfassung" der Europäischen Union. Denn mit einem solchen Budget würden nicht gemeinschaftliche europäische Politiken finanziert, sondern vielmehr Politiken mit europäischen Geldern gefördert, über die weiterhin auf nationaler Ebene entschieden würde.

Literatur

Ackrill, Robert/Kay, Adrian, Historical-institutionalist perspectives on the development of the EU budget system, in: Journal of European Public Policy, 2006, Vol. 13, No. 1, S. 113–133.

Ahner, Dirk, Die agrarpolitischen Aspekte der Agenda 2000, in: Wittschorek, Peter (Hrsg.), Agenda 2000. Herausforderungen an die Europäische Union und an Deutschland, Baden-Baden 1999, S. 47–58.

Allen, David, Cohesion and Structural Funds, in: Wallace, Helen/Wallace, William (Hrsg.), Policy-Making in the EU, 4. Aufl., Oxford 2000, S. 243–265.

Allen, David, The Structural Funds and Cohesion Policy. Extending the Bargain to Meet the New Challenge, in: Wallace, Helen/Pollack, Mark A./Young, Alasdair R. (Hrsg.), Policy-making in the European Union, 6. Aufl., Oxford 2010, S. 229–252.

Anderson, Jeffrey, German Unification and the Union of Europe, Cambridge 1999.

Axt, Heinz-Jürgen, Zur Einführung: Reformbemühungen in schwierigem politischem Terrain, in: Axt, Heinz-Jürgen (Hrsg.), Agenda 2000 – eine gute Grundlage für die Reform der EU-Strukturpolitik?, Duisburger Materialien zur Politik- und Verwaltungswissenschaft, Nr. 21, 1999, S. 7–27.

Axt, Heinz-Jürgen, EU-Strukturpolitik. Eine Einführung in die Politik des wirtschaftlichen und sozialen Zusammenhalts, Opladen 2000.

Axt, Heinz-Jürgen, Solidarität und Wettbewerb. Die Reform der EU-Strukturpolitik. Strategien für Europa, Gütersloh 2000.

Bachtler, John/Mendez, Carlos, Who governs EU Cohesion Policy? Deconstructing the Reforms of the Structural Funds, in: Journal of Common Market Studies, 2007, Vol. 45, No. 3, S. 535–564.

Bailey, David/de Propris, Lisa, The 1988 reform of the European Structural Funds: entitlement or empowerment?, in: Journal of European Public Policy, 2002, Vol. 9, No. 3, S. 408–428.

Baldwin, Richard, The Real Budget Battle, Centre for European Policy Studies (CEPS), CEPS Policy Brief Nr. 75, Brüssel, Juni 2005.

Bartsch, Stephan, Mittel- und Osteuropa und die gesamteuropäische Integration. Wirtschaftliche Fragen, Probleme und Chancen, in: Osteuropa, 1998, 48. Jg., Heft 8–9, S. 954–968.

DOI 10.1007/978-3-531-94283-4, © Springer Fachmedien Wiesbaden 2014

Baun, Michael J., A Wider Europe. The Process and Politics of European Union Enlargement, Lanham u. a., 2000.

Becker, Peter, Die Reformbereitschaft der Europäischen Union auf dem Prüfstand – die Agenda 2000, in: Lippert, Barbara (Hrsg.), Osterweiterung der Europäischen Union – die doppelte Reifeprüfung, Bonn 2000, S. 61–104.

Becker, Peter, Die EU-Finanzverhandlungen vor der dritten Phase – Die Rolle des Europäischen Parlaments, in: Maurer, Andreas/Nickel, Dietmar (Hrsg.), Das Europäische Parlament. Supranationalität, Repräsentation und Legitimation, Baden-Baden 2005, S. 179–199.

Becker, Peter, Der EU-Finanzrahmen 2007–2013. Auf dem Weg zu einer europäischen Finanzverfassung oder Fortsetzung der nationalen Nettosaldopolitik? SWP-Studie 2005/S 36, Berlin, November 2005.

Becker, Peter, Fortschreibung des Status Quo – Die EU und ihr neuer Finanzrahmen, in: integration, 2006, 29. Jg., H. 2, S. 106–121.

Becker, Peter, Auf dem Weg zur Reform des EU-Haushalts. Eine Zwischenbilanz des Konsultationsprozesses, SWP-Aktuell 2008/A 57, Berlin, Juni 2008.

Becker, Peter, Die europäische Kohäsionspolitik und ihre Modernisierung, SWP-Studien 2009/S 05, Berlin, März 2009.

Becker, Peter, Auf dem Weg zu einer neuen Finanzverfassung – Vom Verfassungskonvent zum Vertrag von Lissabon, in: Leiße, Olaf (Hrsg.), Die Europäische Union nach dem Vertrag von Lissabon, Wiesbaden 2010, S. 234–251.

Becker, Peter, 2010, Kräftemessen zwischen EP und Rat um den EU-Haushalt 2011, SWP-Aktuell 83, Berlin, Dezember 2010.

Becker, Peter, Integration ohne Plan – Die neue EU-Wachstumsstrategie „Europa 2020", in: Zeitschrift für Politikwissenschaft, 2011, Jg. 21, H. 1, S. 67–91.

Becker, Peter, Die EU-Wachstumsstrategie „Europa 2020" Der Prozess als Ziel, SWP-Studien 2011/S 06, Berlin 2011.

Becker, Peter, The European Budget and the Principles of Solidarity and Added Value, in: The International Spectator, 2012, Vol. 47, No. 3, S. 116–129.

Becker, Peter, Die künftige Kohäsionspolitik 2014–2020– Vom Zeichen der innergemeinschaftlichen Solidarität zum Instrument für mehr Wachstum und Beschäftigung, in: Europäisches Zentrum für Föderalismus-Forschung Tübingen (Hrsg.), Jahrbuch des Föderalismus 2013, Baden-Baden 2013, S. 531–545.

Becker, Peter/Leiße, Olaf, Die Zukunft Europas. Der Konvent zur Zukunft der Europäischen Union, Wiesbaden 2005.

Becker, Peter/Rudloff, Bettina, Hohe Ausgaben verlangen nach neuer Legitimation – Die Gemeinsame Agrarpolitik und die Kohäsionspolitik, in: Bendiek, Annegret/Lippert, Barbara/Schwarzer, Daniela (Hrsg.), Entwicklungsperspektiven der EU. Herausforderungen für die deutsche Europapolitik, SWP-Studien 2011/S 18, Berlin, Juli 2011, S. 49–59.

Begg, Iain/Grimwalde, Nigel/Price, Peter, Die Eigenmittel der Europäischen Union: Analyse und Entwicklungsmöglichkeiten, Europäisches Parlament, Generaldirektion Wirtschaft, Arbeitsdokument, September 1997.

Begg, Iain/Enderlein, Henrik/Le Cacheux, Jacques/Mrak, Mojmir, Financing of the European Union Budget, Study for European Commission, Directorate General for Budget (final report), Brüssel, 29.4.2008.

Benedetto, Giacomo/Hoyland, Bjorn, The EU Annual Budgetary Procedure: The Existing Rules and Proposed Reforms of the Convention and the Intergovernmental Conference, in: Journal of Common Market Studies, 2007, Vol. 45, No. 3, S. 565–587.

Benedetto, Giacomo/Milio, Simona (Hrsg.), The European Union Budget Reform. Institutions, Policy and Economic Crisis, Houndsmill 2012.

Biehl, Dieter, Ein substantielles, aber begrenztes Reformpaket – zum Brüsseler Reformgipfel, in: integration, 1988, 11. Jg., H. 2, S. 64–74.

Biehl, Dieter, Die EG-Finanzverfassung, in: Wildenmann, Rudolf (Hrsg.), Die Staatswerdung Europas. Optionen für eine Europäische Union, Baden-Baden 1991, S. 355–392.

Biehl, Dieter/Winter, Horst, Die EG-Finanzierung aus föderalistischer Perspektive, in: Bertelsmann-Stiftung (Hrsg.), Europa finanzieren – ein föderalistisches Modell, Strategien und Optionen für die Zukunft Europas, Gütersloh 1990, S. 23–130.

Bertelsmann Stiftung, The European Added Value of EU Spending: Can the EU help its Member States to save money?, Gütersloh 2013

Beugelsdijk, Maaike/Eijfinger, Sylvester C.W., The Effectiveness of Structural Policy in the European Union: An Empirical Analysis for the EU-15 in 1995–2001, in: Journal of Common Market Studies, 2005, Vol. 43, No. 1, S. 37–51.

Blankart, Charles B./Koester, Gerrit B., Stillstand trotz Reform – die politische Ökonomie des EU-Haushalts von Rom bis Lissabon, in: Konrad, Kai A./Lohse, Tim (Hrsg.), Einnahmen- und Steuerpolitik in Europa: Herausforderungen und Chancen, Frankfurt/Main 2009, S. 13–46.

Blankart, Charles B./Koester, Gerrit B., The Lisbon Treaty, the Financial Crisis and Exit from the Budget Gridlock, in: Benedetto, Giacomo/Milio, Simona (Hrsg.), The European Union Budget Reform. Institutions, Policy and Economic Crisis, Houndsmill 2012, S. 79–99.

Blom-Hansen, Jens, Principals, agents, and the implication of EU cohesion policy, in: Journal of European Public Policy, 2005, Vol. 12, No. 4, S. 624–648.

Bradley, John/Untiedt, Gerhard, EU Cohesion Policy and „Conditional" Effectiveness: What Do Cross-section Regressions Tell Us?, Münster, Mai 2008 (GEFRA Working Paper 4).

Bundesministerium der Finanzen, Symmetrische Finanzpolitik 2010, Bonn, August 1998.

Bundesministerium der Finanzen, Ein Haushalt für Europa. Stellungnahme des Wissenschaftlichen Beirats zum neuen mehrjährigen Finanzrahmen der EU 2014–2020, Gutachten 3/2012, Berlin, November 2012.

Bundesministerium für Wirtschaft und Technologie, Gutachten des Wissenschaftlichen Beirats beim Bundesministerium für Wirtschaft und Technologie, Neuordnung des Finanzierungssystems der Europäischen Gemeinschaft, BMWA-Studienreihe 455, Gutachten vom 18./19. Dezember 1998, Bonn, 7. Januar 1999.

Caesar, Rolf (Hrsg.), Zur Reform der Finanzverfassung und Strukturpolitik der EU, Baden-Baden 1997.

Caesar, Rolf, Die deutsche Nettozahlerposition – Eine Koalition zu Lasten Dritter?, in: Caesar, Rolf (Hrsg.), Zur Reform der Finanzverfassung und Strukturpolitik der EU, Baden-Baden 1997, S. 161–180.

Caesar, Rolf, An EU Tax? – Not a Good Idea, in: Intereconomics, 2001, Vol. 36, Nr. 5, S. 231–233.

Caesar, Rolf, Die Finanzwirtschaft der EU – „Historisches Relikt" oder solide Zukunftsbasis?, in: Zeitschrift für Politik, 2006, 53. Jg., Nr. 3, S. 333–352.

Caesar, Rolf, Der „Budget Review“ 2008/2009: Durchgreifende Reformen im EU-Haushalt?, in: Wirtschaftsdienst, 2008, 88. Jg., Nr. 5, S. 317–321.

Caesar, Rolf/Scharrer, Hans-Eckart (Hrsg.), Maastricht: Königsweg oder Irrweg zur Wirtschafts- und Währungsunion, Bonn 1994.

Caesar, Rolf/Lammers, Konrad/Scharrer, Hans-Eckart (Hrsg.), Europa auf dem Weg zum wettbewerbsfähigsten und dynamischsten Wirtschaftsraum der Welt? Eine Zwischenbilanz der Lissabon-Strategie, Baden-Baden 2005.

Cappelen, Aadne/Castellacci, Fulvio/Fagerberg, Jan/Verspagen, Bart, The Impact of EU Regional Support on Growth and Convergence in the European Union, in: Journal of Common Market Studies, 2003, Vol. 41, No. 4, S. 621–644.

Clostermeyer, Claus-Peter, Deutschland – Zahlmeister Europas?, in: Caesar, Rolf (Hrsg.), Zur Reform der Finanzverfassung und Strukturpolitik der EU, Baden-Baden 1997, S. 141–152.

Cuny, Reinhard H., Reform der Europäischen Strukturfonds, in: Wirtschaftsdienst, 1997, 77. Jg., Nr. 4, S. 227–233.

Daugbjerg, Carsten, Sequencing in public policy: the evolution of the CAP over a decade, in: Journal of European Public Policy, 2009, Vol. 16, No. 3, S. 395–411.

Daugbjerg, Carsten/Swinbank, Alan, The CAP and EU Enlargement: Prospects for an Alternative Strategy to avoid the Lock-in of CAP-Support, in: Journal of Common Market Studies, 2004, Vol. 42, No. 1, S. 99–119.

Deffaa, Walter, Deutschland – „Zahlmeister“ Europas?, in: Caesar, Rolf (Hrsg.), Zur Reform der Finanzverfassung und Strukturpolitik der EU, Baden-Baden 1997, S. 153–160.

Deffaa, Walter/Zangl, Peter, Haushaltspolitik, in: Weidenfeld, Werner/Wessels, Wolfgang (Hrsg.), Jahrbuch der Europäischen Integration 1994/95, Bonn 1995, S. 123–130.

Denton, Geoffrey, Der Beitrag Großbritanniens zum EG-Haushalt – eine Untersuchung aus britischer Sicht, in: integration, 1979, 3. Jg., H. 4, S. 149–165.

Deutsche Bundesbank, Die Finanzbeziehungen der Bundesrepublik Deutschland zu den Europäischen Gemeinschaften seit dem Jahr 1988, in: Deutsche Bundesbank, Monatsbericht, November 1993, S. 61–78.

Deutsche Bundesbank, Neuere Tendenzen in den Finanzbeziehungen Deutschlands zur Europäischen Union, in: Deutsche Bundesbank, Monatsbericht, Juli 1999, S. 59–74.

Deutsche Bundesbank, Die Finanzbeziehungen Deutschlands zum EU-Haushalts, in: Deutsche Bundesbank, Monatsbericht, Oktober 2005, S. 17–32.

Dietz, Thomas, Postmoderne und europäische Integration, in: Zeitschrift für Internationale Beziehungen, 1996, 3. Jg., H. 2, S. 255–281.

Draheim, Antje, Probleme der finanzpolitischen Willensbildung in Europa. Eine kritische Analyse der europäischen Haushalts- und Finanzverfassung, Frankfurt/M. 2004.

ECORYS Nederland BV, Netherlands Bureau for Economic Policy Analysis (Den Haag)/Institut für Wirtschaftsforschung (IFO, München), Eine Studie zu den Ausgaben der EU, im Auftrag der Europäischen Kommission, Generaldirektion Haushalt, Rotterdam, 24.6.2008.

Ehlermann, Claus-Dieter, Die Beschlüsse des Brüsseler Sondergipfels: Erfolg einer Gesamtstrategie der Delors-Kommission, in: integration, 1988, 11. Jg., H. 2, S. 56–63.

Eiselt, Isabella, What is wrong with EU cohesion policy? Observations of an overambitious policy design, in: Institut für Europäische Integrationsforschung, EIF Working Paper, Nr. 29, 2007.

Eiselt, Isabella/Pollak, Johannes/Slominski, Peter, Codifying temporary Stability? The Role of Interinstitutional Agreements in Budgetary Politics, in: European Law Journal, 2007, Jg. 13, No. 1, S. 75–91.

Eiselt, Isabella/Pollak, Johannes/Slominski, Peter, Zwischen Konflikt und Kooperation. Zur interinstitutionellen Interaktion im EU-Haushaltsverfahren, in: Kietz, Daniela/Slominski, Peter/Maurer, Andreas/Puntscher-Riekmann, Sonja (Hrsg.), Interinstitutionelle Vereinbarungen in der Europäischen Union. Wegbereiter der Verfassungsentwicklung, Baden-Baden, 2010, S. 225–251.

Enderlein, Henrik/Lindner, Johannes/Calvo-Gonzalez, Oscar/Ritter, Raymond, The EU Budget, How much scope for institutional reform, European Central Bank, Occasional Paper Nr. 27, April 2005.

Engel, Christian, Der Europäische Rat, in: Weidenfeld, Werner/Wessels, Wolfgang (Hrsg.), Jahrbuch der Europäischen Integration 1997/98, Bonn 1998, S. 53–62.

Eriksson, Jonas/Karlsson, Bengt O./Tarschys, Daniel (Hrsg.), From Policy Takers to Policy Makers. Adapting EU cohesion Policy to the Needs of the New Member States, Swedish Institute for European Policy Studies (SIEPS), Stockholm 2005.

Feld, Lars P., Nettozahler Deutschland? Eine ehrliche Kosten-Nutzen-Rechnung, in: Wessels, Wolfgang/Diedrichs, Udo (Hrsg.), Die neue Europäische Union: Im vitalen Interesse Deutschlands? Studie zu Kosten und Nutzen der Europäischen Union für die Bundesrepublik Deutschland, Berlin 2006, S. 93–113.

Feld, Lars P., Das Finanzierungssystem der EU und die Nettozahlerdebatte, in: Wirtschaftsdienst, 87. Jg., 2007, Nr. 2, S. 114–120.

Feld, Lars P., Zum zukünftigen Finanzrahmen der EU, in: Konrad, Kai A./Lohse, Tim (Hrsg.), Einnahmen- und Steuerpolitik in Europa: Herausforderungen und Chancen, Frankfurt/Main 2009, S. 133–149.

Feld, Lars P./Schnellenbach, Jan, Das Finanzierungssystem der EU und die Nettozahlerdebatte, in Wirtschaftsdienst, 2007, 87. Jg., H. 2, S. 114–120.

Feld, Lars P./Necker, Sarah, Fiskalföderalismus in der Europäischen Union: Herausforderungen für die Reform der Finanzverfassung der EU, Brüssel 2010.

Feld, Werner, West Germany and the European Community. Changing Interests and Competing Policy Objectives, New York 1981.

Fischer, Joschka, Die rot-grünen Jahre. Deutsche Außenpolitik vom Kosovo bis zum 11. September, München 2008 (Taschenbuch-Ausgabe).

Folkers, Cay, Welches Finanzausgleichsystem braucht Europa", in: Karl, Helmut/Henrichsmeyer, Wilhelm (Hrsg.), Regionalentwicklung im Prozess der Europäischen Integration, Bonn 1995, S. 87–108.

Franzmeyer, Fritz, Erfordert die Errichtung der europäischen Wirtschafts- und Währungsunion den Ausbau der gemeinschaftlichen Kohäsionspolitik?, in: Caesar, Rolf/Scharrer, Hans-Eckart (Hrsg.), Maastricht: Königsweg oder Irrweg zur Wirtschafts- und Währungsunion, Bonn 1994, S. 290–304.

Friis, Lykke/Murphy, Anna, Amsterdam-Luxembourg. Express or slow train to meeting enlargement and legitimacy?, DUPI-Working Paper 1998/5, Kopenhagen 1998.

Funke, Ole/Seifert, Jan, Haushaltspolitik, in: Weidenfeld, Werner/Wessels, Wolfgang (Hrsg.), Jahrbuch der Europäischen Integration 2010, Baden-Baden 2011, S. 157–166.

Gaddum, Eckart, Die deutsche Europapolitik in den 80er Jahren. Interessen, Konflikte und Entscheidungen der Regierung Kohl, Paderborn u. a. 1994.

Galloway, David, Agenda 2000 – Packaging the Deal, in: Journal of Common Market Studies, 1999, Vol. 37, Annual Review, S. 9–35.

Genscher, Hans-Dietrich, Erinnerungen, Berlin 1995.

Grabbe, Heather/Hughes, Kirsty, Enlarging the EU eastwards, London 1998.

Gros, Daniel, How to Achieve a Better Budget for the European Union?, in: Centre for European Policy Studies, CEPS Working Document No. 289, April 2008.

Gros, Daniel/Micossi, Stefano, A better budget for the European Union. More Value for money, more money for value, in: Centre for European Policy Studies, CEPS policy brief Nr. 66, Februar 2005.

Grossekettler, Heinz, Finanzausgleich über den EU-Haushalt – Rechtfertigung und Größenordnungen, in: Caesar, Rolf (Hrsg.), Zur Reform der Finanzverfassung und Strukturpolitik der EU, Baden-Baden 1997, S. 111–140.

Goulard, Sylvie/Nava, Mario C., A more democratic System for Financing the EU-Budget, mimio, Brüssel 2002.

Grant, Wyn, The limits of Common Agricultural Policy reform and the option of denationalization, in: Journal of European Public Policy, 1995, Vol. 2, No. 1, S. 1–18.

Gretschmann, Klaus, Eigenmittelreform und Nettopositionen des EU-Haushalts, Europäisches Parlament, Generaldirektion Wirtschaft, Arbeitsdokument, Serie Haushalt – 100, Oktober 1998.

Hagen, Tobias/Mohl, Philipp, The Econometric Evaluation of EU Cohesion Policy – A Survey, in: Zentrum für Europäische Wirtschaftsforschung, ZEW-Discussion paper, 2009, No. 9-052.

Hartwig, Ines/Petzold, Wolfgang (Hrsg.), Solidarität und Beitragsgerechtigkeit. Die Reform der EU-Strukturfonds und die Finanzielle Vorausschau, Baden-Baden 2005.

Heilemann, Ullrich/Rappen, Hermann, Zehn Jahre Deutsche Einheit – Bestandsaufnahmen und Perspektiven, Rheinisch-Westfälisches Institut für Wirtschaftsforschung, RWI-Papier Nr. 67, Essen 2000.

Heinemann, Friedrich, EU-Finanzreform 1999. Eine Synopse der politischen und wissenschaftlichen Diskussion und eine neue Reformkonzeption, Gütersloh 1998.

Heinemann, Friedrich, Der Kompensationsfonds: Eine neue Finanzverfassung für die EU der 21+, In: Wirtschaftsdienst, 1999, 79 JG., Nr. 5, S. 293–299.

Heinemann, Friedrich, Das common pool-Problem in der EU-Finanzverfassung, in: Zeitschrift für Sozial- und Europawissenschaften, 2006, 4. Jg., Nr. 2, S. 188–213.

Heinemann, Friedrich/Lefebvre, Maxime, Deutsch-französische Überlegungen zur Zukunft der EU-Haushalts, in: DGAP-Analyse Nr. 31. November 2004.

Heinemann, Friedrich/Mohl, Philipp/Osterloh, Steffen, Reform Options for the EU Own Resources System, Heidelberg 2008 (ZEW Economic Studies, Bd. 40, Mannheim December 2007).

Heinemann, Friedrich/Mohl, Philipp/Osterloh, Steffen, Reforming the EU Budget: Reconciling Needs with Political-Economic Constraints, in: Journal of European Integration, 2010, Vol. 32, No. 1, S. 59–76.

High Level Group chaired by Wim Kok, Facing the Challenge. The Lisbon strategy for growth and employment Luxemburg, November 2004 (Kok-Bericht).

Hooghe, Liesbet/Keating, Michael, The politics of European Union regional policy, in: Journal of European Public Policy, 1994, Vol. 1, No. 3, S. 367–393

Hort, Peter, Europäischer Rat, in: Weidenfeld, Werner/Wessels, Wolfgang (Hrsg.), Jahrbuch der Europäischen Integration 1988/89, Bonn 1989, S. 39–46.

Hort, Peter, Eine Bilanz der deutschen EG-Präsidentschaft, in: Thies, Jochen/Wagner, Wolfgang (Hrsg.), Auf dem Weg zum Binnenmarkt. Europäische Integration und deutscher Föderalismus, Bonn 1989, S. 113–120.

Hummer, Waldemar, Interorganvereinbarungen: Rechtsgrundlage – Rechtsnatur – Rechtswirkungen – Justitiabilität, in: Kietz, Daniela/Slominski, Peter/Maurer, Andreas/Puntscher-Riekmann, Sonja (Hrsg.), Interinstitutionelle Vereinbarungen in der Europäischen Union. Wegbereiter der Verfassungsentwicklung, Baden-Baden 2010, S. 51–110.

Instytut Badań Strukturalnych, Evaluation of benefits to the EU-15 countries resulting from the implementation of the Cohesion Policy in the Visegrad Group countries. Final report, Warschau 2012.

Jacoby, Herbert, NRW und die europäische Strukturpolitik, in: von Alemann, Ulrich/Münch, Claudia (Hrsg.), Landespolitik im europäischen Haus. NRW und das dynamische Mehrebenensystem, Wiesbaden 2005, S. 189–208.

Janning, Josef, Bundesrepublik Deutschland, in: Weidenfeld, Werner/Wessels, Wolfgang (Hrsg.), Jahrbuch der Europäischen Integration 1997/98, Bonn 1998, S. 311–318.

Janning, Josef, Bundesrepublik Deutschland, in: Weidenfeld, Werner/Wessels, Wolfgang (Hrsg.), Jahrbuch der Europäischen Integration 2003/2004, Bonn 2004, S. 311–318.

Jessen, Christoph, Agenda 2000: Das Reformpaket von Berlin als Erfolg für Gesamteuropa, in: integration, 1999, 22. Jg., H. 3, S. 167–175.

Joffe, Josef, Ein Wunderwerk der Kontinuität. Parameter rot-grüner Außenpolitik, in: Blätter für deutsche und internationale Politik, 1999, 39. Jg., H. 11, S. 1324–1335.

Kay, Adrian, Path dependency and the CAP, in: Journal of European Public Policy, 2003, Vol. 10, No. 3, S. 405–420.

Kietz, Daniela/Slominski, Peter/Maurer, Andreas/Puntscher-Riekmann, Sonja (Hrsg.), Interinstitutionelle Vereinbarungen in der Europäischen Union. Wegbereiter der Verfassungsentwicklung, Baden-Baden 2010.

Kirschke, Dieter/Weber, Gerald, Die Luxemburger Beschlüsse zur Reform der Gemeinsamen Agrarpolitik in der EU, in: Bundesministerium der Finanzen, Monatsbericht, 2004, Nr. 10, S. 63–75.

Kloten, Norbert, Die Bundesrepublik als Weltwirtschaftsmacht, in: Kaiser, Karl/Maull, Hanns W. (Hrsg.), Deutschlands neuen Außenpolitik. Grundlagen, Bd. 1, München 1994, S. 63–80.

Koester, Ulrich, Die europäische Agrarpolitik. Eine Reform ohne Ende?, in: Aus Politik und Zeitgeschichte, 1995, B 33–34, S. 25–33.

Kohl, Eckhard/Bergmann, Jan, Europäischer Finanzausgleich? Gewinner und Verlierer der EU-Politiken, Köln 1998.

Kohl, Helmut, Erinnerungen 1982–1990, München 2005.

Konegen, Norbert, Vom Beitragsmodell zum Finanzausgleichssystem – Eine Finanzverfassung für die Europäische Union?, in: Varwick, Johannes/Knelangen, Wilhelm (Hrsg.), Neues Europa – alte EU? Fragen an den europäischen Integrationsprozess, Opladen 2004, S. 243–259.

Konrad, Kai A./Lohse, Tim (Hrsg.), Einnahmen- und Steuerpolitik in Europa: Herausforderungen und Chancen, Frankfurt/Main 2009.

Laffan, Brigid, The Finances of the European Union, New York 1997.
Laffan, Brigid, The Agenda 2000 Negotiations: La Présidence Coûte Cher?, in: German Politics, 2000, Vol. 9, No. 3, S. 1–22.
Laffan, Brigid, The big budgetary bargains: from negotiation to authority, in: Journal of European Public Policy, Vol. 7, No. 5, 2000, S. 725–743.
Laffan, Brigid/Shackleton, Michael, The Budget, in: Wallace, Hellen/Wallace, William (Hrsg.), Policy-Making in the European Union, Oxford, 3. Aufl, 1998, S. 71–96.
Laffan, Brigid/Lindner, Johannes, The Budget. Who gets what, when and how?, in: Wallace, Helen/Wallace, William/Pollack, Mark A. (Hrsg.), Policy making in the European Union, 5. Aufl., Oxford 2005, S. 191–212.
Läufer, Thomas, Die Organe der EG- Rechtsetzung und Haushaltsverfahren zwischen Kooperation und Konflikt, Bonn 1990.
Le Cacheux, Jacques, European budget. The poisonous rebate debate, Notre Europe, Studies & Research No. 41, June 2005.
Le Cacheux, Jacques, Funding the EU Budget with a Genuine Own Resource: The Case for an European Tax, Notre Europe Studies 57, May 2007.
Leonardi, Robert, Cohesion Policy in the European Union. The Building of Europe, Houndsmill 2005.
Lindner, Johannes, Institutional Stability and Change: Two Sides of the Same Coin, in: Journal of European Public Policy, 2003, Vol. 10, No. 6, S. 921–935.
Lindner, Johannes, Conflict and Change in EU Budgetary Politics, Abingdon 2006.
Lindner, Johannes/Rittberger, Berthold, The Creation, Interpretation and Contestation of Institutions – Revisiting Historical Institutionalism, in: Journal of Common Market Studies, 2003 Vol. 41, No. 3, S. 445–473.
Lippert, Barbara, Die Erweiterungspolitik der Europäischen Union, in: Weidenfeld, Werner/Wessels, Wolfgang (Hrsg.), Jahrbuch der Europäischen Integration 2001/2002, Bonn 2002, S. 395–406.
Lippert, Barbara, Die Erweiterungspolitik der Europäischen Union, in: Weidenfeld, Werner/Wessels, Wolfgang (Hrsg.), Jahrbuch der Europäischen Integration 2002/2003, Bonn 2003, S. 417–430.
Lippert, Barbara/Hughes, Kirsty/Grabbe, Heather/Becker, Peter, British and German Interests in EU Enlargement, London 2001.
Ludlow, Peter, The Making of the new Europe. The European Councils in Brussels and Copenhagen 2002, Brüssel 2004.
Ludlow, Peter, Money, Politics and Power. The European Council and the MFF agreement, 7–8 February 2013, in: Eurocomment, Preliminary Evaluation 2013/1 o. O. und o. J.
Nass, Klaus-Otto, Der Zahlmeister als Schrittmacher, in: Europa Archiv, 1976, 31. Jg., Nr. 10, S. 325–336.
Nedergaard, Peter, The 2003 Reform of the Common Agricultural Policy: Against all Odds or Rational Explanations?, in: European Integration, 2006, Vol. 28, No. 3, S. 203–223.
Neheider, Susanne, Die Kompensationsfunktion der EU-Finanzen, Baden-Baden 2010.
Neheider, Susanne/Santos, Indhira, Refraiming the EU-Budget Decision-Making Process, in: Journal of Common Market Studies, 2011, Vol. 49, No. 3, S. 631–651.
Neill Nugent, The Government and Politics of the European Union, 7. Aufl., Basingstocke 2010.

Magiera, Siegfried, Die Finanzordnung im Verfassungsvertrag der Europäischen Union, in: Jürgen Bröhmer et. al. (Hrsg.), Internationale Gemeinschaft und Menschenrechte. Festschrift für Georg Ress, Köln 2005, S. 623–632.

Mans, Angela, EG-Finanzsystem auf dem Prüfstand, in: integration, 1992, 15. Jg., H. 4, S. 251–256.

Maurer, Andreas/Schroff, Wolfram, Solidarität und Finanzierungsgerechtigkeit in der EU-25. Die Positionen europäischer und deutscher Akteure zur Finanziellen Vorausschau 2007–2013, in: Hartwig, Ines/Petzold, Wolfgang (Hrsg.), Solidarität und Beitragsgerechtigkeit. Die Reform der EU-Strukturfonds und die Finanzielle Vorausschau, Baden-Baden 2005, S. 179–201.

May, Bernhard, Kosten und Nutzen der deutschen EG-Mitgliedschaft, Bonn 1995 (2. Aufl.).

Mayhew, Alan, Recreating Europe. The European Union's Policy towards Central and Eastern Europe, Cambridge 1998.

Mayhew, Alan, The Financial Framework of the European Union, 2007–2013: New Policies? New Money?, in: Sussex European Institute, SEI Working paper 78, October 2004.

Mayhew, Alan, The EU budget: not „fit for purpose" but change is afoot, gradually, in: Roger Liddle (Hrsg.), After the crisis: A new socio-economic settlement for the EU, Policy Network, London 2009.

Meier, Walter, Der Ministerrat, in: Weidenfeld, Werner/Wessels, Wolfgang (Hrsg.), Jahrbuch der Europäischen Integration 87/88, Bonn 1988, S. 51–59.

Mendez, Carlos, The Lisbonisation of EU Cohesion Policy: A Successful Case of Experimentalist Governance?, in: European Planning Studies, 2011, Vol. 19, No. 3, S. 519–537.

Mendez, Carlos/Bachtler, John/Wishlade, Fiona, 2012, Kohäsionspolitik nach 2013: Kritische Bewertung der Gesetzgebungsvorschläge, Studie für den Ausschuss für Regionale Entwicklung, Brüssel, Juni 2012.

Mertes, Alois, Die Europapolitik der Bundesregierung – Kontinuität und Aufbruch, in: integration, 1983, 6. Jg., H. 1, S. 3–9.

Miehe-Nordmeyer, Gesa, Optionen zur Weiterentwicklung der EU-Strukturpolitik, in: Wirtschaftsdienst 2007, 87. Jg., H. 10, S. 656–663.

Milbrandt, Beate, Die Finanzierung der Europäischen Union. Perspektiven für eine Osterweiterung, Baden-Baden 2001.

Milward, Alan S., The European Rescue of the Nation-State, London 1992.

Müller-Roschach, Herbert, Die deutsche Europapolitik 1949–1977. Eine politische Chronik, Bonn 1980.

Musgrave, Richard A., The Theory of Public Finance, New York 1959.

Palayret, Jean-Marie/Wallace, Helen/Winand, Pascaline (Hrsg.), Visions, votes and vetoes: the empty chair crisis and the Luxembourg compromise forty years on, Brüssel 2006.

Peet, John/Ussher, Kitty, The EU budget: an agenda for reform?, Centre for European Reform, CER-Working Paper, London, Februar 1999.

Pfennig, Gero, Eine neue Finanzverfassung für die EG – Basis für eine föderative Europäische Union, in: integration, 1986, 9. Jg., H. 4, S. 143–155.

Preston, Christopher, Enlargement and Integration in the European Union, London 1997.

Raddatz, Guido/Schick, Gerhard, Braucht Europa eine Steuer? Zur Reform der EU-Finanzverfassung, Stiftung Marktwirtschaft Berlin, Argumente zu Marktwirtschaft und Politik Nr. 77, August 2003.

Rant, Vasjy/Mrak, Mojmir, The 2007–13 Financial Perspective: Domination of National Interests, in: Journal of Common Market Studies, 2010, Vol. 48, No. 2, S. 347–372.
Report of the Study Group on the Role of Public Finance in European Integration (McDougall –Report) Brüssel April 1977.
Rubio, Eulalia, The „added value" in the EU budgetary debates: one concept, four meanings, in: Notre Europe Policy Brief No. 28, Paris, June 2011.
Rubio, Eulalia, Eurozone Budget: 3 Functions, 3 Instruments, in: Notre Europe Tribune, 15, Paris, November 2012.
Rubner, Jeanne, Brüsseler Spitzen, Korruption, Lobbyismus und die Finanzen der EU, München 2009.
Rudloff, Bettina, Neue Budgetprioritäten für die Gemeinsame Agrarpolitik, in: Deutsche Bank Research, EU-Monitor 40. Beiträge zur europäischen Integration, November 2006.
Ruhfuss, Jürgen, Europapolitik im Vorfeld der deutschen Präsidentschaft, in: integration, 1987, 10. Jg., H. 4, S. 143–150.
Santer, Jacques, Agenda 2000– für eine stärkere und erweiterte Union, in: Wittschorek, Peter (Hrsg.), Agenda 2000. Herausforderungen an die Europäische Union und an Deutschland, Baden-Baden 1999, S. 21–31.
Sapir, André, An Agenda for a Growing Europe. Making the EU Economic System deliver. Report of an independent high-level Study Group established on the Initiative of the President of the European Commission (Sapir-Report), Brüssel, Juli 2003.
Schild, Joachim, How to shift the EU's spending priorities? The multi-annual financial framework 2007–2013 in perspective, in: Journal of European Public Policy, 2008, Vol. 15, No. 4, S. 531–549.
Schmuck, Otto, Der Gipfel von Edingburgh: Erleichterung nach einem europapolitisch schwierigen Jahr, in: integration 1993, 16. Jg., H 1, S. 33–36.
Schneider, Heinrich, Leitbilder der Europapolitik. Der Weg zur Integration, Bonn 1977.
Schneider, Heinrich, Europäische Integration: die Leitbilder und die Politik, in: Kreile, Michael (Hrsg.), Die Integration Europas, PVS-Sonderheft, Opladen 1992, S. 3–35.
Schreyer, Michaele, The Own Ressources System Needs Rethinking, in: Intereconomics, September/October 2001, Vol. 36, No. 5, S. 223–225.
Schüssel, Wolfgang, Europas Finanzen – Das alte System ist ausgereizt, spotlight europe, Nr. 2007/08, November 2007.
Shackleton, Michael, The EC's Budget in the Move to a Single Market, in: Governance, 1991, Vol. 4, No. 1, S. 94–114.
Shackleton, Michael, Keynote Article: The Delors II Budget Package in: Journal of Common Market Studies, 1993, Vol. 31, Annual Review, S. 11–25.
Seiters, Rudolf, Ein Korrekturmechanismus für die Nettozahler, in: Brok, Elmar u. a. (Hrsg.), Das Finanzsystem der EU: Neue Ansätze und Perspektiven, Interne Studien der Konrad-Adenauer-Stiftung, Nr. 142/1997, St. Augustin, Februar 1997, S. 35–39.
Siebert, Christian, Haushaltspolitik, in: Weidenfeld, Werner/Wessels, Wolfgang (Hrsg.), Jahrbuch der Europäischen Integration 1987–88, Bonn 1988, S. 148–156.
Smail, Robin/Broos, Luc/Kuijpers, Elsa, Managing Structural Funds. A step-by-step Practical Handbook, Maastricht 2008.
Spence, James, A high price to pay? Britain and the European budget, in: International Affairs, 2012, Vol. 88, No. 6, S. 1237–1260.

Sperling, James, German Foreign Policy after Unification: The End of the Cheque Book Diplomacy?, in: West European Politics, 1994, Vol. 17, No. 1, S. 73–97.

Stark, Jürgen, Die künftige Finanzierung des EU-Haushalts und der Beitrag der Bundesrepublik Deutschland, in: integration, 1996, 19. Jg., H. 3, S. 159–163.

Stark, Jürgen, Finanzierung der Europäischen Union: Rückblick, Zwischenbilanz und Ausblick, in: Brok, Elmar u. a. (Hrsg.), Das Finanzsystem der EU: Neue Ansätze und Perspektiven, Interne Studien der Konrad-Adenauer-Stiftung, Nr. 142/1997, St. Augustin, Februar 1997, S. 23–34.

Stäsche, Uta, Die Entscheidungsproduktivität des Europäischen Rats. Rechtliche und empirische Untersuchung von Europäischem Währungssystem bis zum Vertrag von Lissabon, Berlin 2011.

Steenblock, Rainder/Hartwig, Ines, Die Agenda 2007: Solidarität, Nachhaltigkeit und Innovation, in: integration, 2004, 27. Jg., H. 1-2/, S. 85–94.

Sutcliffe, John B., The 1999 reform of the structural fund regulation: multi-level governance or renationalization?, in: Journal of European Public Policy, 2000, Vol. 7, No. 2, S. 290–309.

Szemlér, Tamás/Eriksson, Jonas, The EU Budget Review: Mapping the Positions of Member States, Swedish Institute for European Policy Studies, SIEPS-Report 2008/02, Stockholm, April 2008.

Tallberg, Jonas, The Power and the Presidency: Brokerage, Efficiency and Distribution in EU Negotiations, in: Journal of Common Market Studies, 2004, Vol. 42, No. 5, S. 999–1022.

Tarschys, Daniel, Reinventing Cohesion. The future of European Structural Policy, Swedish Institute for European Policy Studies, SIEPS-Report, No. 17, Stockholm, 2003.

Tarschys, Daniel, The Enigma of European Added Value: Setting Priorities for the European Union, Swedish Institute for European Policy Studies, SIEPS-Report No. 4/2005, Stockholm 2005.

Tarschys, Daniel (Hrsg.), The EU Budget. What should go in? What should go out?, Swedish Institute for European Policy Studies, SIEPS-Report No. 3/2011, Stockholm, 2011.

Thatcher, Margaret, Downing Street No. 10. Die Erinnerungen, 3. Aufl., Düsseldorf u. a. 1993.

Timmann, Hans-Jörg, Haushaltspolitik, in: Weidenfeld, Werner/Wessels, Wolfgang (Hrsg.), Jahrbuch der Europäischen Integration 1991–92, Bonn 1992, S. 135–142.

Tietmeyer, Hans, Konzentration auf das Wesentliche tut not, in: Wirtschaftsdienst, 1983, 83. Jg., H. 8, S. 375–378.

Toepel, Kathleen, Reform der Europäischen Strukturfonds 2000, in: Deutsches Institut für Wirtschaftsforschung, DIW-Wochenbericht, 1998, 65. Jg., Nr. 26, S. 463–468.

Tömmel, Ingeborg, Neuer Wein in alten Schläuchen? Die Vorschläge der Europäischen Kommission zu Reform der Strukturpolitik 2007–2013, in: Hartwig, Ines/Petzold, Wolfgang (Hrsg.), Solidarität und Beitragsgerechtigkeit. Die Reform der EU-Strukturfonds und die Finanzielle Vorausschau, Baden-Baden 2005, S. 57–66.

Tsebelis, George, Decision making in Political Systems: Veto Players in Presidentialism, Parliamentarism, Multicameralism and Multipartyism, in: British Journal of Political Science, 1995, Vol. 25, No. 24, S. 289–325.

Tsebelis, George/Chang, Eric C.C., Veto players and the structure of budgets in advanced industrialized countries, in: European Journal of Political Research, 2004, Vol. 43, No. 3, S. 449–476.

von Urff, Winfried, Die Gemeinsame Agrarpolitik: Funktionsweise, innergemeinschaftliche und weltwirtschaftliche Implikationen, mögliche Perspektiven, in: Zippel, Wulfdiether (Hrsg.), Ökonomische Grundlagen der europäischen Integration, München 1993, S. 99–119.

von Urff, Winfried, Agrarmarkt und Struktur des ländlichen Raums in der Europäischen Union, in: Weidenfeld, Wolfgang (Hrsg.), Die Europäische Union. Politisches System und Politikbereiche, Bonn 2008, S. 209–226.

Wagner, Wolfgang, German EU constitutional foreign policy, in: Rittberger, Volker (Hrsg.), German foreign policy since unification. Theories and case studies, Manchester 2001, S. 185–229.

Weidenfeld, Werner, Die Bilanz der Europäischen Integration 1987/88. Szenenwechsel in Europa, in: Weidenfeld, Werner/Wessels, Wolfgang (Hrsg.), Jahrbuch der Europäischen Integration 1987/88, Bonn 1988, S. 13–23.

Weidenfeld, Werner, Die Bilanz der Europäischen Integration 1996/97, in: Weidenfeld, Werner/Wessels, Wolfgang (Hrsg.), Jahrbuch der Europäischen Integration 1996/97, Bonn 1998, S. 13–26.

Weingarten, Peter, Agrarpolitik in Deutschland, in: Aus Politik und Zeitgeschichte, 2010, Nr. 5–6, S. 6–17.

Weise, Christian, et. al., Die Finanzierung der EU-Osterweiterung, Baden-Baden 2002.

Weise, Christian, Agenda 2007- Kosten und Finanzierung der erweiterten Europäischen Union, in: Lippert, Barbara (Hrsg.), Bilanz und Folgeprobleme der EU-Erweiterung, Baden-Baden 2004, S. 177–196.

Wilms, Günter, Die Reform des EU-Haushalts im Lichte der Finanziellen Vorausschau 2007–2013 und des Vertrags von Lissabon – neue Perspektiven für die Europäische Union? in: Zeitschrift für Europarecht, 2007, 42. Jg., H. 6, S. 707–743.

Wissenschaftlicher Beirat beim Bundesministerium für Wirtschaft und Technologie, Neuordnung des Finanzierungssystems der Europäischen Gemeinschaft, BMWA-Studienreihe 455, Gutachten vom 18./19. Dezember 1998, Bonn, 7. Januar 1999.

Wissenschaftlicher Beirat des Bundesministeriums der Finanzen, Ein Haushalt für Europa. Stellungnahme zum neuen mehrjährigen Finanzrahmen der EU 2014–2020, Gutachten 3/2012, Berlin, November 2012.

Wobben, Thomas, Europäische Strukturfonds bleiben unverzichtbar für Ostdeutschland, in: Hartwig, Ines/Petzold, Wolfgang (Hrsg.), Solidarität und Beitragsgerechtigkeit. Die Reform der EU-Strukturfonds und die Finanzielle Vorausschau, Baden-Baden 2005, S. 169–178.

Wolf, Anita, Bundesrepublik Deutschland, in: Weidenfeld, Werner/Wessels, Wolfgang (Hrsg.), Jahrbuch der Europäischen Integration 1991/92, Bonn 1992, S. 310–320.

Wolff, Guntram B., A Budget for Europe's Monetary Union, Bruegel Policy Contribution, 2012/22, Brüssel, Dezember 2012.

Printed in Dunstable, United Kingdom

91343009R00208